21世纪卓越人力资源管理与服务丛书

人力资源管理学

（第2版）

陈国海　马海刚◎编著

清华大学出版社
北京

内容简介

“人力资源管理学”是学习现代管理科学的一门必修的核心课程。本教材阐述并回答了一系列问题：为什么人力资源是企业的竞争优势？如何进行组织设计、工作分析、构建素质模型、搭建人力资源管理三支柱，并制定人力资源战略与规划？如何在人力资源规划的基础上开展人力资源招聘和培训？如何考核员工、反馈绩效、设计和发放薪酬？如何构建和谐的劳资关系，开展企业文化建设与管理？本教材详细论述并分析了企业中各种人力资源管理活动和现象，其内容包括人力资源管理概述、组织设计与工作分析、素质模型的构建与应用、人力资源管理三支柱、人力资源战略与规划、人力资源招聘与配置、人力资源培训、绩效管理、薪酬管理、劳动关系管理、企业文化建设与管理、信息化人力资源管理。

本教材语言通畅、结构完整、内容充实、例证丰富、体例灵活，既方便教师教学，有效增加课堂教学气氛，提高教学效果，又方便学生自学，十分适合作为经管类专业的本科教材或企业员工的自学读物，也可作为 MBA、EMBA 和经管类研究生人力资源管理学的教材或辅助教材。

图书在版编目（CIP）数据

人力资源管理学/陈国海，马海刚编著. —2 版. —北京：清华大学出版社，2021.1
（21 世纪卓越人力资源管理与服务丛书）
ISBN 978-7-302-56512-3

Ⅰ.①人… Ⅱ.①陈… ②马… Ⅲ.①人力资源管理 Ⅳ.①F243

中国版本图书馆 CIP 数据核字（2020）第 182545 号

责任编辑：邓 婷
封面设计：刘 超
版式设计：文森时代
责任校对：马军令
责任印制：丛怀宇

出版发行：清华大学出版社
网 址：http://www.tup.com.cn，http://www.wqbook.com
地 址：北京清华大学学研大厦 A 座 **邮 编**：100084
社 总 机：010-62770175 **邮 购**：010-62786544
投稿与读者服务：010-62776969，c-service@tup.tsinghua.edu.cn
质量反馈：010-62772015，zhiliang@tup.tsinghua.edu.cn
印 装 者：北京鑫海金澳胶印有限公司
经 销：全国新华书店
开 本：185mm×260mm **印 张**：24.5 **字 数**：537 千字
版 次：2016 年 12 月第 1 版 2021 年 1 月第 2 版 **印 次**：2021 年 1 月第 1 次印刷
定 价：69.80 元

产品编号：088457-01

序　言

“人力资源管理学”是经管学科和商科教育的一门核心专业基础课程，是一门广泛吸收多种学科知识的综合学科，具有较强的实践性和应用性。该课程一方面要反映人力资源管理领域的前沿理念，另一方面还要反映人力资源管理的最佳实践，因此与该课程配套的教材必须做到与时俱进，教材内容要不断创新和完善。随着人力资源行业的持续发展，近几年市面上同类教材数不胜数，同质化现象严重，缺乏创新性，结果导致理论与实践脱节。因此，编写一本理论与实践相结合，既考虑知识理论的系统性，又保证教材的时效性以及可读性的人力资源管理学教材，显得非常迫切。因为兼任广东省人力资源研究会常务副会长兼秘书长，近年来笔者在教学和科研之余，接触了一些人力资源管理的最新理念和大量企业人力资源管理与服务的最佳实践，所以笔者认为有必要将这些前沿理念和最佳实践反映到教材中。

本教材结构完整、内容充实、例证丰富、体例灵活、学以致用、方便教学，既涵盖经典理论，又关注热点和前沿问题。每章节的正文内容除了做到系统完整和少而精，笔者还总结了自己和其他同行多年的教学经验，在正文之后增加了网站推荐、影视推荐、读书推荐、思考练习题等内容，以使课堂教学形式多样、生动活泼。在编写过程中，笔者力求在以下三个方面体现特色。

第一，内容新颖，科学严谨。本教材尽量反映人力资源管理学科的最新发展动态，反映时代的特色，注意吸收和参考近年国内外的科研成果，如人力资源管理三支柱、素质模型、OKR、全面薪酬、和谐劳动关系、E-HRM、中国特色人力资源管理。每章正文的理论阐述尽量做到系统完整和“少而精”。为使本教材更加科学严谨，尊重前人的研究成果，每章末尾都附有相应的参考文献。

第二，例证说明，通俗易懂。本教材在正文中都适当采用一些例证来说明相应的概念、原理和方法。这些小资料的内容通俗易懂，旨在说明企业人力资源管理实践的某个侧面，能够较好地帮助学生理解和掌握教材所阐述的概念、原理和方法。本教材除了介绍国有大中型企业和跨国公司的案例，还介绍了一些具有中国本土特色的民营企业的真实案例。

第三，体例灵活，方便教学。除正文外，本教材每章都编排了名人名言、思维导图、学习目标、本章小结、网站推荐、影视推荐、读书推荐、思考练习题、模拟实训、案例分析、参考文献等内容。如此体例安排方便学生自学，也方便教师布置作业，选择教学方法，提高教学效果。

本教材由陈国海教授（广东外语外贸大学商学院）、马海刚总经理（深圳腾讯科技有限公司人力资源平台部）撰写和统稿，罗钰玲、毛婷、黎思、邓晓雨、林焕成等人参与了本书的修改和配套资料制作，在此致以诚挚的谢意。

通过访问清华大学出版社网站（http://www.tup.com.cn）可获取本教材的 PPT 演示文稿。为方便教师教学，节省教师教学备课工作量，我们特地制作了本教材的配套资料包，内容包括：① 教材 PPT；② 正文后习题解答；③ 中英文课程教学大纲；④ 课程考试大纲；⑤ 教学进度表；⑥ 习题题库及解答；⑦ 考试 AB 卷及解答；⑧ 教学视频；⑨ 教学方法指导。如有需要，可与笔者联系，电子邮箱地址为 gdhrs@vip.163.com。

广东外语外贸大学商学院教授
广东省人力资源研究会常务副会长兼秘书长
香港大学心理学博士
陈国海
2020 年 8 月 8 日

目　录

第一章

人力资源管理概述

如果把我的厂房设备、材料全部烧毁，但只要保住我的全班人马，几年以后，我仍将是一个钢铁大王。

——美国实业家、慈善家安德鲁·卡耐基

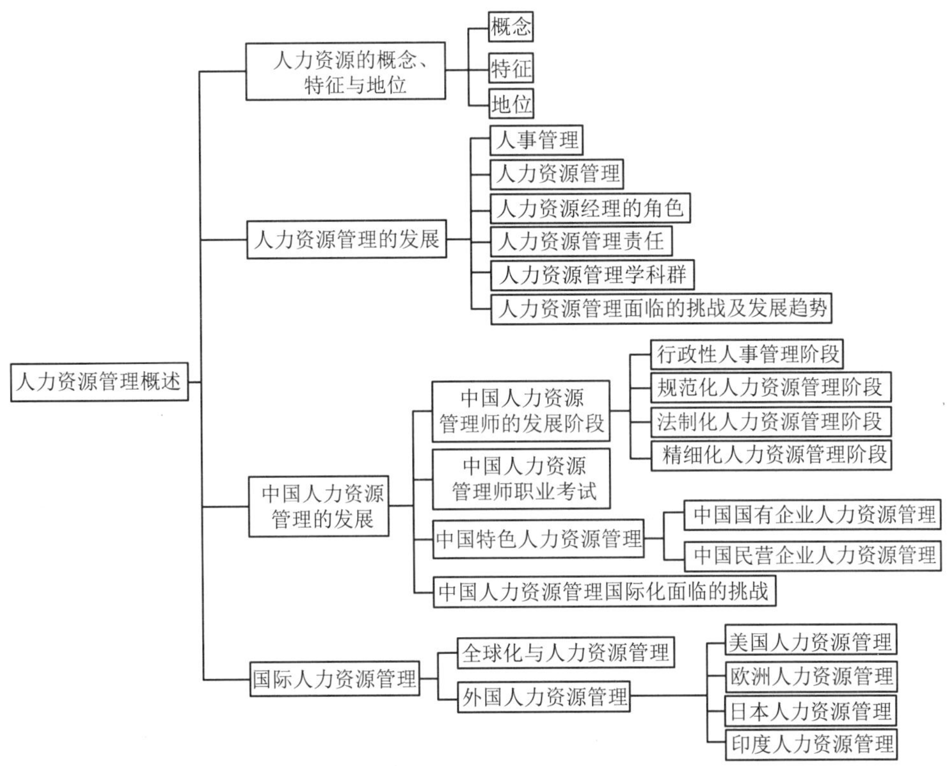

学习目标

- 了解人力资源的概念、特征与地位；
- 了解人力资源管理的发展；
- 了解中国人力资源管理的发展；
- 掌握人力资源管理职业考试的资格证获取条件与报考流程；

- 了解具有中国特色的国企和民营企业人力资源管理；
- 理解全球化带给人力资源的变化；
- 了解国外具有代表性的人力资源管理体系和特点。

引例

华为公司的人力资源管理实践

华为奉行“知本主义”，认为人才所掌握的知识才是真正处于最核心地位的要素。以下六方面归纳了影响华为企业内知识共享的人力资源管理实践。

1. 招聘配置

招聘时以创新能力和团队合作精神作为指标，更注重校园招聘，认为毫无工作经验的应届毕业生往往对新鲜事物具有较强的接受能力，更具有创新性和可塑性。

2. 培训开发

① 新员工引导培训；② 全员导师制；③ 与高校合作培养；④ 专业/技术培训；⑤ 管理技能培训。

3. 薪酬管理

华为突出的薪酬制度包括高工资和员工持股以及平衡职位的贡献与人的贡献。

4. 绩效评估

华为每个季度都会采用 KPI、团队贡献、改进三个要素对研发团队或个人进行绩效考核，在产品上取得重大突破、改进或创新的团队或个人，都有机会获得巨额的奖金。

5. 工作设计

让员工展现才能、全方位地了解公司、参与公司一些决策，运用授权和轮岗制的工作设计来促进知识共享。

6. 任职资格管理

规范人才的培养和选拔，推动做实的人不断提高水平；激励员工不断提高其职位胜任能力；树立有效培训和自我学习的标杆；为职位晋升、薪酬等人力资源管理工作提供重要的依据。

（高艳等，2014）

华为人力资源管理实践的核心是“知本主义”，涉及招聘配置、培训开发、薪酬管理、绩效评估、工作设计等多个方面，对知识共享、创新等组织有效性产生了重要的影响。本章从人力资本的角度阐述人力资源与人力资源管理的概念、特征与地位，探讨人力资源管理的职能、角色和职业。

第一节　人力资源的概念、特征与地位

随着科技的进步和社会经济的飞速发展，“人力资源是第一资源”已经被提到了战略的高度，其重要性不言而喻。要了解人力资源管理，首先要掌握人力资源管理的主要对

象，即人力资源的概念、特征和地位。

一、人力资源的概念

人力资源是指包含在人体内的一种生产能力，它是表现在劳动者身上、以劳动者的数量和质量表示的资源（Schultz，1995）。它对经济起着生产性的作用，能使国民收入持续增长。从组织的角度看，人力资源体现在能够为实现和完成组织的使命、愿景、战略、目标和任务做出潜在贡献的人的可以被利用的能力。

对一个组织来说，从开发和拥有两个维度可以将人力资源分为四类，如表 1-1 所示。

表 1-1 四类人力资源

维 度	开 发	未 开 发
拥有	第一类：拥有且已开发	第二类：拥有但未开发
不拥有	第三类：虽不拥有但已开发	第四类：既不拥有又未开发

通过这种划分，我们可以梳理组织中的人力资源，并根据战略对不同的人员采用不同的策略。对第一类人力资源（拥有且已开发），可考虑开发的广度是否足够、是否应该深度开发，测评其是否适合提升、是否适合组织未来的发展，也可以考虑外包给其他公司使用；对第二类人力资源（拥有但未开发），可考虑怎么开发才能更好地发挥其潜能，提高组织绩效；对第三类人力资源（虽不拥有但已开发的组织外现存人员），可考虑其中是否有适合组织发展需要的人员，考虑用什么办法吸引他们，如富有竞争力的薪酬、人性化的工作设计和工作环境、和谐的员工关系、良好的发展平台和发展空间，考虑采用什么招聘形式以及是否租赁；对第四类人力资源（既不拥有又未开发），如高校毕业生，可根据战略的需要招聘、培训、开发，作为企业未来继续成长的储备人才或接班人。

二、人力资源的特征

人力资源是进行社会生产最基本、最重要、最特殊的资源，与其他资源相比，它具有以下六种鲜明的特征。

（一）能动性

能动性是人力资源区别于其他资源的根本特征。人力资源具有思想、情感和思维，具有主观能动性，能够有目的、有意识、积极主动地利用其他资源，同时能够适应各种变化，突破旧思维框架，提出新观念，采用新方法，赋予社会新活力。因此，设计有效的激励机制和体系以充分发挥人力资源的能动性，是人力资源管理的重点和难点之一。

（二）不可分割性

人力资源之所以能够创造价值，是因为他所具有的积极态度和工作能力。但是，人的态度、能力和人本身是不可分割的。现在国内的很多企业面临的问题是，能力很强的人走了，绩效就急剧下滑，更有甚者，企业因此而倒闭。对此，组织要设法留住比较有价值的人力资源，做好知识管理（如制度化）工作，确保“人走知识留”“人走经验留”。

（三）两重性

人力资源既是投资的结果，又是财富的创造者；既是生产者，又是消费者。根据舒尔茨（Theodore W. Schultz）的人力资本理论，人力资本的投资成本要由个人、企业、社会三方承担，用于对人力资源的教育投资、卫生健康投资和迁移投资。对人力资本的投资程度决定了人力资源质量的高低。从生产与消费的角度看，人力资本投资是一种消费行为，并且这种消费行为是必需的，先于人力资本收益，即先期投资，后期收益。

（四）时效性

人力资源存在于人的生命中，是一种具有生命的资源，其形成、开发和利用都要受到时间的限制。作为生命有机体的人有其生命的周期：幼年期、少年期、青年期、中年期和老年期。由于每个时期人的体力、智力和成熟度不同，劳动能力也不同，因此，这种资源在各个时期的可利用程度也不同。同时，科技的不断进步加速了人的知识和技能的老化速度，使得人力资源的时效性特征更为突出。

（五）可再生性

与物质资源相似的是，人力资源在使用过程中，也会出现“有形磨损”和“无形磨损”。“有形磨损”是指个体生理方面的自然衰老和疲劳，是不可抗拒的消耗。“无形磨损”是指人的知识和技能老化、意识的敏锐性下降、意志的消磨以及斗志和士气的下降等。但是，一方面，总体人口和劳动力都可以再生产，并且个体的体能在生产过程中消耗之后可以通过休息并补充能量来得到恢复；另一方面，人的知识和技能可以通过持续不断的培训、学习和潜能开发等手段得到不断的更新。因此，人力资源是可以再生的。这就要求人要进行终身学习，并加强后期持续的培训与开发，以不断提升人力资源的素质水平。

（六）社会性

社会性是人的本质特征。人不可避免地要与其他人进行交往，人是其所处社会和民族的价值观的载体。不同的社会和民族有不同的价值观，不同的个体也有不同的价值取向、信仰和行为模式。这就要求在劳动力多元化和跨国经营的背景下，人力资源管理要注重团队的建设，注重人与人、人与群体、人与社会的关系以及利益的协调和整合，倡导团队合作和相互包容的精神。

三、人力资源的地位

人力资源的能力建设在当今世界的综合国力竞争中具有越来越重要的作用，人力资源是第一资源。

（一）人力资源是社会经济发展的不竭动力

由于人力资源具有其他资源和生产要素所不具有的可无限开发性，对人力资源的开发成为社会经济可持续发展的最终基础。物质资源的有限性和稀缺性成为经济学家和全人类不得不面对的重要课题。与物质资源的有限性相比，人类潜能的开发具有无可限量的前途。当代世界各国的竞争日益激烈，综合国力竞争的焦点将日益落在人才、智力资源的开发和使用上。一个国家技能型人才队伍的数量和质量，特别是质量，将直接影响一个国家的产业水平，影响一个国家经济的国际竞争力。人力资源不断地创造新技术，不断地将新技术转化为生产力，不断地推动着社会经济的发展，同时，人力资源又具有再生的特征，因此，人力资源是社会经济发展的不竭动力。

（二）人力资源是企业竞争优势的来源

在知识经济盛行的今天，优秀的组织之所以能够持续地赢得竞争优势，很大程度上得益于其拥有的人力资源。以资源为基础的战略管理理论认为，企业的资源特性和战略要素是企业持久竞争优势的来源。人力资源是具有价值的、稀缺的、难以模仿的，因此，它是持久竞争优势的来源。

1. 人力资源的价值性

一种资源要引起经济主体对其的需求，首先必须具有经济价值。人力资源作为企业的一项重要资本，其价值具体体现在人力资源活动能够有效降低企业成本，提高企业产品的附加值，增加企业效益。

2. 人力资源的稀缺性

稀缺性即资源的相对有限性。人力资源的稀缺性可分为两种：① 显性稀缺，即一定时期内劳动力市场上具有某一特性的人才供给的绝对数量不足；② 隐性稀缺，即人力资源的质量不能满足劳动力市场或者企业的需要。在激烈的市场竞争中，显性稀缺主要通过提高吸纳人力资源的初始价格来缓解；而隐性稀缺却与企业对人力资源的辨识、吸纳及开发能力的差异性有关，企业可以利用这一差异，从别人认为均质的劳动力市场中，识别与开发其人力资源的稀缺特性，从而获得自身的竞争优势。

3. 人力资源的难以模仿性

企业人力资源管理需要开发和培养难以被竞争对手模仿的人力资源特性。这种特性应该是人力资源中难以描述的、未编码的、组织化了的，因而是不可交易的隐性特性，它不容易在企业间传递和复制。人力资源的难以模仿性主要来源于企业独特的体制、文化和发展历史。

例证 1-1 

企业手术师

20世纪90年代，美国EDS公司入不敷出。为挽救公司，董事会请来“企业手术师”查德·艾·布朗担任公司的CEO。

布朗上任后发现，公司员工在工作中几乎毫无进取心。为了改变这种现象，他先是招募一批精兵强将到各部门，以他们作为参照标准筛选员工。在这批精兵强将影响下，员工分为两批人：一批是能跟上步伐的，另一批则被远远地抛在了后面。之后，布朗把后面这批员工清理出公司，公司则呈现“部门臃肿”现象。接着，布朗开始“手术”的第二步：拆分不必要的部门。布朗采用“化支出为奖励”的手法，如一个部门原先每月要消耗公司10万美元，他就拿出一半的开支作为奖励，将这个部门的工作移交给其他部门。工作量增加了，但员工们却更有积极性，臃肿的公司也很快得到有效瘦身。

随后，布朗并没有停止“愈后用药”。通过日常工作，布朗把员工们分为“挑战者”和“安分者”两类，第一类员工时刻都充满活力，敢于面对困难和解决问题，布朗就让他们负责具有开发性的工作；第二类没有很强的挑战精神，布朗将他们安排在一些没有挑战性的岗位上，并以一定的标准作参照，以优胜劣汰法对员工做出筛选。

这样一来，EDS公司的每个员工都在发挥着自己的作用，公司不仅减轻了自身负担，而且业务量也猛然增加了。

（陈之杂，2015）

第二节　人力资源管理的发展

人力资源管理的发展主要包括人事管理、人力资源管理、人力资源经理的角色、人力资源管理责任、人力资源管理学科群、人力资源管理面临的挑战及发展趋势等内容。本节主要讲述人力资源管理的发展内容。

一、人事管理

（一）起源：福利人事与科学管理

人力资源管理起源于人事管理，而福利人事与科学管理可以追溯到非常久远的年代。

18世纪末，瓦特蒸汽机的发明与推广引发了工业革命，改变了以前家族制和手工行会制的生产方式，并出现了大量的实行新工厂制度的企业，这些企业在日益激烈的竞争环境中发展壮大并成为19世纪初的时代特色。竞争与发展要求这些企业进一步扩大规模，但制约其扩大规模的主要瓶颈却是企业主们以前从未遇到过的劳工问题。其产生的主要原因在于，人的价值和机器的价值没有区别，社会生活两极分化，工人生活条件艰苦，劳资关系紧张，甚至出现了工人破坏机器的行为。为了缓和这种矛盾，企业主开始尝试早期的福利人事。所谓福利人事，即由企业单方面提供或赞助的、旨在改善企业员工及其家庭成员的工作与生活条件的一系列活动与措施（Lieberman，et al，1988）。人事管理的先驱欧文曾经说：“你们中有许多人从长期的生产经营中体验到了结构坚固、设计精致且制造完美的机器的好处。如果说对无生命的机器给予细心照顾尚能产生有利的效果，那么如果你们以同样的精力去关心起构造奇妙得多的有生命的机器，那么还会有什么事办不成呢？”

同样关注劳工问题的泰勒（Frederick W. Taylor，1856—1915年）认为，劳动组织方式和报酬体系是生产率问题的根本所在。他呼吁劳资双方都要进行一次全面的思想革命，以和平代替冲突，以合作代替争论，以齐心协力代替相互对立，以相互信任代替猜疑戒备。建议劳资双方都应将眼睛从盈余的分配转到盈余的增加上，通过盈余的增加，使劳资双方没有必要再为如何分配盈余而争吵。为此，泰勒提出了一系列的原则，即科学管理的原则。泰勒的科学管理思想对人事管理概念的产生具有举足轻重的影响：① 它引起了人们对人事管理的关注，并推动了人事管理职能的发展；② 科学管理宣扬管理分工，从而为人事管理职能的独立提供了依据和范例。

福利人事与科学管理的融合使人们认识到，过去由一线管理人员直接负责招聘、挑选、任命、培养、绩效考核、薪酬、奖励等工作的做法，已经不能适应企业组织规模的扩大的现实，企业要做好对人的管理工作，必须由相应的专业人士来做，这为人事管理作为参谋部门而非直线部门出现奠定了基础。

例证 1-2

普利茅斯出版社——实行泰勒制的典范

1910 年，普利茅斯出版社成立了人事部，任命简 • 威廉斯（Jane Williams）为首任人事部经理。其职责就是通过职业分析确定适当的人选，训练和引导工人，保存工作记录，每月接见每位工人 1 次，每 6 个月为增加工资、评定效率等级，听取意见，照顾发生事故或生病的工人，管理储藏流行杂志和技术书籍的图书馆，为家庭提供财务咨询，提供餐厅以及其他服务。

（二）人事管理的演进

早期关于人事管理的论文经常发表在《年报》（*The Annals*）和《管理杂志》（*Journal of Management*）这两本杂志上。1916 年，《年报》出版专刊讨论“工业管理中的人事和雇佣问题”。第一本以《人事管理》为书名的教科书出版于 1920 年。

20 世纪 30 年代的霍桑实验为人事管理的发展开拓了新的方向。霍桑实验证明，员工的生产率不仅受工作设计和员工报酬的影响，而且受社会和心理因素的影响。因此，有关工作中人性的假设发生了变化，工业社会学、工业关系学、人际关系学和组织行为学等新学科应运而生，推动了人事管理的迅速发展，主要表现在以下几个方面。

（1）工业社会学将企业作为一个社会系统，研究组织化的员工问题，并强调社会相互作用，要求在各个组成部分之间保持平衡。当这一思想被运用于人事管理领域时，员工参与、工会与管理层合作、员工代表计划等进入了人事管理研究者与实践者的视野。

（2）工业关系学认为，管理层与工人在关于如何分配由先进的技术化社会所创造的盈余上存在着必然的矛盾，而这种工业化冲突的解决不在于人际关系，而在于克服管理层和有组织的工人之间的利益和意识形态上的冲突，工业化的和谐只有通过集体的讨价还价以及有专业的工业关系专家参与才可能实现。因此，工业关系专家登上了人事管理的舞台，化解劳资冲突、集体谈判等成为人事管理的职责。

（3）人际关系学认为管理应该更多地关心人而不是关心生产，强调管理的社会和人际技能而不是技术技能，强调通过团体和社会团结来重建人们的归属感，强调通过工会、参与领导以及将工厂中的正式组织与非正式组织结合起来，以使权力均衡化。沟通成为人事管理的主要任务和必备技能，员工满意度成为衡量人事管理工作的重要标准。

（4）组织行为学是在人际关系学的基础上形成的管理科学中的一门学科。它着眼于一定组织中的行为研究，重视人际关系、人的需要、人的作用和人力资源的开发利用。

这一学科的出现对管理科学的发展产生了重要的影响，使其由以“事”与“物”为中心的管理发展到以“人”为中心的管理；由靠监督与纪律的管理发展到动机激发、行为引导的管理；由独裁式管理发展到参与式管理，它的应用成果得到了普遍的重视。

此时，人事管理尚无一个科学、严格的定义，而是将以人为中心的管理活动合并在一起统称为人事管理。

进入20世纪六七十年代，西方涉及人事和工作场所的相关立法急剧增加，并且立法的关注点也从工会与管理层间的问题转向了员工关系。随着各项法律的出台，企业很快意识到，卷入与员工或雇佣有关的司法诉讼的花费巨大。于是，大量的律师走进了人事部，规范直线经理管理行为的合法性，尽可能地为企业避免司法诉讼，以及直接处理有关的司法诉讼等成为人事管理的新职能。

20世纪80年代是一个组织持续而快速变革的时代，故意接管、杠杆收购、兼并、剥离等事件层出不穷，人事管理也进入了企业更高级别的层次，从关注员工道德、工作满意度转变为关注组织有效性。高级的人事主管开始参与讨论有关企业未来发展方向、战略目标等问题，工作生活质量、工作团队组织、组织文化等成为人事管理的重要内容。

二、人力资源管理

（一）从人事管理到人力资源管理

传统的人事管理是随着大工业的出现和发展而产生的，从20世纪初开始经历了一个从简到繁的发展过程，当时人被写作一种“经济动物”“会说话的工具”，正如科学管理之父泰勒所说，人如同机器上加满了油的“齿轮”。随着工业化步伐的加快和科学技术的进步，对人与物的认识逐步发生了一些变化，开始重视对人的研究和人的作用的发挥，但从理论到实践上并没有把人的因素置于物的因素之上。

随着科学技术的迅猛发展，国内、国际竞争加剧，公司规模扩大，劳动力教育水平不断提高，员工对于生活满意度有了更多的关心，劳动力构成（其中妇女就业的增加）也发生了变化，这些压力都导致了对“人”与“物”的重新认识。此时的人事管理开始从组织的角度对人给予更多的关注，在人员管理上采取更长远一些的观点，不仅仅把人看作一种可变的成本，而且当作一项潜在的资本、一种特殊的资源，这标志着传统的人事管理已转变为人力资源管理。

因此，一些国家纷纷改革已经实行多年并富有成效的一套人事制度，来适应新科学技术革命和人力资源开发的形式。

例证 1-3

日本传统人事制度改革

日本在二战后30年来实行的卓有成效的、被人们肯定的终身雇佣制和年功序列工资制等人事制度，已不适应当前的需要而开始瓦解。日本企业开始研究人事制度改革，加强智力开发，以确保其能够培养出更多的掌握专业知识、能够跨行业、能够进入国际市场的“复合型技术人才”。自20世纪80年代起，人力资源管理不再继续沿用过去传统的部门式人事管理模式。

（赵曙明，倪炜，1996）

（二）人力资源管理的概念及其功能

1. 人力资源管理的概念

人力资源管理是指企业运用现代管理技术和方法，对人力资源的获取（选人）、培育与开发（育人）、保持（留人）、利用（用人）和流动等方面所进行的计划、组织、指挥、控制和协调等一系列管理活动，以实现人与工作的有效匹配，最终实现企业战略、完成企业目标和任务的一种管理行为（Wright，et al，2001）。人力资源管理的最终目标是通过人与工作的有效匹配，促进企业战略的实现。

人力资源管理主要包括十个方面的内容：① 工作分析与设计；② 人力资源规划；③ 员工招聘与选拔；④ 劳动关系管理；⑤ 绩效管理；⑥ 薪酬管理；⑦ 培训与开发；⑧ 员工激励；⑨ 职业生涯规划；⑩ 人力资源会计与人力资源审计。

2. 人力资源管理的功能

人力资源管理具有获取、整合、保持、评价和发展五项基本功能。

（1）获取。根据企业目标确定所需员工的条件，通过规划、招聘、考试、测评、选拔，获取企业所需人员。

（2）整合。通过企业文化、信息沟通、和谐人际关系、化解矛盾冲突等有效整合，使企业内部的个体和群体的目标、行为、态度趋向企业的要求和理念。

（3）保持。通过薪酬、考核、晋升等一系列管理活动，保持员工的积极性、主动性、创造性，维护劳动者的合法权益，为员工提供安全、健康、舒适的工作环境，以增进员工的工作满意度，使他们安心工作。

（4）评价。对员工的工作成果、劳动态度、技能水平以及其他方面进行全面考核、鉴定和评价，并为相应的奖惩、升降、去留等决策提供依据。

（5）发展。通过员工培训、工作丰富化、职业生涯规划与开发，促进员工的知识、技能和其他方面素质的提高，使其劳动能力得到增强和发挥，最大限度地实现其个人价值和对企业的贡献，达到员工个人和企业共同发展的目的。

（三）人力资源管理与人事管理的区别

人力资源管理由传统的人事管理发展而来，深受社会进步、技术水平、经济发展和国家法律及政府政策的影响，作为近二十年来出现的一个崭新的和重要的管理学领域，已经远远地超出了传统的人事管理范畴。具体来说，两者的不同主要体现在以下三个方面。

1. 关注的重心不一样

人事管理以“事”为中心，可以说只见“事”不见“人”。它用分裂的、孤立的而非整体的、联系的观点，仅看见事物的某一方面，看不到人与事的整体性和系统性，强调“事”的单方面的静态控制和管理，管理目的和形式是“控制人”为“事”服务。而人力资源管理则以“人”为核心，强调一种动态的、心理的、意识的调节和开发。人力资源管理的根本出发点是“着眼于人”，其管理归结于人与事的系统优化、人与事的富有成效的匹配，以促进企业实现良好的经济效益和社会效益。

2. 人的地位不一样

人事管理把人视为一种成本，将人当作一种配合机器的"工具"，注重的是投入、使用和管控；人力资源管理把人当作一种"资源"，是社会进步和组织发展的第一资源，注重产出和开发，为此必须对人力资源进行解放、维护、引导和开发。

3. 功能和地位不一样

人事管理是某一职能部门的事，单独行使职能，与其他部门的关系不大；人力资源管理是一个责任共享体系，是上至高管、下至每位基层员工的事。人力资源部门日益成为公司业务和战略决策部门的合作伙伴，地位上升至决策层，其主要职责是制定人力资源规划、开发政策，侧重于员工的培训和潜能开发。人力资源部是规则的参与制定者、推销者，是其他部门的咨询者、帮助者，也是公司的法律专家。表1-2对人事管理与人力资源管理进行了比较。

表1-2　人事管理与人力资源管理比较

比较维度	人事管理	人力资源管理
人的地位	管理的对象	开发的主体
管理哲学	硬管理、重管理	软管理、重开发
管理目的	为组织创造财富	为组织创造财富的同时发展自己
组织结构	金字塔模式	网络化、扁平化模式
管理中心	以事为主	以人为本
管理模式	单一、规范	重视个性化管理
部门地位	响应公司战略管理	战略管理的合作伙伴
物质报酬	与资历、级别相关度大	与业绩、能力相关度大
精神报酬	表扬和精神鼓励	认可、发展空间、自我实现、人际和谐
用人方式	提升缓慢、重资历	竞争上岗：能者上，庸者下，平者让
职业通道	单一	全方位、多元化
管理方式	命令、指挥	沟通、协调、理解
培训目的	满足组合的需要	关注员工个人成长，增加员工人力资本

三、人力资源经理的角色

人力资源经理可被形象地描述为工程师、营销员和客户经理，工程师是人力资源管理专家、心理学家和法律专家的融合，其职责是设计开发产品和服务；营销员需要把工程师设计和开发的产品和服务推销给客户；客户经理需要处理来自内外部客户的"投诉"，并提供帮助、安抚、咨询等服务。

摩托罗拉公司提供的人力资源产品和服务

摩托罗拉公司提出人力资源客户经理的全套解决方案。企业向员工提供的产品与服务主要包括以下五项。

（1）共同愿景。通过提供共同愿景，将企业的目标与员工的期望结合在一起，满足员工的事业发展期望。

（2）价值分享。通过提供富有竞争力的薪酬体系及价值分享系统来满足员工多元化的需求，包括企业内部信息、知识、经验的分享。

（3）人力资本增值服务。通过提供持续的人力资源开发、培训，提升员工的人力资本价值。

（4）授权赋能。让员工参与管理，授权员工自主工作，并承担更多的责任。

（5）支持与援助。通过建立支持与求助工作系统，为员工完成个人与组织的发展目标提供条件。

（刘辉，2010）

在日常管理中，人力资源经理主要扮演以下五种角色。

1. 高层参谋者

人力资源管理部门的任务之一是为高层领导战略决策提供信息，包括反映员工想法、外部环境的影响以及企业如何保持竞争力。

2. 职能管理者

通过履行专业化的职能管理活动，拟定各项人力资源规划，制定人力资源管理方针、政策、制度和程序，监督执行并对执行结果进行评估分析，提供人力资源管理方面的个案处理意见，为其他部门的人力资源管理活动和人力资源开发提供依据。

3. 监控者

在与各部门有效沟通与协调的基础上，根据评价指标评估部门绩效；监控每个部门的人力资源开发与利用状况，提出改进意见。

4. 协调者

承担组织内部各部门、领导与员工、组织与外部环境沟通的任务；协调员工与组织的关系，处理劳动争议等。

5. 服务者

为各部门提供支持性服务，包括技术支持、沟通技能、政策咨询及员工服务。

随着战略性人力资源管理时代的到来，人力资源经理承担起了新的角色，主要包括战略伙伴、专家顾问、员工帮助者、变革推动者等角色，具体内容如表 1-3 所示。

表 1-3 人力资源经理新角色

角色	行为	结果
战略伙伴	企业战略决策的参与者，提供基于战略的人力资源规划及系统解决方案	将人力资源纳入企业的战略与经营管理活动当中，使人力资源与企业战略相结合
专家顾问	运用专业知识和技能研发企业人力资源产品与服务，为企业人力资源问题的解决提供咨询	提高组织人力资源开发与管理的有效性，营造支持性的创新氛围

续表

角　　色	行　　为	结　　果
员工帮助者	主动与员工沟通，及时了解员工的需求，为员工及时提供支持	提高员工满意度，提升员工的组织认同感和归属感，增强员工的忠诚感和组织承诺
变革推动者	参与变革与创新，进行组织变革（并购与重组、组织裁员、业务流程再造等）过程中的人力资源管理实践	提高员工对组织变革的适应能力，妥善处理组织变革过程中的各种人力资源问题，推动组织变革进程

四、人力资源管理责任

（一）直线经理与人力资源经理的责任比较

人力资源经理至少在四个方面支持着直线经理：① 工作的人性化，包括工作的丰富化、操作的简化、工作轮换制；② 按工作绩效付酬，包括公平付酬、能力主义、实际成效；③ 弹性工作时间，如解决由于交通不便、停放车困难、生物钟不同等导致的问题；④ 员工职业生涯计划，如满足员工对职业培训的需求，解决工作中的压力，做好退休前的准备等。

直线经理与人力资源经理的责任可以从员工吸引、录用、保持、发展、评价、调整等六个方面进行比较，如表 1-4 所示。

表 1-4　直线经理与人力资源经理的责任比较

职能比较维度	直线经理责任	人力资源经理责任
吸引	提供工作分析、工作说明、最低合格要求的资料，使各单位人事计划与战略计划相一致	工作分析，人力资源计划，招聘、赞助性行动
录用	对工作申请人进行面试，综合人力资源部门收集的资料，做最终录用的决定	遵守法律及相关规定，发收申请表，笔试、背景调查、对他人介绍进行检查、身体检查
保持	公平对待员工，疏通关系，面对面解决争端，提倡协作，尊重人格及按贡献评奖	酬劳及福利、劳工关系、健康安全以及员工服务
发展	在职培训、工作丰富化、师带徒活动、激励方法的应用、给下属的反馈	技术培训，管理发展与组织发展、职业培训、咨询
评价	工作评价、士气调查	研究工作绩效系统和士气评价系统，人事研究与审核
调整	纪律处分、解聘、提升、调动	临时性解聘、退休咨询以及解聘前代谋新职的方针

（二）人力资源管理责任共享

人力资源管理是一个责任共享体系，企业中的每一位员工都承担着责任，如表 1-5 所示。

表 1-5　人力资管理责任共享

职　　务	角 色 定 位	责　　任
高层管理者	人力资源管理战略倡导者、人力资源政策制定者、领导团队的建设者、人力资源政策导向把握者、自我管理者	高层从大局着眼把握未来人力资源管理发展方向，倡导企业高级管理者都关心人力资源问题，承担人力资源管理责任
人力资源部	人力资源开发与管理方案的制定者、人力资源政策和制度执行的监督者，人力资源管理人员的专业化	人力资源部门从权力机构转变为专业化秘书、咨询机构，对企业人力资源管理起到决策支持作用
直线管理者	人力资源政策执行者、人力资源具体措施的制订者、人力资源管理氛围的营造者	在现有直线职能管理体制下，各中心、部门主管是人力资源和企业文化最直接的体现者，应承担相应的职责
基层员工	自我管理开发与管理者	由他律到自律，自我开发与管理；心理契约、团队管理、学习型人才与学习型组织、职业生涯管理、跨团队职能合作

五、人力资源管理学科群

尽管人力资源管理的发展史只有几十年，但是已经衍生出了相应的学科群，这也是专业化分工的必然结果。人力资源管理学科群如表 1-6 所示。

表 1-6　人力资源管理学科群

学 科 名 称	主要研究内容
人力资源管理学	以人力资源管理与开发的一般流程为主线，全面介绍人力资源管理的基本原理、原则和方法，系统阐述人力资源管理的各个职能
人力资源管理哲学	探讨企业中对人的认识和假设，对人的行为的认识和假设，以及高层管理思想和理念、价值观及其对企业效益和发展的影响
人力资源管理经济学	以经济学的原理与方法，探讨企业人力资源管理问题，以严谨的经济理论和实证分析为基础，使人力资源管理与企业经济效益紧密结合
人力资源管理会计学	认为人力资源是第一资源并可计量价值，把人力资源投资者看作资本而不是费用，将员工视为企业资产而给出员工价值，采用标准的会计原理去评价员工价值的变化
人力资源管理审计学	是传统审计的延伸，通过采用、收集、汇总和分析较长时间内的深度数据来评价人力资源管理绩效
项目人力资源管理	建设项目管理班子的一整套理论、原则、技术和方法。它不是人事管理，属于项目经理（负责人）的职责，具体包括三个方面：组织规划、建立项目管理班子和进行项目管理班子建设，是直线经理参与人力资源管理的典型
人才学	主要研究人才的标准和作用，人才成长的规律，如何选才、育才、用才和留才
人力资源管理评估学	对人力资源管理总体活动进行成本—效益测量，并与组织过去的绩效、类似组织的绩效、组织目标进行比较
人力资源管理法学	研究人力资源管理工作中的相关法律，以合法地、高效地进行人力资源管理实践。相关法律包括《劳动法》《合同法》《权益保障法》《职业病防治法》《安全生产法》《工伤保险条例》《保险条例》《最低生活保障条例》等

续表

学 科 名 称	主要研究内容
人力资源管理营销学	把员工当作内部顾客，借鉴营销学的思想与工具进行人力资源管理。人力资源管理需要销售人才、销售制度、销售企业文化，影响和说服领导、业务部门，得到领导、其他部门和员工的认同；人力资源管理需要营销和服务的意识、方法和技术

六、人力资源管理面临的挑战及发展趋势

在知识经济时代，科学技术和人才的竞争是知识经济社会的内在规律。

（一）人力资源管理面临的新挑战

当今时代，人力资源管理面临的主要新挑战包括以下八个方面（童汝根，杜鑫，2011）。

1. 适应竞争加剧的需要

随着市场竞争的加剧，对企业提出的要求是：如何建立和运作能够更快速地对顾客做出反应的组织，以及通过降低成本和加速增长来创造利润。这就对企业整合各种资源的能力以及员工所表现出来的核心能力提出了更高的要求，因此对人力资源管理能力的要求在不断提高。

2. 全球化的挑战

更多的企业开始面对在全球范围内的竞争，在更大范围内实现人力资源的配置，包括战略性稀缺高技能人力资源的配置以及需要管理多元化的员工与价值观，这些都对人力资源管理能力提出了新的要求。

3. 人力资源主体的挑战

人力资源管理主体由单一化的工人群体转变为多样化的员工群体，知识型员工成为员工队伍的主体。对于 20 世纪 80 年代和 90 年代出生的新生代员工的管理等方面提出了新的要求。新生代员工中大部分具有知识型员工的特性，因此要求对其的管理方式进行变革。

4. 新技术带来的挑战

移动互联网、大数据、云计算、虚拟空间、人工智能等一系列新的技术的应用为工作带来了便捷，同时也使我们需要重新定义工作和组织的本质。这也提出了新的管理问题：在跨越时空的环境中，如何对员工进行监控、指导？如何体现人文关怀？如何贯彻企业文化？

5. 组织变化带来的挑战

组织变革中最重要的是文化融合与变革（组织扁平化、组织结构分立化、组织结构柔性化等）。这其中涉及人力资源优化管理的问题，且该问题对传统的人力资源管理具有挑战性。

6. 人力资源部门被取代和边缘化的挑战

目前，人力资源管理的一些传统型职能可以通过外包、自助化服务、电子化人力资

源管理系统等方式实现。例如，有的公司采用了人力资源管理信息系统，能够更加快捷地处理许多烦琐的事务性工作，但同时也使得人力资源部门的价值受到挑战。

7. 赢得员工的满意、承诺与主动性

员工满意度的提高，会连带提升顾客满意度，进而提高企业的财务业绩。社会心理学家卡茨和卡恩（Katz，Kahn，1966）曾经指出，有效运作的组织需要做出三方面行为：① 加入并留任在组织中；② 可靠地完成角色要求的职责；③ 做出角色要求之外的创新的和主动的行为。因此，人力资源管理作为影响员工的态度和行为的管理实践，在赢得员工满意、承诺和主动性方面要做的努力是永无止境的。

8. 培育和发展核心能力

获取竞争优势需要组织具有核心能力。核心能力包括硬性的能力（如技术）和软性的能力（如灵活应变的能力、吸引和留住人才的能力）。软性的能力更难获取和模仿，而人力资源管理是帮助企业获得软性能力的重要途径。

（二）人力资源管理的发展趋势

在这个瞬息万变的时代，人力资源管理的应对策略就是以变应变，人力资源管理有以下十个新的发展趋势（李磊，2018；童汝根，杜鑫，2011）。

1. 人力资源管理全球化

目前，组织竞争领域扩展到全球，越来越多的组织实现了全球化。组织的全球化，必然要求人力资源管理策略的全球化。全球化要求企业拥有全球视野和战略眼光，重视全球化人才的培养，开放的心态和学习力，致力于建立系统化的组织管理与制度体系，不断追求创新的产品或服务。

2. 人力资源管理虚拟化

信息化时代和知识经济时代使得家庭办公、网络办公、协同工作等工作方式逐渐流行，对应的人力资源虚拟化管理也成为一种趋势。人力资源虚拟化管理作为适应信息化、网络化发展的企业组织管理的一种策略，是人力资源管理的一种新趋势，它可使企业运用自身员工的优势和有限的资源，最大限度地提高企业的竞争能力，使人力资源管理工作变得更加具有弹性和战略性。

3. 人力资源管理职业化

人力资源管理已经成为一种职业，在全球正朝着更为职业化与专业化的方向发展。中国推出了注册人力资源管理师（CHRP）和企业人力资源管理人员国家职业标准。人力资源专业与其他专业一样，具有成熟的知识结构体系及对行为解释的规范和准则，人力资源职业中更具胜任力的从业人员人数将会大大增加。

4. 人力资源管理战略地位日益提高

新形势下，人力资源管理要为组织战略目标的实现承担责任，人力资源是组织最重要的资源。人力资源管理在组织中的战略地位上升，成为整个组织的战略性工作之一，是组织高层和决策机构必须关注与参与的管理活动。因而所有组织在设计自己发展战略的时候，都将组织和部门战略与人力资源战略统一起来为组织战略决策服务。

5. 人力资源开发成为培育企业核心竞争力的源泉

企业核心竞争力是一个以技术创新能力为核心的复杂系统，包括生产、营销、服务和管理等多种能力。这些能力的提升主要取决于人力资源的开发状况。因此，企业核心竞争力的根本取决于人力资源的开发和激发员工的创造力。知识经济时代处于以服务为基础的经济环境当中，企业间的竞争越来越体现在培育和应用有限的知识和专长能力方面。

6. 知识型员工管理成为人力资源管理的重心

在新经济时代和创业型经济时代，企业成为经济发展的主导因素，企业的核心是人才，人才的核心是知识创新者与企业家，两者均为知识型员工。人力资源管理面临的新三角是知识型员工、知识工作设计和知识工作系统。人力资源管理需要关注知识型员工的特点，重点是如何合理开发与有效管理知识型员工，对其采用不同的管理策略。

7. 企业与员工关系转变为战略合作伙伴关系

随着法律制度的完善和员工维权意识的加强，企业与员工的关系由过去的资本与劳动不对等雇佣模式转变为以劳动契约和心理契约为双重纽带的战略合作伙伴关系。除了依据市场法则确定员工与企业双方的权利义务关系，还要求企业与员工一道建设共同愿景，在共同愿景基础上就核心价值观达成共识。

8. 双基点复合式人力资源管理

早期基于职位的人力资源管理系统难以适应以知识型员工为主导的能力发展需求，组织的管理实践对人力资源管理提出了新的要求，基于能力的人力资源管理应运而生。单一的、基于岗位的人力资源管理或者基于能力的人力资源管理都不能解决目前复杂的人力资源管理问题。人力资源管理发展的未来进入基于能力和职位的复合式人力资源管理阶段。复合式的人力资源管理有双重的基点，即职位管理系统和胜任能力系统。

9. 流程化人力资源管理

流程化人力资源管理包括两个方面：一是人力资源管理的流程化，二是适应流程优化的人力资源管理模式。

人力资源管理的流程化体现在有效管理组织的同时，实现人力资源管理程序的标准化，确保每位员工都受到相同而公平的对待，其实质是适应企业面临的各种环境，对人力资源管理的职能进行程序化运作。

适应流程优化的人力资源管理模式，要求企业在不断审视和改进自身业务流程的同时，发展员工的技能和能力，改进人力资源管理模式。企业生产或服务流程优化的实质是不断将新技术应用到服务或生产的实践中，以不断提高企业的运营效率，并最终获取持续的竞争优势。

10. 人力资源管理外包

近年来，专门为企业提供人员招聘、培训和绩效考核等职能的人力资源服务机构大量出现，表明人力资源管理已有外包需求。人力资源管理外包是指将组织的人力资源管理部分职能委托给组织以外的专门公司来承担。其主要内容包括招聘、培训、薪酬和绩效考核等方面的方案设计及具体实施。人力资源管理外包减少了组织人力资源的管理成本，能直接得到人力资源管理专家的专业化指导和服务，增强了人力资源管理的公平性和科学性。

第三节　中国人力资源管理的发展

西方发达国家经历了工业革命，理论和实践都走在世界的前沿。中国关于人力资源管理的研究起步相对较晚，但随着中国社会主义市场经济的发展，现代的企业管理理念逐步被中国企业所接受，并逐渐应用于企业管理实践。

一、中国人力资源管理的发展阶段

中国人力资源管理理念基本上紧跟世界的前沿理论，管理实践总体上参差不齐，人力资源管理处于激烈的转型之中。结合中国的特殊国情，每次劳动合同法的颁布都可以看作中国人力资源管理发展的历史拐点。据此，中国人力资源管理发展经历了以下四个阶段。

（一）行政性人事管理阶段

在 1994 年《中华人民共和国劳动法》（以下简称《劳动法》）颁布以前，我国人力资源管理处于传统性劳动人事管理阶段，注重静态的管控，把人力资源视为“工具”，关注的是“工具”的使用、成本的控制，其理念和实践上远落后于发达国家。与此同时，也有一些专家和学者已经开始在高校讲授人力资源管理课程，并对人力资源管理的相关理论进行了研究（廖泉文，1991）。

例证 1-5

富士康的行政性人事管理

富士康在 1974 年还是以生产电视机塑料旋钮起家的小品牌，经过三十多年的发展，如今已成为全球 IT、消费电子产品制造领域毋庸置疑的霸主。据统计，2019 年，富士康在中国大陆的员工有几十万人之多。

军人出身的郭台铭，对富士康一直实行严格的军事化管理。这种模式有严格的等级制度，下级必须服从上级，有极度强调执行力的“目标管理”，对员工有严格的奖惩机制，同时，这种高强度的压力自上而下地传导。在过去二十多年里，这样的管理方式一直行之有效，为富士康创造了高效益的生产神话。但近几年，特别是 2010 年员工自杀事件频频发生，新一代员工并不能适应富士康这种缺乏尊重和个体关怀、管理严苛的工作环境。高压式的准军事化管理体系虽然看似符合公司的整体战略，但与现代化的企业管理体系已经不相符合。

富士康的人力资源管理仍处于行政性管理阶段，把员工仅仅看作生产的成本和获取经济利润的工具，只是履行人员录用、定岗、报酬、调动、退休等行政化的工作，而忽视了对员工的积极性、创造性的开发和系统管理，其工作偏简单、粗放，绩效考评流于形式，企业传统行政性人事管理必然会制约企业竞争力的提高。

（林祺龙，2010）

（二）规范化人力资源管理阶段

在《劳动法》（1994年通过，1995年实施）颁布后与《中华人民共和国劳动合同法》（以下简称《劳动合同法》，2007年通过，2008年实施）颁布前这段时期内，中国人力资源管理实践上经历了经验管理科学化、规范化的过程，国内人力资源管理专家和学者出版了一系列的翻译和本土化的人力资源管理著作。这个阶段是中国人力资源管理摸索、借鉴、本土化的蓬勃发展阶段。

（三）法制化人力资源管理阶段

以中国共产党的十七大报告和《劳动合同法》为标志，中国进入了法制化人力资源管理的新阶段。党的十七大报告主要在教育培训（即提升国家人力资本存量）、促进就业（即提高人力资本使用效率）、收入分配（即完善人力资本价值分配）、用工形式等方面对国家和企业的人力资源管理提出了更加明确的目标和要求。

继2007年6月29日颁布《劳动合同法》后，8月30日颁布了《中华人民共和国就业促进法》（以下简称《就业促进法》），12月29日颁布了《中华人民共和国劳动争议调解仲裁法》（以下简称《劳动争议调解仲裁法》）。随着法制建设的逐步完善及其关注面的提升，人力资源管理规范化加速。应该说，法制化是规范化的最高形态，同时也是中国人力资源管理走向规范化的刚性约束力和推动力（林新奇，2008）。

（四）精细化人力资源管理阶段

2009年以来，随着经济的发展和社会的进步，与人力资源相关的法律法规也日趋完善，执法力度不断加大，同时，雇员的维权意识也在逐渐增加，企业用工违法违规的风险和成本也越来越大。因此，只有进行人力资源规范化和精细化管理，才能有效地帮助企业减少用工风险和成本。人力资源精细化管理是基于人性化的管理理念，在日常规范化管理的基础上，采用精细化管理思想和方法，以较少或同样的人力资源投入，达到人力资源效益的极大化（陈国海，2016）。

人力资源精细化管理的目标体现为取得员工最大使用价值。员工使用价值的最大化也就是员工的有效技能最大限度的发挥；充分发挥员工最大的主观能动性，通过建立一套科学合理的激励机制，最大限度地发挥员工的工作积极性和创造性；大大降低人力资源使用成本，通过建立过程控制和科学的核算机制，降低人力资源使用成本。构建人力资源精细化管理体系是实现人力资源由传统管理向现代化管理转变的必经途径，通过有效的岗位分析、配置以及激励机制，提高员工工作效率，最大限度地提高员工的主观能动性和使用价值，同时，通过科学的管理体系的建立吸引和留住人才，为企业发展提供人才保障。

二、中国人力资源管理师职业考试

2019年1月25日，人力资源和社会保障部职业技能鉴定中心发布〔2019〕1号文件，通知规定自2019年4月2日起，该中心不再组织企业人力资源管理师全国统一鉴定工作，但2019年5月18日是全国补考的最后一次国考。2019年11月起的新考生报名、考试与鉴定工作，均由各省市人力资源和社会保障厅职业技能鉴定中心负责。

（一）申报条件

1. 企业人力资源管理员（国家职业资格四级）

（1）取得技工学校本专业或相关专业毕业证书或取得经评估论证、以中级技能为培养目标的中等及以上职业学校和技术学校本专业或相关专业毕业证书（含尚未取得毕业证书的在校应届毕业生）。相关专业是指工商企业管理、行政管理、管理科学、劳动与社会保障、劳动经济、劳动关系等专业。

（2）累计从事本职业或相关职业工作4年（含）以上。

2. 助理人力资源管理师（国家职业资格三级）

（1）取得本职业或相关职业四级/中级工职业资格证书（技能等级证书）后，累计从事本职业或相关职业工作5年（含）以上。

（2）取得本职业或相关职业四级/中级工职业资格证书（技能等级证书）并具有高级技工学校、技师学院毕业证书（含尚未取得毕业证书的在校应届毕业生）；或取得本职业或相关职业四级/中级工职业资格证书（技能等级证书）并具有经评估论证、以高级技能为培养目标的高等职业学校本专业或相关专业毕业证书（含尚未取得毕业证书的在校应届毕业生）。

（3）具有大学专科本专业或相关专业毕业证书，并取得本职业或相关职业四级/中级工职业资格证书（技能等级证书）后，累计从事本职业或相关职业工作2年（含）以上。

（4）具有大学本科本专业或相关专业学历证书，并取得本职业或相关职业四级/中级工职业资格证书（技能等级证书）后，累计从事本职业或相关职业工作1年（含）以上。

（5）具有硕士及以上本专业或相关专业学历证书（含尚未取得毕业证书的在校应届毕业生）。

3. 人力资源管理师（国家职业资格二级）

（1）取得本职业或相关职业三级/高级工职业资格证书（技能等级证书）后，累计从事本职业或相关职业工作4年（含）以上。

（2）取得本职业或相关职业三级/高级工职业资格证书（技能等级证书）的高级技工学校、技师学院毕业生累计从事本职业或相关职业工作3年（含）以上；或取得本职业或相关职业预备技师证书的技师学院毕业生累计从事本职业或相关职业工作2年（含）以上。

（3）具有大学本科本专业或相关专业学历证书，并取得本职业或相关职业三级/高级工职业资格证书（技能等级证书）后，累计从事本职业或相关职业工作2年（含）以上。

（4）具有硕士本专业或相关专业学历证书，并取得本职业或相关职业三级/高级工职业资格证书（技能等级证书）后，累计从事本职业或相关职业工作1年（含）以上。

（5）具有博士本专业或相关专业学历证书，累计从事本职业或相关职业工作2年（含）以上。

4. 高级企业人力资源管理师（国家职业资格一级）

取得本职业或相关职业二级/技师职业资格证书（技能等级证书）后，累计从事本职业或相关职业工作4年（含）以上。

（二）报考程序和报考时间

1. 报考程序

（1）在各省和劳动保障厅职业技能鉴定中心或代理机构报名；

（2）由各省职业技能鉴定中心审核报名条件；

（3）审核通过后，交考试费用，缴齐费用后领取准考证；

（4）参加全省统一考试，考场由各省职业鉴定中心组织安排；

（5）考试结束后，三个月至四个月内通知考试结果并发放证书（未通过者可以参加补考）。

2. 报考时间

（1）5月全省统一鉴定；报考时间：3月中旬；资格审核时间：报考结束后的5～10天。

（2）11月全省统一鉴定；报考时间：9月中旬；资格审核时间：报考结束后的5～10天。

特别地，大多数省份一年考两次，个别省份一年考三次。

（三）人力资源管理师鉴定、证书和性质

1. 鉴定

鉴定分为理论知识考试和技能操作考核两部分。理论知识考试和技能操作考试采用闭卷笔答方式，考生在答题卡上作答。理论知识考试与专业能力考核均实行百分制，成绩皆达60分及以上者为合格。二级人力资源管理师和一级人力资源管理师考核还须进行综合评审。

2. 证书

按照“社会效益第一，质量第一”的原则，职业资格双认证工作在自愿参加的前提下，实行全国统一标准、统一教材、统一命题、统一鉴定时间、统一证书核发。凡考核合格者，由劳动和社会保障厅颁发相应等级的职业资格证书，并实行统一编号登记管理，在国家职业资格证书全国联网查询。

3. 性质

企业人力资源管理师资格认证考试属中华人民共和国劳动和社会保障部举办、全省统一考试、政府认证的资格考试。它是从事人力资源管理工作的国家标准。由于证书颁发方（国家人力资源和社会保障局和当地职业技能鉴定指导中心）的权威，该证书获得了企业一定的认可，已逐步成为人力资源工作者的从业资格证书。当然，该课程体系的有效性和实用性也受到一定程度上的质疑。

三、中国特色人力资源管理

（一）中国国有企业人力资源管理

国有企业是中国特色社会主义经济发展的主力军，是经济建设的中坚力量。人力资

源管理作为国有企业经济管理工作的重要组成部分，在新时代，国有企业首先需做好人力资源管理工作，发挥好员工的积极性、能动性和创造性，然后才能促进企业经济长久发展目标的实现。

1. 与党建工作联系密切

与党建工作融为一体的人力资源管理是具有中国特色的一场管理革命。许多大型国有企业集团在企业党群工作持续加强的基础上，已经把人力资源管理作为企业全部工作的重要内容积极推进，而且设立了人力资源管理部，或“两块牌子”一套人马，有的将其列入企业发展规划。比如，上海宝钢大力推行用户满意战略，已经形成了具有宝钢特色的“用户满意文化”，而 “三高一流”（党员的思想政治觉悟高于群众、操作业务技能高于群众、生产工作业绩高于群众、培育一流的党员队伍）作为党建工作实践活动的创新，已成为宝钢企业党建工作和人力资源管理以及核心竞争力的重要组成部分（龚上倖，2013）。

2. 受儒家文化影响深远

儒家修齐治平的入世思想对国有企业的人才理念影响颇深，许多中国国有企业都以对国家、对民族的强烈责任感来激励员工、吸引人才。用人时除了注重个人才能、要求任人唯贤，还强调德才兼备，尤其是对于管理层和领导者，更注重以德为先。此外，由于吸纳了强调的“和谐的管理”与 “权变的管理”的中庸之道，国有企业人力资源管理采取了两者有机结合，就是当代的柔性化管理（曾捷英，2009）。

3. 受国资委的引导和监管加强

劳动生产率是国资委考核央企的一个重要指标，许多国企对于国资委刚性控制的职工薪酬项目，比如工资总额，就会按照国资委要求如实反映企业实际情况、积极申报，争取最大支持（刘晓莹，2016）。此外，2019 年出台的《中央企业负责人经营业绩考核办法》中，国资委突出了对央企负责人经营业绩在效率效益、创新驱动、实业主业、服务保障这四个方面的考核，从而对中央企业加快实现高质量发展起到一个重要的“指挥棒”作用（沙璐，2019）。

相比于私企，国企的福利待遇更有保障，这也是国企招聘常常出现爆满情况的原因。国资委不仅起到了规范企业劳动关系和用工制度的作用，同时还会要求国有企业积极履行社会责任。针对严峻的高校毕业生就业形势，国资委重点推进应届高校毕业生到岗就业，通过国家和本市重点项目育人、校企合作、青年见习基地、开展大学生就业专项服务等形式，确保大学生最终录用并实现就业，积极为企业的后续发展储备人才。

由于我国国企招聘人员意识较为陈旧，某些国企招聘中仍然只注重应聘者的学历、职称等，而忽视应聘者自身的实践能力。再加上对招聘工作的不重视，缺乏科学、长远的招聘计划，招聘过程缺乏完整的评估流程，很多国企招聘人员仅仅从个人的主观感觉出发进行考虑，导致国有企业的人员结构缺乏整体性和系统性（余红丽，张丽丽，姚永，2018）。中央企业作为国有企业中的翘楚和支柱，人才流失一度到了相当严重的程度。国资委为解决国企人才流失的困局，除了每年会定期为其中高层领导者选拔组织国内外的公开招聘，吸纳大量的海外人才，还相继为各大中央企业建设国家人才的创新基地，从而为更好地培养中央企业人才提供条件（刘晓莹，2016）。

4. 牵头面向全球一体化的国际人力资源管理

在新时代中国特色社会主义市场经济框架下，国企在“一带一路”建设中起到领头羊的作用。国门进一步开放，改革进一步深化，国外先进的人力资源管理理念和管理模式对国内国有企业的人力资源管理产生强烈冲击，企业在人力资源市场上的角逐对手不再只局限于国内的企业（姜金平，2018）。

从人力资源管理的角度来说，全球化对国企产生了一定的影响。在这些影响中，既有正面的影响，也有负面的影响。从正面影响来看，全球化带来了可以借鉴的人力资源管理经验，可以提升国企人力资源管理的水平；从负面影响来看，全球化对国企人力资源管理提出了更高的要求，由于国企人力资源管理水平尚一般，这在一定程度上决定了国企在国际竞争中处于相对弱势地位。

国企自身属性决定了它们应该尤其要重视人力资源管理，搞好人力资源管理也是打造有国际竞争力企业的重要一步。“以人制胜”的观念在竞争中会立于不败之地。国有企业要创造良好环境吸引人、留住人，必须营造良好的内外部人力运行环境，特别是内部软环境建设，塑造企业形象，强调尊重人、理解人、关心人、爱护人，倡导具有企业特色的企业文化以及职业道德规范，以此来统一员工思想、观念、行为，激励大家奋发向上；要为企业内各层次间增加相互接触机会，加深相互了解，减少隔阂，缓和紧张的工作气氛，协调一切力量为企业谋发展（王振华，2014）。

例证 1-6

中粮集团——组织战略契合视角下人力资源管理体系构建

从2005年起，中粮人力资源管理在战略契合的理念下开展的工作，卓有成效地配合了战略转型，受到普遍称赞。

中粮集团战略人力资源管理体系的构建可区分为两个阶段。在重塑期，中粮首先以理念转变启动战略转型。积极扩建忠良书院作为公司的培训中心，优化公司培训工作的硬件条件。然后以组织架构的调整落实战略转型。按照业务逻辑和专业化管理要求，形成了九大业务板块。最后以经理人评价体系（KAAPP，Knowledge-Ability-Attitude-Personality-Performance）和构建与市场接轨的薪酬激励体系推动战略转型。在夯实期，中粮人力资源管理与战略进一步有机联系，提出构建以战略为中心的人力资源开发体系，通过建立基于商业驱动力的领导力模型，然后以领导力模型为核心构建人力资源体系来形成整合性人才开发与培养体系，构造以人才发展为主线、以业绩为导向的人力资源管理体系，从而提升企业核心竞争力。

2008年入选《中国企业家》“2008最佳CEO摇篮公司”，2009年公司获中国人力资源新年报告会“最佳雇主领导力学院奖”等，均是对中粮集团战略人力资源管理工作的充分肯定。

（刘向阳，吴超，2013）

（二）中国民营企业人力资源管理

1. 民营企业的特点

改革开放四十多年来，民营企业为中国特色的社会主义建设做出了突出的贡献，已成为国民经济的重要组成部分。民营企业能够得到如此迅速的发展，除国家政策的扶持外，民营企业自身的优势也起到了很大的作用。

（1）民营企业内部产权清晰。民营企业是私有制企业，其内部产权自然是清晰的。具有这样性质的企业，完全是自主经营，自负盈亏。

（2）民营企业具有充分的灵活性和竞争性。民营企业作为非国有制经济，无法得到像国营企业那样的优惠政策扶持，所以民营企业是完全在市场经济中生存和发展，具有很强的市场竞争性，在投资、生产、销售、分配等各个方面表现出极大的灵活性。

（3）民营企业具有完全的市场导向。民营企业的经营目标就是实现资本增值，追求资本收益最大化，有将其利润进行再投资以实现进一步的资产增值的内在投资欲望。在这一目标的驱动下，民营企业最大的特点是其经营活动完全以市场为导向，将资本向市场需要的产品上转移，将资本投到边际生产率高的产业（吕莎莎，2013）。

但是，也是由于民营企业自身的特点，使其不得不面临一些国企所没有的挑战。

（1）家族式管理。我国民营企业普遍采用的管理模式是源于浓厚的中国传统文化的家族式管理模式，重要职位由家族成员担任，实行集权化领导、专制式决策。但当企业发展到一定规模，向现代化、国际化和集团化发展过程中，这种家族式管理模式越来越暴露出局限性，甚至成为制约企业发展的“瓶颈”。

（2）权力集中。创业初期这种领导作风可以降低企业内部的交易成本，但后期发展规模大到一定程度时，由于缺乏集体决策的机制，尤其缺乏来自内外有效的监控、反馈和约束机制，加上民营企业家个人的综合素质还不够全面，决策的正确性和准确性就会大打折扣。

（3）管理体系不健全。有相当多的民营企业没有健全的规章制度，人治现象普遍存在。也有些民营企业虽然制定了规章制度，由于是从其他大企业生搬硬套来的制度，与企业的实际情况不符，使得制度形同虚设，无法照章行事（王金花，2012）。

2. 民营企业的人力资源管理

（1）民营企业的人才招聘。大部分民营企业在招聘中采用“岗位-需求匹配”招聘模式，从岗位需求出发，招聘选拔中关注应聘者的 知识、技能，强调岗位与人的能力相匹配（童石荣，2017）。民营企业的主流招聘渠道一般有人才服务中心、现场招聘会、传统媒体、招聘告示和校园招聘等五种。

（2）民营企业的员工培训。民营企业员工培训缺乏规划，虽然每年有一定的计划安排，但针对性不强，培训后员工在实际应用中效果并不理想。此外，由于民营企业管理者对员工培训的投入存在较大顾虑，因此民营企业中的员工培训费用比重较低、培训种类较少（樊颖娟，2010）。

（3）民营企业的绩效考核。民营企业员工绩效考核存在绩效考核短期化、绩效管理盲目和轻视绩效管理三个方面的问题。坚持伞面的、系统的与辩证的观念，切实把让绩效考核落到实处，应成为民营企业开展绩效考核工作的基点（袁鹏飞，2012）。

（4）民营企业的企业文化。近年来，民营企业逐渐认识到企业文化在企业发展过程中的重要作用，纷纷着手构建适合本企业的独特企业文化。由于民营企业家在企业中所处的特殊地位及其对自己企业的透彻了解和准确定位，民营企业家在企业文化建设中通常起到了重要作用，对企业价值观和企业精神的培育和形成起着决定的作用，是企业文化的设计师（李书进，2005）。此外，在民营企业健康发展的过程中，思想政治教育和党建也发挥着举足轻重的作用。思想政治教育在民营企业文化建设中具有协调、提供精神动力和支持保证的作用，有效指引着企业朝着正确的方向前进和发展（石志民，2012）。

碧桂园人力资源管理

碧桂园集团的品牌实力备受各界认可，既是中国民营企业500强之一，也是《财富》世界500强榜单中排名提升最快的中国企业之一。

优秀人才是企业可持续发展的原动力，是不可或缺的战略性资源。为实现企业可持续经营发展和打造企业核心竞争力，碧桂园全力打造“企业大学”，以企业高级优秀管理人员、国内外一流水平的内外培训团队为师资，利用现代人力资源开发技术，结合适应企业战略而不断设计研发出新型培训及发展项目。通过实战模拟、案例研讨、互动教学等实效性教育手段，培养企业优秀人才，让不同层级、不同领域的员工都能获得对应的培训学习机会，包括“领导力发展项目”、新员工训练营、在职培训等项目，帮助员工成长为极具职业竞争力的房地产行业高级复合型管理人才，体现碧桂园完美的人力资源培训体系。

此外，碧桂园的“领导力发展项目”也是其特色培训品牌项目。该项目致力于打造职业经理人的“黄埔军校”，为公司全国化战略扩张提供高端人才。通过人才评价中心，选拔业绩优良、学习力强、善于思考、具备发展潜力的学员纳入项目中，作为上一级经理人的后备；以“领导力”和“专业能力”两大能力为重，双轨道实施系统的课程体系；以行动学习、基于胜任力要求的360度评估、领导力测评等，不断优化人才库，实现经理人的优胜劣汰，营造培训饥饿状态，塑造唯能者上、优者上的组织氛围。

（碧桂园，2020）

四、中国人力资源管理国际化面临的挑战

随着中国扩大对外开放，实施“一带一路“新举措，更需要国内诸多企业管理形成新的有效策略。由于“一带一路”沿线国家诸多，覆盖人口巨大，企业必须在管理工作上改革，以便于获得更大商机（徐笑君，2017）。

（一）文化冲突与人力资源整合问题

跨国经营必然面对消费者、企业员工、合作伙伴、法律、政治等环境不同的问题尤其体现在文化差异上。这些文化差异集中在语言、行为方式、风俗习惯、价值观念等不同。人力资源管理需要面对劳工关系问题的严重挑战，例如，工会组织、集体谈判、劳

资关系冲突与诉讼等。人力资源整合问题具体体现在：文化融合问题、员工的心理行为问题、制度体系整合问题。

（二）人力资源本土化问题

人力资源本土化是跨国公司获取竞争优势的有效途径，中国企业国际化必然面临怎样扩大本地人才资源，实施人力资源本地化政策，实现跨国企业管理本土化等问题。海外经营的环境、企业本地化战略、本地人才的素质和海外公司对本地人才的需求程度都影响人力资源本土化。

（三）人力资源外派问题

迅速发展的中国跨国企业需要大量的外派人员开拓海外市场，尚未建立起一套系统规范的外派人员管理模式。大多数跨国企业外派效果不尽如人意，普遍存在的问题是外派失败率相对较高、外派人员绩效低和归国人员流失率高。外派失败将给企业和外派员工带来巨大的直接和间接损失。外派问题包括外派人员的配备、授权问题，外派人员的挑选、培训、补偿、工作角色转换和跨文化调整适应，外派人员个人能力、家庭等。

第四节　国际人力资源管理

随着经济全球化的发展，国际经济与贸易发展越来越发达，国际人才交流与跨国商务日益频繁，跨国企业的人力资源管理也趋向全球化。本节探讨国际人力资源管理的发展。

一、全球化与人力资源管理

（一）全球化

全球化是商务超出本国范围的世界性趋势。全球化意味着整个世界经济趋向连为一体，企业可以在任何地区开展经营，与任何对手竞争，而不考虑国家界限。

全球化包括七方面内容，即金融与资本占有的全球化市场与市场战略的全球化、技术和与其相联系的科研与开发以及知识的全球化（全球产业技术标准的日渐统一）、生活方式与消费模式以及文化生活的全球化、调控能力与政治控制的全球化、世界政治统一的全球化和观察与意识的全球化。

（二）全球化与国际人才

全球化的基础和主要内容是经济全球化。经济全球化指商品（包括服务）信息和生产要素跨国流动，各国经济相互依存程度日益加深，世界经济越来越趋于一体化的过程和趋势。这是推动经济全球化的基本因素。但是，在全球化概念中，人才流动的全球化以及人力资源管理与开发的国际化必须予以高度的关注。在经济全球化的概念中，虽然包含着“信息和生产要素跨国流动”的内容，但显然并未特别地强调人力资源的重要性。

全球化是与 IT 产业或知识经济的飞速发展连在一起的。IT 产业或知识经济与人力资源的发展变化密不可分。没有人才流动的全球化以及人力资源管理与开发的国际化，就没有真正意义的全球化。新经济竞争的制高点有两个：一个是技术标准—国际标准；一个是国际人才。在新经济发展的过程中，最为重要的生产要素是人力资本。通过人力资本实现创新，是新经济发展的关键因素。

（三）国际人力资源管理

Harzing, et al.（2010）认为，国际人力资源管理是国际化组织中人员管理的原则和实践。Cullen 和 Parboteeah（2013）认为，当将人力资源管理的功能应用于国际环境时，就变成了国际人力资源管理。Riches 和 Morgan（1990）认为，国际人力资源管理是处在人力资源活动、员工类型和企业经营所在国类型这三个维度之中的互动组合。赵曙明（2012）指出，区分国内人力资源管理和国际人力资源管理的关键变量是后者在若干不同国家经营并招募不同国籍的员工所涉及的复杂性。

虽然国际人力资源管理仍没有统一的定义，但国际人力资源管理的目的却比较明确，包含以下两个方面的内容：① 国际人力资源管理作为管理科学的一个分支，其必须从理论上给予一般人力资源管理以补充和丰富，打通各个不同国家、各种不同制度或文化背景下的人力资源管理之间的隔阂与分离，实现全球化条件下人力资源管理信息的共享和价值理念与操作技术的相互融合与促进；② 作为一个应用性学科，国际人力资源管理在实践上需要帮助企业管理者在跨国经营的条件下克服异质文化的冲突，在不同文化、不同价值观的背景下实现国际人力资源的有效管理，通过在不同的情形中设计出切实可行的组织结构和人力资源管理机制，最合理地配置国际人力资源，最大限度地挖掘和利用国际人力资源潜能，实现全球化条件下企业管理综合效益的最大化。

二、外国人力资源管理

外国对于人力资源管理的认识较早，具有较为丰富的经验。其中尤以欧美和日本的人力资源管理为典型代表。

（一）美国人力资源管理

1. 美国人力资源管理概况

美国人力资源管理模式是几种管理模式中产生最早、发展最完善的，其影响是巨大的，在其他几种模式中都可以找到美国人力资源管理模式的影子。

美国人力资源管理模式，是指以注重劳动力资源的市场配置、自由就业政策、实行制度化的管理、对抗性的劳资关系和强调物质刺激的工资制度为特征的人力资源管理模式，它是现代企业制度、资本主义的大规模生产和精细严密分工的产物。

其发展历程经历泰勒科学管理模式，到霍桑实验的人本管理模式，再到二战以后至今的美国人力资源管理模式。美国人力资源管理模式具有以下几个特点：① 强调发达的劳动力市场在调节人力资源配置过程中的作用；② 详细职业分工的制度化管理；③ 强烈物质刺激为基础的工资福利制度；④ 对抗性的劳资关系。

2. 美国人力资源管理的体系与流程

（1）人力资管管理体系特征。美国人力资源管理体系具有以下四个特征：① 灵活的人力资源配置。美国劳动力市场非常发达，劳动力市场的竞争极为激烈，企业和个人都具有充分自由的选择；② 以详细职位分析为基础的制度化管理。美国企业在管理上的最大特点是职务分工极为细腻，这种分工提高了管理效率，降低了管理成本，是现代企业经营的基础，同时也为美国公司高度的专业化打下了基础；③ 不遗余力的员工培训制度。美国公司对员工培训工作极为重视，较为重视高层经理人员的短期培训，大公司每年花费在这种培训上的费用比例相当高；④ 强烈的以物质刺激为基础的工资制度。

例证 1-8 

IBM 公司薪酬体系特征

IBM 公司的薪酬体系有以下三个特点。

（1）以职位为基础。IBM 强调工资要与职务的重要性、工作的难度相称。公司要根据各个部门的不同情况，根据工作的难度和重要性将职务价值分为五个系列，在五个系列中分别规定工资的最高额与最低额。

（2）以员工的能力和业绩为导向。IBM 强调工资要充分反映每个人的业绩。公司首先要对员工进行业绩考核评价，然后在每个部门甚至全公司范围内进行平衡，就员工的能力和业绩，将被考核者分成几个等级。最后，按照不同的考核等级，确定不同的薪酬水平。

（3）注重市场化运作。IBM 公司强调本公司的薪酬要等于或高于一流企业。这里的一流企业，是指能付给员工一流薪酬的企业。为确保比其他企业拥有更多的优秀人才，IBM 在确定薪酬标准时，首先就某些项目对其他企业进行市场调查，确切掌握同行业其他公司的薪酬标准，然后制定本企业的薪酬水平，以确保本企业的薪酬水平在同行业中经常保持领先地位。

可以说，IBM 公司的薪酬管理体系在一定程度上代表了美国企业的薪酬管理方式。这种方式之所以具有上述特点并代表了美国薪酬管理的普遍设计模式，是有着深厚的文化渊源的。

（资料来源：HR 案例网，http://www.hrsee.com/.）

（2）人力资源管理流程。流程分析是指按照人力资源管理的工作流程进行分析，即从选人、用人、育人、留人、裁人五个环节分析。

① 选人。选人制度的主要特点是以职务分析为基础的自由雇佣制。其具体表现有：以战略为导向分析职位；以战略与职位分析做出人力资源需求计划并进行合理的招聘和选拔；以职位分析确定工作岗位的能力要求并进行雇员甄选，即人岗匹配；自由雇佣或解雇员工，自由择业或辞职；整体经济形势与雇佣紧密相关；员工流动比较频繁；自由雇佣制受到法律和契约的约束。

② 用人。用人制度的主要特点是实行以能力为核心的人才竞争机制，其具体表现有：以职位分析明确工作职责和内容并安排任务；实行优留劣汰制，保持最佳人岗匹配；持

续地对员工进行业绩监督和指导，定期对员工进行工作业绩考核与评价；以能力和业绩为标准实行快速升降制度；采用市场压力型用人机制，提高员工工作积极性；在员工个人间创造竞争气氛。

③ 育人。育人制度的主要特点是以社会教育为主的专业知识与技能培训制度。其具体表现有：社会教育发达；培训工作是大多由社会教育培训机构协助完成的；实行专业化人才培训制度；任职前培训与就职中间培训两种形式相结合；培训设施先进，手段多样化。

④ 留人。留人制度的主要特点是以职位分析和职位评价为基础的职位工资制度。其具体表现有：以战略与职位分析，评价岗位相对价值高低；以职位评价，确定每个职务岗位占有者的薪酬；以定期工作业绩考评确定奖励性报酬和晋升；公平的报酬、客观的考评、快速的晋升、提供发挥能力的舞台以及成就感。

⑤ 裁人。裁人制度的主要特点是以工作绩效考评为其础的员工优留劣汰制度。其具体表现有：实行员工优留劣汰制；比较自由，市场导向；以企业战略、职务分析与业绩考评为依据；以法律和契约为基础。

（二）欧洲人力资源管理

1. 欧洲人力资源管理概况

人力资源管理起源于美国，其许多理论和实践都以美国的特殊背景为研究和发展基础。欧洲人力资源管理模式和美国模式的最大区别在于，欧洲模式在很大程度上受到社会和政府的影响。其人力资源管理具有四个特点：① 其人力资源管理正处于发展阶段，只在某一阶段特定情况下才具有完整意义；② 其人力资源管理与日益扩展并深入到欧洲各国的联合思想并与之紧密相联；③ 其人力资源管理体现了多元和包容的思想，但尚未进步发展；④ 其人力资源管理蕴含了社会平衡理论和社会伙伴思想，与欧洲的传统观有关。

2. 欧洲人力资源管理体系和流程

（1）人力资源管理体系特征。相对于世界上其他国家和地区而言，欧洲国家企业的人力资源管理有许多相似之处，自成一体。由于文化的差异使相当多的欧洲人力资源管理者不能接受源自美国的那套人力资源管理理论与方法，因此欧洲对人力资源管理的理论研究从一开始就充分考虑到自身的政治、经济和文化特点，并力求基于社会基础谋求人力资源与企业战略的结合，提出了独特的欧洲人力资源管理模式。

从运作环境来说，欧洲各国企业的人力资源管理并不像美国企业那样自由，是一种有限度的自由，受到文化和法律方面的影响；从企业组织的角度来说，在较大程度上受到所有制结构的影响；从人力资源管理本身来说，员工管理得到了前所未有的重视。

（2）人力资源管理流程。

① 选人。在选人制度上采取的主要方式是内部招聘。外部招聘仅被作为一种辅助方式，其来源主要是劳动力市场。在对员工的挑选上，除了参考申请表和推荐信以外，欧洲企业越来越重视心理测试和面谈。

② 育人。在育人制度上主要是为员工提供各种培训，强化优质劳动力的培训。从全

球来看，在对员工培训的重视程度和投入力度上，德国企业可谓首屈一指，其职业教育和培训体系相对比较完善，尤其是其施行的学徒制培训。欧洲各国一般都在考虑自身特点的基础上参照德国的做法。

③ 用人。在用人制度上强调劳资双方双向选择，自由雇佣。同时与美国一样强调职位分析基础上的绩效考核与升降奖惩制度。一般情况是主张长期雇佣，不像美国那样流动性大。

④ 留人。在留人方面主要采取薪酬留人和文化留人相结合。薪酬留人体现在欧洲除少数国家以外，企业一般以全国和行业范围的谈判为其制定工资方案。在可变工资的实践上，与绩效相关的工资使用最为广泛，绝大部分欧洲国家已将这种形式的工资用于经理和专业技术人员，只有德国企业例外。文化留人最直接的表现是沟通、授权和员工参与共决制。欧洲各国企业组织中都强调上下级之间的沟通和授权，但在基层人力资源管理层面的沟通和授权程度却不尽相同。

⑤ 裁人。在欧洲，劳资双方虽然实行双向选择和自由雇佣，但是强调政府参与劳资关系协调，建立劳动关系协调机制，禁止突然解雇。

（三）日本人力资源管理

1. 日本人力资源管理概况

日本的人力资源管理模式在第二次世界大战以后日本经济复苏和高速发展的时期形成。其基本特点是以人为本，重视通过教育培养人才和加强员工系统的在职培训，在员工的培训中，注重教育与企业发展市场需求的变化和国际化经营需要相结合。要求在职员工不断地接受新知识和新技能，通过对在职员工进行终身教育培训，把企业的未来与员工的未来紧密地联系起来，并注重挖掘员工的工作潜力、进取精神、与人合作的能力以及小组集体智慧等。

日本的公司是逐渐地、缓慢地对外国的工厂和设备进行投资的，直到 20 世纪 90 年代末，日本才成为一个主要的外国投资者（Keeley，2001）。即使这样，仅仅占它的总生产能力的 8%被带到了国外，与美国公司的 17%以及德国公司的 20%相比，这个数字是相当小的。依据国际人力资源管理的原则，不同国家的企业是在以自我民族为中心的运作和集成的全球运作之间进行划分的，所以大多数日本企业被划分为最低的等级。进一步说，也就是日本企业的子公司的管理位置总是被日本本国的管理者占据着。在过去 50 年左右的时间里，日本企业在子公司雇佣的本地管理者是美国或者欧洲国家的 1/3 左右。正因为日本企业实行的是以自我民族为中心的运作，所以它们十分重视跨国经营中国际要员的作用与培养。

2. 日本人力资源管理体系和流程

（1）日本人力资源管理体系特征。日本人力资源管理体系最明显的特点是所谓“终生雇佣制”和年功序列制。但关于所谓“终身雇佣制”，存在着很大的误解。多年以来，日本学者一直在努力澄清这个误解，但国际社会并没有多少人倾听，误解一旦形成，似乎就无可挽回。这个误解有三点：① 日本并不存在制度化的“终身雇佣制”。这种所谓的“终身雇佣制”，其实只是一种约定俗成的习惯性做法，并非日本所独有；② 这种长期雇佣制或所谓的“终身雇佣制”主要适用大型企业特别是大型企业的核心员工，并非适用所有企业的所有员工；③ 这种所谓的“终身雇佣制”，并非由于日本式的东方文化传统而形成，而主要由经济背景成商业利益的驱动所造成。

日本大部分企业过去也都实行年功序列制。所谓年功序列制，是指依据职工的年龄、工龄、学历等条件决定工资多寡和福利待遇与晋升的一种薪酬制度。但近年来，由于日本社会就业竞争的加剧，年轻一代不再满足总是待在一家企业并且论资排辈等待晋升机会的来临，且“终身雇佣”和“论资排辈”制度使很多大企业中老年职工阶层过于庞大，企业承担过重的经济负担，因此，年功序列制正面临巨大的挑战。为了适应这些变化，日本企业界发起了“新人事革命”，广泛从欧美国家引进能力主义管理，增加高绩效的年轻员工的晋升机会，精简绩效较低的中老年职工。目前，日本大中型企业中，废除或大部分废除年功序列制的企业已占40%以上，引进能力工资制的企业达60%以上。

（2）日本人力资源管理流程。

① 选人。选人制度的主要特点是以毕业生选拔为主的招聘制度。其具体表现有：以中等、高等学校毕业生为主，中途录用为辅；重视本人基本素质；重学历和毕业的学校；重视书面测验、面谈、适应性考评；内定，正式录用等程序。

② 用人。用人制度的主要特点是以长期雇佣为主的用人制度（适用大型企业）。其具体表现有：长期雇佣的惯例；超稳定性；转职不易；命运；讲求忠诚奉献与协作；知识技能的熟练与积累；与企业共同成长。

③ 育人。育人制度的主要特点是以能力开发为目标的企业内部培训制度。其具体表现有：重视员工培训；以能力开发为目标；企业内教育训练发达；分层次分类别分时期系统培训；企业办大学；重视轮岗训练和基层锻炼；重视传帮带，重视团队协作。

④ 留人。留人制度的主要特点是体现年功和能力相结合的薪酬制度。其具体表现有：年功序列工资制度；随企业工龄定期增薪；年功与能力相结合晋升制度；重视职工的福利保险；重视企业文化建设，重视情感沟通；讲求平均平衡；讲求长期稳定。

⑤ 裁人。裁人制度的主要特点是一般不会轻易裁人，但正在变化。其具体表现有：企业极少主动裁人；以平均降薪代替裁人；内部离职；提前退休；优厚的退休补偿。

例证 1-9

松下公司的新人事变革

20世纪90年代以后，随着日本经济进入低速增长阶段，知识经济和科学技术的迅速发展加大了企业结构调整的压力，而长期实行年功序列制则造成企业的经营管理阶层老龄化，越是高层的管理人员年龄越大，其直接结果是企业管理系统僵化，无法适应内外部环境迅速发展的要求。

面对经济的长期萧条和国内外激烈的市场竞争，为了适应知识经济和市场经济发展的要求，更有效地强化对员工的激励机制，松下公司提出了人事变革，其变革的原则就是全面贯彻能力主义，变革的一项重要内容就是学习美国企业，引进能力工资和年薪制，并将管理人员的年薪差距拉大到 3 倍，以奖优罚劣，增强工作激励的诱导能量。由于传统的考核系统体现不出员工之间的绩效差距，因此难以拉开收入差距，松下公司采用了新的人事考核系统。新的人事考核系统首先把过去 7 级评价标准改为 5 级评价标准，从而把考核结果的差距拉大，然后根据考核结果的不同，确定各个员工的工资，使收入充分体现绩效差距。由于各年度的考核结果实行累积，因而时间越长，收入差距越大。

这样，松下公司就建立了一种凭业绩和能力的机制，而不再是论资排辈。

（林新奇，2017）

（四）印度人力资源管理

作为拥有世界上最多年轻劳动力的国家之一，印度正在成为全球新兴的经济大国之一。得益于印度的特有文化，印度的人力资源管理发展具有以下四个特点。

1. 精英文化，以诚选人

印度企业与中国企业相比的一个重大区别，就是私营企业占企业的主体，尤其是家族企业，这也造就了印度企业文化的一个重要方面——家族文化。但由于印度文化中的精英文化的影响，这并不意味着印度家族企业只重亲缘关系，不重人才。恰恰相反，印度企业对于人才非常重视，能力比血缘更重要。如果家族中培养不出能人，印度人宁愿把家族企业交给家族外的能人治理。

2. 利他主义，注重集体

印度企业中，员工尊重年长者，等级分明，地位、职位和资历在组织中非常重要。管理过程集中化，上级很少向下级征求意见。此外，印度企业高度的利他主义理念引导员工不能仅仅将目光局限于自己，而要将目光投向更大层面的社会和他人，促使企业员工形成一种为整体着想的理念。

3. 重视创新，注重培训

印度企业家对企业发展更专注于成长和创新，表现在企业的育人方面就是十分重视人力资源开发和培训。

4. 物质精神，双重奖励

印度企业把吸引人才、激励人才、留住人才作为企业管理的一项长期目标。为此，企业从物质和精神两个方面考虑制定激励机制。在物质激励方面，印度企业采用高薪、高福利的策略。在员工精神需求方面，印度企业会鼓励员工追寻自己的成就梦想，为有能力有才华的人提供公平、自由的发展空间，给予员工来自企业的认同（张雪莹，2009）。

本章小结

1. 人力资源是指包含在人体内的一种生产能力，它是表现在劳动者身上、以劳动者的数量和质量表示的资源。人力资源作为第一资源，具有能动性、不可分割性、两重性、时效性、可再生性、社会性的特征，是社会经济发展的不竭动力和企业竞争优势的来源。

2. 人力资源管理经历了三个相互交织的阶段，从时间上不能具体确切地区分开来。

人力资源管理在不同的阶段解决不同的问题，其发展趋势是战略地位上升，管理职能下降，执行职能由直线经理实现。人事管理和人力资源管理更多的是从微观层面进行研究；战略性人力资源管理更多的是从管理理念和企业战略的宏观层面进行研究。

3. 人力资源是进行社会生产最基本、最重要、最特殊的资源，与其他资源相比，它具有能动性、不可分割性、两重性、时效性、可再生性、社会性六个特征。

4. 人力资源管理的发展主要包括人事管理、人力资源管理、人力资源经理角色、人力资源管理责任、人力资源管理学科群、人力资源管理面临的挑战及发展趋势等内容。

5. 当今时代，人力资源管理面临的主要的新挑战包括适应竞争加剧的需要、全球化的挑战、人力资源主体的挑战、新技术带来的挑战、组织变化带来的挑战、人力资源部门被取代和边缘化的挑战、如何赢得员工的满意、承诺与主动性、培育和发展核心能力等 8 个挑战。

6. 中国人力资源管理发展经历了以下四个阶段：行政性人事管理阶段、规范化人力资源管理阶段、法制化人力资源管理阶段和精细化人力资源管理阶段。

7. 人力资源管理师鉴定分为理论知识考试和技能操作考核两部分，均采用闭卷笔答方式。理论知识考试与专业能力考核均实行百分制，成绩皆达 60 分及以上者为合格。二级人力资源管理师和一级人力资源管理师考核还须进行综合评审。

8. 人力资源管理的流程一般指的是选人、用人、育人、留人、裁人五个环节。

9. 中国人力资源管理国际化面临了文化冲突、人力资源本土化和外派的挑战。

10. 美国、欧洲、日本和印度的人力资源管理各有特点和可借鉴之处，其中美国人力资源管理模式是众多模式中产生最早、发展最完善的。

网站推荐

1. BLR：https://www.blr.com/
2. 中国人事考试网：http://www.cpa.com.cn/
3. HRoot：www.hroot.com

影视推荐

《人力资源经理》

耶路撒冷最大的食品公司的人力资源经理不得不与自己的妻女分离，做着一份自己非常讨厌的工作。当一名外籍员工在自杀爆炸事件中意外丧生之后，公司面临着管理疏忽的指责，而这名人力资源经理被派往死者的罗马尼亚老家寻求和解。他面对的是死者的妻子，渐渐地他开始尊敬和爱戴这个女人，并且学会了用自己的良心和努力去真正地关心那些“人力资源”。

推荐理由：片如其名，电影中企业对员工的高度负责值得每一位将要成为人力资源管理者的人学习。

读书推荐

《ATD 人才管理手册》

本书聚集了超过 30 名相关专业领域的领军人物，告诉读者人才发展应该如何与人才管理互相呼应成为整体，并对其发挥直接影响。

推荐理由：这是 2017 年 1 月由（美）Terry Bickham（泰瑞·贝克汉姆）编辑出版的图书。读者通过阅读可以了解人才管理最佳实践及未来趋势，以及如何以人才发展为基础对人才管理全流程进行整合。

思考练习题 1-1：选择题

1. 以下不属于国有企业人力资源管理特色的是（　　）。

   A. 招聘与选拔不受市场影响　　B. 终身雇佣制逐步被取代

   C. 国企不轻易裁员　　D. 绩效评估注重员工“道德”

2. 以下不属于民营企业的管理特点的是（　　）。

   A. 家族式管理　　B. 与党建联系密切

   C. 权力集中　　D. 管理体系不健全

3. 以下不属于中国人力资源管理国际化面临的挑战是（　　）。

   A. 文化冲突与人力资源整合问题　　B. 人力资源本土化问题

   C. 人力资源外派问题　　D. 人才国际流动频繁

思考练习题 1-2：简答题

1. 人力资源管理经理应该具备怎样的基本素质？
2. 人力资源管理经理扮演什么角色？
3. 请阐述人力资源管理面临的挑战。

模拟实训：是否考证

小唐是某知名大学人力资源管理专业的高年级学生，希望毕业后做人力资源管理工作，考虑到很快就要毕业找工作了，最近他在犹豫是否要参加省属人力资源管理职业资格考试的相关培训，以便考取企业人力资源管理员的职业资格证书（国家职业资格四级）。请将班级分成若干小组，每个小组分别对专业教师、辅导员、企业人力资源部经理、企业总经理、正在找工作或已经毕业的从事人力资源管理的师兄师姐开展必要的访谈，然后将结果汇总并讨论交流。

案例分析

谷歌：基于数据分析的人力资源管理

谷歌搜索被公认为全球规模最大的搜索引擎，其智能手机操作系统居全球次席，谷歌公司不断推向市场的各种应用软件涉及范围之广，在不知不觉中影响着人们的工作和生活。一个成立不到二十年的公司为何有如此骄人的业绩？谷歌领导层认为这很大程度上归功于其基于数据和数据驱动的人力资源管理决策。

（一）优化招聘

谷歌公司会在招聘初选环节淘汰海量简历，人员分析团队对这些被淘汰的简历展开数据分析，通过分析，他们发现简历筛选的错失率高达1.5%，人员分析团队随之开发了相关算法，能够从被淘汰的简历中分辨出简历筛选环节错过的优秀应聘者。人员分析团队还开发了算法，用来预测应聘者在获聘后是否具有最佳生产力，以供面试官参考。人员分析团队通过数据分析，显著缩短了招聘周期，简化了招聘流程。

（二）氧气项目

谷歌的人力运营部展开了一项长达多年的名为“氧气项目（Project Oxygen）”的研究，经过实验和数据分析，他们推翻了公司创始人的假设。分析师将表现最好和最差的经理人进行了对比，发现优秀经理人带领的团队员工离职率较低，而且这些团队从各种标准来看都拥有更高的绩效。

（三）算出来的待遇与福利

谷歌公司十分注重其员工的多样性，即女性、少数族裔等员工的比例，以及这部分人群的留任和升职等问题。人力资源部门注意到一个问题：女性员工的离职比例要远远高于其他类型的员工。当人力运营部分析该问题时，他们发现与谷歌的平均离职率相比，刚刚生过孩子的女性员工的离职率要高出一倍。通过这一分析，促使人力运营部反思给“新妈妈”们的薪酬福利。经过测算，谷歌于2007年改变了产假政策：新妈妈将获得五个月可任意分割的带薪产假，这期间她们将获得全额工资和福利。推出这项政策以后，谷歌新妈妈的离职率降低了50%，下降到公司离职率的平均水平。同时，人力运营部还运用数据分析验证了这项政策的成本效益，如果考虑到该政策节省的招聘成本等因素，那么给新妈妈的五个月产假更加合算。

（四）数据来源

谷歌人力资源管理数据来源于多个方面：员工调查与反馈；各类别员工定期360度评估数据；招聘与离职数据整理、分析；通过技术手段对不涉及个人隐私的员工工作上的行为偏好的跟踪分析等。此外，谷歌还善于利用其技术优势开发算法，建立数学预测模型，如其招聘预测模型和留/离职预测模型等。

为保证数据的可靠性，谷歌数据分析团队十分注重隐私保护。员工们习惯了人力资源部门知道他们的个人信息，如住址、配偶的名字等，但他们并不希望有一个运营团队知道他们的想法、情绪和感受，因此谷歌人力运营部开展数据收集和分析严格遵循两个原则：机密性和透明度。

（资料来源：https://www.sohu.com/a/286617438_661857.）

讨论题：

1. 谈谈你读了这个案例之后的感受。
2. 谷歌的大数据人力资源管理具有什么特征？

参考文献

[1] TAYLOR F W. Scientific management[M]. New York: Harper & Broters, 1911.

[2] 陈国海. HR 转型升级：精细化管理时代的到来[J]. 广东外语外贸大学学报，2016（3）：23-27.

[3] 高艳，师雅洁，毕蒙蒙. 知识共享和创新导向的人力资源管理实践作用机制研究：以华为为例[J]. 中国人力资源开发，2014（3）：86-91.

[4] 童汝根，杜鑫. 人力资源管理面临的新挑战与新趋势[J]. 人力资源管理，2011（05）：44-45.

[5] 李磊. 论企业人力资源管理的发展趋势[J]. 经济管理（全文版），2018（1）：158-158.

[6] 廖泉文. 人力资源管理[M]. 上海：同济大学出版社，1991.

[7] 林新奇. 法制化加速规范化[J]. 管理人，2008（3）：56-58.

[8] 刘辉. 最宝贵的资源是人才[N]. 中国电子报，2010（9）：7-9.

[9] 林棋龙. 富士康公司人力资源管理研究[D]. 泉州：泉州师范学院，2010.

[10] 舒尔茨. 人力资本投资：现代国外经济学论文集（第八辑）[M]. 北京：商务印书馆，1984.

[11] SCHULTZ T P. Investment in women's human capital[M]. Chicago: University of Chicago Press, 1995.

[12] 陈之杂. 把员工变成人才[N]. 中国花卉报，2015（6）：1.

[13] LIEBERMAN A A, HELAINE B Y, MARILYN R. Analyzing the educational backgrounds and work experiences of child welfare personnel: a national study[J]. Social work, 1998, 33（6）: 485-489.

[14] 赵曙明，倪炜. 日本企业人力资源管理的传统与改革[J]. 世界经济与政治，1996（3）：48-51.

[15] WRIGHT P M，BENJAMIN B D，SCOTT A S. Human resources and the resource based view of the firm[J]. Journal of management, 2001, 27（6）: 701-721.

[16] KATZ D，KAHN R L. Ths social psychology of organizations[M]. New York: John Wiley. 1966.

[17] 林新奇，国际人力资源管理[M]. 上海：复旦大学出版社，2017.

[18] 龚上倖. 国有企业党的建设融合人力资源管理之我见[J]. 铁道工程企业管理，2013（4）：47-49.

[19] 曾捷英. 浅析儒家文化对建设中国特色人力资源管理的影响[J]. 管理观察，2009（3）：136-138.

[20] 余红丽，张丽丽，姚永. 国企单位改革背景下的人才招聘策略分析[J]. 人力资源管理，2018.
[21] 沙璐. 国资委：央企负责人经营业绩考核新办法突出四项考核[N]. 新京报，2019-03-09.
[22] 姜金平. 新时代中国特色社会主义的国企人力资源管理研究[J]. 南方企业家，2018（01）：101-102.
[23] 王振华. 全球化视角下的国企人力资源管理[J]. 装备制造，2014（10）：82-83.
[24] 刘晓莹. 中央企业人力资源管理问题及对策研究[J]. 消费导刊，2016（06）：152-153.
[25] 季晓南. 树立国企公信力[J]. 企业文化（上旬刊），2014（1）：15-17.
[26] 刘向阳，吴超. 组织战略契合视角下人力资源管理体系构建：以中粮集团为例[J]. 中国人力资源开发，2013（9）：57-63.
[27] 吕莎莎. 论民营企业优势及面临的挑战[J]. 现代商贸工业，2013（5）：34-35.
[28] 王金花. 文化视阈中的民营企业人力资源管理[D]. 南昌：江西师范大学，2012.
[29] 童石荣. 民营企业基于人与组织匹配的招聘模式研究[J]. 现代商业，2017（25）：46-47.
[30] 樊颖娟. 浅谈民营企业员工培训现状[J]. 人口与经济，2010（S1）：41-42.
[31] 袁鹏飞. 民营企业员工绩效考核体系探究[J]. 现代营销（下旬刊），2012（5）：102-102.
[32] 李书进. 谈企业家在构建民营企业文化中的作用[J]. 商丘职业技术学院学报，2005（1）：29-30.
[33] 石志民. 思想政治教育对民营企业文化建设的影响[J]. 东方企业文化，2012（23）：51.
[34] KEELEY T D. International human resource management in Japanese firms: their greatest challenge[M]. New York: Palgrave Macmillan, 2001.
[35] 赵曙明. 国际人力资源管理[M]. 北京：中国人民大学出版社，2012.
[36] HARZING A W. International human resource management[M]. London: Sage, 2010.
[37] CULLEN J B, PARBOTEEAH K P. Multinational management[M]. Boston: Cengage Learning, 2013.
[38] RICHES C R, MORGAN C. Human resource management in education[M]. London: Open University Press, 1990.
[39] 张雪莹. 印度的企业文化与人力资源管理[J]. 中国石化，2009（04）：53-54.

第二章

组织设计与工作分析

组织架构排名第二的公司，最后在市场上也只能居于老二的位置。

——韦恩·戈接威（百事可乐前总经理兼执行长）

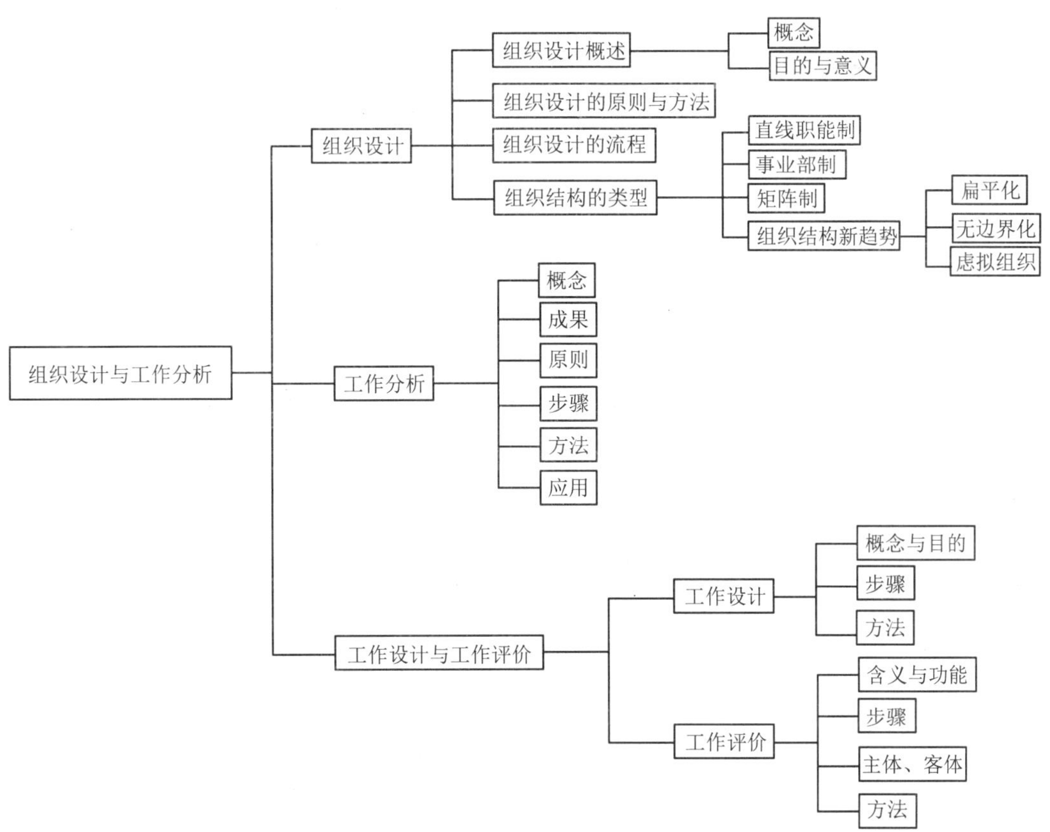

学习目标

➢ 了解组织设计的概念、原则与方法；

➢ 熟悉组织设计的流程；

➢ 掌握组织结构的类型；

➢ 了解组织设计的发展趋势；

- 掌握工作分析的实施步骤；
- 掌握工作分析的方法；
- 了解工作设计与工作评价的概念与内容。

引例

从联想的发展看组织结构的变革与设计

对于联想，其掌门人柳传志倡导管理三要素，即“定战略、搭班子、带队伍”，其中两项就涉及人，而搭班子更多的是指组织架构的设计，可见企业在战略引导下，实施的成败很大程度上取决于组织结构的设计和人力资源的组织。从联想发展的四个阶段及其组织结构可以看出组织结构变革的重要性。

1. 1984—2000 年：直线式、直线职能制、矩阵式的转变

1984—1987 年为直线式组织架构，这个时期主要表现为创业者们通过研究员站柜台和制定联想天条等方式，探索企业管理模式；1988—1993 年开始实行直线职能制的组织架构，即以集权为主的大船结构管理模式，开始实行规范化管理；1994—2000 年，成立联想控股公司，将原来的准子公司形式的事业部彻底改为真正的子公司，组建联想集团公司和联想神州数码两大公司并独立注册，两家公司拥有独立的法人地位、治理结构和运行规则。这一时期被称为矩阵式组织结构。

2. 2001—2014 年：控股集团式的组织架构

成立联想控股公司，将原来的准子公司形式的事业部彻底改为真正的子公司，组建联想集团公司和联想神州数码两大公司并独立注册，两家公司拥有独立的法人地位、治理结构和运行规则。

3. 2016 年：四大业务集团

2016 年 3 月，联想集团进行了组织战略重组，分成了四大业务集团，分别为：数据中心集团；移动业务集团；个人电脑与智能设备集团，这也是联想的核心业务；联想创投集团。2018 年，联想集团正式成立了全新的智能设备业务集团。原个人电脑和智能设备业务集团、移动业务集团整合成智能设备业务集团与原数据中心业务集团协同。

4. 2019 年：以用户为中心

2019 年 1 月，联想进行了新一轮的组织架构调整，这一次，联想中国加大客户中心转型的力度，建立更加以客户为中心的组织及运作模式。联想集团此前建立了 R 模式与 T 模式销售方式，T 模式表示直接交付型业务，更多针对个人用户与中小型企业客户；R 模式为关系型销售，主要针对大型企业、金融、政府、教育等行业客户。

（何潇，何春婷，2014）

联想的引例说明，组织结构需要重新设计和变革以适应组织发展的需要。本章论述组织设计与工作分析的基本内涵、功能、原则、步骤和方法及其成果与应用。它们是人力资源管理的基础工作之一，即研究“事”及其衔接关系。而工作设计与工作评价是组织设计与工作分析不可或缺的延伸与应用，在本章也将加以介绍。

第一节 组织设计

组织设计，即组织需要有效地把员工组织到一起，其必要性源于企业实现其绩效目标的需要。

一、组织设计概述

（一）组织设计的概念

组织设计是进行专业分工和建立使组织的各个部分相互有机地协调配合的系统过程。组织设计的任务是建立组织结构和明确组织内部的相互关系（戴淑芬，2000）。

组织设计以企业组织结构设计为核心，但一个完整的组织设计应该同时包含着组织结构、制度和流程、部门和岗位的权利与责任的设计。组织结构就好比人体的骨架，流程则如布满全身的血管，职责就是各器官的功能，权力与利益则是流往各器官的血液。一个健全的组织需要这四者的有机结合，缺一不可。

（二）组织设计的目的与意义

1. 组织设计的目的

组织设计的管理对象的复杂多变性与个人能力的有限性永远是组织必须应对的问题。组织设计的目的主要有以下两点。

（1）通过创建柔性灵活的组织，动态地反映外在环境变化的要求，并且能够在组织演化成长的过程中，有效地积聚新的组织资源要素。

（2）协调好组织中部门与部门之间、人员与任务之间的关系，使员工明确自己在组织中权利与责任，有效地保证组织活动的开展，最终保证组织目标的实现。

总的来说，组织设计的主要目的应是建立有益于管理的组织，也就是有益于计划的组织，有益于指挥的组织，有益于控制的组织（冯光明，2017）。

2. 组织设计的意义

组织设计能够梳理组织职责、任务，确立工作流程和协调关系，减少混乱，降低交易成本。具体地说，它具有以下四个方面的重要意义。

（1）明确部门职责和权限，加强各部门的协作与协同。

（2）建立以客户和市场为导向的组织结构，提高客户服务的能力和速度，支撑组织战略的实现。

（3）对内外部变化的环境做出及时和有效的反应，使组织职能满足业务持续发展的需要。

（4）解放高层领导，使他们有时间思考组织的战略与发展问题，同时，员工能够集中时间和精力做好本职工作。

二、组织设计的原则与方法

（一）组织设计的原则

设计一个既有效率又有效果的组织，应该遵循以下五个原则。

1. 战略导向原则

组织是战略实现的载体，战略为组织设计提供了宏观的方向。良好的组织设计应该能够很好地引导员工的行为，实现员工与组织的协同成长。

2. 分工与协调原则

目标的实现有赖于全员的努力，组织设计要遵循劳动分工的思想，把组织目标分解并落实到每个部门和每个员工，也就是进行分工，明确规定各部门及其员工的工作内容和范围。分工必然导致协作，这就要规定部门、层级和岗位相互间的关系以及协调配合的方法。

3. 精干高效原则

组织结构设计应与组织目标任务相适应，管理层级和部门设置合理；因事设职，保证“事事有人做”，同时考虑人的因素，保证“有能力的人有机会做他们真正胜任的工作”。只有组织整体结构合理，内部比例恰当，机构设置精干，才能产生高绩效。

4. 权责利对等原则

权责利对等是组织正常运行的基本要求。职权是指由于占据组织中的职位而拥有的权力；与职权相对应的是职责，是指担当组织职位而必须履行的责任。权小于责，任务无法完成；权大于责，会导致权力滥用。承担责任就要给予相应的利益。组织设计宜做到职权对等，职责明确，分配公平。

5. 集权与分权适度原则

集权与分权的影响因素：① 组织因素，包括组织规模大小、工作性质与特点、管理职责与决策的重要性以及管理控制技术的发展程度；② 环境因素，包括组织所面临环境的复杂程度、组织各部门面临环境的差异程度；③ 管理者与下级因素，包括管理者的素质、偏好与个性风格，被管理者的素质、对工作的熟悉程度与控制能力，管理者与被管理者之间的关系。分权有制度分权与工作授权两个途径。组织设计要充分考虑以上因素，做好集权与分权的适度平衡。

（二）组织设计的方法

在讨论组织结构的时候，必须同时考虑需要的是哪一种结构（设计方向），以及应该如何建立这种结构（设计方法）。两个问题都很重要，只有当我们能够系统地回答这两个问题，我们才能建立起健全、有效而持久的组织结构（德鲁克，2006）。组织设计一般在决定组织需要何种结构的前提下进行，这首先需要对组织进行分析。

1. 组织分析确定组织需要何种结构

组织结构要根据组织的性质来确定，组织设计本身不是目的，而是一种手段，组织设计必须以组织分析为出发点。确定组织需要何种组织结构有以下三种组织分析方法。

（1）工作分析法。以组织的基本目标为依据，用科学分析的方法分析组织工作的过程及结果。通过科学分析才能明白组织该做什么工作，哪些工作必须加强，哪些工作可以取消，根据实际需要拟出一个工作机构系统，这样才能找出影响绩效组织的因素，以便有根据地增减、合并机构。

（2）决策分析法。组织运作中势必涉及很多的决策，组织需要把各种不同决策权委托给适当的层级来做，例如政策性、业务性、事务性决策应该由不同的层级来做。决策必须尽可能地与事情发生的地点最接近的层级与其专长配合起来做。

（3）关系分析法。分析职位的上下（纵向）关系和左右（横向）关系，明确工作及其连接关系，有助于决定组织机构和分派人员。

2. 组织设计的方法

组织设计可以分为两类：一类是新建企业的组织设计；另一类是对现有企业的组织再设计。因企业战略目标和生产技术特点等内外部条件的差异，企业的组织设计方法有所不同，主要有以下三种方法。

（1）职能设计。一项业务的运作需多项职能共同发挥作用。因此，这种设计方法强调确定企业经营需要哪些职能，以及各职能之间的比例和相互关系。

（2）层次设计。层次设计强调组织纵向上需要多少个管理层级。通常情况下，企业的层次包括高层决策层、中层管理层和基层作业层。层次设计决定了组织上级部门向下属分配任务的方式。

（3）部门设计。部门设计强调组织横向上需要设置多少个部门。通过对各部门工作需求的准确分析来明确职责，建立起有效的工作协调机制来解决组织运作中的问题。

三、组织设计的流程

组织设计的整个过程可分为五个步骤，即职务设计、部门划分、建立层次、分配责权、协调活动（李中斌，2011）。

（一）职务设计

职务设计是组织设计最基础的工作。职务设计就是将实现组织目标所必须进行的活动逐步分解，划分成若干较小的任务单元，以便于每个人专门从事某一部分的活动，而不是全部活动，这就是劳动分工。对活动进行分工后，还要将若干工作任务组合起来构成一个完整的职位，以便由组织员工来承担相应的职务。

（二）部门划分

在选择和设计好职务和工作岗位后，就需要考虑如何将这些工作岗位按照一定的逻辑科学地加以安排，形成部门或工作单位，以便进行有效管理。部门是一个组织中把不同工作组织起来的基本单位，是组织中的主管人员为完成规定的任务而有权管辖的一个特定领域。部门的划分是组织的横向分工，其目的在于确定组织中各项任务的分配与责任的归属，做到分工合理、职责分明，从而有效地达到组织的目标。

（三）建立层次

部门划分是对组织活动进行横向的分工，在此基础上还需要进行纵向的划分，即建立上下级报告的层次关系，构成多层次结构的组织系统。建立层次需要解决好管理跨度与管理层次的关系问题。

（四）分配责权

通过建立层次形成的组织结构，表明了组织内各层次上下级相互作用的关系模式。在此基础上还应将一个组织中的责权分配到各个层次、各个部门和各个岗位上去，即规定哪个岗位应该对哪些工作负责，规定不同岗位所应具备的权力，并最终形成组织中从最高领导层一直贯穿到最低操作层的权力线，即通常所说的指挥链。

（五）协调活动

分工和协作是组织管理中的两大要素。在把实现组织目标所需完成的任务分配到不同的职位和部门，并进行责权安排之后，还必须在此基础上进行整合，以使组织中的个人或部门协同运作，实现组织的整体目标。根据系统论的观点，组织设计的目的就是发挥整体大于部分之和的优势，使有限的资源形成最佳的综合效果。因此，协调是组织设计的重要步骤，也是组织目标得以顺利实现的根本保障。

四、组织结构的类型

组织结构设计作为组织设计的核心，实际上是企业权力资源的配置过程，设计的结果之一是形成组织结构。组织结构是指组织的内部结构框架，可用结构图表示。常用的组织结构类型有以下三种。

（一）直线职能制

直线职能制是直线制统一化原理和职能制专业化分工原理的有机结合，它将整个系统的管理人员分为两类，即直线指挥人员和职能人员，如图 2-1 所示。

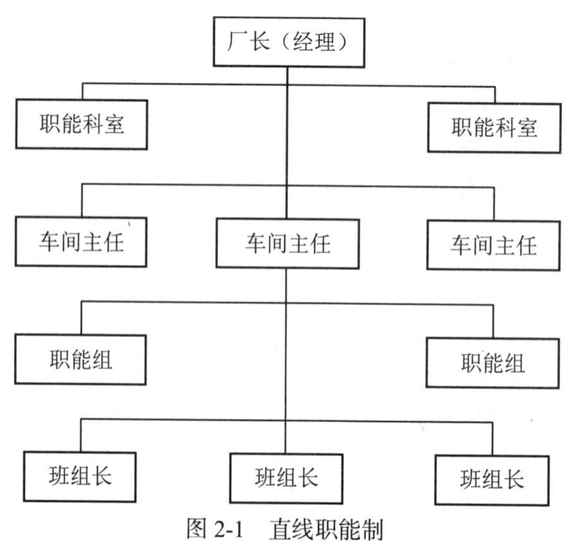

图 2-1　直线职能制

在图 2-1 中，厂长（经理）对业务和职能部门均实行垂直式领导，职能管理部门是厂长的参谋和助手，没有直线指挥权，其职能是向上级提供信息和建议，并对业务部门进行指导和监督。

直线职能制的优点是：它是一种集权和分权相结合的组织机构形式。它既能够保证统一指挥，又可以发挥职能管理部门的参谋指导作用，弥补领导人员在专业管理知识和能力方面的不足，协调领导人员的决策。

直线职能制的缺点是：各部门之间的横向联系和协作将变得更加复杂和困难；经理人员往往无暇顾及企业面临的重大问题。

（二）事业部制

事业部制又称分权结构，由 20 世纪 20 年代通用汽车公司按“集中决策，分散经营”原理首先创立。企业把具有独立产品和市场、独立的责任和利益的部门划分为事业部实行分权管理，如图 2-2 所示。

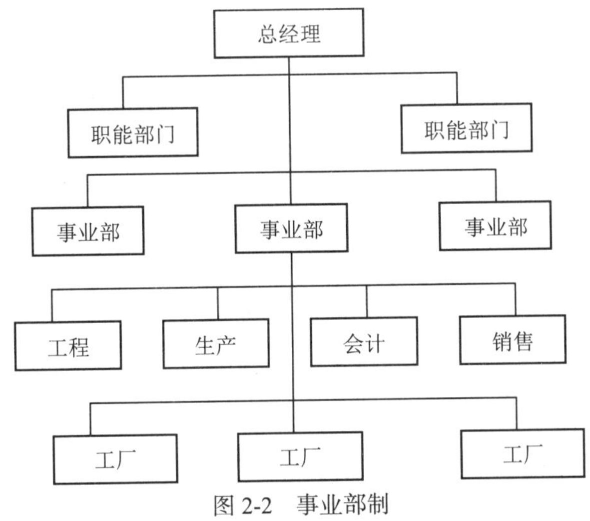

图 2-2　事业部制

事业部制的优点是：权力下放，有利于最高管理层摆脱行政性事务，集中精力研究重大问题；发挥事业部的积极性和主动性，更好地适应市场；实现高度专业化；有利于培养综合管理人员；各事业部经营责任和权限明确，物质利益与经营状况挂钩。

事业部制的缺点是：机构重叠，管理人员膨胀；存在分权带来的不足，各事业部独立性强，考虑问题时容易忽视企业长远的整体利益，不利于事业部的横向联系。

例证　2-1

美的事业部制改造

美的事业部制始建于 1997 年，时逢美的在市场中遭遇败绩，经营业绩大幅滑坡。在此之前，美的和中国其他企业一样，都是直线式管理，在公司发展早期，这种集权式管理曾对公司发展起了推动作用。然而，随着企业规模的扩大，美的发展到包括空调、风扇、电饭煲等在内的五大类一千多种产品，由于各个产品特点很不一样，而销售人员同时在区域中负责多项产品，这样在工作上容易造成专业性不够、工作重点不明确等问题，因此，以董事长、总裁何享健为首的美的高层经过调研和反复论证，最终决定建立事业部制组织结构。

1997 年 1 月，空调从总体业务中分离，成立了空调事业部。7 月份，风扇事业部应运而生，后来又将电饭煲业务划给风扇事业部，此后的饮水机、微波炉和风扇、电饭煲一起组建成家庭电器事业部。2019 年上半年美的家电行业国内市场销售额达到了 4 125 亿元，与此同时，出口方面也保持了增长的势头，2019 年家电行业累计出口额为 1 636 亿元。美的按照产品逐步建立了事业部体系，各个事业部在集团统一领导下，拥有自己的产品和独立的市场，拥有很大的经营自主权，实行独立经营、独立核算。事业部制的建立使美的集团总部脱身于日常琐事管理，将主要精力集中在总体战略决策、控制规模额度和投资额度、各事业部核心管理层任免的人事权以及市场的统一协调工作上。

（资料来源：例证来源于网络并经编者加工整理。）

（三）矩阵制

矩阵制结构由纵横两套管理系统组成，即纵向职能系统和横向项目系统，如图 2-3 所示。员工具有双重责任：向纵向职能部门负责，保持隶属关系；对横向项目经理负责，完成其指派的任务。

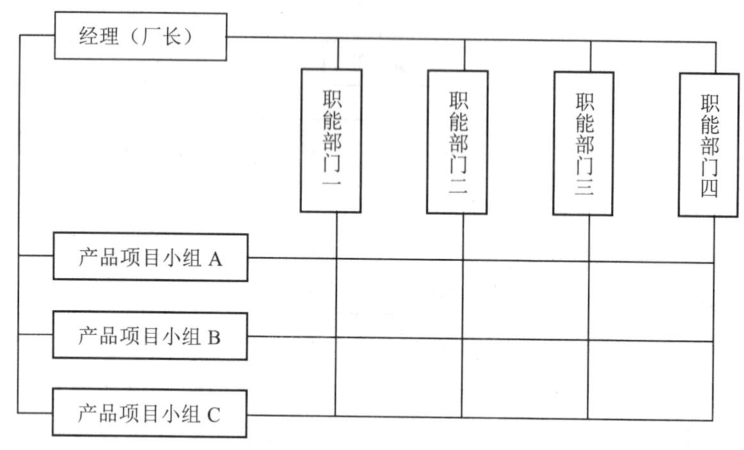

图 2-3 矩阵制

矩阵制的优点是：纵横结合，有利于加强各职能部门之间的协作、配合与沟通，便于解决问题；人员组合富有弹性，能够较好地解决组织结构相对稳定和管理任务多变之间的矛盾。

矩阵制的缺点是：组织关系比较复杂，员工接受双重领导，难以做到统一指挥；员工对完成工作任务有临时感。

IBM 矩阵制

IBM（国际商业机器公司）于 1924 年成立，是全球最大的信息技术和业务解决方案公司。IBM 以“多维矩阵”的组织结构闻名。这种组织结构的特点是能够弥补组织系统单一划分带来的不足。在这个矩阵中，有按产品体系划分的事业部，如 PC 事业部、服务器事业部、软件事业部等；有按照大客户、中小企业等行业划分的业务单元；也有按销售、渠道、售前与售后支持、人力及财务等不同的职能划分的业务单元。可见，“产品线”与“业务单元”是构成 IBM 组织结构的两个重要部分，除此之外，按地域市场划分是这个多维矩阵的 Z 轴，如亚太区、中国区、华东区。这三条划分准线有机地结合就构成了一个立体系统，这就是 IBM 的多维矩阵组织系统，“X、Y、Z 三个划分准线”在这个系统里缺一不可。如果不按地域细分，就无法有针对性地根据各地区市场的特点进行市场开发和产品设计。如果不对产品线进行细分，就难以形成针对不同产品的专业团队。而根据行业划分，有利于了解各个行业客户对 IBM 产品的需求特点。总之，多维矩阵系统既保证了各个部门运作的相对独立性，又使得每一个处于交叉点中的员工都要受到产品、行业、地域的影响，每个员工的工作都和其他人有关，相互之间需要协调合作。各方面的信息和知识在立体矩阵的结点上进行汇总，这样就最大限度地发挥和利用了个人的价值。

（白万纲，2012）

（四）组织结构新趋势

知识经济时代，组织结构出现了新的变化，主要表现为三种特征：扁平化、无边界化、虚拟组织。

1. 扁平化

扁平化通过减少管理层级，增加管理幅度，强调员工授权，来提高员工的通才性和灵活性，有助于组织获得多方面的信息，达到全面的交流与沟通，提高企业应对快速多变的市场环境的能力。事业合伙人制就是一种扁平化管理。随着网络技术的发展，信息与科技贯穿整个经营活动，为组织的扁平化创造了条件。

例证 2-3

去哪儿网全面推进扁平化

去哪儿网成立于 2005 年，是国内领先的旅游搜索引擎在线旅游企业，主要业务是提供在线旅游攻略的制作、分享、查询和下载。2015 年 9 月，去哪儿网宣布加速组织结构改组，全面推进扁平化。在具体改组上，去哪儿网将技术部、支付中心等部门组成旅游 SAAS 平台事业群，酒店事业部则升级为高星酒店及海外业务事业部。另外，此次改组遵循缩小总部，把更多总部职能转变为事业部的思路，目的是尽可能把公司各个团队都推到业务一线来面对市场，参与竞争。改组后，去哪儿网的管理层级有所减少，各大事业部拥有更大的权限，不仅有独立的人事功能，也开放了投资功能。去哪儿网首席执行官庄辰超表示：“各事业群团队除业务手段以外，还增加了投资并购的手段来发展自己的业务。”这大大提高了团队的灵活性和独立性。

（资料来源：例证来源于网络并经编者加工整理。）

2. 无边界化

扁平化还需要打破组织的边界。一般来说企业存在三种基本边界，首先是等级边界，即由于地位不同导致的垂直边界；其次是职能边界，即由于职能不同导致的水平边界；最后是组织与外界之间的边界，即企业与客户之间的边界。对于跨国公司而言还存在全球差异边界，即不同地理位置的市场之间以及不同地区文化之间的边界。

例证 2-4

美国通用电气的扁平化和无边界管理

最早将“扁平化管理”思想付诸实践的是美国通用电气公司。1981 年，韦尔奇就任通用公司首席执行官时，通用电气公司从董事长到现场管理员之间的管理层数目多达 24～26 层。韦尔奇上任后，顶住压力，通过采取“无边界行动”“零管理层”等管理措施，使公司管理层级数锐减至 5～6 层，彻底瓦解了自 20 世纪 60 年代就深植于组织内部的官僚系统，不但节省了大笔开支，而且极大地提高了管理效率，企业的经济效益大幅提高。

美国通用电气公司由于发现基于边界的传统管理方法抑制了组织整合资源的能力，而采取一种新的管理方法——无边界管理。韦尔奇在公司内部推行创新，营造相互信任的氛围，倡导有效沟通。韦尔奇曾精辟地指出：“一个公司就像一座大楼，它分为若干层，而每一层又隔了很多小房子，我们就是要把这些隔层尽量地打掉，让整个房子变成一体。”

（张立文，2010）

3. 虚拟组织

互联网的发展使得越来越多的企业采用集柔性、敏捷性与动态性于一体的虚拟组织模式，以突破创新资源要素的边界约束来重构核心竞争力。虚拟组织作为核心能力联盟体，为其成员企业提供了一个无限连接、利用或共享跨界资源的持续创新平台，通过信息平台对网络企业间的知识与信息进行交互、整合、配置与重组形成创新能力，在相互学习的过程中获取持续竞争优势（张宝仓，任浩，2018）。

组织结构的种类很多，并且不断地涌现出许多新型的组织结构。只有与企业相契合的组织结构才能够使企业机器的各个环节高速顺畅地运转，发挥整体大于部分之和的优势，使有限的资源发挥形成最大效能。

第二节　工 作 分 析

工作分析是人力资源管理的基石和基本工具，工作分析与组织设计相辅相成：一方面，工作分析在组织设计的宏观架构的指导下进行；另一方面，有效的组织设计也离不开微观细致的工作分析的基础性贡献。

一、工作分析的概念

组织结构图与职位图表明了组织中设立了哪些部门及职位，明确了各部门、各职位以及部门与职位之间的联系。其联系主要有责任关系、隶属关系、职权关系等。这样员工能够明确自己在组织中的位置，但是仍不能够明确其到底做什么事、具体的沟通方式、授权程度等，工作分析正是解决这类问题的有效工具。工作分析涉及以下七个基本概念。

1. 工作要素

工作要素（Job Element）是工作中不能分解的最小动作单位。它是形成职责的信息来源和分析基础，并不能直接体现于工作说明书中。例如，运行李包括将行李搬到行李车上、推车到指定地点、搬下行李、放到指定地方等四个工作要素。

2. 任务

任务（Task）是为达到某种目的而进行的一系列（一个或多个）工作要素，是工作分析的基本单位。例如，接听电话只有一个工作要素，而运行李则有四个工作要素。

3. 职责

职责（Responsibility）是为实现一定的组织职能或工作目标而承担的一项或多项任务组成的活动。例如，工作满意度调查是人力资源部经理的一项职责，打字员的职责包括打字、校对、简单维修等任务。

4. 职位

职位（Position）又称岗位，指承担一项或多项职责的某一任职者所对应的组织位置，是组织的基本构成单位。职位与员工个体一一匹配，在常态下，职位数量等于员工数量。

5. 工作

工作（Job）又称职务，由一个或一组主要职责相似的职位组成。一项工作可以只有一个职位，也可以有多个职位。例如，营销工作可能会包括许多从事不同营销工作的人。

6. 职业

职业（Occupation）是不同组织在不同时间从事相似活动的一系列工作的总称，如教师、工程师、医生等。

7. 工作分析

工作分析（Job Analysis）又称职位分析、岗位分析，是指采用一定的方法，对企业各类岗位或工作的性质、任务、程序、工作条件和环境，以及员工承担本岗位或工作应具备的知识、技能、能力、经验以及个人特征等资格条件所进行的系统分析和研究，并制定出工作描述（Job Description）和工作规范（Job Specification）等人力资源管理文件的过程。

二、工作分析的成果

工作分析的成果有工作描述、工作规范和工作说明书。工作描述与工作规范最大的区别在于，工作描述是以“工作”为主角，而工作规范是以担任某工作的“员工”为主角。

（一）工作描述

工作描述又称工作说明，是指以书面形式对组织中每种职位的工作性质、工作任务、工作职责与工作环境所做的描述。一份工作描述必须包括该项工作区别于其他工作的信息，提供有关工作是什么、为什么做、怎么样做以及在哪里做的清晰描述。

工作描述的主要功能是让员工了解工作概要，建立工作程序与工作标准，阐明工作任务、责任与职权，有助于员工的聘用、考核和培训等。其主要内容包括工作识别、工作概要、工作关系、工作职责、工作权限、工作条件与工作环境。

1. 工作识别

工作识别是关于职位的基本信息，是一个职位区别于其他职位的基本标志。它包括以下两方面。

（1）工作名称。工作名称是指一组在重要职责上相同的职位总称。好的工作名称往往很接近工作内容，并能把一项工作与其他工作区别开来，如销售经理、电子发配员等。

（2）工作身份。工作身份包括所属的工作部门、直接上级职位、工作等级、工资水平、所辖人数、定员人数（该职位的人员编制）、工作地点、工作时间、工作编号。

2. 工作概要

工作概要又称工作目的，要求用简练的语言文字阐述工作的总体性质、中心任务和要达到的工作目标，即用一句话来表达该职位存在的价值和理由。

3. 工作关系

工作关系是指任职者与组织内外其他人之间的工作关系以及该职位在组织中的位置。组织结构图反映了该职位在组织中的位置（上下左右的联系）。

4. 工作职责

工作职责是描述该职位通过一系列什么样的活动（工作的主要内容）来实现组织的目标，并取得怎样的工作结果。工作的主要内容包括：逐项说明工作活动内容与工作时间的百分比，按重要性大小的顺序逐项列出工作任务，并说明每个活动内容的执行依据。工作结果即工作的绩效标准（即支付报酬的因子），说明工作人员的工作成果。

5. 工作权限

工作权限是根据该职位的工作目标与工作职责，组织赋予该职位的职权。它界定工作人员在工作活动内容上的权限范围，包括决策、审批、指挥和监督他人、经费预算等。

6. 工作条件与工作环境

工作条件有两项：任职者要应用的设备名称与运用信息资料的形式。工作环境一般指工作所处的自然环境，包括工作场所、职业病、工作时间、工作环境的危险性与舒适程度等。

工作条件与工作环境的特点给任职者带来压力和不舒适感，即产生工作压力，在薪酬中应得到额外的补偿性工资。

（二）工作规范

工作规范又称任职资格（Qualification），是指任职者要胜任该项工作必须具备的资格与条件。它主要包括工作行为中被认为非常重要的个人特质，针对“什么样的人适合此工作”而写，是人力资源招聘的基础，内容包括工作所需的知识、技能、能力、经验以及个人特征等。

1. 知识水平

知识水平包括最低学历、专业知识、政策法规知识、外语与计算机水平等。这些知识的获得一般通过两种方式：① 正规教育，用完成正规教育的年限与专业或任职者实际达到的教育水平与职业培训来度量；② 工作培训，主要包括在岗培训、脱岗培训与自我进修。

2. 工作技能

工作技能是对与工作相关的工具、技术和方法的运用。工作技能分为通用技能和专业技能。通用技能包括计算机技能、外语技能、公文处理能力等。职位不同，专业技能要求也不同。例如，高层管理人员的决策能力要求高于中低层管理人员的能力要求，中层管理人员的领导能力要求高于低层管理人员的能力要求，而低层管理人员的能力要求更注重于执行能力。

3. 工作能力

工作能力是胜任本工作必须具备的主观条件，包括理解判断、组织协调、领导决策、开拓业务、社会活动、语言文字等方面的能力。

4. 工作经验

工作经验包括工作年限、从事低一级职位的经历及从事过相关职位工作的经历。工作经验的度量可采取两种不同的尺度：外部的社会工作经验与公司内部的职业生涯。

5. 个人特征

个人特征包括年龄、性别、生理特点、性格、职业道德等，此外还包括诸如诚信、正直、敬业等个人内在的精神品质。

（三）工作说明书

工作描述是在描述工作，而工作规范则是在描述工作所需之人应具备的资格，主要用于指导如何招募和选用人员；目前大部分企业将工作描述与工作规范两者整合在一起，就产生了工作说明书（或职务说明书）。

编写工作说明书的注意事项：① 使用简单、直接的语言；② 应该全部使用现在时态；③ 每个句子应该以一个主动动词开头；④ 每个句子要反映一个目的；⑤ 所有的词汇必须包含所需要的信息，不必要的词语要省略；⑥ 对于工作任务的描述应该能够反映所分配工作的执行情况以及对人的要求。

例证 2-5

沃尔玛人事部经理的工作说明书

一、基本资料

职位编号：HR-03　　所属部门：人事部

职位名称：人事主管　　所属类型：管理类

职位概要：负责员工的招聘、培训、考核等一系列工作

二、履行职责

1. 职责内容

在行政总监的领导下，负责超市各部门员工的招聘工作，对缺员进行推荐；负责执行对超市员工进行相关业务及流程的培训工作；考核员工的绩效，并向人事总监提出改进意见；负责对员工档案、合同的监督以及职务的任免、调配、离退休的申请批准手续；负责员工绩效考核的实施；确保有关人事规定符合政府的劳动法规；落实员工的薪酬核发和福利奖金的正确发放；协助总监对各部门人事及预算的管理；负责检查与监督各部门及员工工作执行的情况和效率。

2. 工作时间

每日八小时工作制。

3. 绩效标准

主要任务是完成财务方面10%、客户方面30%、内部关系运营60%的绩效目标，再根据各个部分的完成标准来计算考核后的薪酬。

4. 工作关系

直接下属：人事助理　　间接下属：超市各部门员工

内部主要关系：在人际关系方面与其他部门的配合与协调，对各部门工作的计划性、工作量、工作速度、纪律性、执行性等方面的指导与协调。

外部主要关系：与超市各大客户、供应商的关系维护，注重超市对潜在顾客的吸引。

5. 工作条件

工作场所：属于较轻体力劳动，适合在温度、湿度适中，无噪声、无粉尘、照明条件良好、计算机等硬件设施齐全的工作场合内工作。

使用设备：计算机办公系统。

6. 职位关系

可转换的职位：人事经理　　可晋升的职位：人事行政总监

三、任职资格要求

1. 一般条件

最佳学历：管理类本科及以上学历　　最低学历：管理类本科

专业要求：人力资源管理、工商管理及其他管理类专业

资格证书：计算机二级证书、英语四级证书、相关管理专业资格证书

年龄要求：24～40岁　　性别要求：无

2. 必要知识与工作经验

必要知识：担任本职务应具备的专业知识和技能；掌握服务接待规范的相关知识；具有一定的外语水平，能够进行简单的听、说、读、写；具有一定的计算机使用能力，熟悉计算机办公自动化软件的操作；丰富的公关意识及社会经验。

外语要求：英语四级及以上水平

计算机要求：计算机二级及以上水平

工作经验：在人事管理岗位工作二年及以上

3. 个人特征

思想道德素质较高；对超市的人力资源管理具有较强的热情；良好的抗压能力。

（资料来源：例证来源于网络并经编者加工整理。）

三、工作分析的原则

工作分析对象的复杂性，必然要求分析工作宜在一定的原则指导下采用科学的方法进行。只有进行精细的工作分析，才能顺畅、高效地运转整个组织的人力、物力、财力，才能为组织赢得竞争优势。

工作分析应该遵守以下四个原则。

1. 目的性原则

工作分析前应该明确其目的，目的（用途）决定工作分析的方向、重点、关注点、广度和深度。

2. 系统性原则

工作分析应该在系统性原则的指导下进行，在组织结构的系统框架下进行，它是一个组织内外关联、纵横联系的系统性工作。

3. 动态性原则

组织本身是环境的产物，随着组织内外环境的变化而变化，工作分析不是一成不变的，应该随其分析对象的变化而变化。

4. 经济性原则

企业必须考虑开展工作分析值不值得，要进行投资收益分析，即控制成本，追求经济性。

例证 2-6 

工作分析赢得竞争优势

20 世纪初，美国福特汽车公司的产品 T 型轿车创造了一个奇迹，曾连续生产 20 年，最高年产量达到 200 万辆，成为世界上第一种产量最高、销路最广的车型，福特公司也因此成为当时世界最大的汽车公司。亨利·福特（Henry Ford）在他的传记《我的生活和工作》一书中披露了 T 型轿车的秘密，他详细地叙述了 8 000 多道工序对工人的要求：

949 道工序需要强壮、灵活、身体各方面条件都非常好的成年男子。

3 338道工序需要普通身体的男工。

剩下的工序可由女工或年纪稍大的儿童承担，其中：

50道工序由没有腿的人来完成。

2 637道工序由一条腿的人来完成。

2道工序由没有手的人来完成。

715道工序由一只手的人来完成。

10道工序由失明的人来完成。

相信任何一个人力资源工作者都会惊叹亨利·福特先生对工作内容和任职者的精确分析，正是这些分析有效地帮助福特组建了当时远远领先于同行的严密的工作流程和组织架构，赢得了竞争优势。

（资料来源：例证来源于网络并经编者加工整理。）

四、工作分析的步骤

企业进行工作分析，首先要选择恰当的时机。一般而言，工作分析主要在以下情况下发生：① 新组织建立；② 新技术、新业务、新战略出现而使工作发生变化；③ 新制度建立或旧制度修改等（程永珍，2012）。而工作分析一般按以下五个步骤进行：准备阶段、调查阶段、分析阶段、完成阶段、应用反馈阶段。

（一）准备阶段

高效的工作分析必须预先做好充分的准备工作，具体包括以下几方面内容。

1. 组织诊断并成立工作分析小组

诊断现有组织结构和工作职位是否适合企业战略，发现问题；做好动员与宣传工作；组成由高层管理者、工作分析专家、各级主管和在岗人员参加的工作小组。

2. 确定工作分析的目标与重点

例如，对新组织，目的是分解组织的职能，重点是确定工作权限、职责和关联关系；对招聘，重点是提出对任职者的要求，包括能力、人格、知识、经验等。

3. 制订总体实施方案

实施方案包括工作分析的目的和意义、需要收集的信息内容、项目的组织形式与实施者等。

4. 收集分析有关的背景资料

外部信息：组织之外的有关信息，如法规政策、其他行业的信息等。

内部信息：组织结构图、工作流程图、部门职能说明，已有的工作描述和工作规范资料。

5. 确定典型职位与要收集的工作信息

根据工作的重要性、完成难度和工作内容的变化等确定调查和分析的样本；对分析的每一职位要回答的问题可以归结为“6W1H”，对“6W1H”的详细解释如下。

做什么（What）：指所从事的工作活动；为什么（Why）：指任职者的工作目的和这

项工作在组织中的作用；用谁（Who）：指对从事某项工作的人的要求；何时（When）：在什么时间从事各项活动；为谁（Whom）：指在工作中与哪些人发生关系；如何做（How）：指任职者怎样从事工作活动以获得预期的结果。

6. 选择信息收集的方法

工作信息的收集方法主要有观察法、面谈法、问卷调查法、工作实践法和关键事件法五种。每种方法均有其优缺点（见表 2-1），进行工作分析时应根据职位的不同、时间成本的限制、分析侧重点的差异等因素选用不同的方法或方法组合。

表 2-1 工作分析的信息收集方法优缺点比较

收集方法	内涵	优点	缺点
观察法	工作分析人员直接到工作现场，针对某些特定对象的作业活动进行观察、收集、记录有关工作内容信息，并用文字或图形记录下来，然后进行分析和归纳总结的方法	能较多、较深刻地了解工作要求	不适用于高层领导、研究工作、耗时长或技术复杂的工作、不确定性工作
面谈法	与担任有关工作职务的人员一起讨论工作的特点和要求，从而获得有关信息的调查方法	相对简单、便捷，适用面较广，效率较高	面谈对象可能持怀疑、保留态度；对提问要求高；易失真
问卷调查法	工作分析人员运用问卷调查的方式列出一组任务或工作行为，要求员工回答他是否执行了这些任务或行为；然后，工作分析人员根据这些任务或行为出现的频率、对完成工作的重要性、执行的难易程度以及整个工作的关系，确定它们的权重；最后求出的分数可作为评价实际工作内容和要求的基础，形成对工作的量化描述或评价	费用低；速度快，调查面广；可在业余进行；易于量化；可对调查结果进行多方式、多用途的分析	对问卷设计要求高；可能产生理解上的不一致，导致调查结果失真
工作实践法	工作分析者参与某一职位或从事所研究的工作，从而细致深入、全面了解和分析职务特征及要求，在工作过程中掌握有关工作的第一手资料	对短期内能够掌握的工作有很高的效度和信度	不适用于需进行大量训练或危险的工作
关键事件法	通过一定的表格，专门记录工作者工作过程中那些特别有效或特别无效的行为，以此作为将来确定任职资格的一种依据	可揭示工作的动态性，生动具体	费时；难以形成对一般性工作行为的总的概念

（二）调查阶段

开展全面调查，收集整个工作过程、工作条件、工作环境、工作内容和工作人员等方面与工作分析相关的信息，具体包括以下几方面内容。

（1）与参与工作分析的有关人员进行充分的沟通，建立良好的人际关系。

（2）编制调查提纲和调查问卷。

（3）收集有关工作的特征及资料与数据，包括职位名称、工作环境（自然与社会环境）、工作内容（工作任务、工作量、工作关系、工作职责与权限）。

（4）搜集工作人员必备的特征信息，包括知识、经验、身体素质、操作技能、个性特征。

（5）要求被调查员工对各种工作特征和工作人员特征的重要性和发生频率等做出等级评定。

（三）分析阶段

对有关工作特征和工作人员特征的调查结果和信息进行全面深入的分析，主要包括以下几方面内容。

（1）仔细审核和整理收集到的各种信息。

（2）创造性地分析和发现有关工作和工作人员的关键成分。

（3）归纳和总结出工作分析的必需资料与要素。

（四）完成阶段

与相关人员审查确认，将分析的结果写成书面材料，提交相关部门以供使用并做好总结工作，具体包括以下几方面内容。

（1）与有关人员审查和确认信息。

（2）形成工作分析结果，根据规范和信息编制工作说明书（包括工作描述和工作规范）。

（3）总结工作，对此次分析工作本身进行总结与评估，将工作说明书存档保存，为今后的工作分析提供经验与信息。

（五）应用反馈阶段

工作分析作为人力资源管理的基本工具，在知识经济时代已经呈现经常化的趋势，是一个经常进行的不断循环与提高修正的过程。工作分析在应用反馈阶段的工作具体包括以下几方面内容。

（1）工作说明书的应用培训。

（2）将工作说明书应用于招聘、培训、绩效考核等实际工作中，并注意收集应用时的反馈信息。

（3）诊断分析反馈信息，不断调整与完善工作说明书。

（4）做好总结工作，为后续工作分析提供经验与指导。

五、工作分析的方法

工作分析的方法可分为两类：一类具有人员倾向性，包括职位分析问卷（PAQ）、工作要素法（JEM）、管理人员职务描述问卷（MPDQ）、临界特质分析系统（TTAS）；另一类具有工作倾向性，包括职能工作分析法（FJA）、任务清单分析系统（TIA）和关键事件法（CIM）。不同的方法各有利弊，其中最常用的三种方法是职能工作分析法、职位分析问卷法和关键事件法。

（一）职能工作分析法

职能工作分析法（Functional Job Analysis，FJA）是用来分析非管理性工作最常用的一种方法。它既适用于对简单工作的分析，也适用于对复杂性工作的分析。它是从工作活动单元职能作用的角度，对工作进行分析的一种方法。

FJA 最先由美国培训与职业服务中心（The U.S. Training and Employment Service）设计出来，在工作分析实践中被普遍采用。法因（Sindey A. Fine）对 FJA 做了某些修改和详细说明，其中包括对任务描述写法的特殊规定，从而使包含在工作活动中的工作者功能更加具体（Fine & Getkate，1995）。

FJA 收集和分析了四个方面的工作信息：① 工作人员在工作中做什么（What），包括工作动作和工作对象，如秘书打印一份函件；② 工作人员为什么这么做（Why），即工作的目的和期望是什么，如秘书打印工作函件是为了进行商务联系；③ 工作人员如何做这一工作（How），包括工作中使用的工具、设备等；④ 工作人员在工作中发生的工作关系，这方面的信息是职能工作分析的重点。

工作人员在工作中与信息、人、物三种要素发生关系，这三种工作关系也就是三种工作职能。三种职能中的各项工作行为可按难易程度和复杂程度列出等级序列，如表 2-2 所示（U.S. Department of Labor，1972）。

表 2-2 职能工作分析评价等级

信息（data）	人（people）	物（things）
0=综合	0=指导	0=安装
1=协调	1=谈判	1=精确操作
2=分析	2=指示	2=运行控制
3=编辑	3=监督	3=驾驶操作
4=计算	4=转变	4=熟练操纵
5=复制	5=劝说	5=照看
6=比较	6=通告	6=保养
	7=服务	7=手工操作
	8=接受指导帮助	

工作中与信息、人、物发生关系所形成的三种职能占整个工作的比重不完全相同。例如，某机械厂车工的信息、人、物的比重可能分别是 20%、10%、70%。三种职能的比重关系说明了职能倾向性。

FJA 的结果主要运用于工作描述，此外还可为建立职务操作标准提供基础，以及应用于工作设计等方面。

（二）职位分析问卷法

职位分析问卷法（Position Analysis Questionnaire，PAQ）采用一种结构严谨的工作分析问卷，是目前最普遍和流行的人员导向职务分析系统，于 1972 年由普渡大学教授麦考密克（E. J. McCormick）、詹纳雷特（P. R. Jeanneret）和米查姆（R. C. Mecham）设计开发。目前，国外已将其应用范围拓展到职业生涯规划、培训等领域，以建立企业的职位信息库。

PAQ 包含 194 个项目，其中 187 项被用来分析完成工作的过程中员工活动的特征（工作元素），另外 7 项涉及薪酬问题。

所有的项目被划分为信息输入、思考过程、工作产出、人际关系、工作环境、其他特征 6 个类别，PAQ 为每一个项目给出了定义和相应的等级代码。

PAQ 给出了 6 个评分标准：信息使用度、耗费时间、适用性、对工作的重要程度、发生的可能性以及特殊计分。

PAQ 的优点：① 为人事调查、薪酬标准制定等提供了依据；② 可将职位分为不同的等级；③ 可用于进行职位评价及人员甄选；④ PAQ 法不需要修改就可用于不同组织中的不同职位，使得比较各组织间的工作更加容易，也使得职位分析更加准确与合理。

PAQ 的缺点：① 不能描述实际工作中特定的、具体的任务活动；② 可读性不强，对使用范围产生限制；③ 花费很多时间，成本很高，程序非常烦琐。

（三）关键事件法

关键事件法（Critical Incident Method，CIM）由美国学者福莱・诺格（John C. Flanagan）和伯恩斯（R. Baras）在 1954 年共同创立。它是由上级主管记录员工平时工作中的关键事件：一种是做得特别好的，一种是做得不好的。在预定的时间（半年或一年）之后，利用积累的记录，由主管与被测评者讨论相关事件，为测评提供依据。它包含三个重点：① 观察；② 书面记录员工所做的事情；③ 有关工作成败的关键性事实。

关键事件法对每一事件的描述内容包括：① 导致事件发生的原因和背景；② 员工特别有效或多余的行为；③ 关键行为的后果；④ 员工自己能否支配或控制上述后果。

关键事件法的主要优点是将研究的焦点集中在工作行为上，而这些行为是可观察、可测量的。它为解释绩效评估结果提供了确切的事实证据，克服评价的近因效应的影响，能够记录员工如何消除不良绩效。

但关键事件法也有两个主要的缺点：① 费时，需要花大量的时间去搜集那些关键事件，并加以概括和分类；② 关键事件是显著的、对工作绩效有效或无效的事件，遗漏了平均绩效水平，而对工作来说，最重要的一点就是要描述“平均”的工作绩效。关键事件法对中等绩效的员工难以涉及，不能完成全面的工作分析工作。

六、工作分析的应用

工作分析通过对信息的收集、分析、处理、加工，最终形成工作分析的成果，即工作说明书。工作说明书由工作描述与工作规范两个部分组成，它们是人力资源管理系统运行的基础性文本和指导性纲领文件。

工作分析是一种在组织内执行的管理活动，专注于收集、分析、整合工作相关信息，以提供组织规划与设计、人力资源管理及其他管理机能的基础。其应用可概括为以下七个方面。

（一）人力资源规划

人力资源规划者若要在动态的环境中分析组织的人力需求，必须获得广泛的信息。

组织内工作的分配状况可从工作分析中得到较为详细的资料。另外，在组织的不断发展中，工作分析可作为预测工作变更的基本资料，并且可以让该职位上的员工或其主管预先进行准备以适应改变后的相关工作。总之，工作分析为确定组织的人力资源需求和制订人力资源计划提供依据。

（二）工作设计与评价

工作设计是把工作分析分解的单元组合，建立所有工作的工作标准，是简化工作与改善流程的主要依据。工作评价是评定工作价值的过程，它依赖工作分析说明所有工作的任职资格与工作本身，说明工作间的关系，并指出哪一部门应包含何种类型的工作。

（三）人力资源招聘与任用

明确不同职位专业知识技能的标准、相关工作经验的要求，即确定了员工录用与上岗的最低条件。这可以作为聘用新员工的考量标准。在招考新员工时，用人单位可就任职资格要求制作笔试、口试或实操等测验试题，以检测应聘者的实力是否符合该职位的资格要求。

工作分析明确了工作之间的相互关系，有利于合理的晋升、调动与指派。人力资源部门在选拔或任用员工时，需要工作分析作指导，才能了解各个职位需要具备何种知识、经验、技能、能力、个人特征的人才以及如何将适当的人才安排到适当的职位上。

（四）人力资源培训与职业管理

工作描述列出了工作任职资格要求，在指导培训工作中有相当的价值。有效的培训计划需要有关工作的详细资料，它可提供有关准备和培训计划所应安排的资料，诸如什么员工应培训（培训谁）、培训课程的内容（培训什么）、培训的时间（何时培训）等。

工作分析的结果可以作为教育培训规划及培训需求调查的基准，可遴选出需要培训的员工，然后依据组织需求与员工个人需求，提供相应的培训与开发；也可以作为员工职业生涯规划的指导文件，以增强员工与组织发展的协同性。

（五）绩效考核与薪酬设计

绩效考核，即将员工的实际绩效与组织的期望做比较，而工作分析明确了工作绩效标准（衡量的尺度），为制定考核程序及方法提供了依据，有利于管理人员执行监督职能及员工进行自我控制。

薪酬设计中要解决的“为什么付酬”以及“支付多少”都可以在工作分析中找到依据——工作标准（支付报酬的因子）及工作价值。工作评价是工作分析与薪酬设计的中间环节。

（六）劳资关系管理

工作分析促使工作的名称与含义在整个组织中表示特定而一致的意义，实现工作用语的标准化，获得有关工作与环境的实际情况，有利于发现导致员工不满、工作效率下降的原因，有助于工作权责范围的划定，有利于改善劳资关系，避免员工双方因工作内容定义不清晰而产生的抱怨及争议。

（七）组织变革与文化管理

工作分析有助于开展人力资源研究与管理，认清工作环境，辨明影响组织绩效的主要因素，为改进工作方法积累必要的资料；工作分析过程也是组织诊断的过程，为组织的变革提供依据；工作分析的结果是制定人力资源管理各项制度的重要指导纲领，同时也梳理了工作流程与标准，明确了报酬因素（好比行动指挥棒），传递了企业的价值观，这对构建优良的组织文化和实现文化管理是不可或缺的。

例证 2-7

IBM 的人员培训

IBM 公司非常重视对员工的培训，既有统一的文化、观念的培训，也有针对具体工作所采取的专门培训。培训需求分析一般包括三个方面：组织分析、工作分析和个人分析。对于新来的销售人员，IBM 公司通过对这一职位的工作分析，确定胜任该职位所需具备的知识、技能、能力等综合素质，并对当前员工的实际素质进行考察，找出两者之间的差距，制定了专门针对销售人员的培训。课程学习分两期进行：第一期课程主要是销售政策、销售实践以及计算机概念和 IBM 公司的产品介绍；第二期课程主要是学习如何销售，由本公司在销售第一线、有突出成绩的一流人才担任授课教师。事实证明，这种建立在工作分析基础上、有针对性的培训取得了良好的效果。

（王小艳，2004）

第三节　工作设计与工作评价

工作分析是从组织总体战略的高度，分析确定实现组织目标应做的“事”及其相互关系、胜任“事”的“人”的资格条件，工作设计与工作评价则是工作分析的延伸、应用与逻辑上的顺承结果。

一、工作设计

组织的有效运作离不开构成组织的最小单元——工作的有效设计。组织把其要达成的目标分解成工作任务，然后把相关的任务组合到一起形成工作。工作设计是否合理，不仅影响内部员工的感知体验，而且影响其工作行为的外部表现——工作绩效，从而影响整个组织的绩效。

（一）工作设计的概念与目的

1. 工作设计的概念

工作设计（Job Design），又称职务设计、岗位设计，是指根据组织需要，并兼顾个人的需要，规定每个岗位的任务、责任、权力及其在组织中与其他岗位关系的过程。

工作设计的主要内容包括五个方面：工作内容、工作职能、工作关系、工作结果以及工作结果的反馈。

2. 工作设计的目的

工作设计是在工作分析的基础上，研究和分析工作如何做以促进组织目标的实现，以及如何使员工在工作中感到满意以调动员工的工作积极性，最终满足员工和组织共同的需要。

一个好的工作设计不仅可以减少单调重复性工作的不良反应，而且还有利于建立整体性的工作系统。此外，还可以充分发挥员工的主动性和创造性，为其提供更多的机会和条件。

（二）工作设计的步骤

工作设计一般经过以下五个步骤。

1. 需求分析与可行性分析

对原有工作运行状况进行诊断，决定是否进行工作设计以及哪些方面需要改进。分析该项工作是否能够通过工作设计改善工作特征，从经济效益、人员效益上分析是否值得投资，考察员工是否具备从事新工作的心理与技能准备，以及是否需要先进行相应的培训和学习等。

2. 成立小组评估原有工作并进行工作分析

成立工作设计小组，成员应该包括工作设计专家、管理人员和一线人员。由小组负责调查、诊断和评估原有工作的基本特征，提出需要改进的方面，分析比较，找出原因。工作分析是工作设计的基础，工作分析是把复杂任务细分成单元，工作设计则是为了实现“人”与“事”良好的匹配，按照一定的方式将这些单元“组装”成工作。

3. 选取工作设计方法

工作设计可采用不同的方法，效用不一，要结合组织所在的行业特点、内外环境、企业的性质、技术类型、企业文化、人员素质与工作态度及目标需要等情况选取一定的方法，有针对性地进行工作设计，避免照搬其他组织的工作设计模式。

4. “组装”工作

按照“人”与“事”和谐匹配的原则设计工作。根据调查和评估的结果，由工作设计小组提出工作设计方案。方案中应包括工作特征的改进对策、新工作体系的工作职责、工作规程与工作方式等方面的内容。

5. 应用反馈与工作再设计

试点应用并及时进行工作设计效果的评价，主要评价三个方面：员工态度和反映、员工工作绩效、企业投资收益。若效果良好，应该及时在同类型工作中进行推广应用。实施过程中应不断地发现问题并诊断分析原因，必要时进行工作的再设计。

（三）工作设计的方法

随着组织管理理论的发展和学科交融趋势的强化，工作设计表现出如下四种趋向：工程趋向、工效学趋向、生物学趋向和心理学趋向（孙健敏，2002）。基于工程学、工效学、生物学与心理学理论，工作设计有以下四种方法。

1. 工作专业化

基于劳动分工思想、工业工程（主要是机械工程学）和科学管理理论，通过动作和时间研究，工作专业化把工作分解为许多很小的单一化、标准化和专业化的操作内容及操作程序，并对工人进行培训和激励，使其工作保持高效率。该传统工作设计方法广泛应用于流水生产线。

工作专业化设计关注工作本身，而不太关心从事这项工作的人，它试图使一项工作更加便捷、容易操作，以获得更高的效率和稳定性，从而更容易找到从事这项工作的人，使岗前培训更为简单。以科学管理为代表的工作专业化设计，对提高工作效率做出了巨大贡献，在20世纪早期的企业管理中发挥了重要作用，而我国的企业管理恰恰缺少了这个阶段。因此，工作的合理分工、科学化和规范化，减少多余动作，提高工作效率，应该是很多企业工作设计的主要目标。

2. 人力资源因素法

人力资源因素法是基于工效学（人类工程学）理论，对机器设备进行设计，使之适应可能使用这些设备的人的大多数的基本体能特征。该方法着重关注人体体能方面的基本特征、机械学原理对于体能运动方面的影响以及生理学方面的一些问题（Howell，1991）。这种方法把人作为工作绩效的一部分来考虑，通过设计任务尽可能减少人从事工作时遭受的压力和疲劳，减少可能犯的错误来保证工作绩效。所要设计的是工作对人的注意力和集中注意程度的要求，以便操作的时候不需要工作人员太多的心理能量，花费最少的精力（Gornick，1976）。

未来的办公室的工作设计可能会体现出工效学的一个新的分支学科——认知工效学的基本设计原理。认知工效学主要为了创造一种有利于人的身心和精神得到充分舒展的工作氛围。其基本目标是更好地理解人们在工作的时候在思考什么，然后设计相应的工作场所，便于人们更好地进行思考和记忆活动。

3. 生物学方法

生物学方法基于生物学理论，主要关注人们如何对工作环境中感受到的物理条件做出反应（Grandjean，1980），其目的是减少对工人的生理压力和紧张感，提高员工的舒适度。它关注的是从事工作的人身体的舒服和健康程度以及工作环境的物理特性。工作条件关心的是工作在哪里完成、如何完成和具体的物理工作环境。工作和工作场所的生物设计把所有的因素分成五个特征：隐私、照明、空气质量、噪声、空间（Field & Philips，1992）。

4. 心理学方法

心理学方法基于心理学理论，关注人们如何看待他所从事的工作、工作的意义、工作在组织中的作用等，其目的是改善工作满意度和工作动机，提高工作的投入程度，最终提高工作绩效。心理学方法主要考虑工作人员的心理状态和感受对工作绩效的影响，其中包括工作轮换、工作扩大化、工作丰富化、工作特征模型。

（1）工作轮换。工作轮换（Job Rotation）是指在保证工作流程不受损害的前提下，允许员工在不同工作岗位之间进行流动。工作轮换不改变工作本身，只是让员工定期地流动，可减少由于长期从事同一工作可能产生的枯燥乏味感。它强调群体合作，通过工作轮换，一个人可以建立更多的人际关系，了解别人在工作中做什么。工作轮换也是员工培训的重要手段之一。

（2）工作扩大化。工作扩大化（Job Enlargement）是指通过横向增加职务的工作内容（广度），使员工的工作变化增加，要求更多的知识和技能，从而提高员工的工作兴趣。工作扩大化着重关注工作内容的增加，而不是工作本身的设计。

（3）工作丰富化。工作丰富化（Job Enrichment）是指通过纵向增加职务的工作内容（深度），使工作更复杂，更具挑战性。工作丰富化着重关注工作本身的改造，而不是工作内容的简单组合。工作丰富化主要通过增加工作职责、工作自主权以及自我控制程度，满足员工多层次的心理需要，从而达到激励的目的。

（4）工作特征模型。工作特征模型（Job Characteristics Model）由哈克曼和奥德海姆（Hackman & Oldham）提出，图 2-4 描述了这一模型（罗宾斯，2005）。模型从以下五个维度讨论了能够对员工产生激励作用的工作特征。

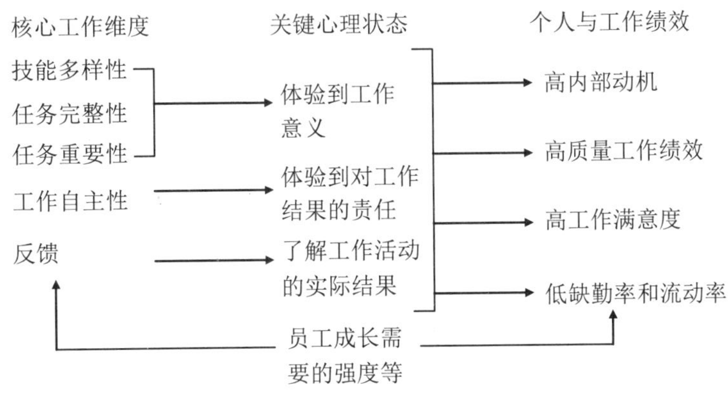

图 2-4 工作特征模型

① 技能多样性（Skill Variety），即完成这项工作所必需的技能数量。

② 任务完整性（Task Identity），即整个工作是否由一个人完成，程度有多大。

③ 任务重要性（Task Significance），即这项工作对其他人生活的重要性。

④ 工作自主性（Autonomy），即从事这项工作的人用自己喜欢的方式完成工作的自由程度。

⑤ 反馈（Feedback），即关于工作绩效的信息，可以从工作本身获得（如观察产品），也可以通过同事或上司获得。

工作的五个核心特征会影响员工的心理状态，心理状态又进一步影响工作绩效。该模型考虑了四种工作结果：内部工作动机、工作绩效的质量、工作满意度、缺勤和流动。工作动机以三种心理状态为基础：对结果的了解、感受到的责任、领悟到的意义。

进入 20 世纪 90 年代以来，由于强调团队的作用，以团队为分析单元的工作设计成为主要潮流。工作设计的发展趋势是从物的设计到人的设计，从硬件的设计到软件的设计，从个人特征的设计到团队特征和组织气氛的设计。

二、工作评价

工作评价就是评定工作的价值，制定工作的等级，以确定工资收入的计算标准。因此，工作评价是工作分析的逻辑结果，其目的是提供工资结构调整的标准程序。

（一）工作评价的含义与功能

1. 工作评价的含义

工作评价（Job Evaluation），即评定工作的价值，在工作分析的基础上，按照一定的客观衡量标准，对职位的工作任务、繁简难易程度、责任大小、任职资格条件等方面进行系统评比与估价。工作评价的中心是“事”而非人，是对企业各类职位的相对价值进行衡量的过程。工作分析的结果即是衡量与评价工作相对价值的一把尺子。工作相对价值反映了一个工作在达成组织整体经营目标过程中的重要性或做出的贡献大小。

2. 工作评价的功能

从纵向看，工作评价是企业管理工作分析的延伸与反馈，与工作分析一样，也是企业建立科学人力资源管理机制的平台，是基础性工作。

从横向看，工作评价是建立在工作分析与薪酬设计之间的不可或缺的环节。工作评价中的评价标准因素，反映不同职务在相对价值上的差别程度，建立职位价值序列，从而决定职位工资报酬水平的高低。工作评价是薪酬制度设计的工具和理论基础。

（二）工作评价的步骤

采用不同的方法进行工作评价，实施步骤有所不同，但一般都包括以下六个步骤。

1. 组建评价工作组

由于进行工作评价是一个主观判断的过程，组建工作小组应该注意“什么人参与评价”的问题，主要包括人力资源专家、工作评价专家、主管人员、员工代表等。同时，应就工作评价的意义、工作评价的相关方法等进行培训与解释。小组共同讨论，制订具体工作计划，确定详细实施方案。

2. 收集相关信息

按工作性质将企业的全部职位分类，这也是工作设计后的职位归类工作；收集有关职位的各种信息，信息来源于工作分析的成果——工作描述与工作规范。

3. 分析处理信息，制定评价标准

以资料为基础，找出与职位有直接联系、密切相关的各种主要因素，讨论并规定统一衡量标准，设计各种问卷和表格。

4. 对各职位进行评价

一般先以几个重点单位作为试点，以发现问题、总结经验、及时纠正，然后全面实施工作评价，例如，按照评价标准对职位进行打分等。

5. 编制工作评价报告书

对评价资料进行整理汇总、数据处理分析，编制各个职位的评价报告书，提供给各有关部门，其中包含各职位的薪点数（职位相对价值高低的数字体现）。

6. 反馈与总结

应用于职位定薪，检验工作分析与工作设计的效果等，对其中产生的问题进行积累分析，适当时做局部调整，总结本次工作评价过程中的问题，积累经验。

（三）工作评价的主体、客体

工作评价本质上是一个价值判断的过程，涉及主体、客体与方法等方面的问题。

1. 评价主体

进行工作评价，首先要解决“谁来评价”的问题。评价的主体一般是工作评价小组，由于工作评价一般涉及员工薪酬水平的调整，小组成员在评价时容易“偏爱”自己人，容易犯小团体思想的错误。另外，思想上对工作评价的重要性意识不够，以致不能全身心地投入评价中，不主动学习和了解职位信息与评价方法，从而会使工作评价的准确性低、全员的认可程度低，引起员工不满，直接导致低绩效。

对此，可以从以下三个方面进行改善。

（1）谨慎选择评价小组成员。外部专家成员应客观公正，专业技能娴熟，实践经验丰富，了解本企业所有职位状况；内部专家成员应来自不同部门且数量平衡、工作态度客观公正。

（2）培训评价者。对评价者的培训内容包括工作评价的重要性、评价方法的操作要点等，最重要的是要让评价者站在企业全局的高度来完成工作评价，打破“部门代表”的限制。

（3）制定规则。对操作过程与结果做出明确的规定，对“出轨”行为与不合格结果给予制裁，例如重新评价或其他惩处。

2. 评价客体

工作评价其实应解决“评价什么”的问题。工作评价离不开工作分析与工作设计，若工作描述的主观性因素很强，那么工作评价的客观性就大打折扣。为此，应该先行做好工作分析与工作设计，准确编制工作说明书。

（四）工作评价的方法

工作评价的方法总体上可以分为两类：定性方法与定量方法。常用的工作评价方法有以下四种。

1. 排序法

排序法（Ranking Method）是指评价者在工作分析的基础上，根据一个简单的标准，如工作复杂性或工作对企业战略的重要性，把所有的职位从高到低进行排序。它适用于生产单一、职位较少的中小企业。对大公司来说，采用这种方法需要以部门为单位给每个部门的职位进行排序，再对每个部门进行排序，并确定相应的系数，通过系数进行转化，确定每个职位的价值大小。排序法需要参与排序的人要对所有职位的情况非常了解，排序结果的处理可以用简单算术平均，也可以根据评分人对职位的熟悉情况进行加权平均。

排序法的优点在于简单、容易操作，但主观性强。特别当某一职位受特殊因素的影响（例如在高空、高温环境下工作时），常会将职位的相对价值估计过高。职位序数差不一定能够反映出职位的相对价值差。排序法评价结果的准确程度不高且不稳定。

2. 分类法

分类法（Stratification Method）的要点是：先分类，再排序。首先，根据职位工作职责、任职条件等方面的不同性质和要求，将所有职位分为不同的类别。例如，按职位层级可以分为经营层、管理层和操作层；按不同序列可分为行政人事类、财务投资类、营销类、技术研发类和生产制造类等。然后，根据每一类职位确定一个职位价值范围，并且对同一类职位进行排序，从而确定每一个职位的相对价值。

3. 评分法

评分法（Point Method），也称点数法、因素计点法。首先，评定职位的主要影响因素采用一定点数（分值）表示每一因素（报酬因素），然后按预先规定的衡量标准，对现有职位的各个因素逐一评比、估价，求得点数，经过加权求和，最后得到各个职位的总点数（薪点）。

评分法不直接对每个职位的具体职责、工作内容、工作环境和任职资格等进行相互比较，而是将所有职位的工作特性抽象成若干个计酬要素，再将职位的具体内容与这些要素标准相比较，从而得到每个职位的价值分数，然后通过分数排序就得到了职位价值序列。

评分法容易被人理解和接受，评定的准确性高，但工作量大，费时费力，在选定评价项目及确定权数时也带有主观性。它是一种定量方法，是目前运用最广泛的工具，尤其适用于生产过程复杂、职位类别与数目繁多的大中型企业。

4. 因素比较法

因素比较法（Factor Comparison Method）的操作步骤是：先选定具有代表性的职位作为标准职位，按被大多数人认可的评价因素对标准职位进行评分定级并制定出标准职位分级表（将标准职位总分数分配到各个因素，确定各个因素不同水平的分数），再将其他职位与标准职位分级表比较，确定其相对价值，并用分数表示。

它是一种混合方法，兼有排序法和评分法的特征。因素比较法和评分法均为建立在报酬因素的评价的基础上的定量方法，二者的不同之处在于因素比较法是参照标准职位相对打分，评分法是对照标准绝对打分。

例证 2-8

基于薪酬因素的工作评价计划

美国国家电气制造商协会使用了通用薪酬要素，并且每种薪酬要素都有一系列次级因素。每个次级因素都有评价尺度。表2-3是典型的美国国家电气制造商协会计划的例子（罗宾斯，2008）。

表 2-3 美国电气制造商协会工作评价计划

因素		等级一	等级二	等级三	等级四	等级五
技能	1. 教育	14	28	42	56	70
	2. 经验	22	44	66	88	110
	3. 进取心和独创性	14	28	42	56	70
努力	4. 体力要求	10	20	30	40	50
	5. 脑力或视力要求	5	10	15	20	25
职责	6. 设备或流程	5	10	15	20	25
	7. 材料或产品	5	10	15	20	25
	8. 其他人的安全	5	10	15	20	25
	9. 其他人的工作	5	10	15	20	25
工作条件	10. 工作条件	10	20	30	40	50
	11. 不可避免的危险	5	10	15	20	25

本章小结

1. 组织设计是进行专业分工和建立使各部门相互有机地协调配合的系统的过程。其任务是建立组织结构和明确组织内部的相互关系。

2. 组织设计遵循一定原则，先决定需要什么结构，再进行组织设计。组织设计的流程分为职务设计、部门划分、建立层次、分配责权、协调活动五个步骤。组织设计方法包括职能设计、层级设计和部门设计。

3. 组织结构是组织设计的核心，反映组织的内部框架。常见的组织结构类型有直线职能制、事业部制和矩阵制。目前，组织设计呈现扁平化、无边界、虚拟组织等发展趋势。

4. 工作分析是在组织结构的架构下，采用一定的方法，对完成组织目标的复杂任务进行分析分解的过程。它是人力资源管理的基础性工作。

5. 工作分析包括准备、调查、分析、完成、应用反馈五个阶段。最常用的三种工作分析方法是：职能工作分析、职位分析问卷和关键事件法。

6. 工作分析的成果是形成工作说明书，工作说明书包含两个指导人力资源管理实践的纲领性文件：工作描述与工作规范。

7. 工作设计即把工作分析分解的元素按照一定的方法进行组合。基于不同的理论基础，工作设计的方法可分为四种：工作专业化、人力资源因素法、生物学方法和心理学方法。

8. 工作评价是评定组织中各职位相对价值的过程，是工作分析的延伸、应用和逻辑结果，主要应用于薪酬设计。工作评价常用的方法有两类四种：定性方法类（排序法和分类法）、定量方法类（评分法和因素比较法）。

网站推荐

1. 中国人力资源开发网：www.chinahrd.net

2. 三茅人力资源网：zl.hrloo.com
3. HR Bar：www.hrbar.com

影视推荐

《首席执行官》

1985 年春，35 岁的新任厂长凌敏为挽救青岛电冰箱厂，从德国引进了新的技术和生产线，并为迎接德国人的检验紧急动员全厂职工连夜加班清理环境，令外方非常赞赏。第一批用德国生产线生产的冰箱终于成功下线，凌敏坚持质量第一的原则，经过几年艰苦努力，使海尔牌冰箱在市场上打响。随后，凌敏又抓住小平同志南方谈话的历史机遇，提出新的企业战略目标，兴建海尔工业园。但因后续资金无处筹措，企业陷入困境，市领导为凌敏等人敬业报国的精神所感动，帮助企业上市发行股票，使海尔走出了经济困境。1995 年 5 月，海尔工业园竣工投产，凌敏又提出了第二次创业的战略目标，海尔在一年多的时间里从白色家电、黑色家电扩展到信息家电领域。1999 年春，海尔产品在德国科隆国际家电博览会上大展风采。2000 年 5 月，美国海尔工业园竣工投产。面对所取得的成绩，面对越来越多的机遇与挑战，凌敏坚定信心，要尽全力实现振兴民族工业的强大。

推荐理由：影片以海尔集团的发展作为原型，讲述了该企业在濒临破产时，通过不断更新制定企业战略目标来让企业不断发展壮大，使其成为全球著名的电器公司。

读书推荐

《组织理论与设计》

《组织理论与设计》（第 10 版）从对现实社会中各类组织的观察和分析入手，以理论与实践密切结合的方式，通过对组织的结构设计及相关影响因素进行由浅入深、循序渐进、生动有趣和富有逻辑的介绍和阐述，使读者对西方组织理论的概貌、组织模式的历史演变与最新发展，以及组织设计的实务和方法等，获得一个真正“组织学”角度的框架性认识。

本书由（美）理查德 · L.达夫特（Daft.R.L.）著述，清华大学出版社出版。它不仅是对“组织”的一种宏观考察，具有独到的研究角度和理论体系，而且与考察微观层面的组织行为学构成重要的互补关系。

推荐理由：这本书既适合作为管理专业高年级本科生、研究生的参考教材，又可供各类企业中高层管理者作为培训教材使用。

思考练习题 2-1：选择题

1. 下列不属于组织设计的八大原则的是（　　）。

   A. 战略导向原则　　B. 统一指挥原则

   C. 权责利不平等原则　　D. 精干高效原则

2. 以下不属于组织结构新趋势的是（ ）。

A. 矩阵制　　B. 扁平化

C. 无边界化　　D. 虚拟组织

3. 工作分析分为（ ）个步骤。

A. 6　　B. 5　　C. 4　　D. 3

思考练习题 2-2：简答题

1. 简述组织设计的原则、方法与组织结构的主要类型。
2. 为什么要进行工作设计？怎么进行工作设计？谈谈你的看法。
3. 工作评价有何作用？如何进行工作评价？怎么应对工作评价的问题？

模拟实训 2-1：撰写工作说明书

1. 选一位你熟悉的，正在企业、政府及其他单位上班的职员（如父母、兄弟姐妹、亲属），采用工作分析的访谈法，参照例证 2-11 拟定访谈提纲后，通过面谈、电话、E-mail 等方式对其进行访谈；记录访谈主要内容，并根据访谈内容编写该员工的工作说明书（包括工作描述和工作规范）。

2. 试编写某学生干部所在岗位（如班长、团支书、组织委员、学习委员、生活委员、学生会主席）的工作说明书。

访谈法的典型提问示例如下：

- 你所做的是一种什么样的工作？
- 你所在职位的主要职责是什么？你又是如何做的呢？
- 你的工作环境与别人的有什么不同？
- 你都参与了什么活动？
- 这种工作的职责和任务是什么？
- 你所从事的工作的基本职责是什么？反映你工作绩效的标准有哪些？
- 你的责任是什么？你的工作环境和工作条件是怎样的？
- 你所做的工作对身体的要求是怎样的？对情绪和脑力的要求又是怎样的？
- 你所做的工作对安全和健康的影响如何？在工作中你有可能会受到身体伤害吗？你在工作时会暴露于非正常的工作条件之下吗？
- 做这项工作所需具备的教育程度、工作经历、技能是怎样的？它要求你必须具有什么样的文凭、上岗证或职业资格证书？

模拟实训 2-2：企业组织结构调研

在当地找一家企业或任何一种类型的组织，进行实地调查，了解这家企业或组织现有的组织结构和职位/岗位设置状况，并运用本章的理论对其进行分析，找出问题，提出改进措施（李永勤，2014）。要求：

1. 选择一家拟调查的企业。
2. 调查前必须设计一份调查表，明确需要调查的问题。
3. 进行实地调查。采用普查、抽样调查、访谈等方式收集企业或组织中各类人员对其所在单位和部门机构及职位/岗位设置情况看法的相关信息。
4. 分析资料，诊断问题。
5. 针对该企业现状拟定一份组织机构及职位/岗位设计方案。

案例分析

海尔的事业本部制

海尔集团是世界白色家电第一品牌、中国最具价值品牌。海尔在全球建立了 29 个制造基地、8 个综合研发中心、19 个海外贸易公司，全球员工总数超过 6 万人，已发展成为大规模的跨国企业集团。在海尔发展的过程中，为了营造使企业不断创新的机制，保持企业的高效运作和对市场的快速反应能力，其组织结构经历了一系列动态的调整（杨翠兰，2008），具体分为以下四个部分。

（1）直线职能结构。在名牌战略阶段，海尔的组织结构为直线职能结构，即各级经理 实施高度专业化，每个职能部门进行的活动为整个组织服务。企业内部决策往往由处于高层的领导者直接做出，领导者的能力决定了企业的发展方向。随着多元化战略进程的推进，此结构弊端也逐渐显现，因此，海尔的组织结构开始向事业部制进行转变。

（2）事业部制结构。事业部制的特征是一般按产品或地区划分，具有独立的产品或市场，自主经营，并实现独立核算，自负盈亏，即“政策制定集权化，业务营运分权化”。

（3）超事业部制。随着国际化战略的不断推进，海尔原有事业部制结构管理部门重叠设置，成本增加，公司总部处理集分权难度大。超事业部制为事业部制结构的深度改造，即在公司最高层与各事业部间增加一个层次，分权的同时又加强了集权。并在此基础上，形成职能中心、推进本部、产品本部，实现了全集团内的统一营销、统一采购和统一结算。

（4）基于流程的组织结构设计。基于流程的组织中一种观点认为，所有的组织任务都是围绕流程而展开的。海尔在经过流程分析后，将推进本部、产品本部中开展的活动识别为核心流程，将职能中心开展的活动定义为支持流程。在全球化、网络化的战略引导下，体现了海尔组织结构的创新和变革。

（许佳益，周香，2019）

讨论题：

1. 海尔经历了哪些组织结构类型？
2. 事业部制有什么优缺点？它给海尔带来了哪些影响？

参考文献

[1] DRUCKER P F. The Practice of management[M]. New York: Harper, 1954.

[2] FIELD R H, PHILIPS N. The Environment crisis in the office: why aren't mangers managing the office environment?[J]. Journal of general management, 1992(11): 35-50.

[3] FINE S A, GETKATE M. Benchmark tasks for job analysis: a guide for functional job analysis (FJA) scales[M]. Mahwah, N. J.: L. Erlbaum Associates, 1995.

[4] GORNICK E J. Human factors in engineering and design[M]. New York: McGraw-Hill, 1976.

[5] GRANDJEAN E. Fitting the task to the man: an ergonomic approach[M]. London: Taylor and Francies, 1980.

[6] HOWELL W C. Human factors in the workplace[M]//DUNNETTE M D, HOUGH L M. Handbook of Industrial-organizational psychology. Palo Alto, CA.: Consulting Psychologists Press, 1991(2): 209-270.

[7] U.S. Department of Labor, Employment Service, Training and Development Administration. Handbook for analyzing jobs[M]. Washington, D.C.: U.S. Government Printing Office, 1972.

[8] 德鲁克. 管理的实践[M]. 齐若兰，译. 北京：机械工业出版社，2006：145.

[9] 戴淑芬. 管理学教程[M]. 北京：北京大学出版社，2000.

[10] 冯光明. 管理学[M]. 北京：中国财政经济出版社，2017.

[11] 何潇，何春婷. 从联想的发展看组织结构的变革与设计[J]. 管理观察，2014（35）：51-53.

[12] 李啸尘. 新人力资源管理：开发培训卷[M]. 北京：石油工业出版社，2000：90-91.

[13] 李永勤. 组织行为学[M]. 昆明：云南大学出版社，2014.

[14] 罗宾斯. 组织行为学：第 12 版[M]. 孙健敏，李原，译. 北京：中国人民大学出版社，2008：508.

[15] 亨德森. 知识型企业薪酬管理[M]. 孙健敏，李原，译. 北京：中国人民大学出版社，2008：228-229.

[16] 李中斌. 工作分析理论与实务[M]. 大连：东北财经大学出版社，2011：43-44.

[17] 刘兴国，韩玉启，左静. 传统企业组织结构模式的比较分析[J]. 科学与科学技术管理，2003（3）：76-80.

[18] 孙健敏. 人力资源管理工作设计的四种不同趋向[J]. 首都经济贸易大学学报，2002（1）：58-62.

[19] 罗宾斯. 组织行为学：第 12 版[M]. 孙健敏，李原，译. 北京：中国人民大学出版社，2005.

[20] 王小艳. 如何进行工作分析[M]. 北京：北京大学出版社，2004.

[21] 许佳益，周香，朱童升，等. 战略角度下海尔集团组织结构变革探究[J]. 环渤海经济瞭望，2019（11）：56.

[22] 杨翠兰. 集团企业组织管控模式的演变与启示：以海尔集团为例[J]. 企业经济，2008（9）：16-19.

[23] 张莉洁. 工作分析：企业人力资源管理的基石[J]. 中国人力资源开发，2002（10）：43-45.

[24] 张立文. 美国通用电气公司组织结构及其变革研究[J]. 商场现代化，2010（9）：14-15.

[25] 张保仓，任浩. 虚拟组织持续创新能力提升机理的实证研究[J]. 经济管理，2018，40（10）：122-139.

第三章

素质模型的构建与应用

将者，智、信、仁、勇、严。

——《孙子兵法》

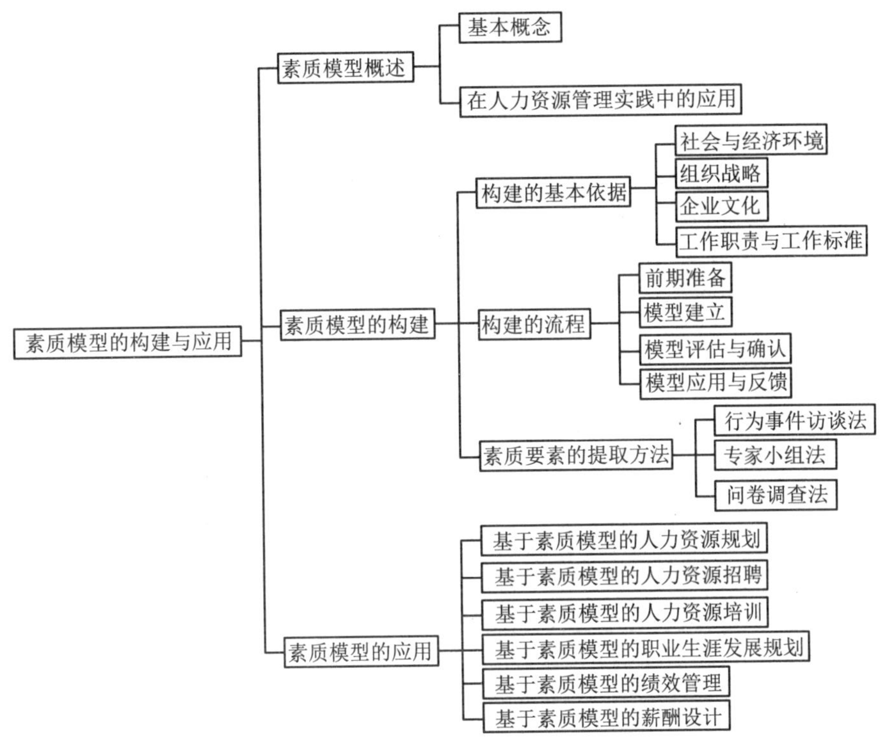

学习目标

- 了解素质模型的概念与特征；
- 熟悉素质模型的理论依据；
- 掌握素质模型的构建流程；
- 了解素质要素的提取方法；
- 掌握素质模型的应用。

引例

基于胜任力素质模型的北京海淀供电公司绩效管理体系

在这种不进取就可能被淘汰的变革时代，北京海淀供电公司不仅要承受社会大环境下的挑战，还要面对来自同类企业的竞争。为了能将“你用电我用心”落到实处，更加需要有优秀的人力资源作为保障。绩效管理是企事业单位人力资源管理的重要环节，通过引入胜任能力素质模型可以更好地完善绩效管理，员工自身也可以通过基于胜任素质模型的绩效考核结果来评估自己的工作表现情况，对长期处于计划经济体制下的电力企业来说才可以更好地适应市场化经营，应对来自多方的挑战。

针对胜任力模型建立的绩效管理机制体现出全员参与，作为一个动态过程也实现了闭环管理。具体组成部分是制订绩效考核计划、实施监督、考核绩效、反馈结果。侧重于在企业设定的发展战略目标下，对单位以及个人的胜任力进行开发。

海淀供电公司的绩效管理程序的实施主要包括以下五个步骤。

（1）编制绩效计划：针对下一年的绩效计划工作分析和建立重要业务指标参数和关键性事物意见，经绩效办公室总结后上交至总经理办公会议审定，并逐级报送上级单位。

（2）分解考核目标：参照和公司拟定企业管理人年度业绩考核责任书并进行签订，每个管理部门构建《重点工作任务计划书》，同时把具备任务和目标划分到制定的工作人员。

（3）签订绩效合约：各级绩效办公室组织全院签订绩效合约，上一级与下一级主要负责人签订业绩考核责任书，管理计划内和一线员工的绩效合约与其绩效经理人签订并确保全员覆盖。

（4）过程监控：相关机构形成绩效考核指标，进行绩效考核的整个环节管理，站考最终结果的换回和实现考核的完成。

（5）全面总结：相关机构对于当年度绩效考核内容站考整体性探讨，到上一级绩效办公室进行工作汇报和预备，最终核实检查后取得相应的工薪报酬。

（安婕，2015）

胜任力素质模型作为一种新型的人力资源分析和评价方法，已经逐渐成为人力资源管理体系的核心和基础，在人力资源管理六大模块中均有体现。国美电器集团建立基于胜任力素质模型的员工绩效考核体系，对增加其在家电零售企业的核心竞争力起着非常重要的推动作用。本章基于人力资源管理实践中的问题，论述人力资源管理的另外一个基础——素质模型，内容主要包括素质模型的含义、理论依据、重要性、构建流程和应用。

第一节　素质模型概述

素质模型是人力资源管理的新基点，它为人力资源管理实践提供了一种新视角、新工具和新思维。

一、基本概念

素质（Competency）是一个众说纷纭、百家争鸣的概念，其内涵界定与理论应用经历了不断完善和成熟的过程。

（一）素质

1. 素质的含义

素质的概念由哈佛大学教授戴维·麦克兰德博士（D. C. McClelland）于1973年提出。通过对绩效卓越者的一系列研究，他颠覆了传统的智力概念，指出智力并不是工作绩效高低的决定因素，而态度、认知、个人特质等才是卓越绩效背后的真正原因。他把这些因素称为“素质”（competency），定义为“与工作绩效或生活中其他重要成果直接相关联的知识、技能、能力、特质或动机，是个体在工作或情境中成功采取行动的决定性因素”。强调导致优异绩效的个人特征，诸如资质、潜能、才干、内驱力等。

目前，学术界比较认可的素质定义是：素质是在某一工作中能够显著区分一般绩效和高绩效的个体特征。它可以是动机、特质、自我形象、态度或价值观，也可以是某领域的知识、认知或行为技能等素质的集合。具有以下三个特征：① 与任务情景紧密联系，具有动态性；② 与员工的工作绩效具有密切的关系，或者从某种角度来看，它可以预测员工未来的工作绩效；③ 能够区分组织中的绩效优秀者与绩效一般者（Dalton，1997）。也就是说，优秀员工与一般员工在素质上会表现出显著性的差异。

从能力角度，我们可以把素质分为两个部分：显能部分和潜能部分。显能部分包括知识、技能等易于感知的外显素质，类似于工作规范的资格要求，不能区别一般与优秀；潜能部分包括深藏于个体意识中的动机、自我意向、社会角色等潜在素质，它决定着人们的行为与表现，是区分表现优异者与表现平平者的关键因素。

2. 素质构成要素

素质是驱动一个人产生高工作绩效的各种个性特征的集合，一般包括外显的知识、技能与内隐的价值观、态度、动机等。知识、技能、价值观、态度、动机等即为素质的构成要素。素质构成要素不同，各要素组合方式不同，则素质模型不同，每个企业都应该有其独特的素质要素。

例证 3-1

LHHS公司大卖场店长的胜任力要素

LHHS公司是一家网点遍布全国，业态种类齐全的连锁零售超市公司，到2014年已连续15年位居浙江省内连锁行业销售额第一。在LHHS公司大卖场管理工作中，公司大卖场店长的任务角色需要具备胜任力要素，这些要素为他们提供了一种重要的技能和基础指导，从而促进优秀店长获取高绩效，成功地胜任该项工作。这些胜任力基本要素包括了以下三种。

（1）决策力：指店长能够运用最优化的方法，对 LHHS 公司大卖场管理中涉及的事件的多种可能性做出准确的判断，从而做出最终决断的能力。

（2）执行力：指店长所具有的通过一定的管理行为，有效实施计划，以完成 LHHS 公司计划或战略的能力。

（3）全局观念：指店长基于大卖场整体甚至是 LHHS 公司整体及长远发展视角，考虑各项决策、开展各项工作计划，保证公司健康持续发展的能力。

（张霞，2015）

3. 素质的类型

视角不同，素质类型的划分方法也不一样。按易于发现的程度，可分为外显素质与内隐素质。按可迁移的程度，可分为正迁移素质、零迁移素质、负迁移素质。按照素质的构成要素，可分为基础素质和特殊素质。按照企业所需的核心专长与技能，可分为通用素质、可迁移素质和专业素质。另外还有一种对素质更加详细和精确的分类工具——素质词典。

4. 素质与绩效的驱动关系

从投入产出的角度看，动机、个性、自我形象、价值观、社会角色、态度以及知识与技能等都决定并作用于员工的行为，最终驱动绩效的产生。素质构成要素之间则以内隐特征推动或阻碍外显特征的方式，影响素质作用于行为的过程乃至结果。这个驱动关系可以用于指导企业的改进方向。此外，在一定程度上，素质通过行为表现出来，这是素质要素提取的最常用方法——行为事件访谈法的依据。

（二）素质模型

1. 素质模型的含义

素质模型（Competence Model，Competency Model），国内学者又称胜任力模型、胜任素质模型、能力素质模型等。美国心理学家斯班瑟（Spencer）在 1993 年首次针对素质模型给出了一个较为完整的定义，认为素质模型是指能够与参照效标（优秀的绩效或合格绩效）具有因果关系的个体的深层次特征。通俗地说，素质模型就是为了完成某项工作，达成某一绩效目标，要求任职者具备的一系列不同素质要素的组合，其中包括不同的动机表现、个性与品质要求、自我形象与社会角色特征以及知识与技能水平等。这一概念包括三个方面的含义：深层次特征、因果关系和效标参考。

（1）深层次特征是指个体潜在的特征能够保持相当长一段时间，并能够预示个体在不同情况和工作任务中的行为或思考方式，表现为动机、特质、自我形象、态度或价值观等内隐特征以及知识和技能等外显特征。

（2）因果关系是指胜任素质能够引起或者预测行为或绩效。一般说来，动机、特质、自我形象和社会角色、知识和技能等胜任素质能够预测行为反应方式，而行为反应方式又会影响工作绩效，可表述为意图—行为—结果。

（3）效标参考是指胜任素质能够按照某一标准，预测效标群体的工作优劣，效标参考是胜任素质定义中一个非常关键的内容。一种胜任素质如果不能预测有意义的差异，与参考的效标没有明显的因果关系，则不能称之为胜任素质。

2. 素质模型的类型

这里介绍三种典型的素质模型，即冰山模型、洋葱模型和一般模型。

（1）冰山模型。冰山模型（Iceberg Competency Model）由斯班瑟提出（Spencer，1993），他将各种素质特征描述为在水中飘浮的一座冰山（见图 3-1），水上部分代表表层的特征，如知识、技能等；水下部分代表深层的特征，如社会角色、自我形象、特质和动机，这些是决定人们的行为及表现的关键因素。

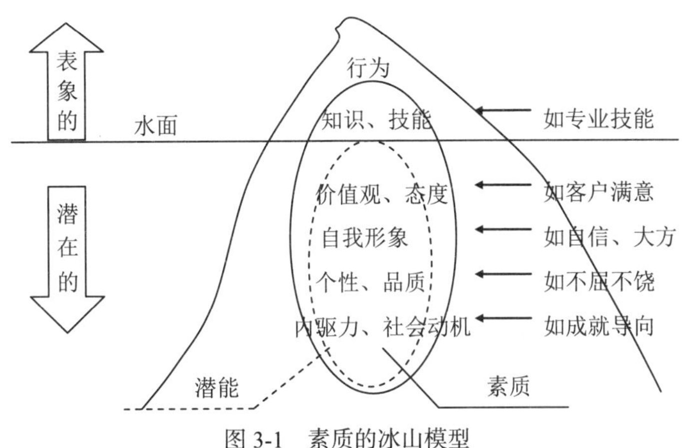

图 3-1　素质的冰山模型

（2）洋葱模型（Onion Competency Model）。美国学者博亚特兹（Richard Boyatzis）对麦克利兰的素质理论进行了深入和广泛的研究，提出了“素质洋葱模型”。素质洋葱模型（BORATSIZ，1982）说明了素质的各个构成要素可由内至外被观测、衡量的特点。素质洋葱模型图如图 3-2 所示，最外面的是知识、技能，代表最为表层的东西，也是最容易发展的部分；而最里面是核心人格，如动机、特质，这些都是相对稳定、不容易变化和发展的。各素质要素释义如下。

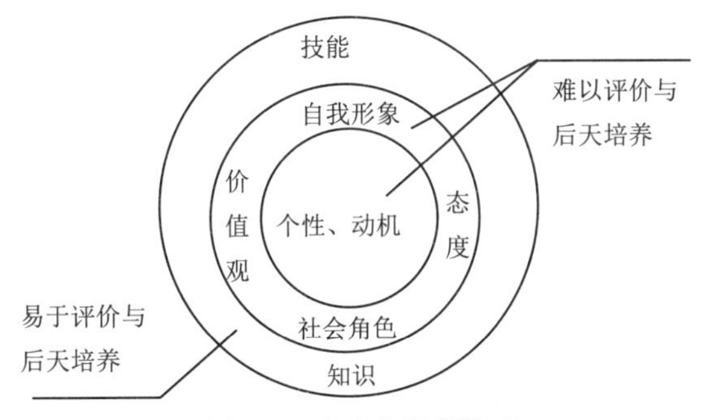

图 3-2　素质的洋葱模型

① 知识，是指对某一职业领域有用信息的组织和利用。

② 技能，是指将事情做好的能力。

③ 社会角色，是指一个人在他人面前想表现出来的形象。

④ 自我形象，是指对自己身份的认识或知觉。

⑤ 态度，是个体的自我形象、价值观以及社会角色综合作用外化的结果。

⑥ 价值观，是指用来评价行为、事务以及从各种可能的目标中选择自己合意目标的准则。

⑦ 个性，是指个体对外部环境及各种信息等的反应方式、倾向与特性。

⑧ 动机，是指推动个体为达到目标而采取行动的内驱力。

（3）一般模型。员工个体所具有的素质特征有很多，但企业所需要的不一定是员工所有的素质特征，企业应根据岗位的要求以及组织的环境，明确能够保证员工胜任该岗位工作、确保其发挥最大潜能的素质特征，并以此为标准来对员工进行挑选。这就要构建素质模型，提炼出能够对员工的工作有较强预测性的素质特征，亦即构建素质的一般特征模型，如图 3-3 所示。它包括三个方面的内容：① 岗位绩优者胜任能力，即岗位绩优者需要具备什么样的素质（个人能做什么、为什么这么做）；② 岗位的工作要求，即该岗位所需要的素质（个人在工作中被期望做什么）；③ 组织环境的要求，即个体在组织中所应扮演的角色（个人在组织管理中可以做什么）。

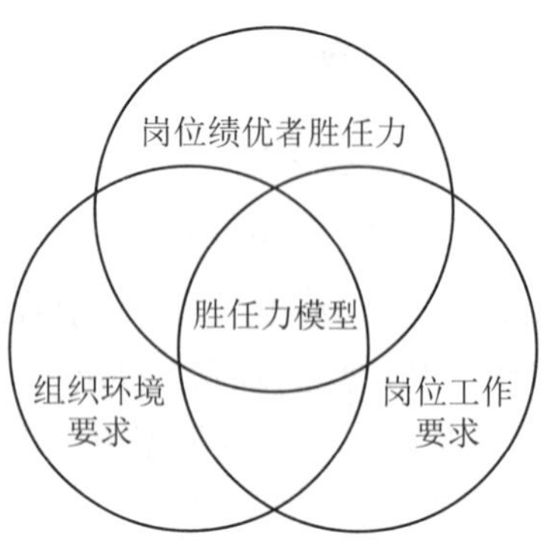

图 3-3　素质的一般模型

（资料来源：叶龙，张文杰，姜文生. 胜任力模型在物流企业中的应用研究[J]. 物流技术，2006（3）：17-19.）

图 3-3 中的交集部分是员工最有效的工作行为或潜能发挥的最佳领域。当个人的胜任能力大于或等于这三个圆的交集时，员工才有可能胜任该岗位的工作。企业人力资源管理所要发掘的素质特征就是个人胜任能力与另外两个圆的交集部分，即能够保证员工有效完成工作的素质模型（叶龙，张文杰，2006）。

尽管各个企业的具体情况不一样，但是其素质模型的构建均可参照素质的一般模型提出的思考框架与方向，即从组织、岗位、个人三个方面进行考量。

3. 素质模型的特征

素质模型具有以下三个特征。

（1）行业特色。它反映的是某种行业内对人员的整体素质要求，包括知识和技能的范围、对客户的认识程度等。

（2）企业特色。它反映的是单个企业对特定人员的要求，并且细化到行为方式的程度。即使是处于同一行业的两个企业，即使企业在人员要求的素质要素条目上完全相同，但由于企业文化、经营目标、经营策略的差异，也很少有两个企业的由素质要素经过组合而形成的素质模型完全一致。

（3）阶段性。素质模型的行为模式由于与企业经营相联系，因而具有阶段性特征。在企业的特定时期内，某项素质要素是至关重要的；而在另一个阶段，由于企业的经营目标或经营策略发生了变化，该项素质要素的重要性可能会降低，素质模型就会随之更新和改变。

总之，素质模型是动态变化的，素质模型的管理要因行业而异、因企业而异、因企业发展所处的阶段而异。

二、素质模型在人力资源管理实践中的应用

选对人比培养人更重要。人力资源管理的目的是实现人事匹配，应在选对人的前提下再去培养人。企业选对人，在招聘、培训、流动等方面的成本都会降低，从而带来较高的绩效。员工对工作的满意度提高，才能够实现良好的职业生涯。基于这样的认识，素质模型在人力资源管理实践中的作用越来越重要，已经成为人力资源管理的基础工具。

（一）素质模型与工作分析

需要明确两组重要概念：素质要素与工作规范（任职资格）；素质模型与工作分析。

素质要素与工作规范既有联系又有区别：联系是指素质的外显特征与任职资格中的知识、技能等相似，内隐特征与任职的能力要求相似。区别是指素质要素是在分析的基础上经过一系列步骤梳理、开发而建立的，各要素具有内在联系，与组织的绩效高度相关，是组织核心能力的来源；任职资格是在工作分析的基础上从工作需要的角度简单罗列出来的基本资质要求，不一定能够满足高绩效要求。“资格条件”着重于阐述为了履行岗位职责所需要的资质要求，如学历、工作经验等。素质模型促使员工了解在工作中表现出何种行为才能反映其具备该项能力素质的相应等级（如初级、中级、高级）。

素质模型与工作分析是人力资源管理的两个基础，人力资源管理的目的是实现人与工作的有效匹配，最终实现组织的目标。素质模型研究的重心在“人”，解决实现组织高绩效对人的素质要求；工作分析研究的重心是“事”，解决组织怎么高效地设计流程、整合工作，减少工作上的模糊与混乱。

（二）基于素质模型的人力资源管理系统构建

基于工作分析的人力资源管理系统不能有效地解决人力资源管理实践中出现的问题。例如，招聘到的人为什么绩效后劲不足，员工培训没有依据，员工配置没有章法，员工职业生涯迷茫，绩效管理缺乏标准尺度，薪酬设计不能解决激励问题，员工关系管理缺乏合理的内部“法律依据”。工作分析最大的贡献在于明确了组织为了实现组织战略而必须做的事及其关系，体现在组织结构图、工作关系和工作流程中，但仅仅如此并不能解决组织的高绩效运行对人力资源管理的要求。

20 世纪中后期，哈佛大学的戴维 • 麦克兰德教授的研究成果，使人们看到了人力资源管理理论新的曙光，为人力资源管理的实践提供了一个全新的视角和一种更有力的工

具，即对人员进行全面系统的研究，从外显特征到内隐特征进行综合评价。后者不仅能够满足现代人力资源管理的要求，构建起某种职位的素质模型，对于人员担任某种工作所应具备的素质及其组合结构具有明确的说明，而且能成为从外显特征到内隐特征进行人员素质测评的重要尺度和依据，从而为实现人力资源的合理配置提供科学的前提。

有鉴于此，基于工作分析的人力资源管理系统必须与基于素质模型的人力资源管理系统结合起来，才能实现人事匹配。因此，素质模型是人力资源管理的新基点。

基于素质模型的人力资源管理的系统构建如图 3-4 所示，主要由三大部分组成，包括基于素质模型的人力资源管理实践、素质管理与素质整合促进战略实现。基于素质的人力资源管理主要是通过各个职能模块的实践实现对员工素质管理，进而实现对素质整合，促进组织战略目标的实现。因而，在一定程度上可以说，基于素质模型的人力资源管理就是素质的管理。

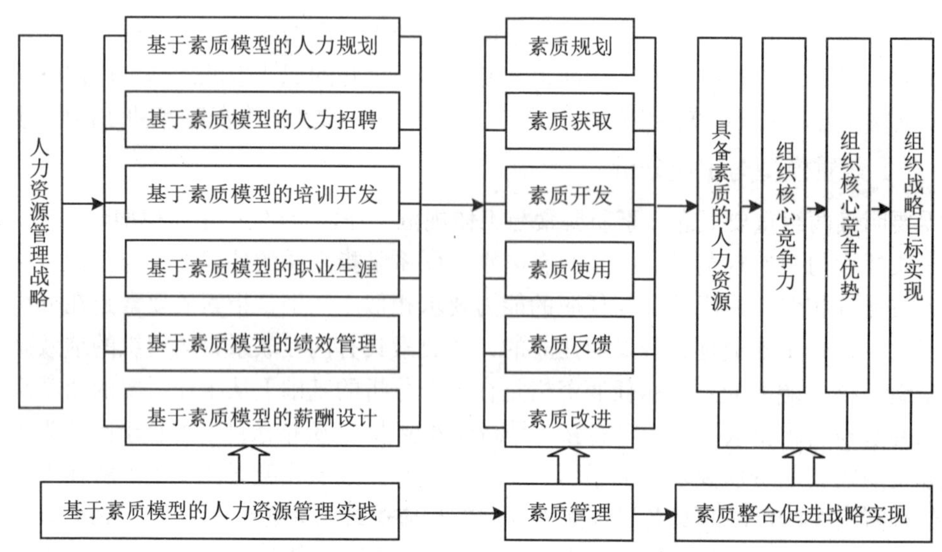

图 3-4　基于素质模型的人力资源管理的系统构建

第二节　素质模型的构建

素质模型构建的基本原理是辨别优秀员工与一般员工在知识、技能、社会角色、自我形象、特质和动机等方面的差异，通过收集和分析数据，并对数据进行科学的分析处理和加工整合，从而建立某职位的素质模型构架，并产生相应的可操作的人力资源管理体系。

一、构建素质模型的基本依据

建立素质模型的依据主要有社会与经济环境、组织战略、企业文化、工作职责与标准。

（一）社会与经济环境

变化的社会与经济环境需要不同的素质模型与之匹配，环境与素质模型密切相关。

社会与经济环境的变化在相当大的程度上决定了组织内部员工的行为。组织需要任职者具有不同的素质以应对变化的社会与经济环境。例如，在迅速变化的环境中，与传统的官僚组织比较，组织是相当松散、自由流动和具有适应性的，规章制度和规则通常是非书面化的，员工不得不通过系统找出自己的方法并确定如何去做。这样的组织通常将“独立性”和“授权能力”作为素质模型的构成要素。

（二）组织战略

为了组织能够以战略为导向，有效地探索、设计和运用素质模型，企业在确定某种职位的素质模型时，必须从上往下层层分解，即由“企业使命”确定“企业核心战略所需素质”；由“企业核心战略所需素质”确定“企业业务发展需要的素质”；由“企业业务发展需要的素质”确定“职位需要的素质”，将素质概念置于“组织—职位—人员”匹配的框架中。根据特定职位需要的素质，招聘、选拔符合职位要求的人员，确定该职位人员的绩效考核内容、培训主题和职业生涯发展等。

（三）企业文化

企业文化是企业的内在价值观，是一套全员的行为准则，它无形地影响着员工的行为方式。素质模型的构建与否、构建重点、构建后的认同程度和实施力度等深受企业文化的影响。例如，强调灵活性与适应顾客需要的企业家精神文化的企业会推崇“革新”与“创造性”的素质要素；推崇小团队式文化的企业构建素质模型关注“认同感”的素质要素；而崇尚官僚文化的企业会强调“合作性”“服从性”“遵循成就”等素质要素。

（四）工作职责与工作标准

素质模型的构建离不开工作分析。工作职责是企业战略层层细分的结果，优秀的工作说明书中一般制定了详细的工作标准。构建各个职位的素质模型时必须考虑各个职位的工作职责（做什么，即任务）和工作标准（做到什么程度），以此为依据明确职位所必需的知识、技能、个性等，这样构建的素质模型才具有很好的企业适应性、职位匹配性和较高的认同程度。

二、构建素质模型的流程

素质模型的构建是一个明确组织战略需要、梳理组织内隐素质、开发未来需要的素质的过程，一般经过前期准备、素质模型的建立、素质模型的评估与确认、素质模型的应用与反馈四个阶段。

（一）前期准备

前期准备主要解决为什么要建立素质模型及建立什么样的素质模型的问题。具体准备内容包括以下两项。

1. 组建工作小组

素质模型的构建是一个技术含量比较高的过程，工作小组成员应包括主管领导、人力资源管理专家与研究人员、部门主管、管理咨询公司工作人员等。

2. 明确目标，定义标准

通过审视企业战略，明确企业现状与未来发展方向。同时，通过审视实施战略的核心职位，使得工作重点能够放在核心能力和关键行为上，以保证构建出适合企业的素质模型。

在此基础上，采用工作分析的各种工具与方法明确工作的具体要求，提炼出鉴别优秀员工与一般员工的标准。企业应充分考虑自身的规模、目标、资源等条件，制定适宜的绩效标准。

依据工作分析的方法，将目标职位的高绩效标准分解细化为一些具体的任务项目，以此来发现并归纳驱动高绩效的行为特征。

（二）素质模型的建立

素质模型的建立包括选取样本进行分析、提取素质要素、建立素质模型三个步骤。

1. 选取样本进行分析

根据职位的具体要求，在从事该职位的员工中，分别从高绩效和普通绩效的员工中随机抽取一定数量的员工进行分析和研究。分析方法可以综合运用行为事件访谈法、专家小组讨论法、问卷调查法、全方位评价法、专家系统数据库和实地观察法等获取样本有关的素质特征数据。一般以行为事件访谈法为主，辅以其他方法。

2. 提取素质要素

将通过各种方法分析获得的信息与资料进行归类，找出并重点分析对个人关键行为、思想和感受有显著影响的过程片段，发现高绩效员工与绩效平平者处理片段时反应与行为之间的差异（例如，关注的话题、待人接物方式、情绪控制能力、关注绩效的结果、思维方式、个性特征等方面有所不同），识别导致关键行为及其结果的、具有区分性的素质特征，并对其进行层次级别的划分。

该过程一般包括两个关键要点：采用统一的语言完成素质的概念化；采用统计分析、词频分析等方式，加工处理信息与资料，对素质要素进行论证、筛选、归类，并根据频次的集中程度，估计各类特征组的大致权重。

3. 建立素质模型

在清晰定义素质、素质级别及各级具体行为描述的基础上初步形成目标职位的素质模型框架。建立素质模型时，需要把握两个关键点：保证对企业战略的支持，并能够准确客观地反映战略对人员素质的要求；关注企业文化和核心价值观，使得素质定义和行为描述体现企业的个性特点。

例证 3-2

华为素质模型的基本概念

华为人力资源管理体系的搭建始于《基本法》。在《基本法》里，华为确立了人力资源管理的“铁三角”，即价值创造体系、价值评价体系和价值分配体系。这三个体系构成了华为人力资源管理的价值链。华为人力资源管理体系之所以有力，是因为所有人力资源管理实践都建立在人力资源管理价值链的“铁三角”之上，像金刚石那样呈空间三角排列。华为的素质模型就是在价值评价体系中构建的，这就是素质模型在华为整个人力资源管理体系中的定位。如果一个企业把素质模型作为一个独立的模块来看，而不把这个模型融入人力资源管理体系中，那么即使它尽善尽美，依然难以发挥其有效作用。因此，能否形成稳定的“铁三角”是素质模型发挥作用的关键。

（吴春波，2014）

（三）素质模型的评估与确认

通常通过面对面评估与确认，到多个评估人试用，最后进行完整的心理测试来完成评估和确认素质模型。不同性质的素质采用不同的方法进行评估：全员核心素质和通用素质按照员工不同行为方式的表现频率进行评估；专业技术素质由经理、专家根据专业技术素质模式评审确定。

（四）素质模型的应用与反馈

素质模型建立之后，要与人力资源管理的各项职能模块进行衔接，并通过沟通、交流和培训向公司各个层级的员工宣传思想、灌输理念、推广应用，力争打消员工的顾虑，获得理解和认同，以保证实施效果。对员工进行素质模型培训是素质模型高效推广的有力保障之一。

通过选取最初确定的绩效标准，对素质模型进行不断的检验和完善，以保证其效度。在素质模型运行的过程中，应该及时取得反馈，对发现的问题做必要的改进。

例证 3-3 

广州电信素质模型的构建流程

中国电信广州分公司根据组织的整体战略目标，建立了符合企业发展要求的素质模型体系。其构建设计主要包括定义绩效标准、确认效标样本、获取样本信息、分析资料建立素质模型、验证素质模型、素质模型应用等六个步骤。

因此，中国电信广州分公司的中层管理者素质模型的构建过程也需要遵照上述类似的步骤进行。首先是进行分公司层面的动员培训，以获得员工的充分理解和通力合作。动员之后，通过高层访谈，理解中国电信广州分公司的未来发展战略目标，确定核心素质群，从而为素质模型的构建奠定基础。在正式的数据收集阶段，建立严格的抽样标准，以确定高绩效的“标杆”员工，同时使用行为事件访谈法，以获得素质模型的界定和分级标准。在获得访谈数据后，组建相关主题的专家小组，通过数据分析和讨论得出各素质的指标和层级标准，再进行严格的效度检验，最后获得确定的素质模型。

（孙炜，2010）

三、素质要素的提取方法

提取素质要素可采用行为事件访谈法、问卷调查法、全方位评价法、专家小组法、专家系统数据库和观察法。这里介绍三种常用的方法，即行为事件访谈法、专家小组法和问卷调查法。

（一）行为事件访谈法

行为事件访谈法（Behavioral Event Interview，BEI），是一种开放式的行为回顾式探索技术，是揭示素质特征的主要工具。它是一种结合关键事件法（Critical Incident Technique，CIT）与主题统觉测验（Thematic Apperception Test，TAT）的访谈方式，主要的过程是请受访者回忆过去半年（或一年）在工作上感到最具有成就感（或挫折感）的关键事件，其中包括：情境的描述；有哪些人参与；实际采取了哪些行动；个人有何感觉；结果如何。也就是说，受访者必须回忆并陈述一个完整的故事。在具体的访谈过程中，需要被访谈者列出他们在管理工作中遇到的关键情境，包括正面结果和负面结果各 3 项。访谈需 1 ~ 3 个小时，需要收集 3 ~ 6 个行为事件的完整和详细的信息。

行为事件访谈法是目前在构建素质模型过程中使用得最为普遍的一种方法。它主要以目标职位的任职者为访谈对象，通过对访谈对象的深入访谈，收集访谈对象在任职期间所做的成功和不成功的事件描述，挖掘出影响目标职位绩效的非常细节的行为。之后对收集到的具体事件和行为进行汇总、分析、编码，然后在不同的被访谈群体（绩效优秀群体和绩效普通群体）之间进行对比，就可以找出目标职位的核心素质。

行为事件访谈的操作实施有一定的技术含量，对访谈者的要求非常高，访谈者必须经过严格的培训，一般不少于 10 个工作日。只有经过专业培训的访谈者才能在访谈过程中通过不断的有效追问，获得目标职位相关的具体事件。目前，国内中小型企业一般尚不具备独立使用这种方法来构建素质模型的条件，主要基于以下两个原因：① 考核体系不是很完善，很难区分出绩效优秀群体和绩效普通群体。这对于选取正确的访谈对象以及在不同群体间进行比较等方面难以保证客观性、准确性。② 行为事件访谈法需要大量的被访谈者，牵涉面比较广（中小型企业无法取得足够的访谈样本）。同时，行为事件访谈法也需要大量的人力、财力和物力去支持，这从企业投入与回报的角度来说可能并不令人满意。在实际应用当中，行为事件访谈法更多地使用其简化模式，并与其他方法相结合。简化模式主要保留行为事件访谈法的信息收集方法，用于确定素质模型的操作定义和行为描述。

（二）专家小组法

1. 专家小组法的含义

专家小组法又称德尔菲法（Delphi Method），它依据系统的程序，采用匿名发表意见的方式，即专家之间不得互相讨论，不发生横向联系，只能与调查人员发生关系，通过多轮次调查专家对问卷所提问题的看法，经过反复征询、归纳、修改，最后汇总成专家基本一致的看法，作为预测的结果。它作为一种主观、定性的方法，具有广泛的适用性，不仅可以应用于预测领域（如人力资源规划的需求预测），也可以应用于各种评价体系的建立和具体指标的确定过程（如素质模型的构建）。

2. 专家小组法的特征

专家小组法主要有以下三个特征。

（1）资源利用的充分性。吸收不同专家的预测，充分利用了专家的经验和学识。

（2）最终结论的可靠性。采用匿名或背靠背的方式，能够使每一位专家独立地做出自己的判断，不会受到其他繁杂因素和主观因素的影响。

（3）最终结论的统一性。预测过程必须经过几轮的反馈，使专家的意见逐渐趋同。

3. 专家小组法的实施步骤

专家小组法的实施通常有以下六个步骤。

（1）组成专家小组。按照课题所需要的知识范围确定专家。专家人数的多少，可根据预测课题的大小和涉及面的宽窄而定，一般不超过20人。

（2）向所有专家提出所要预测的问题及有关要求，并附上有关这个问题的所有背景材料，同时请专家提出还需要什么材料，然后由专家做出书面回复。

（3）各个专家根据他们所收到的材料，提出自己的预测意见，并说明自己是怎样利用这些材料提出预测值的。

（4）将各位专家第一次的判断意见汇总，列成图表，进行对比，再分发给各位专家，让专家比较自己与其他人的不同意见，修改自己的意见和判断。也可以把各位专家的意见加以整理，或请身份更高的其他专家加以评论，然后把这些意见再分送给各位专家，以便他们参考后修改自己的意见。

（5）将所有专家的修改意见收集起来，进行汇总，再次分发给各位专家，以便做第二次修改。逐轮收集意见并为专家反馈信息是专家小组法的主要环节。收集意见和信息反馈一般要经过三四轮。在向专家进行反馈的时候，只给出各种意见，但并不说明发表各种意见的专家的具体姓名。这一过程重复进行，直到每一个专家不再改变自己的意见为止。

（6）对专家的意见进行综合处理，作为最终预测或决策的结果。

4. 专家小组法的优缺点

专家小组法与常见的召集专家开会，通过集体讨论得出一致预测意见的专家会议法既有联系又有区别。与专家会议法相比较，专家小组法具有以下两组优点。

（1）能够发挥专家会议法的优点，主要体现在：① 能够充分发挥各位专家的作用，集思广益，准确性高；② 能够把各位专家意见的分歧表达出来，取各家之长，避各家之短。

（2）能够避免专家会议法的缺点，主要体现在：① 权威人士的意见影响他人的意见；② 有些专家碍于情面，不愿意发表与其他人不同的意见；③ 出于自尊心而不愿意修改自己原来不全面的意见。

专家小组法的主要缺点是过程比较复杂，花费时间较长。

（三）问卷调查法

问卷调查法也称问卷法。它是调查者运用统一设计的问卷向被选取的调查对象了解情况或征询意见的调查方法。它通常以书面提出问题的方式搜集资料。研究者将所要研究的问题编制成问题表格，以邮寄、当面作答或者追踪访问的方式填答，从而了解被试对某一现象或问题的看法和意见，因此又称问题表格法。问卷法的运用，关键在于编制问卷，选择被试和结果分析。

问卷调查法的一般程序是：① 设计调查问卷；② 选择调查对象；③ 分发问卷；④ 回收和审查问卷；⑤ 对问卷调查结果进行统计分析和理论研究。

问卷调查法的优点：① 突破时空限制，能够对众多调查对象同时进行调查；② 便于对调查结果进行定量研究；③ 具有匿名性；④ 节省人力、时间和经费。

问卷调查法的缺点：① 只能获得书面信息，不能了解到生动具体的情况；② 缺乏弹性，难以做深入的定性调查；③ 答卷质量受被调查者的态度、对问题的理解程度等因素影响；④ 回复率和有效率低，对无回答者的研究比较困难。

例证 3-4

国美电器集团中问卷调查法的运用

国美电器集团针对42个分部总经理进行了网上素质问卷调查，本次调查参与人员涉及集团总部、各大区、各分部员工，并且各职务层级均有参与。经过对调查数据的对比统计分析，得出分部总经理产生高绩效的关键素质主要有3个维度12大项。通过全国网上调研后，集团总部人力资源管理中心邀请了咨询业界资深专家进行素质问卷分析，将所得资料进行数据库分析对比，并组织全国42个分部行政总监进行工作讨论，详细分析了问卷调查结果，根据集团战略导向最终确定分部总经理素质评价表纵横各项权重，再对素质评价项进行打分，获得了国美电器集团42个分部总经理的各素质项平均得分。通过实际的问卷调查数据分析结果，发现分部总经理绩效一般的素质项集中在快乐服务、专业技能、团队建设与人员发展、学习创新与压力管理这5个素质项上。只需将分部总经理素质评价表得分结果与高效标杆和全国平均值进行比较，找出差距，以便采取相应的考核和培训措施，提高他们较弱的素质项。

（万娟，2010）

第三节　素质模型的应用

素质模型作为人力资源管理的基础，与人力资源管理的各个模块（子系统）都有着紧密的联系。素质模型的应用是一项系统性的工作。大数据时代，很多企业轰轰烈烈搭建素质模型，最后却被束之高阁。素质模型能否在海量数据的取舍中落地生根已成为众多企业、学者关注的问题和研究热点。近年来，国家电网公司高级培训中心借鉴大数据思维，区别于行为事件访谈等常用工具，对素质模型的整合和重塑展开了积极探索（王骁等人，2015）。信息碰撞下的素质模型的成功运用显著地提高了企业人力资源的质量，强化组织的竞争力，促进企业发展目标的实现，同时也促进了素质模型的落地生根，开花结果。本节主要介绍素质模型在人力资源管理六个方面的应用。

一、基于素质模型的人力资源规划

基于素质模型的人力资源规划就是通过盘点当前企业成员的素质现状，对将来一段时期素质开发及符合职位素质要求的人力资源数量和结构做出一个战略性的安排。

基于素质模型的人力资源规划综合了人力资源战略、素质模型和人力资源供给三个方面的因素，如图 3-5 所示。

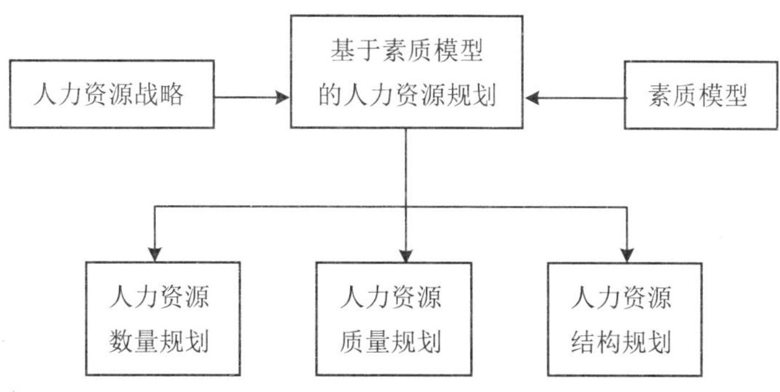

图 3-5　基于素质模型的人力资源规划

人力资源规划是对组织未来一段时期人力资源在数量、质量和结构方面的规划，因而必须与人力资源战略匹配，否则就不具备指导未来的作用。人力资源供给情况为人力资源规划的实现提供了客观条件，没有充足的人力资源供给，就无法实现人力资源规划的目标。素质模型为人力资源规划提供比较准确的依据，只有参照素质模型，才能分析当前人力资源在数量、质量和结构方面的差距，并按照素质模型的要求制订各项措施，以满足组织对素质方面的整体需求。

二、基于素质模型的人力资源招聘

（一）传统的招聘与基于素质模型的招聘

传统的人力资源招聘多停留在为满足职位空缺的人员需求，以教育背景、知识、技能水平和以往的工作经验等工作分析的外显特征来决定是否聘用。如今的人力资源招聘的重点转向了为保证企业战略目标的实现，从而吸引与甄别那些能够帮助企业达成目前与未来战略意图的具有高素质的人，因此，基于素质模型的招聘被提上了日程。两种招聘理念的对比如表 3-2 所示（彭剑锋，2011）。

表 3-2　两种招聘理念的比较

招 聘 方 式	特　　点
传统的招聘	基于短期的职位需求展开招聘工作，仅仅以工作分析与候选人“过去做什么”作为考察候选人是否具备所需要的知识、经验与技能的基础，缺乏对候选人未来绩效的预测与判断
基于素质模型的招聘	除了采用既定的工作标准与技能要求对候选人进行评价之外，还要根据候选人具备的素质对未来绩效的指引作用来实施招聘，这种基于素质的招聘将企业的战略、经营目标、工作与个人联系起来，在遵循有效招聘决策程序的同时，提高了招聘的质量，也使那些对企业持续成功最为重要的人员及其素质得到了极大的重视与强化

（二）基于素质模型的人力资源招聘流程

素质模型为人力资源招聘提供了标准，指明了方向。基于素质模型的人力资源招聘可以按照下面五个步骤进行。

1. 确定招聘需求

依据人力资源规划，确定人员与职位变化；另外，应考虑因调配与临时项目、特殊任务带来的人员需求。

2. 界定素质要求

明确关键的专业技能素质与通用素质要求，界定特定职位的素质等级。

3. 选择招聘渠道

在组织外部，选择合适的媒体、招聘中介机构；在组织内部，发布职位空缺信息，实施竞聘上岗或工作轮换等。

4. 实施招聘

选用适当的工具（如笔试、面试）对应聘者进行甄别，让合适的人做合适的事。

5. 反馈与改进

对聘用人员进行追踪、跟进和考核，检测基于素质模型的人力资源招聘的效果，发现并记录问题，提出改进建议。

例证 3-5 

英特尔公司的招聘指标

英特尔对求职者进行的考核以面试为主，对应聘者的考核主要针对应聘者的职位进行素质考察。英特尔每个招聘职位都有一套标准，这些职位的素质描述都是英特尔经过长期的实践，参考国际人力资源顾问公司对人才素质的研究成果而得出的。英特尔用人的首要标准是企业文化认同，客户第一、自律、质量、创新、工作开心、看重结果——这是英特尔的企业文化和企业精神。英特尔招收的人大多精力充沛、聪明，聪明人能够吸引聪明人，他们把公司当作自己的公司，所以他们能够把自己的想法说出来，公司也鼓励他们这样做，他们喜欢变化，因为这个行业的变化越来越快；他们还能明智地冒险，愿意对自己行为的结果进行评估。

英特尔有一个全球公用的职位素质系统，各招聘经理可以通过网络查看，这些标准与具体情况结合，即可确定招聘职位的素质标准。

（王剑丽，2003）

三、基于素质模型的人力资源培训

在传统培训方式下，很多企业并不知道自身缺乏什么，需要什么样的培训。不少企业“赶时髦”：今天流行计算机培训，就搞个计算机培训；明天流行潜能激发培训，就搞个潜能开发培训。这样就会导致培训与企业需要不吻合，培训收效差。

基于素质模型的人力资源培训与开发，根据企业战略与职位要求、职业发展规划、绩效考核结果等，明确员工现有素质状况，确定员工的绩效差距，为员工量身定做培训计划，帮助员工弥补“短板”的不足，有的放矢，突出培训的重点，提升培训的效果，开发员工的潜能，为企业创造更多的效益。

换言之，基于素质模型的培训与开发就是依照素质模型的要求，对员工承担特定职位所需的关键胜任素质的培养，提高个体和组织整体素质水平，不断完善充实素质模型，提高人力资源对企业战略支持的能力。

在基于胜任力的培训发展体系中，胜任力模型为培训需求分析提供了可参照的标准。基于素质模型的培训需求分析模型如图 3-6 所示（金环，林则宏，2008）。在模型中逻辑关系分为横向和纵向的关系。横向逻辑为员工实际情况和组织要求之间的差距，在这个比较过程中，以素质模型作为参照标准，通过比较员工当前状况和理想状况，能够比较准确并有针对性地提出培训需求；在纵向上是素质和行为、绩效的逻辑关系。培训发展需求的确定不仅仅要考虑员工素质现状与组织要求的差距，也要充分考虑组织的内外环境，例如组织结构、成本承受能力。只有全面考虑员工素质发展需求和组织内外部环境，这样的培训发展需求才能真正符合组织和个人要求，并能够具有实施的基础和条件。如果没有实施的基础和条件，培训和发展计划就没有办法制订和执行，也就没有实践意义。

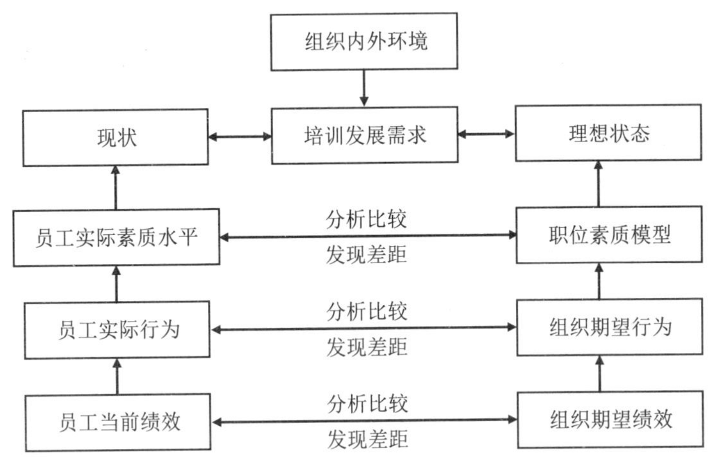

图 3-6　基于素质模型的培训与开发需求模型

例证 3-6

华为素质模型的应用领域

华为素质模型的应用领域如下。

第一，职位描述。如果做了素质模型，可以直接运用到职位说明书的任职资格一栏。例如，一个职位需要什么素质，需要几级素质，都可以直接写出来，与任职资格进行对接。

第二，招聘选拔。在招聘选拔中运用素质模型可以增加招聘选拔的依据性、针对性与有效性，降低企业后续培训成本。

第三，任职资格管理。素质模型以能力为基础，而任职资格则以职位为基础，但是也有交叉。

第四，后备干部管理。在华为后备干部选拔标准中，素质是一项非常重要的考察内容，而这里的素质一般直接依据该职位的素质模型来确定。

第五，报酬。素质已经成为国际领先的薪酬模式中的一项非常重要的付酬要素。

第六，培训。根据素质模型确定培训需求，这是提高培训目标性与效果性的关键，可以大大降低成本，形成明确的培训目标，使培训有依有据。

（吴春波，2010）

基于素质模型的人力资源培训与开发按照四个步骤进行：① 明确目标；② 确认素质差距；③ 分析差距，确定优先顺序；④ 制订并执行培训开发计划。具体流程如图3-7所示。

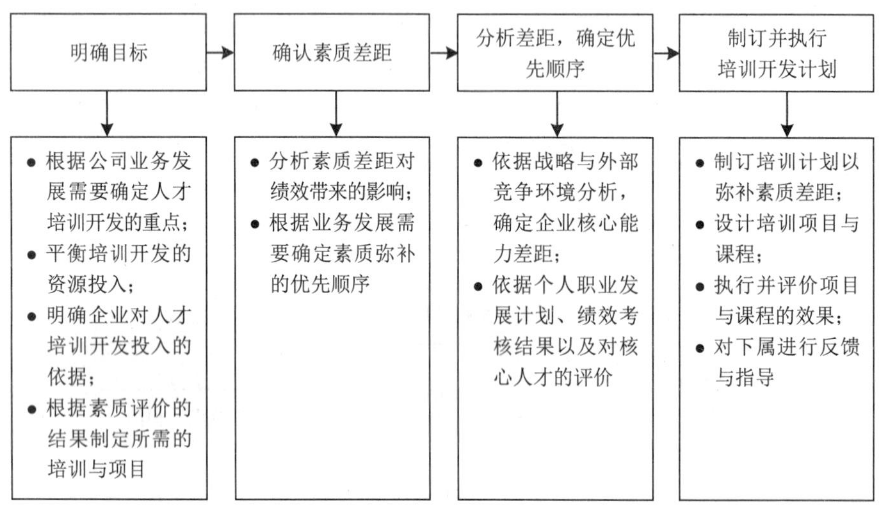

图3-7　基于素质模型的人力资源培训与开发流程

四、基于素质模型的职业生涯发展规划

职业生涯发展规划实际上是组织为个人提供的一个职业发展通道。它主要根据素质模型针对员工个人而制定，从员工刚开始以什么角色进入一个组织，到最终可以发展到什么层级，都能够清晰地展现给员工，从而能够减少员工对未来预期的不确定性，增强员工的归属感。

例证 3-7

中国移动通信有限公司职业生涯规划的构建

根据中国移动通信（深圳）有限公司的特点，员工的晋升基本分为行政通道和技术通道。基于此，可以从以下六个步骤规划员工的职业生涯。

（1）岗位分析：以胜任力为基础进行岗位分析，以胜任力为基本框架，实现人员—岗位—职责动态发展的岗位说明书。

（2）员工招聘与甄选：以岗位说明书来推行基于胜任力的人员甄选。

（3）培训体系设计：对不同工龄、不同岗位的员工实行区别培训。

（4）绩效管理：基于胜任力的绩效考核体系，既考虑到了现有人员的能力特征，又对其设定了发展目标。

（5）薪酬体系设计：根据不同岗位在企业战略目标实现过程中的作用，可以将岗位分为核心岗位、关键岗位、一般岗位、辅助岗位。公司可依照岗位的类别设计合理的薪酬奖励制度，偏重于对员工素质能力进行薪酬体系设计，这样能够鼓励员工更好地在专业领域成长。

（6）职业生涯发展辅导：公司可以分阶段对员工进行辅导，即在每月、每季度、每年进行辅导，特别是对于新员工，让刚刚进入的新员工了解自己未来的发展，使他们清晰地知晓如何提高胜任力，实现个人目标和企业目标相结合，达到双赢。

（宋春清，2015）

基于素质模型的职业生涯发展规划实际上是组织与个人发展相匹配的过程，一般按以下步骤进行：① 组织根据战略目标、行业特点、组织结构、员工构成等因素制定组织的职业发展通道（双通道或多通道）；② 基于其知识工作背景、兴趣爱好、既有的职业生涯通道等，员工可以确定自我职业生涯设想；③ 人力资源部与各部门依据素质模型对员工进行评定，结合组织职业发展通道，引导员工对自我职业生涯发展设想进行修正，必要时调整组织职业发展通道；④ 形成每个员工职业发展通道，依照素质模型，人力资源部与各个部门对员工进行评估和培训，必要时调整员工的个人职业通道。

五、基于素质模型的绩效管理

将素质模型应用于绩效管理的前提是找到区分优秀与普通的指标。基于素质模型的绩效考核指标，是系统化的考核体系，体现了绩效考核的精髓，真实而全面地反映了员工的工作表现。素质考核一般包括：员工素质的优劣；员工有何潜能，发展趋势如何；员工需要什么素质来满足现任职位；员工需要采取何种培训与开发弥补素质的“短板”。

例证 3-8

广发银行绩效考核

广发银行首次将胜任力引入人员绩效管理，广发银行人资处选取信控处征信组作为试点部门。信控处征信组是广发银行负责处理广发银行信用卡申请人的信用征信情况。该部门共有 4 名经理级领导和 200 多名员工。

对该部门员工的整体绩效考核内容分为业绩考核、胜任力考核和重大事项加减分考核三个部分。其中，业绩考核着重于工作数量和工作质量考核，依据岗位职责情况制定每个岗位的业绩考核指标，通过日常工作记录方式获取工作数量考核相关分值，通过日常抽查方式获取工作质量考核相关分值，占 60%权重。胜任力考核着重于对工作岗位所需各项胜任力指标的考核，确定岗位胜任力考核指标后，以经理对员工评分以及员工之间匿名互评的方式进行，占 40%权重。重大事项加减分考核着重于就员工在工作中为机构或处室带来荣誉或损害的事项进行加分或减分，分值调整范围在10分以内。员工最终的个人得分=业绩考核得分×60%+胜任力考核得分×40%+重大事项加减分得分。

（林秀芬，2013）

绩效管理是一个持续不断的过程。同样，基于素质模型的绩效管理是素质模型的理论和方法贯穿于绩效管理的全过程。素质模型不但作为绩效实现的依据，也是绩效管理内容的重要组成部分。新的绩效管理方式可以改变传统绩效管理方式过于注重短期目标的现状，更加注重于员工素质这一影响绩效的最主要因素。只有员工和组织素质水平提高了，才能真正促进绩效目标的实现。绩效管理是通过将员工的个人目标和企业战略目标相结合，并不断开发员工胜任素质，提高员工绩效来实现企业发展目标的一个不断循环的过程，其基本流程如图3-8所示（金环，林则宏，2008）。绩效管理并非仅仅是针对以往绩效进行考核，而是覆盖绩效产生的全过程，其工作重点还包括目标的设定和分解、绩效跟踪、沟通反馈、指导辅助、绩效改善计划的制订等一系列环节。在这一流程中，胜任素质不仅仅是绩效管理的内容之一，也是实现各个环节工作的主要依据。

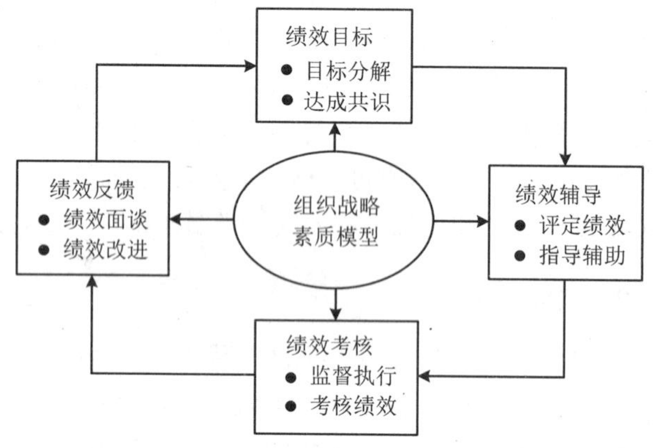

图3-8　基于素质模型的绩效管理过程

六、基于素质模型的薪酬设计

基于素质模型的薪酬体系设计基本流程包括以下三个步骤。

（1）素质模型的构建。素质模型的构建具体包括五个步骤：① 定义绩效标准；② 选取分析效标样本；③ 获取效标样本有关胜任特征的数据资料；④ 建立胜任特征模型；⑤ 验证胜任特征模型。

（2）对素质定价。所谓对素质定价，就是对每一种素质及其组合进行定价。素质定价的最基本方式有两种：① 基于市场的定价，即根据相同素质在其他企业所能获得的报酬确定素质价格；② 基于绩效的定价，即根据每项素质与绩效的相关性来确定素质价格，相关性越强，定价越高。

（3）考核评定员工素质，确定其报酬水平。组织对所有员工的素质进行科学评估，并将评估结果作为确定员工工资水平的主要依据，体现以个人素质为基础的报酬分配方式。

例证 3-9

中国网通的宽带薪酬设计

在胜任素质模型导向的人力资源管理体系下，团队成员彼此之间没有很清晰的职责划分，大家共同协作、共同对团队绩效负责。“无边界工作”“无边界组织”成为组织追求的目标，工作说明书由原来细致地规范岗位任务和职责，转变为只规定岗位的工作性质、任务以及任职者的胜任素质和技术。相应地，要求薪酬体系也转变为以胜任素质为基础的“宽带薪酬”，针对具有不同胜任素质的公司员工应设计不同的薪酬结构。例如，对于从事结构化工作、胜任素质结构较为稳定的员工应以固定报酬为主；对于从事非结构化工作、胜任素质结构不稳定、潜在胜任素质较大的员工则应以非固定报酬作为其报酬的主要组成部分，将其报酬与其胜任素质发挥情况联系起来。

中国网通 2003 年引入了美国海氏（HAY）公司的职位族群的方法，即职位体系评估和分类。以前，网通的每个职位就是一个职级，有四五十个职级采用海氏（HAY）公司的宽带职级后，公司只有 6 个职级，无论是公司专员，还是经理，只要有业绩都能获得高薪。

原来员工对职位都很敏感，改革后，职位概念逐渐被模糊淡化，员工只需考虑在公司所处的角色，角色实际上反映的是员工对公司的贡献大小。例如销售，这个族群的概念比销售部的概念更宽泛。它可能是从事销售的一类人员，只要是一类人员，就应该放在一起进行比较。这样调整的范围就宽了，原来每个职级的变动幅度在 40%～50%，现有职位体系下的宽带薪酬设计，每个职级变动幅度在 100%以上。

（资料来源：中国网通的宽带薪酬[J]. 中国邮政，2008（5）：47.）

以素质模型为基础的薪酬模式（如能力工资制、宽带薪酬）主要适合企业的知识型员工。因为知识型员工所承担的工作往往是开拓性、创造性和非常规性的，其工作过程难以监督，工作成果往往难以直接评价。这些员工的工作绩效更多地依赖其个人的胜任素质水平，其工作绩效对于组织战略目标的实现具有重要意义。

综上所述，素质模型作为人力资源管理的新基点，素质模型为人力资源管理实践提供了一种工具、方法和思维。其应用有以两个方面的重要作用。

（1）从企业角度来看，素质模型的作用体现在：① 是企业核心能力的构建和进行组织变革、建立高绩效文化的有效推进器；② 有利于企业进行人力资源盘点，明晰目前能力储备与未来要求之间的差距；③ 建立了一套标杆参照体系，帮助企业更好地选拔、培养、激励那些能为企业核心竞争优势构建做出贡献的员工；④ 可以更加有效地组合人才，以实现企业的经营目标；⑤ 便于企业集中优势资源用于最急需或对经营影响重大的能力培训和发展；⑥ 建立了能力发展阶梯；⑦ 便于企业内部人员的横向调动和发展，可以更有效地进行员工职业发展路径的规划。

（2）从员工角度来看，素质模型的作用体现在：① 为员工指明了努力的方向，使员工明白他们的做事方法与他们的做事内容同样重要；② 针对个人的技能增长进行激励，可以帮助员工更好地提高个人绩效；③ 了解并实践与企业经营战略相一致的人力资源管理体系。

本章小结

1. 素质是在某一工作中能够显著区分一般绩效和高绩效的个体特征，它可以是动机、特质、自我形象、态度或价值观，也可以是某领域的知识、认知或行为技能等素质的集合。素质决定并作用于人的行为，最终驱动绩效的产生。

2. 素质模型是为了完成某项工作，达成某一绩效目标，要求任职者具备的一系列不同素质要素的组合。三种典型的素质模型分别是冰山模型、洋葱模型和一般模型。

3. 素质模型具有行业特色、企业特色、阶段性等特点，素质模型是动态变化的，素质模型的管理要因行业而异、因企业而异、因企业发展所处阶段而异。

4. 素质模型的构建通常基于素质—工作匹配理论、系统论、学习迁移理论和企业核心竞争力理论等。素质模型是人力资源管理的新基点。

5. 素质模型的构建要在社会与经济环境、组织战略、企业文化、工作职责与工作标准等约束与指导下进行，一般经历前期准备、素质模型的建立、评估与确认、应用与反馈等四个步骤。

6. 提取素质要素可采用行为事件访谈法、全方位评价法、专家小组法、问卷调查法、专家系统数据库和观察法。一般以行为事件访谈法为主，辅以其他方法。

7. 以素质模型为核心构建的人力资源管理体系，成为企业人力资源管理各项活动的基础。素质模型可以运用在人力资源规划、人力资源招聘、人力资源培训与开发、职业生涯发展规划、绩效管理、薪酬设计等方面。

网站推荐

1. 倍智人才素质测评网：www.talebase.com
2. 职业能力测评中心：www.jnjd.org

影视推荐

《点球成金》

在美国职业棒球大联盟 MLB 中，比利（布拉德·皮特饰）所属的奥克兰运动家队败给了财大气粗的纽约扬基队，这让他深受打击。雪上加霜的是三名主力纷纷被重金挖走，未来的赛季前途渺茫。在管理层会议上，大家一头雾水，只有他暗下决心改造球队。一次偶然的机会，他认识了耶鲁大学经济学硕士彼得（乔纳·希尔饰），两者对于球队运营的理念不谋而合。凭借直觉和经验，他仿佛找到了破解金元棒球的钥匙。他聘请彼得作为自己的顾问，一起研究如何打造最高胜率的球队。他们用数学建模的方式，逐渐开始挖掘上垒率的潜在明星，并通过软磨硬泡将他们招致麾下。最终以打破常规、突破传统的经营模式，在一片批评与质疑声中取得了骄人的比赛成绩，甚至达到了比肩实力雄厚的纽约扬基队的程度。

推荐理由：该片从团队的组建人视角出发，讲述了素质分析、战略制定与绩效管理在创造崭新营利模式中的重要性，解析了营运管理中人力资源的管、控、教。

读书推荐

《胜任：员工胜任能力模型应用手册》

本书是胜任能力模型的经典之作，系统地介绍了胜任能力模型的概念、原理、实施方法以及如何从零开始建立和运用胜任能力模型等内容，配有实例，内容比较全面，书后还附有通用的胜任能力素质模型。

推荐理由：本书由露西亚、莱普辛格著，郭玉广翻译，2004 年 9 月由北京大学出版社出版。对于初学者及 HR 算是一本入门书籍，推荐作为工具书使用。其中的量表和模型值得借鉴，但由于缺乏详细的步骤，需要结合实践经验来补充。

思考练习题 3-1：选择题

1. 建立素质模型的主要依据不包括（　　）。
   A. 组织战略　　B. 绩效表现
   C. 工作职责与标准　　D. 社会与经济环境企业文化
2. “素质洋葱模型”中素质的构成要素不包括（　　）。
   A. 态度　　B. 自我形象
   C. 社会角色　　D. 组织环境
3. 基于素质模型的人力资源培训与开发的第三步是（　　）。
   A. 分析差距，确定优先顺序　　B. 明确目标
   C. 确认素质差距　　D. 制订并执行培训开发计划

思考练习题 3-2：简答题

1. 素质的内涵和素质模型是什么？
2. 构建素质模型应该考虑哪些因素的影响？怎么构建素质模型？
3. 如何将素质模型应用于企业培训中？

模拟实训：应用素质模型

确定一家你毕业后想要前往工作的跨国公司或本土大型企业（如宝洁、西门子、联

想、美的等），并找到这家公司的素质模型。假如你毕业时应聘该公司，你如何应用该素质模型指导你的应聘工作?

管理游戏：巧用扑克牌构建素质模型

TALENT POPKER 是广东倍智人才网络科技有限公司基于美国创新领导力研究中心的研究成果，结合在中国企业中的实践，研发出的一种快速建模工具。在利用扑克牌构建素质模型前首先要了解能力卡和行为卡。

战略能力、经营能力、魄力、活力和动力、组织意识、适应与抗压、建立人际网络分别为能力卡所属的族，共有了解商业运作、做出复杂决策等 22 张能力卡，能力卡下属有 67 张行为卡。例如，了解商业运作下面有商业头脑和技术学习两张行为卡。

利用扑克牌建立素质模型的步骤如下。

第一步：组件建模小组。建模小组一般由 6 ~ 8 个人组成，包括一位熟悉建模流程的主持人和若干对建模岗位熟悉的人员。

第二步：回顾岗位关键成功因素。

第三步：挑选能力卡。分发 TALENT POPKER，人手一份。每人花 10 分钟时间熟悉 22 张能力卡，每人从 22 张能力卡中挑选 6 张。汇总每人的结果，进行讨论并达成一致，最终形成 5 ~ 7 项关键能力标签。经过建模小组讨论选出 6 项能力。

第四步：挑选行为卡。每人花 30 分钟时间熟悉 67 张行为卡。特别是挑选出来的 6 张关键能力下属的行为卡。剔除 6 张能力卡下属不合适的行为卡，并加入不属于 6 张能力卡中更合适的行为卡。

第五步：确定模型。用企业个性化的语言将能力项和行为项标签进行文字微调，形成最终素质模型。

案例分析

中国太平洋保险公司基于胜任素质模型的员工培训

互联网+时代，人才的竞争越发成为企业成败的关键，越来越多的企业认识到员工培训的重要意义。中国太平洋保险公司作为目前中国大陆第三大的专业化人寿保险公司亦是如此。

中国太平洋保险无锡分公司由于公司内部寿险营销人员占比大，员工学历、素质参差不齐，公司原有的培训体系越来越显现出不足和偏差， 已不能适应激烈的市场竞争和公司业务发展要求。故该公司在采用行业和企业调查问卷的方式和咨询业内相关专家的基础上，特地针对寿险营销人员自身的胜任特征与压力来源进行设计，构建了寿险营销人员的胜任素质模型。旨在帮助寿险营销人员积极调整心态适应岗位职责，提升个人业务水平和团队协作精神，从而全面提升保险公司人力资源培训的有效性。

公司培训内容设计包括了以下几项内容。

1. 行业认同感和职业生涯规划

调查发现很多新职员对自身职业发展的迷茫，试用期内的高流动性，工作的动力仅仅是谋生。该胜任素质不能通过短期培训获得，而是需要组织文化的大力宣传及长期的培养。因此，公司安排了资深的寿险员工以自己的职业发展经历为蓝本设计课程，来帮助员工明确自己的职业意识和长远发展。

2. 保险岗位知识和技能

寿险营销人员要具备专业能力，如掌握产品知识、销售技巧、消费心理、促销策略、经销商管理等方面的知识和能力，这部分素质很容易通过有计划的、有针对性的专业课程培训得到迅速的提升，是公司传统内部培训的重要内容。

3. 心理调节能力

寿险营销人员面对着业绩、收入、客户、家庭关系等多重压力，通过这次胜任素质模型为培训内容设计指明了方向，公司特别组建了专门的EAP心理咨询室，并设置了《情绪管理》《压力管理》等课程，定期对有各种压力的学员进行一对一心理辅导和培训。

4. 顾客服务导向

优秀的营销人员往往要扮演令人信赖的顾问角色。这一角色的成败，不仅需要营销人员对客户的需求有持续正确的认识与理解，同时还要求营销人员能够本着顾客服务导向的原则对客户提出各种建议，为客户提供人性化的服务。但大多数寿险人员的客户导向意识还不够，基本还是从完成公司规定的保单业务量出发进行营销。因此，培训中加入了消费心理学、以客户为中心等相关课程。

5. 专业化导向

研究发现，优秀的寿险营销人员经常借助公司的网站、培训等平台分享更多的知识与资讯，能够通过销售报告和月度总结会的方式对销售状况在组织内进行沟通，并利用现代化的沟通方式，如微博、微信、E-mail 等来加强与客户的联系，把最新的资讯、客户所需要的信息及时地传达给客户，让客户感受到专业化的服务。如果能够进行有效的专业化导向，必会达到事半功倍的效果。

无锡分公司基于胜任特征分析，针对岗位要求结合现有营销人员的素质状况，为员工量身定做培训计划，有的放矢地突出了培训的重点，省去了培训需求分析的烦琐步骤，杜绝了不合理的培训开支，提高了培训的效用，取得良好的培训效果。公司不但保留住了中高级寿险营销人员，进一步开发员工的潜力，而且对新入职的寿险营销人员熟悉岗位要求和提高其对组织的忠诚度，都有了明显的提高，保持了公司营销人员的稳定性，从而为企业创造了更多的效益。

（张敏娜，2018）

讨论题：

1. 无锡分公司是如何利用素质模型提升寿险销售人员的素质能力的？
2. 结合该案例对素质模型的应用做出展望。

参考文献

[1] BOYATSIZ R E. The competent manager: a model for effective performance[M]. New York: Wiley, 1982.

[2] DALTON M. Are competency models a waste[J]. Training & development, 1997(10): 48.

[3] MCCELLAND D C. Testing for competence rather than for "Intelligence"[J]. American psychologist, 1973, 28(1): 1-14.

[4] SPENCER L M, SPENCER S M. Competence at work[M]. New York: John Wiley & Sons, 1993.

[5] 安婕. 基于胜任能力素质模型的电力公司绩效管理体系研究[D]. 保定：华北电力大学，2015.

[6] 金环，林则宏. 基于胜任力模型的人力资源管理系统的构建[J]. 商场现代化，2008（2）：312-314.

[7] 罗双平. 从岗位胜任到绩效卓越[M]. 北京：机械工业出版社，2006.

[8] 林秀芬. 国有银行基层管理人员胜任力模型的构建[D]. 广州：华南理工大学，2013.

[9] 彭剑锋. 人力资源管理概论[M]. 上海：复旦大学出版社，2011.

[10] 宋春清. 胜任力模型对职业生涯发展规划作用的探索：以中国移动通信某专业公司为例[J]. 东方企业文化，2015（02）：58-59.

[11] 孙炜. 广州电信中层管理者素质模型构建研究[D]. 武汉：华中科技大学，2010.

[12] 王骁，程涛，史瑞卿. 国家电网用大数据思维打造素质模型[J]. 培训，2015（3）：46-50.

[13] 吴春波. 华为的素质模型和任职资格管理体系[J]. 中国人力资源开发，2010（8）：60-64.

[14] 吴春波. 华为没有秘密[M]. 北京：中信出版社，2014.

[15] 王剑丽. 寻找最优秀的人才：英特尔的用人机制解读[J]. 人才瞭望，2003（9）：31.

[16] 叶龙，张文杰，姜文生. 胜任力模型在物流企业中的应用研究[J]. 物流技术，2006（3）：17-19.

[17] 张敏娜. A保险公司基于寿险营销人员胜任素质模型的培训内容设计研究[J]. 企业改革与管理，2018，341（24）：55-56.

[18] 张霞. LHHS公司大卖场店长胜任力模型及招聘应用研究[D]. 杭州：浙江工业大学，2015.

第四章

人力资源管理三支柱

企业应当整合所有的人力资源管理功能（部门），从而统一管理整个部门的人才。

——美国康奈尔大学教授 Mr. Chris Collins

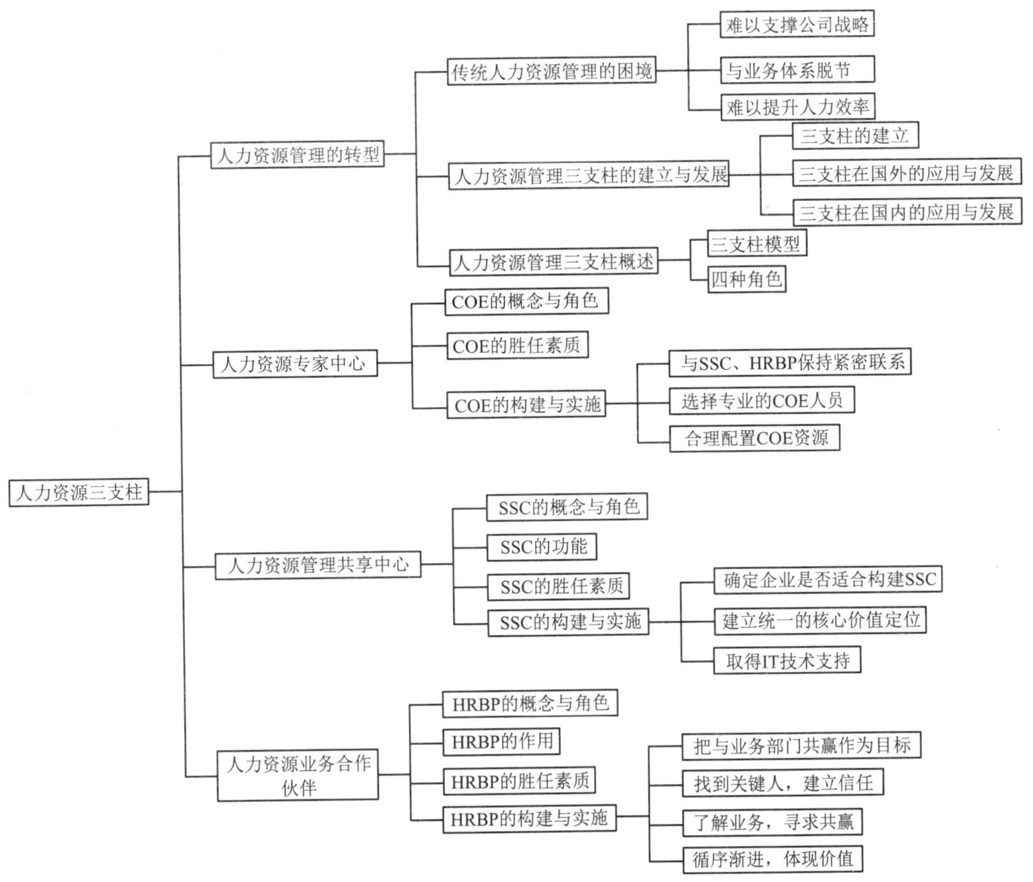

学习目标

- 了解传统人力资源管理存在的问题；
- 了解人力资源管理三支柱的发展历程；
- 理解人力资源管理三支柱的架构和作用；
- 掌握业务伙伴、专家中心和共享服务中心的相关概念；
- 理解业务伙伴、专家中心和共享服务中心在企业中的角色；
- 理解业务伙伴、专家中心和共享服务中心的胜任素质。

引例

IBM的人力资源转型

20世纪90年代早期，IBM就开始致力于人力资源转型。到了2008年，IBM的HR转型达到了一个崭新的高度。IBM的人力资源转型其过程共分为八个阶段。

第一阶段：IBM的人力资源共享服务的前身。1992年以前，IBM的人力资源管理在做本地整合的工作。

第二阶段：WFS福利服务中心。1992年，IBM在美国的几个区域实施共享服务中心建设，这包括建设美国首个ATS，关闭36个CERIS系统。

第三阶段：全国人力资源服务中心。1995年，IBM将几个区域进一步集中，实现了覆盖全美的HR服务中心。

第四阶段：HRSC人力资源问询。HRSC即为IBM的共享服务中心。1998年，共享服务中心的服务范围进一步扩大，从全国集中升级为EMEA 集中。

第五阶段：员工服务中心整合。2001年，共享服务中心进行了专业能力评估，实现了亚太虚拟的薪资与报销等业务。2002年逐步开发个人绩效承诺（PBC）、个人发展计划（IDP）、全球劳动关系（WWER）等新理念。

第六阶段：转型外包。IBM将共享服务中心的部分工作转给BTO客户，2002年将美国人力资源业务外包，2003年将EMEA的人力资源业务外包，2004年将加拿大和亚太地区的人力资源业务外包。此阶段IBM引入简历导向（CV Wizard）的人力资源管理理念，HR更加注重人力资源战略与计划和政策工作。

第七阶段：人力资源管理全球化。IBM人力资源管理中心在2005—2006年实施全球化战略，2005实施员工年薪资规划。2000—2007年IBM开始建立COE与HRBP。

第八阶段：持续改进。2008年金融危机爆发，IBM不但没有缩减人力资源组织，反而增加在新兴经济体市场的HR总体业务投入，对共享服务中心的能力进行整合。

这八个阶段是IBM的人力资源转型历程，其间IBM在组织运营层面实现了业务伙伴（HRBP）、专家中心（COE）和共享服务中心（SSC）架构的搭建，成功保持了企业和员工竞争力，并为客户提供了思想领导力。

（资料来源：http://www.doc88.com/p-9783338662486.html.）

作为一个典型的跨国公司，IBM 在人力资源转型方面也一直是行业标杆。从 1961 年到 2011 年这 50 年，IBM 的屹立不倒与人力资源管理三支柱的稳步运行有密切关系，2011 年，IBM 迈入百岁之际，只有 4 家企业能与其共同安然度过了这 50 年。那么，什么是人力资源管理三支柱？本章将带领读者了解传统人力资源管理面临的困境以及现代人力资源管理的新架构——人力资源管理三支柱。

第一节 人力资源管理的转型

随着市场竞争日益激烈，企业规模和业务范围的逐渐扩大，传统的人力资源管理方式已不能有效地支持企业的发展。企业对人力资源的定位和价值提出了更高的期望和要求，不仅希望人力资源部门能够做好现在的管理和服务工作，还希望人力资源部门能够为公司的业务发展和高效运作提供更有深度和广度的支撑。为了应对各方面对人力资源管理部门的责难，解决如何成为业务创造价值的问题，美国密歇根大学罗斯商学院教授、人力资源领域的管理大师戴维·尤里奇提出人力资源管理三大支柱的理论，将传统人力资源部门分为业务伙伴（HRBP）、专家中心（COE）和共享服务中心（SSC）三个模块，并通过战略执行伙伴、变革推动者、员工后盾、行政专家四种角色完成人力资源管理的转型。

一、传统人力资源管理的困境

狄更斯曾说“这是一个最好的时代，这也是一个最坏的时代”，人力资源管理的发展也是如此。“互联网+”“平台化”“大数据”“跨界混搭”，这些概念正在极速改变企业的人力资源管理活动，对人力资源管理的怀疑和批判也随之而来。1996 年，托马斯·斯图尔特（Thomas Stewart）将传统人力资源管理的局限性直接暴露在人们眼前，提出要“炸掉人力资源部”；2005 年，基思·哈蒙兹（Keith H. Hammonds）撰文批判人力资源部，表达了对 HR 的失望；2014 年，管理咨询界巨头拉姆·查兰（Lahm Charan）更是呼吁企业“分拆人力资源部”。可以说，学术界对人力资源管理的争论达到了前所未有的地步，传统人力资源管理陷入了进退两难的困境。传统的人力资源管理所面临的困境可以概括为“上、中、下”三点，即“上”不能支撑战略，“中”与业务体系脱节，“下”无法难以提升人力效率。

（一）传统人力资源管理难以支撑公司战略

人力资源部、财务部、法律服务部同为职能部门，但其对公司战略制定的作用却大为不同。法律服务部门能从全球化的角度为企业的并购、海外上市、产品境外风险控制等战略扫除障碍。财务部门可以从量化的角度为企业提供现状诊断和前景预判，而传统的人力资源部刻意强调招聘、培训、绩效等职能，缺乏流程迭代、文化变革、组织活力提升、领导力开发等方面的知识和经验积累，对公司战略制定仅起到有限的支撑作用，有的甚至与企业战略相悖，徒增企业内耗。IBM 的 HR 高级副总裁兰迪·麦克唐纳

（Randy MacDonald）曾表示，虽然 IBM 自 20 世纪 90 年代实施了一系列引领性的人力资源管理变革，但其 CEO 并未因此更愿意倾听来自人力资源部方面的意见，而是更乐于从分析问题更量化的 CFO（首席财务官）那里寻找战略选择的依据。在对战略的执行过程中，就算传统人力资源管理进入战略人力资源管理阶段，也只是从传统的招聘、培训、绩效等方面转向战略与文化层面，核心的人力资源政策制定过程依旧是从自身部门的角度提出，如果非要说有什么变化，那就是人力资源部的政策戴上了与战略联结的帽子，因而更具权威性、强制性，但其他部门执行时依旧会认为政策缺乏对其他部门的理解和灵活性。

（二）传统人力资源管理与业务体系脱节

传统的人力资源管理者可以用“两耳不闻窗外事，一心只读圣贤书”来形容。设想这样一个场景：人力资源管理者们此时坐在总部大楼的办公室内，忙碌地讨论和制定业务部门的人事考核政策，然而在执行政策的业务部门看来，HR 根本不了解业务，制定的政策往往是基于过去经验，而不是基于将来的发展需要，因而不合实际，再辛苦也是添乱。现实中，HR 在思考机制、制定政策或建立流程时，通常会陷入自身的专业深井中，把工具和方法论用到极致，却容易忽视产出的结果是否匹配业务部门的需求。

在经济新常态下，转型中的企业都希望能够从业务发展的角度思考人力资源管理的问题，他们更强调客户（员工、直线经理、高层管理者、企业的直接客户）价值，或者是客户价值驱动，希望能够在组织内部建立一个围绕客户的服务系统。因此，越来越多的公司要求 HR 要根据业务重塑人力资源管理部门，确保自身的能力和业务需要相匹配以及确保所做的工作和业务结构相一致。

（三）传统人力资源管理难以提升人力效率

人力资源管理者扮演的角色是行政管理人员，传统的人力资源部往往被视为支持性部门而不受重视，在组织中行使管理职能，主要从事行政性、支持性和事务性的工作。许多企业人力资源部门在寻找人才、协助 CEO 制定公司政策等战略性管理方面所投入的精力还不到 50%，其大部分其他的精力都投到了与有价值的事情关系不大却必须做的事务性工作上，如日常记录、薪酬管理、绩效管理、员工关系管理以及日常事务管理等。当 HR 陷入无休止的事务性工作，根本无法将精力聚焦在能够产生价值的事情上时，部门自身整体人力效能自然低下。

另外，在传统的人事管理制度下，人力资源管理者实现自我价值的唯一方法是降低公司的人力成本，但这种成本的降低往往是以员工的工作积极性和工作绩效的降低为代价的。这样的做法虽然给企业带来了短期成本节约与效率提升，但打击了员工的积极性，磨灭了员工的创造力，最终对企业的长期价值造成了影响。著名学者哈蒙兹曾将 HR 描述为黑暗的官僚主义力量，认为其只会盲目地实施在员工看来荒谬的政策制度。此外，HR 拒绝创新，对于员工提出的建设性的变革意见，HR 往往起着阻碍的作用。戴维·尤里奇（David Ulrich）也曾指出，HR 总是在强调做了什么，而非关注所做的工作到底创造了什么成果，产生了何种效果。可见，传统人力资源管理难以保证员工效率提升，甚至会起到反作用（马海刚等，2017）。

例证 4-1

DHL 公司人力资源部门现状

DHL 公司是世界物流行业的领导者——德国邮政敦豪的一部分，旗下包含：快递业务、DHL 全球货运和运输业务、供应链业务、邮递业务四个集团。由于 DHL 公司组织机构庞大，地域跨度大，且分布不集中，所以各分支机构在人力资源职能上存在很多问题。

DHL 各分支机构人力资源人员主要从事一些事务性、流程化的工作，包括：① 招聘方面：招聘需求的收集；招聘渠道选择和广告的刊登；简历收集、筛选、面试；新员工入职、转岗安排；离职人员的面谈、分析。② 培训方面：培训需求调查；年度培训计划制定；培训外部机构选择；培训记录存档；培训效果评估培训费用管理。③ 薪酬福利方面：月度考勤及年假管理、统计；岗位薪资的计算、发放；社保人员增减申报、计算、缴纳、报销；年终奖金的制作和发放。④ 绩效方面：传达总部、区域绩效考评政策；协助部门经理，设立考评目标；督促进行月度绩效考评及面谈。⑤ 员工关系方面：开展员工生日祝福、节日祝福等活动；组织年度员工旅游；组织分公司年会；员工关系费用管理。⑥ 人事方面：员工劳动合同的签订、终止、续签管理；员工内、外部档案管理；人力资源员工信息系统维护。

图 4-1 是对该公司人力资源现状的描述，从中可以看到人力资源 80%工作集中于人事服务上，只有 5% 进行战略性人力资源规划活动，15%工作用于客户服务或内部咨询，人力资源活动仍以人事方面的事件处理为主导。

（梁淑巍，2012）

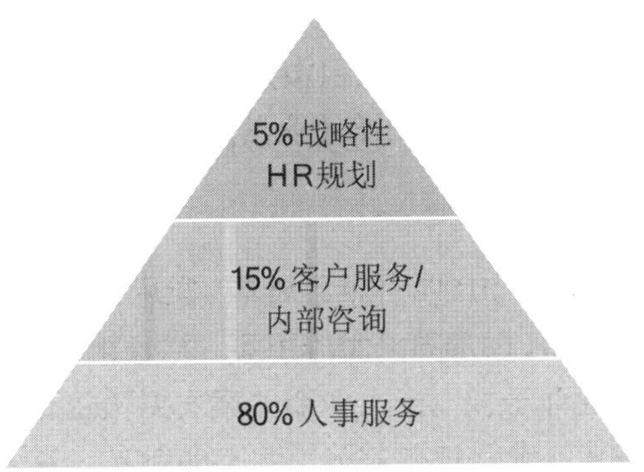

图 4-1　DHL 公司人力资源部门现状

二、人力资源管理三支柱的建立与发展

人力资源管理作为企业管理的一项重要职能，随着时代的发展与管理的不断进步，其本质内容发生着重大转变。人力资源管理三支柱模型作为人力资源先进理论，逐渐被大众认知与认可。随着推行人力资源管理转型的呼吁不断提高，人力资源管理三支柱模型在国内外均被许多大型企业采用，并取得了不错的成果。但人力资源管理三支柱的转

型是一个长期的过程，需要具备信息、组织、人才等基础支撑，企业需要根据自身情况进行实践，不能盲目地转型。

（一）人力资源管理三支柱的建立

共享服务理论在 20 世纪 70 年代已有雏形，不过其主要关注点在关于合伙制的研究上。20 世纪 80 年代福特公司和通用电气相继成立了共享服务中心（SSC），它们的实践被认为是广泛意义上人力资源管理三支柱的起源。1987 年，戴维 • 尤里奇在一篇工作论文中，通过对八千多位人力资源专业人士的胜任素质的调研分析，最先提出了人力资源业务伙伴（HRBP）这一概念。1993 年，Gunn Partner 公司的罗伯特 • 冈恩（Robert W. Gunn）、强生公司的戴维 • 卡白利（David P. Carberry）、GE 的罗伯特 • 弗里戈（Robert Frigo）以及 DEC 的斯蒂芬 • 贝伦斯（Stephen Behrens）联合对企业共享服务中心的实践探索进行归纳总结，首次系统论述了人力资源管理三支柱中的共享服务理论。1995 年，戴维 • 尤里奇提出人力资源管理部门需要担任战略伙伴、效率专家、变革先锋和员工后盾这四大角色，才能更好地进行价值创造。1997 年，戴维 • 尤里奇在出版的《人力资源转型：为组织创造价值和达成成果》一书中建立了人力资源管理三支柱的理论框架雏形，提出企业要通过建立专家中心、共享服务中心和业务伙伴，来实现四角色模型在企业内的落地（戴维 • 尤里奇，2015）。但事实上，尤里奇并没有提出人力资源管理三支柱模式或类似概念。直到 2007 年，IBM 在经过近十七年的探索后，将人力资源部分为三个部分：专家中心、共享服务中心和人力资源业务伙伴，从组织层面实现了对人力资源部的重构，正式建立了人力资源管理三支柱模式。之后，人力资源管理三支柱这个概念也得到了尤里奇的认可和众多公司的应用。

（二）人力资源管理三支柱在国外的应用与发展

20 世纪 80 年代初，企业的工资单首次实现信息化、自动化，信息技术开始重新定义管理工作，美国的福特公司在欧洲成立了世界上第一个共享服务中心，主要作用是借助信息化加强公司对财务的管控，提高运营效率，降低企业成本。同一时期，1984 年通用电气（GE）在北美建立并实施了财务服务操作中心（FSO）的共享服务中心。对于作为人力资源管理三支柱之一的共享服务中心，福特和 GE 对其的实践与探索是广泛意义上人力资源管理三支柱模式的起源。

到了 20 世纪 80 年代后期，美国的杜邦和 DEC 公司（Digital Equipment Corporation）建立了财务共享服务中心。GE 在此阶段进一步建立了人力资源共享服务中心，成为共享服务中心在人力资源管理领域的最早探索者。在榜样的带动下，20 世纪 90 年代北美和欧洲的一些企业掀起了建立共享服务中心的热潮。知名企业如 IBM、微软、惠普都在本土建立了共享服务中心。IBM 在 1992 年进行了人力资源共享服务中心的探索，并循着戴维 • 尤里奇 1995 年的思想，在 2007 年建立了人力资源管理三支柱组织构架，西方国家各大企业纷纷模仿并应用。2010 年，IBM 在人力资源管理三支柱之外建立了整合服务团队（IST）这一支柱，其向上能够充分把握 COE 制定的政策，向下能够更贴近业务，有助于各个国家的 HRBP 实施全球政策和方案，对人力资源部门支持全球整合的公司战略起到关键作用（马海刚等，2017）。

例证 4-2

传统人力资源管理下的宝钢

在与武钢重组之前，宝钢集团是国资委直管大型国企，2011 年公司位列全球钢铁企业第三位，并连续八年进入美国《财富》杂志评选的世界 500 强企业。但公司存在人力资源机构庞大、运营成本高、效率低、专业化程度不高等问题，使得宝钢人力管理成本居高不下。

（1）各级人力资源机构庞大臃肿，机构分散且功能模块重复设置，无法形成合力，运营成本较高。各级人力资源工作者都被重复性的、繁杂的实务操作工作缠身，没有足够的时间和精力投入战略规划、功能开发等更为重要的职能，运营效率低下。

（2）人力资源管控多于支持。从各级人力资源的管理职责来看，看似高度管控的格局实际上存在弊端，尤其是集团总部制定政策，分子公司、区域派驻多为执行与操作，分子公司容易感觉到 HR 离业务太远，基层主管也往往很难获取 HR 的支持，形成“管控多于价值”的局面。

（3）人力资源配置效率不均衡。人力资源从业人员专业能力分布不均，执行标准不一，没有一个共享的业务支撑平台，使得各子公司员工无法获得标准一致的人力资源服务。以 13 家一级子公司为例，宝钢人力资源从业人员服务幅度平均值为 122 人，子公司中人力资源从业人员服务幅度高的达到 303 人，低的仅 34 人。

（4）人力资源信息系统缺乏有效支撑。宝钢的 e-HR 信息系统的用户对象主要是人力资源部门的管理人员，人力资源管理的信息流不易突破本部门之外，从而导致了人力资源运作体系始终处于比较封闭的状况。而人力资源部门也经常被员工视为高深莫测的管理部门。

（杨雁，2013）

（三）人力资源管理三支柱在国内的应用与发展

我国对人力资源管理三支柱模式的探索应用起步稍晚，对于绝大多数的中国企业来说，三支柱是舶来品，是一个比较新的概念。国内最早应用人力资源管理三支柱模式是跨国外资企业在中国的分支机构。

2000 年年初，跨国企业大量涌入中国市场。由于业务规模极速扩张，跨国公司面临着各个产品线目标各异、管理重叠、资源利用效率低等窘境，为了解决这些问题，它们开始在中国引进人力资源管理三支柱，ABB、埃森哲、联合利华、惠普、飞利浦等外资企业陆续在中国建立共享服务中心。随着人力资源管理三支柱模式优势的凸显，其逐渐被国内知名企业采用。

2005 年，为了适应人员的快速扩张以及在互联网市场更进一步发展，阿里巴巴搭建了 e-HR 平台，从而开启了对人力资源管理三支柱模式的探索。经过多年的积累，现如今阿里巴巴已经形成了以 HRBP 为主导的人力资源管理三支柱架构。

2008 年，腾讯为了贴近业务，率先建立 HRBP 团队，开始致力于打造能够融汇公司战略、推动组织变革、提供专业快捷的人力资源服务、灵活高效地支持一线业务单元人力资源工作。最终形成了现在具有自身特色面向客户的人力资源管理三支柱。

2009 年，为了帮助员工快速成长，华为开始对人力资源架构进行调整，启动了由功能型人力资源平台向更利于员工发展的三支柱人力资源平台转型。到 2014 年时，华为的人力资源管理三支柱日趋成熟，充分发挥了对公司战略和业务的支撑作用（罗扬，2017）。

近年来，人力资源管理转型的需求催生了一大批人力资源专业服务机构，例如，翰威特、美世、博斯、正略钧策、贝思、麦肯锡等咨询公司，它们都开发了人力资源转型的服务产品。这些机构可以为企业而提供的包括咨询、培养人才、协助建立配套体系等服务，大大促进了人力资源管理三支柱模式在中国的发展。

虽然人力资源管理三支柱模式在中国已经得到了大量应用，但由于内外部环境和各方面条件的差异，很难真正系统地引进人力资源管理三支柱模式，即使是这些第一批“吃螃蟹”的知名企业，也还存在着如角色定位不清、专业技能不达标和领导支持力度不够等问题。因此，摸索最适合中国企业自身的人力资源管理三支柱的组织架构依然任重而道远。

三、人力资源管理三支柱概述

戴维 • 尤里奇认为，面对人力资源管理的现状，最应该思考的问题是：人力资源部如何更好地创造价值？据此理念，他提出了人力资源转型理论，包括人力资源的“三支柱模型”和四种角色是人力资源管理在企业转型过程中的功能定位。

（一）三支柱模型

人力资源业务伙伴（HRBP）、专家中心（COE）和共享服务中心（SSC）共同组成现代人力资源管理的“三支柱”。基于三支柱模型，人力资源管理的三大职责就比较清晰了：一是人力资源产品研发设计，二是业务伙伴，三是建立共享服务中心（彭剑锋，2015）。“三支柱模型”是从人力资源管理流程与核心业务流程之间关系进行定位，在总部与业务单元之间建立起一种横向的价值关系，从而打破了传统的垂直型管理模式，SSC、BP、COE 在这种横向管理线条上扮演不同角色，缺一不可。

（1）SSC 主要负责集中处理常规的、基础性人力资源服务工作，如招聘、薪酬福利、保险、差旅费报销等事务性工作为公司提供全方位统一服务，从而提高企业管理效率，进一步释放出人力资源的专业能量去支撑业务发展。

（2）COE 以企业战略和业务发展的需要，以员工的需求为依据，进行人力资源产品与服务的设计，为员工安置、员工发展、薪酬、组织绩效、员工关系和组织关系等方面提供方向性引导，提出专业性的建议并设计有效的解决方案。

（3）HRBP 负责在业务前线为业务经理提供个性化的人力资源服务，将企业的人才管理流程和业务流程管理融为一体，把人力专家中心设计出来的产品和服务交付给业务部门，并指导业务部门进行 SSC 方面的工作，如绩效管理、员工发展、奖金分配政策制度等，并发现问题、采集需求反馈给专家中心。

这三者之间角色清晰，并且相互贯通，形成了一种良性循环，如图 4-2 所示（蔡继春，2014）。

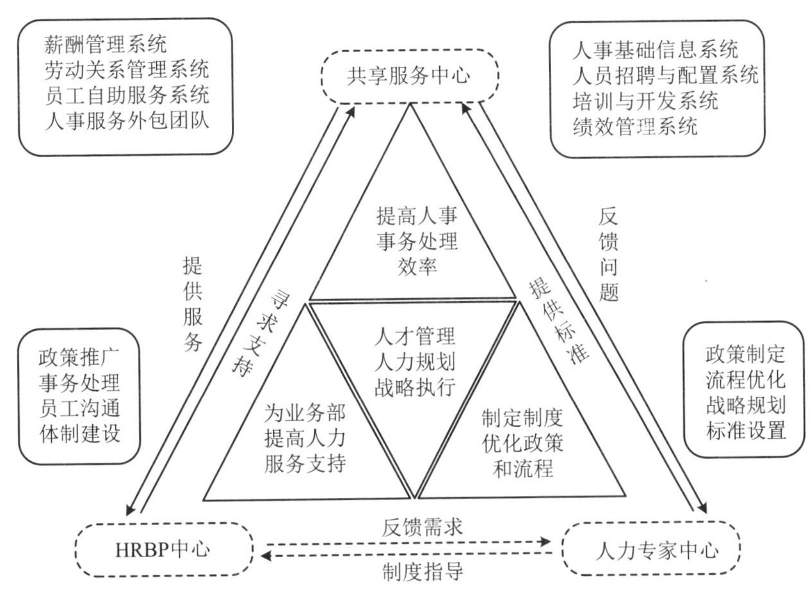

图 4-2　三支柱模式运行关系模型

（二）四种角色

四种角色是指人力资源管理者作为战略伙伴、行政专家、员工后盾、变革的推动者。在追求人创造价值的组织中，人力资源管理者的职责规划通常结合这四种角色进行定位。

（1）作为战略伙伴，关注未来，致力于把人力资源的战略与经营战略结合起来，人力资源管理者以战略合作伙伴的身份出现，目的是提高组织实施战略的能力，促进经营战略的成功。

（2）作为行政专家，人力资源管理者应提升人力资源管理水平，在薪资设计、人员招聘、人员培训、绩效管理、职业生涯发展等人力资源管理领域运用成熟的管理工具，帮助企业进行专业化的分析诊断，并提供专业化的解决方案。

（3）作为员工的后盾，人力资源管理者通过关注员工的需求、倾听员工的呼声来提高员工的整体满意度，从而提高员工的工作绩效。例如，在惠普公司，人力资源管理者从员工的需求立场出发，了解员工关注的问题和需求，并为员工提供所需的资源，在公司高层和一般员工之间起到桥梁作用。通过加强公司内横向、纵向的沟通，推进企业文化和核心价值观的形成。

（4）作为变革的推动者，在转型的组织中，人力资源管理者应从企业的远景规划出发，将员工调动起来，积极支持公司的变革。通过设计推进变革的流程，人力资源管理者应向直线经理提供变革管理技巧、组织变革和人员变革技巧方面的咨询，从而顺利平稳地推动组织变革。

人力资源“三支柱模型”与四种角色关系如图 4-3 所示（杨少杰，2015）。

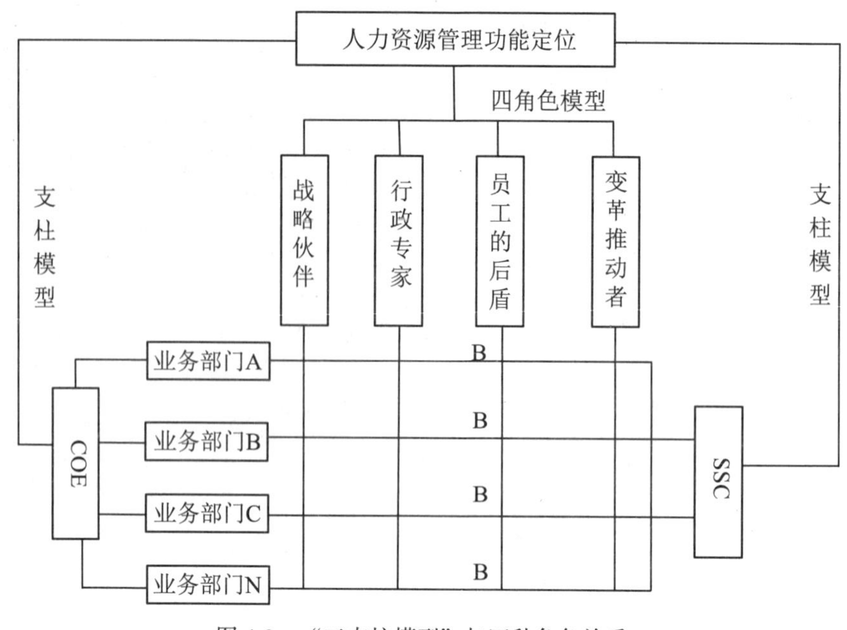

图 4-3 “三支柱模型”与四种角色关系

例证 4-3

博世集团的人力资源管理三支柱架构

博世集团（BOSCH）源自德国，是全球排名第一的汽车技术供应商。博世在中国生产与销售汽车零配件和售后市场产品、工业传动和控制技术、包装技术、电动工具、安防和通信系统、热力技术以及家用电器。博世在 1909 年进入中国市场。博世 2016 年在中国经营着 62 家公司，22 个技术中心，销售额总共达到 915 亿元人民币。截至 2016 年 12 月 31 日，公司在华员工人数达 59 000 名。2013—2014 年是博世 HR 转型的时间段，其整个 HR 的组织结构都发生了非常大的变化。目前，博世中国 HRM 采取的三支柱架构由 HRBP、COE、SSC 三个团队共同组成。

（1）HRBP 团队：每家子公司都有自己的 HR，目前大多数公司的当地 HR 直接承担着 HRBP 的功能，负责当地各项业务的 HR 工作。

（2）SSC 团队：2013 年成立的 SSC 已经支持着全国各地 30 000 名员工的工作。SSC 提供的都是相对标准化的人力资源解决方案，包括招聘的执行、培训的组织、国际员工的派遣、薪资发放、福利的维护、员工的入职和报告、HR 的 IT 管理系统。SSC 还通过其设立的全国呼叫中心，通过网络、电话途径解决员工的问题。

（3）COE 团队：COE 团队总部建立在上海，下设四个团队——负责整体招聘、雇主品牌、招聘渠道管理的人才招募团队；负责薪酬福利、员工关系、政府关系等政策制定的薪酬与福利团队；主要负责组织发展和领导力提升方面工作的组织发展（organization development，OD）与领导力发展（leadership development，LD）团队；服务全国的培训团队。

（张正堂，2018）

第二节　人力资源专家中心

人力资源管理者难以被组织提供有价值的战略洞察，这让 HR 饱受质疑。人力资源管理三支柱中的 COE 设立的本意就是借助领域内精深的专业技能和对领先实践的掌握，负责设计业务导向、创新的人力资源政策、流程和方案，并为人力资源战略伙伴提供技术支持。那么，什么是 COE？COE 与传统人力资源管理有何不同？

一、COE 的概念与角色

专家中心（Center of Expertise，COE）是指以人力资源顾问、人力资源高级经理为主的专家中心、政策中心。人力资源部门要实现战略角色转型，需要针对内部客户的需求，提供咨询服务和解决方案。因此，人力资源部门需要同时精通业务及人力资源管理的各领域知识。在这种情况下，专家中心应运而生。人力资源专家中心相当于一个公司整体人力资源的资源配置中心，起到了政策的制定、设计、规划的相关职能，是整个公司人力资源政策的核心点。同时，人力资源专家中心需要和业务单元的 HRBP 相配合，将制定的政策、设计、规划等内容更好地落地执行，同时进行实施反馈后，再进行修改执行，整体形成一个循环操作模式。

COE 一般由职能或跨职能团队组成，团队可以是实际存在的，也可以是虚拟的，在企业内部运作中，COE 主要承担的具体角色包括设计者、管控者、技术专家三种。

1. 设计者

运用专业领域知识设计业务导向、创新的人力资源政策、流程和方案，并持续改进其有效性。对全球性的大型公司而言，由于其地域和业务的复杂性，HRCOE 需要为不同的地域/业务线配置专属资源，以确保设计贴近业务需求。其中，总部 COE 负责设计全球/全集团统一的战略、政策、流程和方案的指导原则，而地域/业务线 COE 则负责结合地域/业务线的特点进行定制化设计，在全公司一致的框架下，保持业务所需的灵活性。

2. 管控者

管控政策、流程的合规性，控制风险。例如，对人力资源管理流程的介绍和解释，根据实施情况对流程进行补充和再设计；为加强组织职能运行效率引进新的管理技术和工具，提高人力资源管理者乃至组织所有员工的能力；等等。

3. 技术专家

对 HRBP、共享服务中心、业务管理人员提供本领域的技术支持。HRBP 为业务部门提供战略以及日常管理问题的咨询，会涉及人力资源的专业细分，COE 的角色是领域专家，类似于 HR 的技术专家，借助本领域精深的专业技能和对领先实践的掌握以及对企业所在行业的熟知，为 HRBP 提供技术支持。

二、COE 的胜任素质

COE 代表了传统人力资源管理的升级，HR 要更加聚焦战略，为组织创造价值。尤里奇提出了 HR 要扮演的六大角色及其所需要的胜任素质（见表 4-1），即战略定位者、可信任的活动家、组织能力构建者、变革拥护者、人力资源创新与整合者、技术支持者（戴维·尤里奇，2014）。这也是对未来 COE 胜任素质的重要指导。

表 4-1　未来 COE 的六大角色

角　色	胜任素质分类
战略定位者	解析全球背景
	解码客户期望
	合作制定战略议程
可信赖的活动家	创造价值赢得信任
	影响他人并与其建立联系
	提高自我认知
	强化人力资源专业知识
组织能力构建者	利用组织的能力
	使战略、文化、实践和行为相匹配
	创造有意义的工作环境
变革拥护者	发起变革
	维持变革
人力资源创新与整合者	通过人力规划与分析优化人力资本
	培养人才
	塑造组织和沟通实践
	驱动绩效
	建立领导力品牌
技术支持者	通过技术提高人力资源活动的效用
	利用社交媒体
	通过技术联系各方

1. 战略定位者

COE 要扮演战略定位者的角色，帮助组织在复杂的经营环境中，对产品、服务、品牌以及文化进行定位。定位不仅仅是组织转型，还涉及组织转型过程中，公司怎样抓住未来适合目标市场的发展机会。COE 要帮助组织认知其在商业环境和利益相关者背景下的角色，识别、预测及判定客户的期望，以及推动战略的制定。

2. 可信赖的活动家

COE 作为可信赖的活动家通过价值创造、建立信任关系和不断提升组织角色认知水平来建立自身信誉，帮助他们的组织理解和识别构成商业机会或威胁的外部趋势。COE 是组织内部可信赖的顾问，不仅要关注现有的人力资源实践，还要考虑客户、投资者、其他股东的期望，思考现有的人力资源实践能否满足这些期望。COE 不断在业务领域投入，接触新观点、创新，寻找提升人才、文化和领导力的新思路。

3. 组织能力构建者

组织能力说明一个组织的优势所在，如创新、速度、以客户为中心、效率和创新等，这些是企业在绩效方面具有长期竞争优势的保证。COE 通过定义和构建组织能力，为创造、评估并运营好一个高绩效组织提供关键支持。作为组织能力构建者，COE 应当考虑长远的战略与业务，构建通用的领导力模式。

4. 变革拥护者

变革的速度在不断提升，而变革在个人和职业生活中无处不在。在技术的推动下，用户需求、信息流动、客户和员工的期望、组织变革都在不断发生。高效的 COE 能够对组织能力进行变革，进而将这些能力转变为具体有效的变革过程和结果产出。COE 要充分把握变革的市场和商业环境，还要勇于面对利益相关者提出的反对意见，最终对变革过程达成共识。为保证变革持续推动，COE 需要整合必要的资源，包括时间、人员、设备和信息，以及过往的成败经验。

5. 人力资源创新与整合者

为了提升人力资源管理的有效性，COE 要能针对关键的业务问题进行人力资源管理的创新和整合。COE 要在实施人力资源实践时进行创新，特别是在人才管理领域。人力资源实践的创新与组织能力相匹配。然后，人力资源管理还要能匹配与整合不同的实践，从而形成新的文化。人力资源实践、流程和结构的创新整合将对组织绩效产生直接的、全局性的影响。

6. 技术支持者

COE 需要增加两个技术应用的能力：社交网络和数据化决策。社交网络改变了人们联系的方式，COE 借助社交网络协调公司内部员工的相互联系以及员工和客户的联系。此外，在一些拥有最优人力资源实践的企业中，COE 正逐渐加强数据管理的应用。例如，将信息转化为知识资产、将数据应用到决策中、将决策有效传达并使之付诸实践。这些都提高了组织运营效率，为组织创造了价值。

三、COE 的构建与实施

COE 的构建是一个循序渐进的历程，在人力资源战略转型中，COE 作为技术支持扮演着重要角色，是人力资源战略伙伴关系成功实施的重要组成部分。企业构建与实施 COE，需要注意以下三点。

1. COE 要与 SSC、HRBP 保持紧密联系

COE 与三支柱中的其他两个支柱保持紧密联系、进行实时数据共享，可以同步了解企业业务的发展方向和战略优势，这样，从业人员在制订解决方案时可以对现实状况有清楚的认识，而不是坐在孤立的“象牙塔”里进行决策。例如，人力资源政策对公司的影响广泛而深远，如果 COE 和 HRBP 沟通不畅，将无法确保人力资源政策支持业务发展。为了解决这一问题，可以在 COE 和 HRBP 之间形成沟通闭环，通过以下几种方式进行沟通协作：做年度计划时，和 HRBP 共同完成规划；设计时，将 HRBP 提出的需求作为重要的输入；实施时，指导 HRBP 进行推广；运作一段时间后，寻求 HRBP 的反馈，从而作为改进的重要输入。

2. 选择专业的 COE 人员

由于 COE 对人员素质能力和经验具有很高的要求，所以，必须寻找合适的人来担任，普通 HR 并不能胜任 COE。大部分中国企业人力资源团队中通才居多，专才不足。为了快速提升 COE 团队的整体素质，企业可以采取三种方法：① 培养，即从公司选拔有经验的专才加以培养，主要是有潜质的人力资源从业者、专业骨干；② 外购，即从业界招募有丰富经验的专家，特别是同业内的资深人力资源专家；③ 借用，即和领先的顾问公司、高校合作，吸引优秀的顾问资源，基于项目或者流程进行合作。

3. 合理配置 COE 资源

专家资源往往非常有限，如果在每个业务单元都配备专职 COE 专家，意味着巨大的人才数量需求。在这种情况下，人才质量难以保证，而且还可能带来不同业务单元/部门制定的政策割裂，难以实现一致性。一般而言，COE 统一设置在集团人力资源部，招聘、培训、绩效、薪酬、劳动关系、员工关系等板块根据需要各设置一两名专家顾问，负责在 HR 工作中提供专业性建议和制定统一的 HR 管理规定等。对跨地区的大型公司来说，由于地域的复杂性，HRCOE 需要为不同的地域配置专属资源，以确保设计贴近业务需求。

例证 4-4 

形散神聚：腾讯 COE

腾讯 COE 由人力资源各职能构成，包括人力资源部、腾讯学院、薪酬福利部、企业文化与员工关系部，而每个部门又下设很多分支子部门。腾讯人力资源部仅仅包括招聘配置中心（C 招聘）、组织发展中心（COD）和活力实验室三个部分。薪酬福利部包括长期激励管理组、福利管理中心、员工薪酬中心、薪酬福利综合组、绩效管理组。腾讯学院包括领导力发展中心、职业发展中心、培训运营中心。腾讯学院通过绘制部门的战略地图与平衡计分卡，对人力资源战略进行分解，强调通过干部管理能力的提升，强化后备领军人才的能力准备度，提升干部管理的有效性，培养和造就一支有主人翁精神的干部团队。企业文化与员工关系部承接人力资源管理战略，制定出强化沟通、加强员工对公司的信任度和认同感的部门战略，这个部门包括劳动关系组、沟通传播组、组织氛围组。其架构如图 4-4 所示。

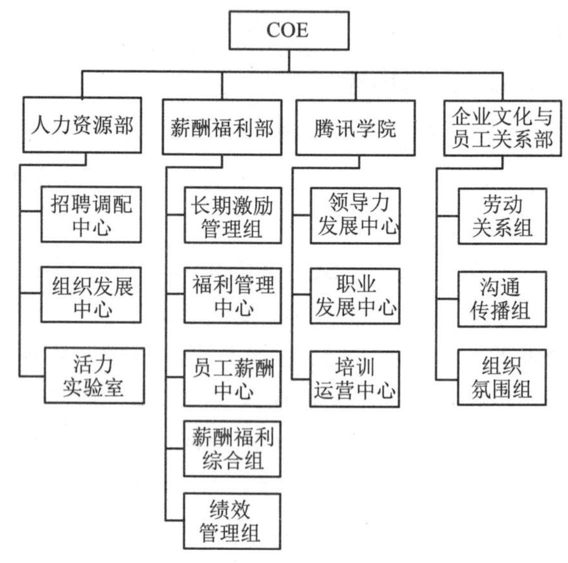

图 4-4 腾讯 COE 组织架构

（马海刚等，2017）

第三节　人力资源共享服务中心

随着经济的发展，企业开始对人力资源部门提出更高的要求：从传统的行政事务性工作中解放出来，将更多的精力投入战略性工作中，支援业务发展。在这样的发展背景下，共享服务中心（SSC）作为一种有效资源整合的模式，开始进入管理者的视野。构建人力资源共享服务中心是一个复杂的过程，不同的企业具有不同的起点（战略、业务、所处环境等），通向人力资源共享服务中心（HRSSC）的路径也因企业而异。但这些路径的本质都是对传统人力资源组织的变革，它们之间必然存在相似的环节，比如新组织的设计、基于新组织的要求进行的人员配置等。无论什么企业，要想成功构建 HRSSC，都需要把握好一些共同的关键要素。本节将介绍 SSC 的概念和角色、作用和 SSC 人员的胜任素质，并对 SSC 构建和运作的一些关键问题展开讨论与分析。

一、SSC 的概念与角色

共享服务是指企业将原来分不同业务单元“分散式”进行的事务性或者需要充分发挥专业技能的活动（如财务、人力资源管理、信息管理技术和法律等），从原来的业务单元中分离出来，交给专门的部门运作，从而达到整合资源、降低成本、提高效率的目的（Gunn 等，1993）。对于人力资源管理来说，共享服务中心（SSC），就是企业集团将原分属于不同业务单元（Business Unit，BU）有关人力资源管理的行政事务性工作（如员工招聘、薪酬福利核算与发放、人事信息管理、劳动合同管理、新员工培训、咨询与专家服务等）从 BU 中分离出来，形成专门的组织进行运作，以期确保跨组织协同，履行专业化、简单化和标准化的管理原则，保障职能管理的高度和深度，打造卓越的人力职能中心。

由以上定义可知，SSC 在人力资源管理三支柱中扮演的角色是 HR 配置作战资源的后台，企业通过建构 SSC 可以有效结合各业务单元的需求，重新定位人力资源管理，减少各级人力资源管理部门从业人员数量，优化组织机构设置，整合事务性工作，完成流程梳理和流程再造，实现工作标准统一、服务标准一致的目标。目前，SSC 在现代企业发展已经得到越来越广泛的应用。根据英国注册会计师协会的调查，已有超过 50%的《财富》500 强企业和超过 80%的《财富》100 强企业建立了共享服务中心（王景涛，2012）。2017 年，ACCA（特许公认会计师公会）与中兴财务云、通用电气（GE）全球运营联合开展的“中国共享服务领域调研报告”表明，54%的受调研企业已经建立了共享服务中心（ACCA 等，2017）。

二、SSC 的功能

SSC 最主要的功能是为集团的业务单元提供人力资源管理服务，即提供集中服务。企业集团的人力资源部门则专注于战略性人力资源管理的实施，从而提高人力资源的运营效率，更好地服务业务单元，使人力资源管理实现战略转型。SSC 的本质是通过信息及网络技术推动人力资源管理模式的变革与创新，达到降低人力成本、提高企业价值的目的。Deloitte 咨询和国际数据公司通过对 50 家《财富》500 强企业的调查表明，共享服务项目的投资回报率（ROI）平均为 27%，员工人数可以减少 26%。国际注册管理会计师协会（IMA）对 100 家《财富》500 强企业中实施与未实施共享服务的公司进行了比较。研究结果表明，所选择的 6 项共享功能的成本平均下降 83%（王景涛，2012）。

与传统的管理模式相比，SSC 主要实现了以下三个具体功能的转变。

1. 人力资源基础功能的转变

人力资源服务方式由“high touch”（高频率的面对面接触）转变到“high tech”（基于技术的交流）。传统的人事服务工作中，员工大多通过和人力资源管理者面对面接触来解决相关问题。基于互联网技术的发展，HRSSC 建立后，大多数人事服务会借助信息平台，员工通过自助、在线互动等方式可以解决大多数人事服务问题。

2. 服务功能的转变

构建 SSC 使得企业人力服务由“个性和随意化”转为“标准和规范化”。从集团化管控的角度来看，共享服务中心显著地提高了人力资源管理的标准化，保证了各分支机构管理的规范性。分支机构的所有人力资源业务都进入共享服务中心后，HR 服务的流程、标准是一致的，相应地，服务水准也是一致的。这样有助于改变过去不同分支机构 HR 服务差异性较大的现象。

3. 部门功能的转变

部门定位由管理者转变为服务和支持者。SSC 的性质要求 SSC 从业人员会主动服务于其他员工，多位 HR 在一个时间段内会协同来解决某一位员工的问题，而不是员工“求着”HR 解决问题。因此，人力资源共享服务中心也使人力资源工作者的角色发生了转变，从管理者变为服务者（张正堂，2018）。

三、SSC 的胜任素质

SSC 的工作人员构成可以分为三个层级。第“0”级是人工智能等不需要特定的工作人员的自助服务。第一个层级是一线员工或者呼叫中心，解决客户面临的实际问题，比如员工福利、差旅管理。第二个层级是 HR 顾问，他们的工作是在一些比较偏向实际的规则方面提供具体的帮助。第三个层级是 HR 专家，他们的工作就是阐释更为复杂的政策方面的问题（Farndale 等，2009）。

根据上述的共享服务交付模型，SSC 内部员工可以分为两大类：一类是提供基础事务性服务的前台普通员工（行政助理），另一类则是负责处理特殊案例的后台人力资源咨询师（HR 顾问和专家）。两类员工要求的 SSC 岗位胜任素质也具有一定的区别。

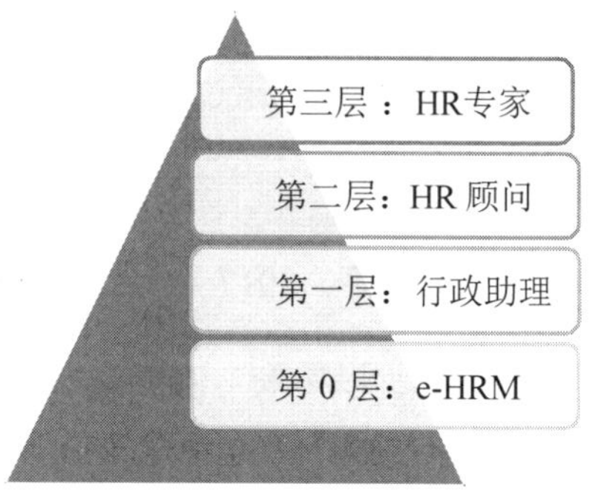

图 4-5　SSC 组织结构与人员构成

1. 第一类员工

第一类员工与内部客户通过人力资源信息技术平台、电话，甚至面对面接触。他们应对的客户需求大多比较基础，但涉及人力资源管理的各个模块，而且数量非常庞大。这决定了他们的日常工作以机械的流程化工作为主，工作强度比较大。这类员工只需要具备基本的沟通技能、计算机操作技能和基础的人力资源专业知识就能完成工作。因此，在配置这类员工时选择企业内部现有的低层 HR 工作人员，或从外部招聘初级人力资源工作者即可。

2. 第二类员工

第二类员工任职要求明显要比第一类员工高得多，他们必须对人力资源某一领域的专业知识有深入的理解，并对公司各个业务单元有一定的了解，才有能力处理前台员工无法解决的特殊案例，以及向专家中心提出新的政策需求。因此，企业最好以内部竞聘的方式挑选这类员工，在现有的各个人力资源模块里挑选那些进入公司时间较长、经验较为丰富的从业者。

除了岗位要求的胜任能力以外，SSC 员工还需具有的通用胜任素质，如表 4-2 所示。

表 4-2 SSC 员工的通用胜任素质

序 号	胜 任 素 质	具 体 要 求
1	沟通能力	能够与客户保持良好的沟通，对于客户面临的问题提供力所能及的帮助
2	服务意识	有帮助或服务客户的愿望，能够做到从客户的需求出发，满足他们的要求
3	解决问题	面对纷繁复杂的问题，能够运用已有的知识、技能主动去解决
4	执行力	有效利用资源完成预定目标
5	主动性	主动挖掘并响应客户的需求；对客户的问题主动采取行动解决
6	信息收集能力	通过各种技术手段挖掘客户的需求，掌握全面的信息，更好地服务客户
7	灵活性	具有适应不同环境、不同个性、不同人群并且有效工作的能力
8	成就导向	希望工作杰出或者超出优秀的标准，通过自我驱动把工作做得更好

四、SSC 的构建与实施

据德勤调研报告显示，在参与调研的企业（总部遍布全国， 年收入规模均达到 5 亿元人民币以上，人员规模大多在 3000 人以上）中，有 68%的企业已经设立或在未来 1 ~ 2 年计划设立人力资源共享服务中心（德勤，2016）。尽管 SSC 有巨大的价值潜力，但是构建起来并非一件易事。除了需要适合的组织规模、结构等外部条件，SSC 在搭建过程中还面临观念改变、权力迁移、人员调配、业绩衡量以及激励实现等内部问题，企业要想顺利解决这些问题并让 SSC 成功运转，将面临巨大的成本风险及时间风险。要想在高风险下搭建一个良好运转的 SSC，主要需要做到以下三点：① 确定企业是否适合构建 SSC，构建后有助于企业形成规模效应；② 建立统一的核心价值定位，即“一个公司”的愿景；③ 取得 IT 技术的支持。

（一）确定企业是否适合构建 SSC

企业在决定构建 SSC 之前，应该思考自身是否存在资源分散和配置不均的现象，急需人力资源转型实现资源共享与整合？又是否有足够数量的组织，使构建 SSC 形成规模效应？只有能实现规模效应，降低人力资源运营成本，HRSSC才有构建的必要。因此，人力资源共享服务通常更适合大型集团企业，并不适合单一机构的公司。积极创建HR共享服务中心的组织大多有以下五个特征：① 企业集团（包括分公司和分支机构）员工数量庞大；② 企业在全国各地或者世界各地设立数量众多的子公司或分支机构；③ 人力资源部员工数量大，例如在子公司或者分支机构中都设立人力资源部；④ 企业集团重视人力资源及政策的执行，重视员工发展，强调员工信息管理和其对公司的满意度、归属感；⑤ 企业集团有以提高人力资源管理效率为出发点来提高企业竞争力的愿望。特别地，当业务复杂度较高（如员工上万人、人力资源部上百人）时，人力资本将发挥重要作用。

对于那些规模较小但成熟度较高，又需要人力资源转型实现资源共享与整合以提高效率、降低成本的企业来说，可以选择HR事务外包服务。据埃森哲咨询公司一项调查显示，在财富排行榜中名列前1 000名的企业中，有85%的企业选择将一项或数项HR职能外包。在北美地区的大型企业中，有将近87%的企业使用并且信赖HR职能外包（苏磊，2011）。中小企业将HR职能外包即可以实现人力资源转型，也可以在一定程度上降低管理成本，达到企业价值增值目的。

（二）建立统一的核心价值定位

如想成功建立SSC，企业需要有一个准确的核心价值定位。共享服务下，公司的核心价值定位即为“一个公司”的价值理论。在“一个公司”价值体系下，集团公司、跨国公司等多组织公司能在公司战略与具体经营战略间建立清晰的联系，制定一致的战略和统一的控制方式，从而实现品牌体验、合规性、供应链协作、跨国界创新和销售渠道的整合等优势，最终成为真正意义上的同一家公司。人力资源管理的SSC正是“一个公司”（也有可能是“one HR”，仅仅是HR的统一）要求下的产物，其实质是企业对人力资源管理职能的整合优化，及对人力资源管理成本和服务质量的统一控制。而SSC的集中化属性也决定了其只能在“一个公司”的价值观下存在。

例证 4-5

外企的“一个公司”战略

2003年，飞利浦发起了“One Philips”运动，努力让公司新设计的各个产品能够互相协调，使不断扩张的产品线也能得到一致的管理，待“一张面孔”的价值观念在员工心中扎根后，飞利浦中国于2007年成立了人力资源共享中心。2005年，ABB公司提出“one simple ABB”战略，并于次年在中国建立了共享服务中心。后来居上的西门子公司为了响应“one siemens”战略，将其人力资源部重组为全球战略组织、人力资源业务伙伴、全球服务共享组织三个部分。

（三）取得IT技术的支持

SSC不仅是事务性工作的整合，而且是数据、信息、管理水平和能力等各种要素资源的整合。例如，为全公司人力资源政策的制定提供数据和信息。为了顺利进行这些整合，企业必须具备强大的IT技术支持。特别是在进行大量标准化或者可以复制的工作时，必须用到远程信息技术，而这些信息技术的应用依赖于组织 IT 技术的提升。企业获取 IT 技术的普遍做法是购买现成的技术或升级企业的现有技术。因此，企业要根据自身实际情况，在购买新 IT 系统还是升级现有的技术中做出权衡。首先，HR 领导者要确定实施 SSC 对 IT 方面大体的需求。其次，评估现有技术工具的功能，找出哪些需求能由现有技术提供，哪些不能由其提供。最后，测算升级旧技术以满足技术需求的成本和购买新技术的成本，做出决策。为了达到领先公司的效率水平，企业还需要提升网络自助服务功能，并实施有效的变革管理，转变服务目标群体以面对面为主的服务获取习惯。SSC 是在企业资源计划（ERP）的基础上建立起来的。在最近 5～10 年，中国领先企业伴随着 ERP 的浪潮，已经实现了数据的准确和集中，下一步需要强化管理人员自助服务（MSS）和员工自助服务（ESS）功能，建设呼叫中心，从而实施升级模式（张正堂，2018）。

例证 4-6 

中兴通讯的 HRSSC 建设

中兴通讯是全球领先的综合通信解决方案提供商。2008 年，考虑到中兴通讯公司已经较为符合实施人力资源共享服务的基本条件：① 公司的人力资源部门遍布全球，岗位重叠，人员烦冗，希望在整个集团范围内将人力资源等事务性工作的处理方法标准化、规范化，提高管理效率；② 公司的组织创新现状与期望达到的目标之间存在较大的差距；③ 公司具有较高的流程管理水平和 IT 技术手段，拥有能够理解这种变革的管理人员和执行人员，有能力制定并进行自我调整以适应新的业务流程和规则；④ 公司已经引入了财务共享服务管理模式并取得了很好的效果，在共享服务的管理上有了一定的经验，管理层开始组建 HRSSC，到 2011 年已经趋于成熟。

中兴通讯的 HRSSC 设在运营服务部内，在国内包括总部 HRSSC 和设在深圳、上海、南京、京津、西安及川渝区域的六个平台。总部 HRSSC 设有总监，主要负责统一政策平台的建立、服务与工作规范、咨询热线、IT 业务处理平台、计件标准与规范、全流程跟踪与监控等工作。六个 HRSSC 平台分别设一名 SSC 平台经理，主要负责工作常驻地及辐射区域当地的人事业务办理工作。总监对各平台经理在业务上进行指导和考核。总部 HRSSC 总监及各地平台经理直接向运营服务部部长汇报。同时，为了支持公司海外的业务拓展，中兴通讯公司在海外进行 HR 服务扩延，逐步实现了服务公司与公司经营业务的同步，如图 4-6 所示。

（陈淑妮等，2011）

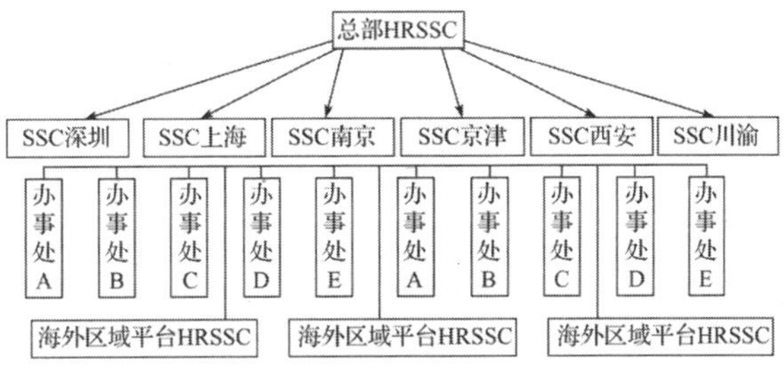

图 4-6　中兴通讯的 SSC 组织结构

第四节　人力资源业务合作伙伴

自从“人力资源业务合作伙伴”（Human Resource Business Partner，HRBP）的概念提出至今，已被企业界广泛使用。现如今，HRBP 的概念走向台前，原有的人力资源管理也已变成了传统的概念。HRBP 强调人力资源管理应该成为业务伙伴，管战略的事、管高端的事，把人和战略很好地匹配。本节重点介绍 HRBP 概念与角色、作用、所需要的胜任能力以及 HRBP 构建与实施等内容，体现出 HRBP 的价值。

一、HRBP 的概念与角色

HRBP 的概念最早由美国密歇根大学罗斯商学院教授戴维・尤里奇（Dave Ulrich）1997 年在 *Human Resource Champion* 一书中提出。从字面意思来讲，HRBP 即人力资源业务伙伴。业务是指公司的各个业务单元所涉及的业务，业务单元是指在公司中的有着共同或相似的客户群、市场或者职能的一个或者几个部门的集合。因此，HRBP 是指人力资源管理中心派驻到企业业务部门和事业部的人力资源管理人员，主要负责协助业务部门经理进行部门内部员工的发展、人才培养、人力整体规划等相关工作，更多地从业务未来发展的角度为业务部门提供针对性的人力资源支持，成为业务部门真正的合作伙伴。HRBP 深入到业务部门，推行公司人力资源管理制度在各业务部门的落地，从而规范整个企业的人力资源管理；在此基础上完善业务部门本身的人力资源管理工作，提升业务部门管理者的人力资源管理的能力，从而将企业的人力资源管理战略落到实处。

HRBP 管理模式要求人力资源部门从以往的后台支持部门走到前台，与业务部门紧密合作，共同为提升企业价值做出贡献。HRBP 必须将业务的发展需求和人力资源管理理论两者相结合，真正发挥 HRBP 的专业性和重要性。HRBP 具体承担以下九种角色（吴接群，2008）。

（1）从 HR 视角出发参与业务部门管理工作。

（2）与 HR 研发组（人力资源专家）和 HR 支持组（人力资源共享中心）合作，给出有效的 HR 解决方案。

（3）向人力资源专家和人力资源共享中心反馈 HR 政策、HR 项目和 HR 进程的实施有效性。

（4）协调员工关系，调查培训需求。

（5）制订并执行业务部门 HR 年度工作计划。

（6）运作适应所在业务部门的 HR 战略和执行方案。

（7）参与所在业务部门的领导力发展和人才发展通道建设。

（8）支持企业文化变革并参与变革行动。

（9）建立所在业务部门的人力资源管理体系。

总体来说，HRBP 就是要做好人力资源部与业务部门之间的沟通桥梁，帮助业务部门设定人力资源的工作目标和计划，并树立起对业务部门的内部客户服务意识，为他们提供专业的人力资源解决方案。

二、HRBP 的作用

四种角色与三支柱模型在企业中构成了一个矩阵，在矩阵型管理模式下，HRBP 发挥了传统 HR 前所未有的作用（沈捷，2014）。

1. 聚焦战略，支持业务

HRBP 通过人力资源业务伙伴体系的实践，将人力资源管理层与公司及各业务单元的管理层紧密地联系在一起，使业务战略与人力资源战略得到统一，将人力资源的利用、开发和规划三个方面的决策做到更加全面、及时和科学。人力资源业务伙伴的支持使业务部门的管理者在人力资源的管理上随时都能接受专业团队给予的帮助，使公司整体的管理更符合现代企业的需要，从而对公司整体业务的可持续发展产生积极的影响。

2. 矩阵管理，全面覆盖

HRBP 体系创新性地推出了人力资源业务伙伴的职能，将传统人力资源部门以职能划分的模式改为由人力资源业务伙伴主导的、可以支持不同业务部门或不同业务单元的人力资源管理体系。

3. 流程再造，统一标准

HRBP 体系的第三个创新点就是推出了共享服务中心的理念。根据最佳的实践规范流程，人力资源部把所有事务性的并可以规范化的流程都纳入共享服务中心的服务范畴，从而进一步通过系统化的支持实现了统一化和标准化的流程管理。

4. 专业服务，精益求精

人力资源业务伙伴体系在不断创新的同时，并没有将传统的人力资源模式完全摒弃，而是将职能化的运作模式转入领域专家团队进行“深加工”，同时与人力资源业务伙伴或业务部门保持紧密的沟通，从而将深思熟虑后的产品（即人力资源政策和项目等）贡献给人力资源业务伙伴和业务部门，以满足业务部门不断提高的人力资源管理要求。

三、HRBP 的胜任素质

HRBP 是一个具有商业业务思维，掌握系统化的 HR 管理技能，能够在组织里面担任相应的 HR 运营职位，不但能够理解、运用和优化成熟的 HR 管理模式，而且还是制定并执行能够促进组织业务发展的解决方案的专业人士。对于业务部门来说，HRBP 从业人员不仅要对业务部门持服务、支持的态度，还需要对行业、业务部门的运作与实际工作有深入了解；可以从与业务部门的角度换位思考，关注员工真实需求；擅长从业务数据中发现问题，并能给以具有创新意义的建议；与业务部门保持步调一致，及时制定合理的绩效考核、培训等计划。HRBP 类似于军队组织中“政委”的角色，辅助军官、司令带领军队完成任务。HRBP 真正的价值是“业务伙伴”，在企业中应该扮演好自我颠覆者、信用构建者、战略执行者、关系协调员、能力打造匠和变革催化师这六大角色（徐升华，2015）。而扮演好这六大角色，要求 HRBP 从业人员具备以下四大能力（杨磊，2011）。

1. 战略贡献能力

战略贡献能力主要包括：① 变革领导：具备可以去激励并推动组织中成员成为变革中的一员能力；② 组织意识：有能力在本组织以及其他组织内发现关联及相互关系，并找到关键人物；③ 客户服务导向：集中关注和发现客户的需求，并尽力满足客户需求。

2. 专业信用能力

专业信用能力主要包括：① 战略思考：理解业务部门的业务战略，结合自身对业务及人力资源管理的知识，发现新的战略机遇并通过人力资源方案提供战略支持；② 构建人力资源架构和管理体系：理解人和组织是企业长期成功的关键因素，并将其转化为当前发展形势下的人力、过程、程序和系统；③ 专业技能：了解人力资源管理领域的专业知识，并将其变得可视化并且不断扩充知识。

3. 人力资源部门领导力

人力资源部门领导力主要包括：① 领袖能力：洞察他人及他们的兴趣点，说服并影响他人，从而在某个观点或目标上取得他人的支持；② 主动性：主动发现问题、找到机遇和可能，并采取行动去解决。

4. 个人信誉

个人信誉主要包括：① 成就驱动力：为达到极为出色的表现，并超越绩效标准；② 探究型驱动力：有天生的好奇心及想要去了解其他人和当前事务的渴望；③ 勇气和正直：勇于说出自己认为正确的事情。

HRBP转型成功与否，与其从业人员的素质密切相关。企业要为所有的HR专业人员设计宽口径的职业通道，并以协作方式让每个角色发挥专长提供有价值的HR服务来帮助业务的发展。对于直接对应内部客户的HRBP而言，应根据其角色定位，主动地构建自己所缺少的技能。

四、HRBP的构建与实施

HRBP作为业务部门与人力资源部门之间的桥梁，在工作过程中不仅可以有针对性地解决业务经理的人力需求，而且减少了用于处理琐碎事务性的时间和精力。对于业务经理来说，HRBP可以从人力资源专业的角度为其业务发展提供针对性的人力服务和支持；对于人力资源专家中心而言，HRBP深入一线业务部门，考察业务部门的实际运作情况，诊断业务部门存在的问题，及时向人力资源专家中心反馈相关业务问题，使得人力资源专家中心对症下药，设计出针对性的解决方案。HRBP在业务部门的工作流程，具体可参考图4-7。而HRBP与业务部门共舞，发挥出其恰到好处的作用需要做好以下四个关键步骤。

1. 把与业务部门实现共赢作为目标

作为HRBP，在一开始把业务部门共赢作为自己的目标是非常重要的，并把其贯彻到行动上，才能获得业务部门的支持。

2. 找到关键人，建立信任

企业业务关键人有三种，包括：① 业务部门经理，HRBP从业者要与之充分沟通，得到其支持；② 影响力大的员工（意见领袖），取得这些影响力大的员工的支持，在执行时工作推荐才比较顺利；③ 业务专家，业务专家可以帮助 HRBP 快速了解业务，抓住关键点。与业务部门关键人物建立信任，才能顺利深入业务，熟悉业务。

3. 了解业务，寻求共赢

深入了解业务，是 HRBP 必须经历的阶段。在此阶段需要澄清业务部门同事对我们的误解，澄清技巧具体句式为“不是……是……”。比如，“我熟悉业务不是想要给咱们业务部门找麻烦，我是为了更好地支持咱们部门的工作。”

4. 循序渐进，体现价值

从大处着眼，小处着手，让业务部门逐步加深对 HRBP 的信任。

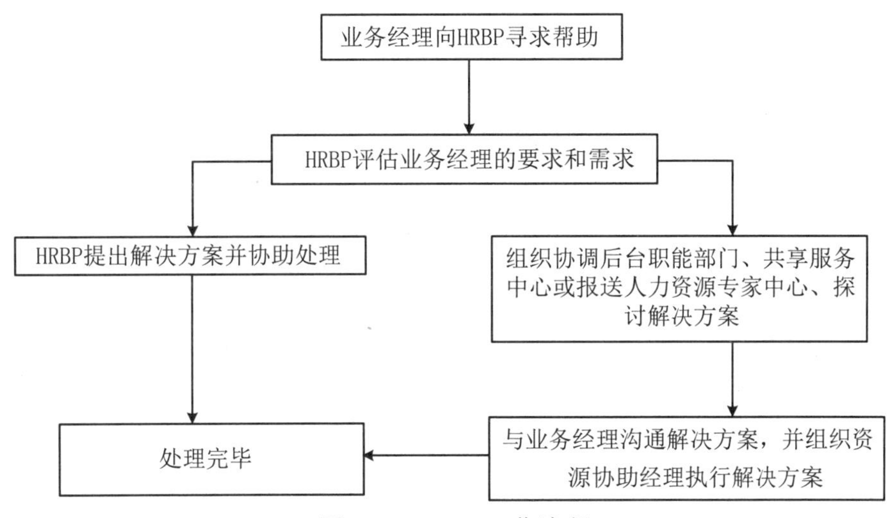

图 4-7 HRBP 工作流程

此流程充分体现了 HRBP 派驻到业务部门具有的三个价值。

1. 信息共享

这是至关重要的一项，也是其他价值的基础。HRBP 在此流程中为业务部门和人力资源部门建立起信息共享的机制和载体，双方因此建立起一个共享信息库，共享的信息越多，双方彼此的了解程度就更深，越容易做出最优的决策。

2. 流程优化

流程优化能够帮助业务部门提升效率和效益。HRBP 可以在了解业务之后绘制流程图，找出不合理的环节进行优化，从而提高效率，让业务部门把主要的精力投放在业务发展上。

3. 增值服务

增值服务是利用 HR 领域的专业知识、工具等来进一步提升业务的水平。比如，提供员工援助计划 EAP（Employee Assistance Program）项目支持。

例证 4-7

阿里巴巴的“政委体系”

HRBP 在阿里巴巴被称为“政委体系”，“政委体系”是阿里巴巴人力资源管理的特色。政委，也称 HRG（HR Generalist），是阿里巴巴在各个事业群和业务部门的 HR 通才。阿里巴巴政委主要是从业务线转过来的，他们熟悉业务并且能够比较深入地了解人和事，对事业群进行组织变革推动和服务支撑。在业务部，政委就是人力资源内部与业务经理的纽带，既能帮助业务部门更好地维护员工关系、协助业务部门经理更好地使用人力资源管理制度与工具管理员工，同时也能利用其自身的人力资源专业素养来发现业务单元中存在的各种问题，从而提交给人力资源专家中心来解决问题和设计更加合理的人力资源工作流程。

阿里巴巴政委体系属总部垂直管理，分为区域层面和事业部层面，如图 4-8 所示。在区域层面，政委体系分为四层：最基层的小政委，分布在具体的城市区域，与区域经理搭档;第二层是大政委，与高级区域经理搭档；第三层就是阿里巴巴的总政委，第四层是 CPO（首席人才官），直接向马云汇报。在事业部层面，政委体系分两层：小政委设在了部门级，总监以上配一个大政委。

（陈国海等，2018）

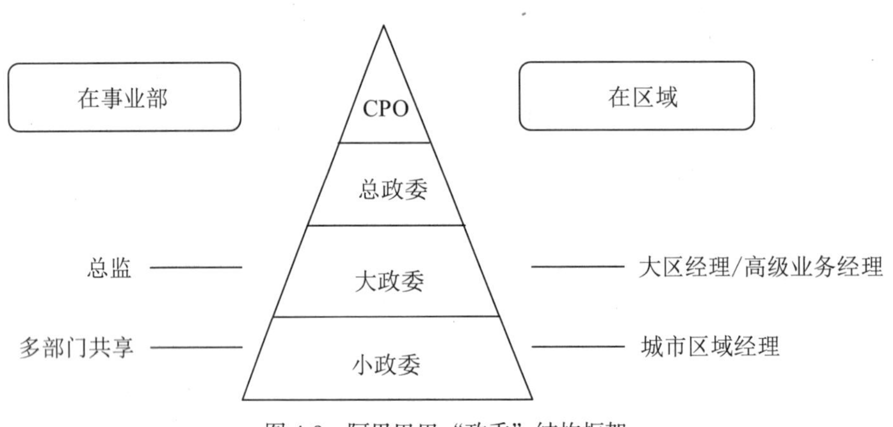

图 4-8 阿里巴巴“政委”结构框架

本章小结

1. 20 世纪 90 年代以来，传统的人力资源管理方法已经不能适应时代变革的要求，其面临的困境可以概括为“上、中、下”三点，即“上”不能支撑战略，“中”与业务体系脱节，“下”无法难以提升人力效率。

2. 人力资源管理三支柱模型作为人力资源先进理论，逐渐被大众认知与认可。三支柱分别为业务伙伴（HRBP）、专家中心（COE）和共享服务中心（SSC）三个模块，其通过扮演战略执行伙伴、变革推动者、员工后盾、行政专家四种角色完成人力资源管理的转型。

3. 专家中心（COE）是指以人力资源顾问、人力资源高级经理为主的专家中心、政策中心。COE 一般由职能或跨职能团队组成，团队可以是实际存在的也可以是虚拟的，在企业内部运作中，COE 主要承担的具体角色包括设计者、管控者、技术专家三种。

4. 共享服务中心（SSC）是企业集团将原分属于不同业务单元有关人力资源管理的行政事务性工作从业务单元中分离出来，形成专门组织进行运作，以期确保跨组织协同，履行专业化、简单化和标准化的管理原则，保障职能管理的高度和深度，打造卓越的人力职能中心。

5. 人力资源业务伙伴（HRBP）是指人力资源管理中心派驻到企业业务部门和事业部的人力资源管理人员，主要负责协助业务部门经理进行部门内部员工的发展、人才培养、人力整体规划等相关工作，更多地从业务未来发展的角度为业务部门提供针对性的人力资源支持，成为业务部门真正的合作伙伴。

网站推荐

1. BETTERHR 人力资源共享中心：http://www.betterhrssc.com/

2. HR 论坛：http://bbs.hrfree.cn/

影视推荐

《在云端》

在金融危机下，男主角瑞恩从事于人力资源管理中的裁员工作，几乎是每天都得碰上几十位失望、愤怒、激动、迷茫、哭泣，甚至要自杀的“淘汰者”。瑞恩的工作就是要完成公司的裁员任务并且安抚被裁员工的心情，以防极端情绪行为的出现。“我们要让地狱变得可以容忍，帮受伤的灵魂度过恐惧之河，让他们看到渺茫的希望”，这是瑞恩的原话。但无论如何裁员对失业的员工终究是残酷的，所以，作为裁员专家的瑞恩懂得温和行事，以理晓之，以情动之，甚至帮员工准备好援助计划，沟通从“心”，充分给予尊重，因此，瑞恩也说：“我们的工作很残酷，很打击人，但我的方法是有尊严的。”

推荐理由：瑞恩是一位合格的人力资源业务伙伴（HRBP），我们可能从未听过有“裁员专家”这一个职位，好像也没有听说过哪一个企业裁员是特意请专家来做的。其实这反映了在人力资源管理的退出机制不完善的情况。企业重视员工从面试到工作期间培训的各样事情，最后却会忽视掉员工离职的问题，充分发挥人才的作用，留住人才，真正做到以人为本的每一个环节其实都很重要。

读书推荐

《阿里巴巴政委体系》

如今，HRBP 成了人力资源领域的热词，这也反映了人力资源职能转型的必然趋势。

阿里巴巴的 HRBP 在内部称作“政委”。阿里巴巴自 2004 年开始全面实行政委体系，经过多年的实践摸索，成功地走出了阿里特色的 HRBP 之路。政委体系的组织架构是怎样的？政委如何与文化对接、与业务共舞?政委的胜任力模型是什么?政委的特色工作有哪些……这本书回答了上述关于阿里巴巴政委体于阿里巴巴政委体系的多个问题，并通过详细分析得出阿里巴巴政委体系对其他企业的 HRBP 实践的借鉴意义。

推荐理由：这本书由陈国海、刘贵鸿、陈祖鑫编著，企业管理出版社于 2018 年出版。内容扎实、文本翔实、图表相辅、浅显易懂，突出了展现了阿里政委体系的精髓。为准备人力资源转型的 CEO、HR 从业者及业务主管展示了阿里巴巴政委体系的理论来源、发展历程及搭建的具体步骤，掌握政委需要具备的基本技能、工作场景中需要用到的方法论及具体工具，帮助其更好地迎接人力资源转型，以良好的心态进入新的工作模式，为企业创造更高的价值。

思考练习题 4-1：选择题

1. 人力资源管理三支柱的架构不包括（　　）。
   A. 共享交付平台（SDC）　　B. 业务伙伴（HRBP）
   C. 共享服务中心（SSC）　　D. 专家中心（COE）
2. 人力资源管理的四种角色不包括（　　）。
   A. 战略伙伴　　B. 行政专家
   C. 技术管控者　　D. 变革的推动者
3. 与传统的人力资源管理模式相比，SSC 具体功能的转变不包括（　　）。
   A. 基础功能　　B. 战略功能
   C. 服务功能　　D. 部门功能

思考练习题 4-2：简答题

1. 人力资源管理三支柱是什么？
2. 构建时 HRBP 应该考虑什么因素？
3. SSC 从业人员应该具备什么职业素质？
4. COE 在三支柱中扮演什么角色？有何特点？

模拟实训：了解人力资源管理三支柱模式

确定一家你毕业后想要前往工作的跨国公司或本土大型企业（如 IBM、京东、腾讯、美的等），并了解、梳理和总结这家公司人力资源管理三支柱模式，寻找此公司应用此模式过程中的好处和不足之处。

案例分析

华为公司的人力资源管理三支柱

华为作为一个规模庞大的 IT 制造企业，在国内与国外具有多个分公司，其管理理念一直处于我国企业实践中的前端。从 2009 年开始，华为开始对人力资源架构进行调整，启动了由功能型人力资源平台向更利于员工发展的三支柱人力资源平台转型，帮助员工更好更快的成长。2013 年，华为基本形成了人力资源委员会、HRBP 部、人力资源服务共享中心的人力资源管理三支柱，如图 4-9 所示。三支柱的分工如下。

（1）人力资源委员会（COE）的职责是确保专业能力使能，包括战略参与、流程优化、制度制订、确定标准、文化培养。其中，COE 的最首要任务是设计 HR 政策、流程和制度，必要时进行全球制度管理，在本专业领域，对业务单元或区域的需求提供支持，并开发新制度方案的推广计划、培训材料并和 HRBP/HR 运营一起合作。

（2）HRBP 部主要职责是确保业务导向，首先在研发体系建立 HRBP 运作模式，将 HRBP 人员设到一线，目的是了解业务需求，提供有针对性的解决方案，更好地支撑业务的发展。具体流程如下：首先，HRBP 要能理解业务需求，然后将其转换为 HR 需求，简单地说就是对齐 LTC 业务主流程，将业务语言转化为 HR 语言；同时，迅速整合各领域专家的经验，形成解决方案；通过提供咨询和具体领域的支持，帮助业务部门执行战略、交付解决方案，确保业务结果的达成。

（3）人力资源服务共享中心（SSC），主要职责是确保全球交付一致性，建设分为三阶段，初创期：只提供 ESS/MSS/呼叫中心/入离职管理等服务；发展期：增加了其他 HR 事务流程和数据分析；全业务：增加外派福利、学习发展、绩效管理、员工关系等服务，为员工提供全业务的咨询与服务。

我们可以从一个绩效工作的案例来看华为 HR 如何分工。

在个人绩效的评议工作上，首先，总部 COE 模块制定绩效评价整体政策和管理原则，比如，整体一层组织内 A 比率小于 15%，A/B+整体小于 65%，C/D 大于 5%，同时，军功、战功、嘉奖等应与绩效考评有关联体现。地区 COE 在接到整体一层组织的绩效比率控制之后，根据内部二层组织绩效测算出各二层组织的个人绩效控制标准，比如，a 代表处：A 比率小于 17%，A/B+整体小于 68%，C/D 大于 4%；b 代表处：A 比率小于 13%，A/B+整体小于 63%，C/D 大于 7%。

指标下沉到国家层面，HRBP 需要进行总体方案的设计，比如：① 基于代表处业务，企业业务为战略核心，且上年为代表处利润贡献 65%，则企业业务部门 A/B+比率相应上升 2%；终端业务贡献利润为 0，整体 A/B+比率相应下降；② 建立代表处导向，做出能够具体操作的数据和指标来，比如绩效为 A，CR 低于×%，平均可以调整到×%，绩效为 C，人员不调整，总体后期薪酬测算发生联动变化；③ 组织各个组织的个人绩效评议、绩效沟通等；④ 绩效终稿审批通过后，组织主管的绩效沟通赋能，确保导向传递清晰。

SSC 在过程中进行邮件跟催、PBC 撰写标准赋能、完成进度公示、员工问讯等，获取。

（罗扬，2017）

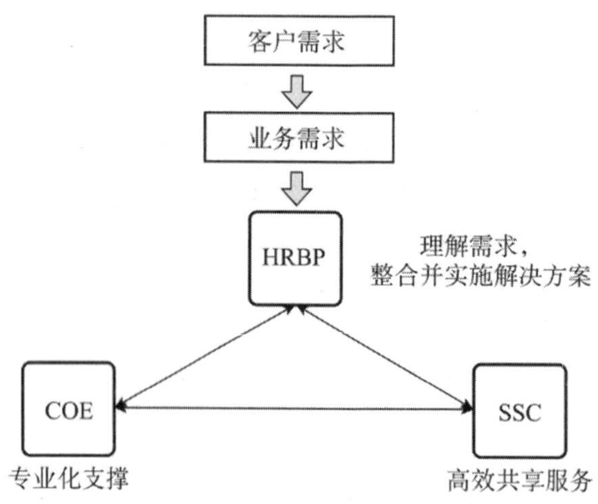

图 4-9　华为三支柱架构

讨论题：

1. 以上华为公司的三支柱架构分别扮演了四角色的哪种角色？

2. 通过对华为公司的案例分析，华为公司在人力资源管理三支柱建设有哪些优点？对你有什么启发？

参考文献

[1] ACCA，中兴财务云. GE 已建立共享服务中心企业分析[J]. 首席财务官，2017（18）：32-39.

[2] GUNN R W, CARBERRY D P. Shared services: major companies are re-engineering their accounting functions[J]. Management accouting, 1993, 75（5）: 22-28.

[3] FARNDALE E, PAAUWE J, HOEKSEMA L. In-sourcing HR: shared service centers in the netherlands[J]. The international journal of human resource management,2009,20（3）: 544-556.

[4] 蔡继春. X 集团 HRBP 管理模式研究[D]. 南昌：南昌大学，2014.

[5] 陈淑妮，谭婷，崔嚣也. 共享服务中心：专业化人力资源管理新模式：以 Z 公司为例[J]. 中国人力资源开发，2011（11）：47-51.

[6] 陈国海，刘贵鸿，陈祖鑫. 阿里巴巴政委体系[M]. 北京：企业管理出版社，2018.

[7] 尤里奇. 高绩效的 HR：未来 HR 的六项修炼[M]. 北京：中国电力出版社，2014.

[8] 尤里奇. 人力资源转型：为组织创造价值和达成成果[M]. 北京：电子工业出版社，2015.

[9] 德勤. 2016 人力资源共享服务调研报告[J]. 首席财务官，2016（24）：36-43.

[10] 梁淑巍. DHL 公司人力资源共享服务中心建立研究[D]. 长春：吉林大学，2012.

[11] 罗扬. 人力资源三支柱模型在企业中的应用[J]. 现代经济信息，2017（17）：35-36.

[12] 马海刚，彭剑锋，西楠．HR+三支柱[M]．北京：中国人民大学出版社，2017.
[13] 彭剑锋．从二十个关键词全方位看人力资源发展大势[J]．中国人力资源开发，2015.
[14] 沈捷．人力资源业务伙伴体系在跨国公司中的设计和管理[D]．上海：上海外国语大学，2014.
[15] 苏磊．我国企业人力资源管理职能外包模式调查分析与改进构想[J]．现代财经（天津财经大学学报），2011，31（05）：55-60.
[16] 王景涛．以信息化建设为平台构建石化特色共享服务体系[J]．信息系统工程，2012（9）：114-117.
[17] 吴接群．企业集团人力资源管理模式发展的探讨[J]．人力资源，2008.
[18] 徐升华．解密 HRBP 发展与体系构建[M]．北京：企业管理出版社，2015：1.
[19] 杨磊．人力资源业务合作伙伴[J]．企业管理，2011，（6）：97-99.
[20] 杨雁．S 公司人力资源共享服务模式研究[D]．上海：华东理工大学，2013.
[21] 杨少杰．被热捧的 HRBP 何以成鸡肋[J]．人力资源，2015，389：54-56.
[22] 张正堂．HR 三支柱转型：人力资源管理的新逻辑[M]．北京：机械工业出版社，2018.

第五章
人力资源战略与规划

管理不是独裁，一个家公司的最高管理阶层必须有能力领导和管理员工。

——索尼创始人盛田昭夫

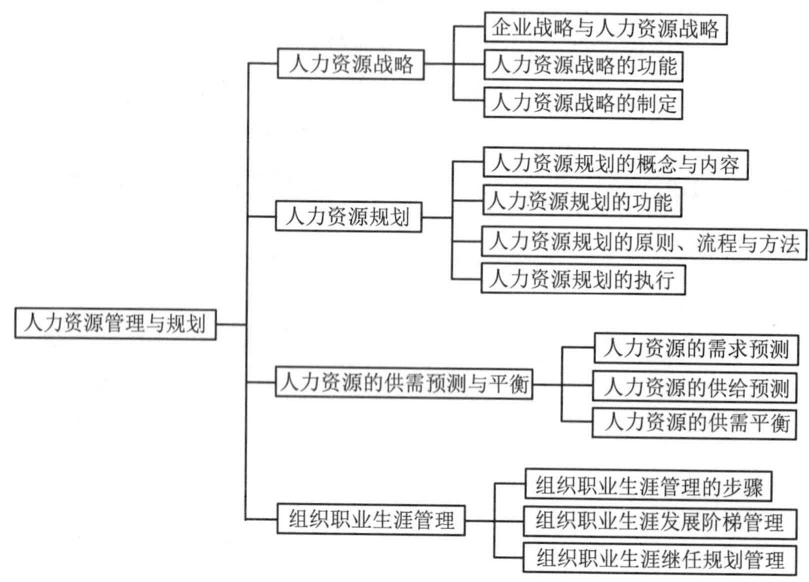

学习目标

- 了解企业战略与人力资源战略的关系；
- 掌握人力资源管理战略的类型和功能；
- 了解人力资源管理规划的概念与内容；
- 掌握人力资源管理规划的原则、流程和方法；
- 了解人力资源需求预测和供给预测；
- 掌握人力资源管理的供需平衡；
- 掌握组织职业生涯规划的内容。

引例

三星的人力资源战略升级

在过去的七十多年，三星始终致力于以先进的技术、出色的管理以及独树一帜的产品和服务，推动着全球信息工业的发展，其业务涵盖了世界范围内几乎所有行业用户对信息处理的全方位需求。三星在全世界 70 个国家，拥有近 500 个法人及办事处，业务涉及电子、化学、金融、服务、机械等领域，员工 28 万余人。

1. 员工招聘：从血统主义到开放人事

（1）重视女性人力资源。三星为了吸纳三星的新的人才资源——女性力量，公司专门为已婚女性提供了托儿所和女性保护等支持服务，强化女性干部的领导力教育，灵活处理产假、离职，提高女性人才的就职保障措施，并不断引入改善女性工作环境的系统。

（2）开放式招聘。公司在招聘三级新职员的时候，必须排除与个人能力无关的学历、性别等因素；同时，三星职务适应性测试（SSAT）的引进，全面考察综合能力，脱离了以单一的学历或知识为主的评价模式，走向以能力作为主要评价标准的时代。

2. 人才培养：从国内一流人才到国际一流人才

三星一方面将三星内部的人才送出国门，学习、交流和磨砺成具有国际视野和国际化素质的人才；另一方面积极引进国外人才，为公司的发展做出贡献。

3. 员工激励：绩效与薪酬挂钩

三星采用绩效评估结果与薪酬直接挂钩的方式，给不同能力的员工支付不同的薪酬。普通员工中大约有 40%的年薪需要根据组织对其进行的年度评估的结果加以确定。员工被评为 A 级、B 级、C 级、D 级。A 级员工可以拿到基本岗位工资 130%的报酬。

（金贤洙，彭剑锋，2016）

三星集团在人力资源战略上的改革之道正体现了人力资源战略在企业战略中的重要地位，其对人员招聘、人才培养、员工激励等方面的举措充分展示了三星是如何决定人力资源的数量、质量等问题。正是成功的人力资源战略改革成就了三星集团；因此，正确、得当、符合企业实际情况的人力资源战略也是企业总体战略的重要一隅。基于人力资源管理中常见的人力资源的数量、质量、结构等方面的问题，本章论述其解决之道，即人力资源战略与规划的含义、功能、制定与实施。

第一节　人力资源战略

作为人力资源规划的前提和基础，人力资源战略作为职能层战略是企业战略的重要支撑。本节主要介绍人力资源战略的含义、功能、制定及其与企业战略的关系。

一、企业战略与人力资源战略

在 20 世纪的最后十年，人力资源管理领域发生了巨大的变化，即人力资源研究从过去主导的微观分析研究转向更为宏观或战略研究。

（一）基本概念

1. 企业战略

企业战略是企业为了提升竞争优势而制定的长远目标，以及与目标相适应的行为计划。一般来说，战略有多个层面（Chaffee，1985）。首先，战略对组织的整体方向和获得成功的潜力都有影响；其次，战略要考虑组织和环境之间的匹配程度；最后，战略只涉及非常规化的活动，是为了给组织带来创新和变革。战略最简单的形式是：设置组织目标，然后围绕如何达成目标而采取多种方法来设定一系列的活动。公司战略主要考虑如何有效地使用资源，以及确保最大限度地发挥这些资源的作用。

2. 人力资源战略

对于一个组织而言，无论采用什么样的战略，要确保战略的成功执行，关键是“人”的因素。因此，与组织战略相适应的人力资源战略也就应运而生。舒勒和沃克认为，人力资源战略是“程序和活动的集合，它通过人力资源部门和直线管理部门的努力来实现企业的战略目标，并以此来提高企业目前和未来的绩效及维持企业竞争优势”。本书把人力资源战略定义为：根据企业战略来制订人力资源管理计划和方法，并通过人力资源管理活动来实现企业的战略目标。

（二）人力资源战略与企业战略的互动性

人力资源战略是企业战略的核心，是企业人力资源部门工作的指导方针。只有当人力资源战略与企业战略相匹配时，才能充分发挥人力资源战略在企业战略中的重要作用，提高企业的组织绩效，提升企业的竞争优势，促进企业的可持续发展。换言之，人力资源战略和企业战略存在着互动关系（刘杰梅，2008）。

1. 企业战略与人力资源战略相互依存

（1）企业战略是制定人力资源战略的前提和基础。人力资源战略应该服从和服务于企业战略，支持企业战略目标的实现。人力资源战略必须建立在由企业管理层共同确定的企业战略目标的基础之上，符合企业内外各方面的利益，并且得到企业全体员工的一致认同。

（2）人力资源战略为企业战略的制定提供必要的信息。人力资源战略为企业决策提供内部信息，主要提供人力资源的供需状况、素质、工作绩效与改进、培训与开发的效果等相关的人力资源信息；外部环境的变化为企业决策提供外部信息，主要提供劳动力供给状况、竞争者所采用的激励机制或薪酬体系以及关于劳动法律法规等相关信息。

（3）人力资源战略是企业战略目标实现的有效保障。随着全球经济一体化的发展，市场竞争日益激烈，企业结构不断变化，工作日益复杂，新一代信息技术被广泛采用以及企业变革的不断出现，都要求企业比过去更加注重人力资源战略的制定和实施。

（4）人力资源战略是企业获得竞争优势的保障。为了在竞争中立于不败之地，企业必须获取和维持相对于其他竞争者的某种优势，这也正是企业战略的最终目标所在。作为企业战略的重要组成部分，人力资源战略的每一项具体实践活动都会影响到企业竞争优势的获得，如图 5-1 所示（陈芳，2001）。

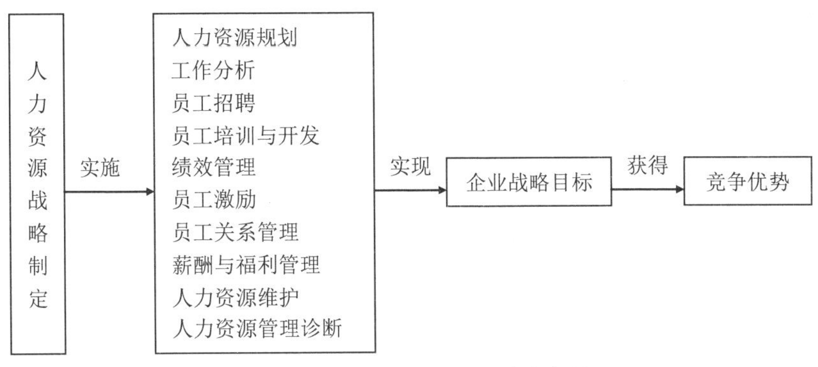

图 5-1 人力资源战略赢得竞争优势

2. 人力资源战略与企业战略相互匹配

人力资源战略与企业战略的匹配体现在以下三个方面。

（1）人力资源战略与企业竞争战略的匹配。企业竞争战略是企业在其内部优势和劣势以及外部的机会和威胁共存的情况下，为使自己保持或取得竞争优势而制定的战略。企业竞争战略通常层层分解为公司层战略和事业层战略，相应地，人力资源战略也必须建立在与公司层战略和事业层战略相一致的基础上，实现企业的战略目标。迈克尔·波特（Porter，1985）将企业竞争战略分为成本领先战略、差异化战略和集中化战略，每一类企业战略都应该有其最适合的人力资源战略。人力资源战略与企业战略内容的具体匹配如表 5-1 所示（赵曙明，2005）。

表 5-1 人力资源战略与企业战略的匹配

企业战略	一般组织特点	人力资源战略
成本领先战略	● 持续的资本投资； ● 严密的员工监督； ● 严格的成本控制，要求经常、详细的控制报告； ● 低成本的配置系统； ● 结构化的组织和责任； ● 产品设计是以制造上的便利为原则	● 有效率的生产； ● 明确的工作说明书； ● 详细的工作规划； ● 强调具有技术上的资格证明与技能； ● 强调与工作有关的特定培训； ● 强调以工作为基础的薪酬； ● 使用绩效的评估当作控制的机制
差异化战略	● 营销能力强； ● 产品的策划与设计； ● 基础研究能力强； ● 公司以质量或科技领先著称； ● 公司环境可吸引高技能的员工、高素质的科研人员或具有创造力的人	● 强调创新和弹性； ● 工作类别广； ● 松散的工作规划； ● 外部招募； ● 团队基础的培训； ● 强调以个人为基础的薪酬； ● 使用绩效评估作为发展的工具
集中化战略	结合了成本领先战略和差异化战略的组织特点	结合了上述人力资源战略

（2）人力资源战略与企业文化战略的匹配。与企业战略相匹配的企业文化是实施战略的有力保障。例如，权力导向型企业文化以权力为中心，产品趋于成熟期或已在成熟期，技术路径的变动可以预测，可采用诱导式人力资源战略。而角色导向型企业文化，关注员工的创造性和团队精神，注重员工各方面的能力，应采用投资式人力资源战略。人员导向型企业文化战略倡导员工的主动参与，培养员工的归属感和合作精神，可使用参与式人力资源战略与之相配合。

（3）人力资源战略与企业发展战略的匹配。在现实管理过程中，企业战略会随着企业内外环境、企业目标的改变而不断发展变化。企业发展战略对人力资源管理中的人员招聘、绩效考核、薪酬管理等方面有着重要的影响作用。因此，人力资源战略应与企业的发展战略相配合，针对不同的企业发展战略，采取不同的人力资源战略，只有这样，才能实现企业的发展目标。

（三）人力资源战略的类型

对人力资源战略的类型进行划分主要有以下四种方法。

1. 舒勒的人力资源战略分类

基于公司对员工管理的理念，舒勒在 1989 年将人力资源战略分成三种类型：累积型、效用型和协助型。

（1）累积型战略。累积型的战略是指用长远观点看待人力资源管理，注重人才的培训，通过甄选来获取合适的人才。以终身雇佣原则、公平原则来对待员工，员工晋升速度慢；薪酬是以职务及年资为标准，高层管理者与新员工的工资差距不大。

（2）效用型战略。效用型的战略是指用短期的观点来看待人力资源管理，较少提供培训。企业职位一有空缺随时进行填补，非终身雇佣制，员工晋升速度快，采用以个人为基础的薪酬方案，注重员工能力、技能和知识与工作的匹配。

（3）协助型战略。协助型的战略是指介于积累型和效用型战略之间，个人不仅需要具备技术性的能力，同时在同事间要有良好的人际关系。在培训方面，员工个人负有学习的责任，公司只是提供协助。

2. 史丹斯和邓希的人力资源战略分类

人力资源专家史丹斯和邓希（Stace & Donthy，1997）认为，企业必须顺应经营环境的变化进行变革，而与这些变革程度相适应的人力资源战略可归纳为四种类型，即家长式、发展式、任务式和转型性。如表 5-2 所示为史丹斯和邓希的人力资源战略分类。

表 5-2　史丹斯和邓希的人力资源战略分类

人力资源战略	变革程度	管理方式
家长式人力资源战略	基本稳定、微小变动	指令式管理为主
发展式人力资源战略	循序渐进、不断变革	咨询式管理为主、指令式管理为辅
任务式人力资源战略	局部改革	指令式管理为主、咨询式管理为辅
转型性人力资源战略	总体改革	指令式与高压式管理并用

（1）家长式人力资源战略。这种战略的主要特点是：中央控制人事职务；强调工作

程序、一致性和督导训练；人力资源体制建立在产业的奖励和协议上。

（2）发展式人力资源战略。这种战略的主要特点是：注重个人和团体的发展；内部招募和奖励；强调企业总体文化及绩效管理制度的重要性。

（3）任务式人力资源战略。这种战略的主要特点是：注重业绩、有形奖励、功能性技巧训练；强调事业单位文化。

（4）转型性人力资源战略。这种战略的主要特点是：重组机构组织和企业文化；实行裁员，缩减开支；外聘行政要员。

3. 美国康奈尔大学的人力资源战略分类

基于人力资源战略与企业竞争战略的关系，美国康奈尔大学将人力资源战略划分为诱引战略、投资战略和参与战略（何永福，杨国安，2002）。

（1）诱引战略。这种战略与成本领先的竞争战略相类似，主要通过利润分享计划、奖励政策、绩效薪酬、附加福利等薪酬制度去诱引和培养人才，从而形成一支稳定的高素质员工队伍。

（2）投资战略。主要通过聘用数量较多的员工，注重培训，形成一个人才的备用库，以提高企业弹性和储备多样专业技能。采用投资战略的企业，其企业战略通常是以创新型产品取胜，且生产技术一般较为复杂。

（3）参与战略。主要通过决策权力下放，使员工在工作中有自主权，管理人员更像教练一样为员工提供必要的咨询和帮助。采用参与战略的企业，其企业战略则通常是以高品质来取得竞争优势。

例证 5-1

美团的人力资源体系

2019年10月，美团点评市值突破5 100亿港元，美团点评已成为继阿里、腾讯之后，中国第三大互联网上市企业。此次美团上位，也意味着“中国互联网提款机”矩阵ATM形成。成立9年来，美团逐步形成了到家、酒店旅游、出行、餐饮、团购、娱乐、生活服务、时尚购物等20多项业务，能够支撑美团边界不断扩张的背后一定有一套超强的人力资源体系，其根本还在于它的人才和人才组织方式。

对于人才招聘方面，美团的原则是先立价值观，再引进人才。这为美团打造了一支能打硬仗的地推铁军，也为美团后来在新业务上屡获成功打下了重要的管理基础和人才储备。美团创始人王兴说道：“引进人才必须在价值观立住之后，不然越高端的人才，失败率越高。在人才培养方面，美团非常重视个人能力的培养，公司会尽可能多的提供培训来提高你的能力，但前提是你必须要有足够的学习能力。”在美团，过往经验再丰富，也比不过足够的学习能力和成长空间。在晋升—淘汰机制方面，王兴很笃定，“不能适应工作的要求，我们会淘汰。听起来很残酷，但我觉得这是正确的事。阿里巴巴早期也是”。对于团队的晋升，美团要求作为团队的领导不仅要关注拿到结果，拿到公司要的结果，公司给他的指标，他还要关心有没有在做正确的事，关注团队的长远的发展和组织持续的成功。如此的人力资源体系让美团庞大的扫街团队开始精细化和规范化起来，让美团早早地从草莽阶段进入野战军作战阶段，迅速甩开了竞争对手。

（资料来源：http://www.ruthout.com/information/22644.html.）

4. 苏方国的人力资源战略分类

根据公司的跨国经营组织特征，跨国公司可分为多国型公司、全球型公司、国际型公司、跨国型公司（巴特利特，高沙尔，2002）。针对跨国经营公司的四种类型，苏方国（2014）提出了四种与之相适应的国际人力资源战略：当地化人力资源战略、全球化人力资源战略、平衡化人力资源战略、网络化人力资源战略。

（1）当地化人力资源战略。其特点是具有高度当地化与低度一体化的需求，受不同国家文化影响（Hofstede，1993）。多国型公司非常重视发展当地需求的快速响应能力，各子公司拥有很高决策权，采用当地化人力资源战略。

（2）全球化人力资源战略。其特点是具有高度一体化与低度当地化的需求。全球型公司全球一体化程度高，非常重视发展全球资源配置能力，总公司拥有很高决策权，采用全球化人力资源战略。

（3）平衡化人力资源战略。其特点是具有中度一体化与中度当地化的需求以及中等水平的横向与纵向协调。国际型公司非常重视发展、学习、创新能力，母公司拥有较高的决策权，各子公司也拥有一定的决策权，采用平衡化人力资源战略。

（4）网络化人力资源战略。其特点是具有高度一体化与高度当地化的需求以及高水平的横向和纵向协调。跨国型公司非常重视发展资源高效配置能力、快速响应能力和全球学习能力的多层次综合能力，母公司和子公司分享决策权（Bartlett & Chos-hal，2002），采用网络化人力资源战略。

例证 5-2 

诺基亚的当地化人力资源战略

自诺基亚投资公司成立，大规模投资和快速发展阶段已经开始，市场份额开始大幅攀升，与此同时，诺基亚遇到的主要问题是降低成本应对本土企业价格竞争、生产制造采购以及研发与全球资源链接的问题、企业社会责任和本地人才管理问题——人力资源战略的本土化可以成为一种适当的竞争策略。竞争首先是成本的竞争，所以人才本土化毫无疑问会提升诺基亚的人力资源成本优势。在中西体制和文化观念的磨合中，诺基亚意识到，要在中国生存、发展、壮大，必须走“人才本土化”之路，融入本国的社会文化，赢得中国国民的认可。人力资源管理是受旧体制和传统文化影响最深的领域之一，本土化或许有助于减少冲突，实现管理模式的顺利过渡。

这种竞争策略所带来的结果是诺基亚在中国员工总数超过5 500人，其中本地员工占95%以上，更重要的是，许多中高层管理职务都由本地员工担任。诺基亚的中国人力资源战略是通过吸收、培养、激励员工实现业务发展，重点培养中层以上本地人才在商务、技术和管理方面的技能；而且，诺基亚还制订接班人计划，有步骤地培养未来高层职位的本地接班人，一切尽在本土化之中。

（《中国新通信》，2006）

二、人力资源战略的功能

人力资源战略可以说是连接企业战略与人力资源规划的桥梁，指导着企业的人力资源管理活动，使人力资源管理活动之间能够有效地配合。具体而言，其功能可以从以下三个方面来看。

（一）增加企业人力资本，提高企业人力资源竞争力

人力资本是企业人力资源的价值，它主要包括企业内部所有人员及其所拥有并用于工作的能力。通过有效的人力资源战略规划，企业不仅可以保证供给企业所需的人员，而且可以确保这些人员具有一定的岗位技能和工作能力，从而达到增强企业人力资源的竞争力、增加企业人力资本的目的。人力资源战略通过对企业人力资源的优化配置，为企业培养稀缺性人才和创新性人才，增加企业的人力资本，提高企业的竞争力。

（二）帮助企业有效管理决策，降低人力资源成本

企业传统的行政管理和事务管理需要投入大量的人力资源成本，却不能创造出最大的价值。而企业有效的人力资源战略的最大价值就在于其具有战略性的管理决策，即只需要投入较少的人力资源成本，就能产生人力资源的高附加值，从而降低企业人力资源成本。

（三）有助于提高员工绩效，使企业绩效最大化

员工的工作绩效主要取决于员工的能力和组织对员工的激励两大因素，而培养员工的工作能力和调动员工的工作积极性是人力资源战略的主要任务。企业绩效总是通过为顾客提供有效的产品和服务而体现出来的，而企业人力资源就是设计、生产和提供这些产品的人员，以及提供良好服务的人员。因此，员工的工作绩效会直接影响到企业绩效，而人力资源战略的一个主要目标就是与企业发展战略相匹配，实施有助于提高员工绩效的相关活动，并通过这些活动来实现企业绩效最大化，最终发挥人力资源战略对提高企业绩效的作用。

三、人力资源战略的制定

如同企业战略的制定是一个有序的过程一样，企业人力资源战略的制定也有相似的过程。但是，人力资源战略的制定因其独特的对象与目的，又有其不同之处。下面简要介绍人力资源战略的制定原则、流程和方法。

（一）人力资源战略制定的原则

人力资源战略的制定应遵循以下三个原则。

1. 内部一致性原则

人力资源战略各模块之间必须有机联系，它们是一个不可分割的整体。它们在企业战略的整合下共同发挥作用，支持企业战略目标的达成。它强调构成人力资源战略系统的各模块之间的匹配以及各模块与人力资源战略的匹配。

2. 外部一致性原则

人力资源战略的制定要充分考虑两个因素：环境与人。一方面，人力资源战略的制定要与外部环境（包括组织外社会、经济、人文、法律等）和谐一致；另一方面，人力资源战略的制定必须充分考虑人的因素（包括期望、身体、工作与生活的平衡等），以实现人与组织的协同发展。

3. 动态发展性原则

人力资源战略的制定面向未来，要有一定的预见性，能够在一定时期内适应外部环境的变化。同时，战略的制定要充分考量各方面的因素，具有一定的弹性、权变性、发展性，以适应复杂多变、各种各样的环境。

（二）人力资源战略制定的流程

人力资源战略的制定一般经过四个循环的步骤：内外环境分析、战略制定、战略实施、战略评估，如图5-2所示（方振邦，2010）。

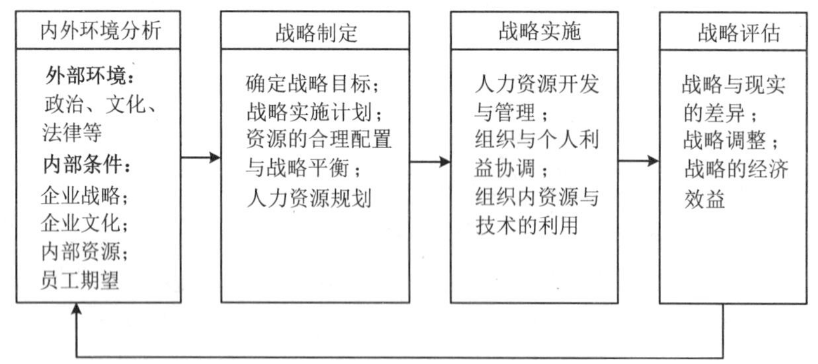

图5-2 人力资源战略制定的流程

1. 内外环境分析

内外环境分析在于总结影响企业目前和今后发展的关键因素，确定有效的人力资源战略的生存环境。外部环境主要包括宏观的社会背景、经济发展、社会文化与法律环境、劳动力市场等，微观的行业走势、竞争状况等；内部条件主要包括企业战略、文化、资源、制度、员工的期望、领导的管理理念、预算等。

2. 战略制定

人力资源战略的制定包括以下几个基本程序。

（1）根据企业的发展战略、人力资源现状和趋势、员工期望等综合确定人力资源战略目标。

（2）根据各子公司、部门与员工的自身条件、能力、期望等，将人力资源战略目标层层分解到子公司、部门和个人，确保分解的目标任务具体、可操作、可监控。

（3）制订人力资源战略的实施计划，即将人力资源战略分解为行动计划与实施步骤。

（4）根据重要性、时序性等设置权重，合理分配资源（人力、物力、财力、信息等），取得人力资源战略、财务战略、营销战略、生产战略等战略之间的平衡，保证战略实施计划的顺利进行。

（5）制定人力资源规划，具体包括薪酬、绩效、培训等计划，通过这些计划的实施来保证人力资源战略目标的实现。

3. 战略实施

人力资源战略实施的过程中，一个最重要的工作是日常人力资源的开发与管理。它是人力资源战略实施的基础，在维持企业人力资源日常运作的同时，为人力资源战略目标的实现提供支持。另一个重要工作是要协调好组织与个人间的利益关系。另外，战略实施过程中，有许多组织资源可以直接利用，如信息处理的工具与方法、员工潜能的发挥、企业文化与价值体系的应用等，这无疑有助于人力资源战略的实现。

4. 战略评估

任何一个有效的过程都离不开评估的环节，人力资源战略的评估是在实施的过程中寻找战略与现实的差异，发现不足之处，及时调整。人力资源战略的评估可以通过对人力资源、物力资源、财力资源、信息资源等的投入与产出比的分析来进行。

（三）人力资源战略制定的方法

人力资源战略制定的方法主要有以下两种。

1. 目标分解法

目标分解法是指由上往下，由总而分，即根据组织发展战略对人力资源管理的要求，提出人力资源战略的总目标，然后将此总目标层层分解到部门与个人，形成部门与个人的目标与任务。其优点是：战略的系统性强，对重大事件与目标把握较为准确、全面，对未来的预测性较好。其缺点是：基于本身面向未来的企业战略，制定出来的人力资源战略易于脱离实际，忽视员工的期望，过程烦琐，一般管理人员不易掌握。

2. 目标汇总法

目标汇总是目标分解的逆向操作，由下往上，先分后总，即部门与每个员工讨论、制定个人工作目标。此过程充分考虑员工的期望与组织对员工的素质与绩效要求，提出工作改进方案与方法，规定目标实施的方案与步骤。然后由个人目标汇总而形成部门目标，由部门目标形成组织的人力资源战略目标。其优点是：目标与行动方案具体，可操作性强，考虑了员工的期望。其缺点是：全局观与系统性差，对重大事件与目标的把握以及对未来的预见性较差。

上述两种方法的比较结果如表 5-3 所示（余凯成，2006）。人力资源战略的实际制定过程中，应当结合两种方法，发挥两者的优点，规避两者的缺点。

表 5-3 制定人力资源战略的两种方法的比较

方法	项目						
	目的	时间	涉及范围	操作性	环境分析	信息要求	评估者
目标分解法	战略规划	长远	全局到局部	较差	要求较高	全面	HR 部门
目标汇总法	行动规划	短期	局部到全局	较强	要求一般	局部	职能部门

第二节　人力资源规划

人力资源战略是制定人力资源规划的前提和基础，人力资源规划是人力资源战略的延伸和具体实施。本节主要介绍人力资源规划的含义、功能和流程。

一、人力资源规划的概念与内容

从管理的职能角度看，规划实质上是一种计划，它基于过去与现在，预测未来，解决未来的问题。

（一）人力资源规划的概念

人力资源规划也叫人力规划（Manpower Planning）、人力资源计划（Human Resource Planning）、人员计划（Personnel Planning），对于人力资源规划概念的理解，具有广义和狭义之分。

广义的人力资源规划是指根据组织的发展战略、目标及组织内外环境的变化，预测未来的组织任务和环境对组织的要求，以及为完成这些任务、满足这些要求而提供人力资源的过程。它强调人力资源对组织战略目标的支撑作用，既包括人力资源数量、质量与结构的系统规划，也包括实现战略目标的策略与相应的职能安排。

狭义的人力资源规划是广义的人力资源规划的一部分，实质上是人员的调整计划。它主要关注人力资源供需之间的数量、质量与结构的匹配。

（二）人力资源规划与人力资源战略的关系

人力资源战略是制定人力资源规划的基础，人力资源规划是人力资源战略的延伸。二者的具体关系如下：① 人力资源战略是人力资源规划的前提；② 人力资源规划是人力资源战略的延伸；③ 缺乏“战略”的人力资源规划会失去规划的方向与规划的目标；④ 缺乏“规划”的人力资源战略只能变成空谈式的观点，就会束之高阁，难以“落地”；⑤ 人力资源战略与人力资源规划两者相辅相成、缺一不可，是一项有先后次序的工作；⑥ 人力资源战略与人力资源规划是处于不同层面的工作，其中，人力资源战略的工作层面要高于人力资源规划的工作层面（黄亨煜，2006）。

（三）人力资源规划的内容

按照内容的不同，人力资源规划主要有下面三种分类方法。

1. 按时间分类

按规划时间的长度，人力资源规划可分为短期规划（1～2 年）、中期规划（3～5 年）和长期规划（6～10 年）。

通常经营环境不确定、不稳定或人力资源素质要求低的企业，可以随时从劳动力市场上补充人力资源，这类企业的人力资源规划以短期规划为主。与之相反的企业，则可以制定中长期人力资源规划。

2. 按组织的人力资源特征分类

按组织人力资源自身的特征（数量、质量及其组合结构），人力资源规划可分为人力资源数量规划、人力资源素质（质量）规划、人力资源结构规划。

（1）人力资源数量规划。人力资源数量规划是依据未来企业业务模式、业务流程和组织结构等因素，确定未来企业各级组织人力资源编制及各职类、职种人员配比关系或比例，并在此基础上制订企业未来人力资源需求计划和供给计划。

（2）人力资源素质规划。人力资源素质规划是依据企业战略、业务模式、业务流程和组织对员工行为的要求，设计各职类、职种、职层人员的任职资格要求，包括素质模型、行为能力及行为标准等。这是企业开展选人、用人、育人和留人活动的基础与前提。

（3）人力资源结构规划。人力资源结构规划是依据行业特点、企业规模、未来战略重点发展的业务及业务模式，对企业人力资源进行分层分类，同时设计和定义企业的职类、职种、职层人员在企业发展中的地位、作用和相互关系。

3. 按内容层次分类

按内容层次分类，人力资源规划可分为人力资源总体规划与人力资源业务规划。总体规划是有关规划期内人力资源开发与管理总目标、总政策、实施步骤、总预算；业务规划是总体规划的展开与具体化，保证总体规划目标的实现，如表 5-4 所示（张德，2001）。

表 5-4　人力资源规划的主要内容

计 划 项 目	主 要 内 容	预 算 内 容
总体规划	人力资源管理的总体目标和配套政策	预算总额
配备计划	中长期内不同职务、部门或工作类型的人员的分布状况	人员总体规模变化而引起的费用变化
退休解聘计划	因各种原因离职的人员情况及其所在岗位情况	人员总体规模变化而引起的费用变化
补充更新计划	需要补充人员的岗位、补充人员的数量、对人员的要求	招募、选拔费用
使用计划	人员晋升政策、晋升时间；轮换工作的岗位情况、人员情况、轮换时间	职位变化引起的薪酬福利等支出的变化
接班人计划	挑选、开发高潜能人才，让高潜能人才试演领导角色	跟踪确定、开发和培训人才的费用支出
培训开发计划	培训对象、目的、内容、时间、地点、教员等	培训总投入、脱产人员工资及脱产损失
职业计划	骨干人员的使用和培养方案	包含于培训与开发计划中
绩效与薪酬福利计划	个人及部门的绩效标准、衡量方法；薪酬结构、工资总额、工资关系、福利项目以及绩效与薪酬的对应关系等	薪酬福利的变动额
劳动关系计划	减少和预防劳动争议，改善劳资关系的目标和措施	诉讼费用及可能的赔偿

二、人力资源规划的功能

人力资源规划是为了在适当的时候、适当的位置，有效地配置人力资源以达成组织目标，其功能主要体现在以下四个方面。

（一）确保组织生存发展过程中对人力资源的需求

在日趋激烈的市场竞争的大环境中，产品的更新换代速度加快，一项新技术的研究、应用和产业化周期大为缩短，企业必须不断地采用新技术和新工艺，提高劳动生产率。另外，企业内部的因素也在不断地变化，如岗位调动、职务升降、辞职、辞退、退休等因素，必将影响人力资源的数量和质量，也需要对人力资源规划进行适时的调整。

（二）更有效地分配和使用人力

合理的人力资源规划不仅能对现有的人力资源结构做出正确的分析，而且还能找出影响人力资源有效运用的关键点，使组织的人力资源发挥其最大的效能，从而真正实现“人尽其才，才尽其用”，挖掘组织内人才的潜能，并且使他们能够在组织中发现施展自己才能的平台和空间。这样就能够减少不必要的浪费，降低用人成本。

（三）促进企业战略目标的制定和实现

在制定战略目标和发展规划时，企业首先考虑的是其现有的人力资源状态。一方面，人力资源规划以企业战略为导向；另一方面，人力资源规划又有助于企业制定长远规划，并最终促进企业总体目标的顺利实现。

（四）降低人力资源成本

人力资源成本中最大的支出就是工资支出，而工资总额在很大程度上又取决于企业内部人力资源的分布状况，即处于不同职务或不同级别的员工的数量构成，因此，通过人力资源规划，预测企业员工数量和结构的变化，并做出相应的调整，进而把人力资源成本维持在相对合理的水平线内，对促进企业可持续发展不可或缺。

可见，作为工作分析与素质模型的应用与延伸，人力资源规划是企业人力资源管理的基础，它由总体规划和各分类执行规划构成，为管理活动提供可靠的信息和依据，进而保证管理活动的有序化。企业也越来越重视人力资源规划工作。

例证 5-3 

恒大集团重视人力资源管理

成立于 1996 年的恒大集团，是以民生地产为基础，以文化旅游、健康养生为两翼，致力于高科技产业发展的世界 500 强企业。截至 2017 年年底，其总资产达到 1.76 万亿元，年销售额达 5 010 亿元，年利税达 790 亿元，年解决就业 220 多万人，累计为脱贫攻坚和慈善公益事业捐款 113 亿元。

恒大集团高度重视人力资源管理活动对企业战略的支持作用，适度超前的人才战略是恒大集团人力资源管理的重要特点。围绕“规模一流、品牌一流、团队一流”的目标，恒大集团在创立之初就明确了人才队伍的建设标准，建立了高标准的人力资源引入及培养机制，现有员工约 14 万人，95%以上员工具有大学本科及以上学历。同时，充分发挥薪资保障和绩效考核双重作用，不断优化人力资源结构，打造了一支卓越的领导团队及高素质的员工队伍，为企业的高效运营提供了人力资源保障。

（郭朝晖等，2019）

三、人力资源规划的原则、流程与方法

（一）人力资源规划的原则

有效的人力资源规划应当满足四个条件：① 确保人力资源需求；② 与内外部环境相适应；③ 与战略目标相适应；④ 保持适度流动性。因此，人力资源规划应遵循以下三个原则。

1. 目标性原则

人力资源规划的制定和实施要与组织的发展目标相统一。人力资源规划的应用范围很广，既可以运用于整个组织，也可局限于某一部门或集体。不管哪种规划，都必须与组织的整体发展目的和目标相统一，才能确保组织各项资源的协调，使人力资源规划具有准确性和有效性。

2. 动态性原则

世界是变化的，未来充满许多不确定的因素。内部和外部的不确定因素包括：组织内部的变化，涉及发展目标的更替、组织结构的变化和组织雇员的更换；组织外部的变化，涉及市场、政府政策、人力资源供求格局和竞争对手等的变化。

为更好地适应这些变化，人力资源规划应当对可能出现的情况做出预测和应对，才能够发挥好它的价值和效用。

3. 兼顾性原则

兼顾性原则是指尽量达到组织和员工双方的共同发展，这是人力资源开发与管理的基本理念。进行人力资源规划，不仅要为组织服务，而且要能够促进员工的发展。

在知识经济时代，随着人力资源素质的提高，员工重视自身的发展前途，组织的发展离不开员工的贡献，两者相互依托、相互促进。人力资源规划能够使组织和员工的利益都得到保证，达到组织和员工共同发展的目的。

（二）人力资源规划的基本流程

人力资源规划不能脱离企业规划而进行，两者关系如图 5-3 所示（丑纪越，2007）。

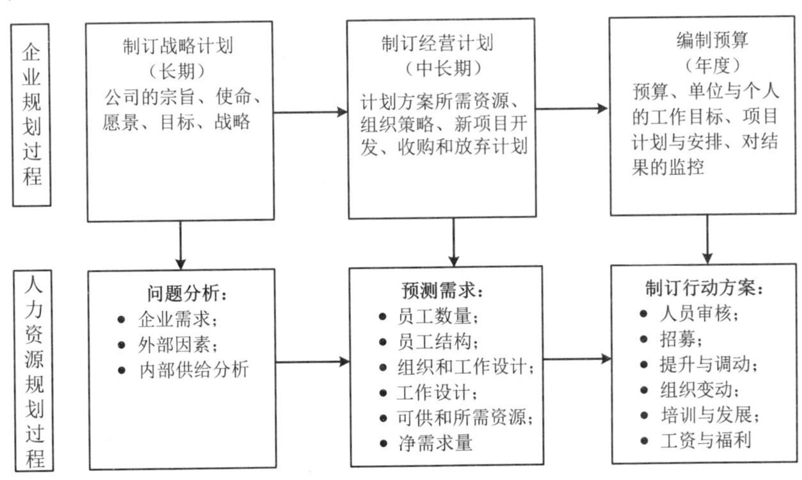

图 5-3　企业规划和人力资源规划的关系

在明确人力资源规划与企业规划的前提下，进行人力资源规划，一般包括调查分析、预测供求、制定规划和实施评估四个阶段，如图 5-4 所示（李俊海，2006）。

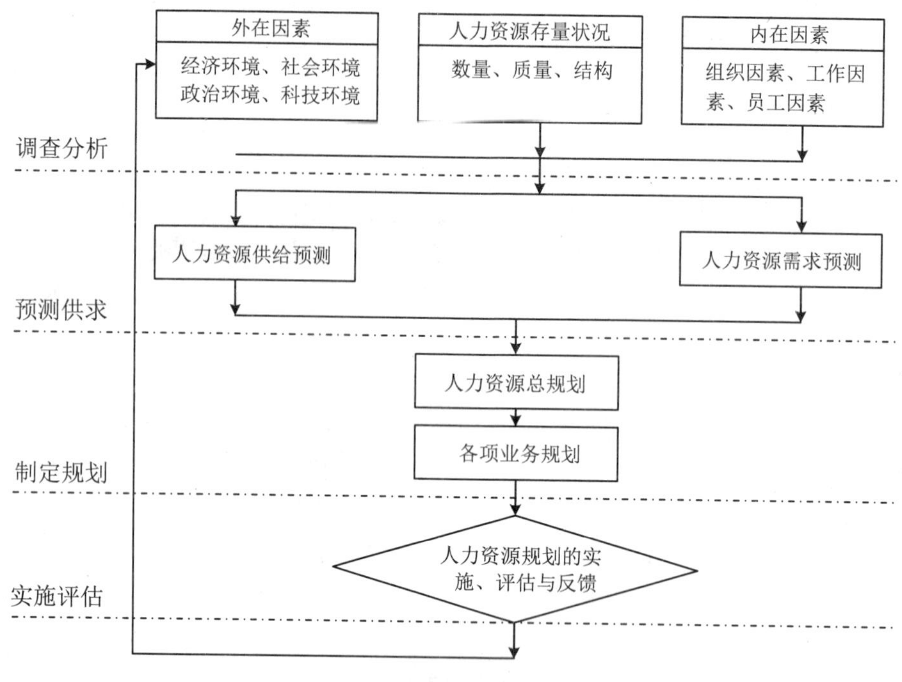

图 5-4　人力资源规划的步骤

下面对人力资源规划的四个步骤简述如下。

1. 调查分析

通过调查分析可以获得人力资源规划所需的信息资料，是后续阶段的前提和基础。其内容包括三个方面：① 外在因素，如经济发展、社会人文、政策法规、科技水平、行业状况、劳动力市场等；② 内在因素，如经营战略、组织结构、企业文化、工作说明书、管理层素质、员工期望等；③ 人力资源存量状况，即进行人力资源盘点，理清人力资源数量、质量、结构等三个方面的现状，为预测提供基础。

2. 预测供求

这是人力资源规划中比较具有技术性的关键部分，在分析人力资源需求和供给的影响因素的基础上，采用定性和定量相结合、以定量为主的各种科学预测方法，对企业未来人力资源供求进行预测。预测的目的是得出计划期内人力资源的余缺情况（即得到“净需求”），理清组织内外部的供给状况，以进行人力资源供求的平衡。

3. 制定规划

制订人力资源供求协调平衡的总计划和各项业务计划，并分别提出各种具体的调整供大于求或求大于供的政策措施。

4. 实施评估

组织将人力资源的总规划与各项业务计划付诸实施，并根据实施的结果进行人力资源规划评估，及时将评估的结果反馈，以修正人力资源规划。作为人力资源规划的实际操作过程，该阶段要注意协调好各部门和各环节的关系。

评估人力资源规划过程的关键问题如下。

（1）公司使用战略规划概念吗？

（2）人力资源部参与组织的总体战略规划吗？

（3）公司的目的和目标是可以测量的吗？已传达给组织中的每一个人了吗？

（4）经理们按战略规划把职能授予各部门了吗？

（5）所有等级层次上的经理们都有效和持续地规划吗？

（6）组织的结构可以使所有的部门都参与战略规划过程吗？

（7）员工的道德是可以接受的吗？

（8）工作的职责、具体规定的描述清楚吗？

（9）员工的流动率和缺勤率低吗？

（10）组织的奖励和控制机制有效吗？与总体战略目的和目标有联系吗？

（11）所有的单位、部门、员工、经理等都在朝相同的、一致的目标努力吗？

（三）人力资源规划的方法

与制定人力资源战略类似，人力资源规划有以下两种方法。

1. 定量法

定量法又称“自上而下法”，它从管理层的角度出发，使用统计和数学方法，多为理论家和专业人力资源规划人员所采用。定量法把员工视为数字，以便根据性别、年龄、技能、任职期限、工作级别、工资水平以及其他一些指标，把员工分成各种群体。这种方法的侧重点是预测人力资源短缺、剩余和职业生涯发展趋势，其目的是使人员供求符合企业的发展目标。

2. 定性法

定性法又称“自下而上法”（判断法），它从员工角度出发，使每个员工的兴趣、能力和愿望与企业当前和未来的需求结合起来。受过培训、从事咨询和管理开发的人力资源管理人员常使用这种方法。该方法的侧重点是评估员工的绩效和晋升的可能性，管理和开发员工的职业生涯，达到充分开发和利用员工潜力的目的。

四、人力资源规划的执行

相比较而言，规划的制定本身只是产生了一个纲领性的方针，即使文件性的东西做得再好，离开了规划的执行，一切都是空谈。因此，对于组织来说，人力资源规划一旦制定出来，就要全力以赴地执行。

（一）人力资源规划的系统推进

1. 人力资源规划责任共享

正如人力资源管理是一个责任共享体系一样，人力资源规划的执行也是全体员工不可推卸的责任，总规划与各业务计划的制订本身就是全员努力的结果，而不是人力资源部门的凭空策划。全体员工在人力资源规划中的角色如表 5-5 所示。

表 5-5　人力资源规划责任共享

人员层级	人力资源规划角色
决策层	企业经营战略的决策者，人力资源规划的决定者
人力资源部	人力资源规划的制定者、执行者、实施者
直线管理者	企业经营战略的倡导者，人力资源规划的设计者、制定者、监督者
基层员工	人力资源规划的对象、参与者、最终实践者

2. 人力资源规划系统推进

人力资源总规划指明了规划的目标、方向、方法等，各业务计划是人力资源管理各个模块的实践方针，人力资源规划的执行不是孤立和分割的过程，而是一个系统推进的过程，即人力资源规划必须与其他人力资源管理体系（如招聘、培训与开发、职业生涯管理、绩效管理、薪酬管理、劳动关系管理、人员流动管理等）相互配合、交互实行。

3. 人力资源规划的执行步骤

人力资源规划的执行一般分为实施、检查、反馈和修正四个步骤。

（1）实施。在实施过程中要注意在实施前做好充分的准备工作，严格按照规划执行。

（2）检查。如果没有检查或者检查的力度不够，都会使人力资源的具体规划流于形式，或者使实施缺乏必要的压力。检查可以由执行者的上级或平级出面进行，但不能由执行者本人或下级执行。为了获得准确的信息，在检查前要列出检查提纲，明确检查的目的和内容，根据提纲逐条检查并进行记录，检查后要及时与执行者沟通检查结果。

（3）反馈。最主要的反馈是保证信息的真实性，只有获得真实的信息，才有助于人力资源规划的修正。反馈可以由检查者进行，也可以由实施者进行或两者共同进行。

（4）修正。人力资源规划是一个动态的过程。在规划的执行过程中，通过随时检查、及时反馈，对计划进行适当修正是十分必要的。只有修正和调整人力资源规划的不足之处，才能保证组织目标的真正实现。

（二）人力资源规划执行的问题与对策

人力资源规划在实施的过程中，往往形成“理念天上飘，实践地上爬”的状况，即所谓的执行问题。产生执行问题的原因主要有以下三个方面。

1. 规划理念与企业实际不符

一般而言，人力资源规划应该具有一定的前瞻性，但是，前瞻性会出现脱离企业的规模、发展阶段、资源能力以及社会环境等实际情况。这一般是由于人力资源规划第一阶段（调查分析阶段）的工作没有切实做好。

2. 对全员理念的认识深度不够

出现这一问题的主要原因是全员，尤其是高层领导，未能深刻认识人力资源规划的重要性，未做到人力资源规划责任共享，导致人员疲惫，无目标、无动力、执行不力。

3. 制度本身的障碍

有的组织往往进行了新的人力资源规划，却仍然在旧的制度环境下实施。这样，制度本身对人力资源规划的执行是束缚的、阻碍的，而不是支持性的。

针对这样的原因，我们应做好调查分析，对全员进行理念教育，修订原有的制度，以营造一个支持性的执行环境。

第三节　人力资源的供需预测与平衡

人力资源规划是否具有前瞻性、科学性和实用性，在很大程度上取决于整个规划的关键性环节，即技术含量较高的人力资源供需预测的科学性。

一、人力资源的需求预测

一般来说，先进行人力资源需求预测，再开展人力资源供给预测，但有时需求与供给预测同时交叉进行。下面先介绍人力资源需求预测的概念、步骤和方法。

（一）人力资源需求预测的概念与步骤

人力资源需求预测是指在盘点企业人力资源现状的基础上，对企业未来需要多少人、需要什么人做出预测，明确“净需求”。人力资源需求预测受诸多因素的影响，概括起来可分为三类：外部环境、内部因素、人力资源自身现状，如表 5-6 所示（冯虹，陶秋燕，2006）。

表 5-6　影响人力资源需求的因素

外部环境	内部因素	人力资源自身现状
● 经济； ● 社会、政治、法律； ● 技术； ● 竞争者状况； ● 劳动力市场供求状况	● 战略规划； ● 预算； ● 生产与销售预测； ● 组织扩张或新建部门； ● 工作设计	● 退休； ● 辞职； ● 合同终止、解聘； ● 死亡； ● 休假

人力资源需求预测分为现实人力资源需求预测、未来人力资源需求预测和未来流失人力资源需求预测三个部分，具体步骤如下。

（1）根据工作分析的结果与素质模型，来确定职务编制和人员配置。

（2）进行人力资源盘点，统计出人员的缺编、超编及是否符合职务资格要求。

（3）将上述统计结论与部门管理者进行讨论，修正统计结论。

（4）该统计结论为现实人力资源需求。

（5）根据企业发展规划，确定各部门的工作量。

（6）根据工作量的增长情况，确定各部门还需增加的职务及人数，并进行汇总统计。

（7）该统计结论为未来人力资源需求。

（8）对预测期内退休的人员进行统计。

（9）根据历史数据，对未来可能发生的离职情况进行预测。

（10）将（8）（9）统计和预测结果进行汇总，得出未来流失人力资源需求。

（11）将现实人力资源需求、未来人力资源需求和未来流失人力资源需求汇总，即得出企业整体人力资源需求预测。

例证 5-4

沃尔玛的人力资源需求预测

在对人力资源的预测中，沃尔玛使用特殊的软件产品来自动分析劳动力变化的过程。公司总部会从门店获得员工或劳动力数据，然后将数据输入中央数据库，并组织和处理，以揭示公司人力资源的趋势。通过这个预测系统，沃尔玛预测劳动力未来每个季度或每个地区可能发生的变化。

为了解决员工的过剩或短缺，沃尔玛利用其信息系统来确定该组织的哪些领域或哪些方面将面临人力资源需求的增加，哪些领域将有剩余。然后公司的人力资源管理部门实施相应的人力资源计划，以稳定人力资源。劳动力计划会规划出所需员工的数量以及增加招聘的推荐时间表。

在供需平衡方面，沃尔玛的目标是确保有足够的机会雇用合格的员工。公司有连续雇用和培训新员工的程序。这个连续的过程确保空缺职位能立即被补缺。这种不间断的招聘活动有助于沃尔玛获得充足的人力资源，以满足门店员工需求的变化。

（资料来源：http://www.hrsee.com/?id=582.）

（二）人力资源需求预测的方法

人力资源需求预测的方法总体上可归为两大类：定性方法与定量方法。

1. 人力资源需求的定性预测方法

人力资源需求的定性预测方法主要包括经验预测法、描述法、专家小组法和微观集成法。

（1）经验预测法。用以往的经验来推测未来的人员需求。它的基本假设是：人力资源需求与某些因素的变化之间存在某种关系。它完全依赖于管理者的个人经验和能力，只适用于发展比较稳定的中小型企业，但不适用于新的职务或者工作方式发生了较大变化的职务。

（2）描述法。通过对企业在未来某一时期的有关因素的变化进行描述、假设、分析和综合，人力资源规划人员对将来人力资源的需求进行预测，并制定出多种人力资源需求备选方案。描述法通常用于环境变化或企业变革时的需求分析，但对于长期的预测有一定的困难。

（3）专家小组法。专家小组法亦即德尔菲法，专家在明确企业中长期发展方向、规模、趋势的基础上，综合分析技术、经济、法律和社会环境的变化，提出自己的结论，然后将专家的意见汇总反馈，各专家不断参照修正自己的意见，直至总体趋于一致。德尔菲法适合企业的中长期人力资源预测。

（4）微观集成法。微观集成法可分为“自上而下”和“自下而上”两种方式。

“自上而下”，即从企业组织结构的顶层开始，高层管理者先拟定总体用人目标和计划，再逐级下达到各具体职能部门进行讨论和修正，最后将有关意见汇总反馈给高层管理者，由其进行修正，作为正式的目标和政策。

“自下而上”，即从企业组织结构的底层开始，先确定底层的人员需求预测，然后将各个部门的预测层层向上汇总，最后做出企业人力资源总体预测。由于底层的员工很难把握企业的发展战略和经营规划等，所以一般适合于短期预测和组织的生产经营比较稳定的情况。

2. 人力资源需求的定量预测方法

人力资源需求的定量预测方法主要包括维持现状法、工作定员法、散点分析法和构建模型法。

（1）维持现状法。假定当前的职务设置和人员配置是恰当的，并且没有职务空缺，不存在人员数量的扩充需求。人力资源预测就相当于对人员退休、离职等情况的预测。人员退休可以准确预测，但离职无法准确预测，因此维持现状法适合于中短期人力资源预测。

（2）工作定员法。工作定员法适用于大型企业和历史久远的传统企业。由于企业的技术更新比较缓慢，企业发展思路非常稳定，因此每个职务和人员编制也相对确定。这类企业的人力资源预测可以根据企业人力资源现状以及未来市场需求，来推演未来的人力资源状况。实际应用中有设备定员法、岗位定员法、比例定员法和效率定员法等几种方式。

国美公司的人力资源预测

国美公司专业生产电声产品，在 20 世纪 80 年代早期，国美凭借自己在行业内技术工艺的领先，迅速在国内市场上占据领先的地位，20 世纪 90 年代，电声行业的整体需求加大，国美公司得到快速发展，截至 2001 年 3 月，公司销售收入达 28 063 万元，员工总数达 2 315 人。

国美公司运用德尔菲法预测人员需求的步骤如下。

首先，做预测筹划工作。预测筹划工作包括：确定预测的课题及各预测项目；设立负责预测组织工作的临时机构；选择若干名熟悉所预测课题的专家。

其次，由专家进行预测。公司把包含预测项目的预测及有关背景材料发给专家，由各位专家独立做出预测。

最后，进行统计与反馈。专家意见汇总后，对各专家意见进行统计分析，把新的综合预测表再分别寄送给各位专家做出第二轮判断或预测。三轮后专家的意见趋于一致。

预测结束时间为 2001 年 4 月，将当时的预测人数与 2002 年 10 月的实际人数比较，预测结果基本正确。

（刘善仕，凌文辁，2003）

（3）散点分析法。散点分析的主要方法是通过确定企业的业务活动量与所需人员两个因素是否相关来预测企业未来的人员需求水平（吴志明，2002）。如果根据散点分析的结果，企业的业务活动量与所需的人员数量之间存在相关关系，那么就可以根据业务活动量的变化预测出人员变化情况。进行散点分析的数据来源主要是同行业的其他企业的数据。

（4）构建模型法。通过数学模型对真实情况进行实验。首先要根据企业自身和同行业其他企业的相关历史数据，通过数据分析建立起数学模型；根据模型去确定销售额增长率和人员数量增长率之间的关系；以未来的计划销售增长率来预测人员数量的增长。模型法适合于大中型企业的中长期人力资源预测。其实，散点分析法是构建模型法的一种简单形式。

二、人力资源的供给预测

在进行了人力资源需求预测后，还需要对人力资源供给进行预测，即估计在未来一段时间企业内外可获得的人员数量和类型。在进行人力资源供给预测时，要仔细地评估企业内部现有人员的状态和他们的运动模式，即离职率、调动率和升迁率。

（一）人力资源供给预测的概念与步骤

人力资源的供给预测是通过一定的方法对组织内部与外部可获得的人力资源进行预测。其内部预测主要是对企业内部员工的情况进行分析，从而得出预测结果；外部预测主要是得出企业从外部可获得的各种人力资源的情况，并对获得这些人力资源所需的代价和可能出现的困难和危机做出预测。

人力资源供给预测的影响因素包括地区性因素和全国性因素，如表 5-7 所示（孙健敏，2009）。

表 5-7　人力资源供给预测的影响因素

地区性因素	全国性因素
● 公司所在地和附近地区的人口密度； ● 其他公司对劳动力的需求状况； ● 公司当地的就业水平、就业观念； ● 公司当地的科技文化教育水平； ● 公司所在地与公司本身对人才的吸引力； ● 公司当地临时工人的供给状况； ● 公司当地的住房、交通、生活条件	● 全国劳动人口的增长趋势； ● 全国对各类人员的需求程度； ● 各类学校的毕业生规模与结构； ● 教育制度变革产生的影响； ● 国家就业法规、政策的影响

人力资源供给预测分为内部供给预测和外部供给预测两个部分，具体步骤如下。

（1）进行人力资源盘点，了解企业员工现状。

（2）分析企业的职务调整政策和历史员工调整数据，统计出员工调整的比例。

（3）向各部门的人事决策者了解可能出现的人事调整情况。

（4）将（2）（3）的情况汇总，得出企业内部人力资源供给预测。

（5）分析影响外部人力资源供给的地域性因素，主要包括：公司所在地的人力资源整体现状、有效人力资源的供求现状、对人才的吸引程度；公司薪酬与福利对所在地人才的吸引程度；公司本身对人才的吸引程度。

（6）分析影响外部人力资源供给的全国性因素，主要包括：全国相关专业的大学生毕业人数及分配情况；国家在就业和创业方面的法规和政策；该行业全国范围的人才供需状况；全国范围从业人员的薪酬水平和差异。

（7）根据（5）（6）的分析，得出企业外部人力资源供给预测。

（8）将企业内部人力资源供给预测和企业外部人力资源供给预测汇总，得出企业人力资源供给预测。

（二）人力资源供给预测的方法

这里介绍三种最常用的人力资源供给预测方法。

1. 技能清单法

技能清单法是根据一张反映员工工作能力和竞争力的图表，即技能清单预测需要补充空缺岗位的员工。

例证 5-6

某公司的技能清单图

<table>
<tr><td>姓名：</td><td>性别：</td><td>出生年月：</td><td colspan="2">填表日期：</td></tr>
<tr><td>科室：</td><td>工作岗位：</td><td>职称：</td><td colspan="2">到职日期：</td></tr>
<tr><td rowspan="5">文化程度</td><td>类别</td><td>毕业日期</td><td>学校</td><td>专业</td></tr>
<tr><td>高中</td><td></td><td></td><td></td></tr>
<tr><td>专科</td><td></td><td></td><td></td></tr>
<tr><td>本科</td><td></td><td></td><td></td></tr>
<tr><td>本科以上</td><td></td><td></td><td></td></tr>
<tr><td rowspan="4">培训经历</td><td>培训日期</td><td colspan="2">培训内容</td><td>培训证书</td></tr>
<tr><td></td><td colspan="2"></td><td></td></tr>
<tr><td></td><td colspan="2"></td><td></td></tr>
<tr><td></td><td colspan="2"></td><td></td></tr>
<tr><td colspan="3">有何特长：</td><td colspan="2">级别：</td></tr>
<tr><td rowspan="4">员工意愿</td><td colspan="3">你是否愿意接受培训以担任其他岗位的工作？</td><td></td></tr>
<tr><td colspan="3">你认为你自己是否应进一步提高现有的工作技能？</td><td></td></tr>
<tr><td colspan="3">你是否愿意接受工作轮换以丰富工作经验？</td><td></td></tr>
<tr><td colspan="2">若可能，你愿意从事哪类工作？</td><td colspan="2"></td></tr>
<tr><td colspan="5">员工签名：　　部门主管签名：　　人力资源部负责人签名：</td></tr>
</table>

2. 替换单法

替换单法在对组织人力资源彻底调查和现有员工能力以及潜力评估的基础上，指出公司中每一个职位的内部供应源状况。在现有人员分布状况、未来理想人员分布和流失率已知的条件下，由待补充职位空缺所要求的晋升量和人员补充量即可计算出人力资源供给量。这种方法最早用于人力资源供给预测，后来也应用于人力资源需求预测。

3. 马尔科夫模型法

马尔科夫模型法因安德烈・马尔科夫（A. A. Markov）得名，主要是分析一位员工在某一阶段内由一个职位调到另一个职位的可能性，即调动的概率。其基本假设是：过去的内部人事变动的模式和概率与未来的趋势大体相一致。其关键是分析企业内部人力资源的流动趋势和概率（转移率），所以通常是分几个时期收集数据，然后再得出平均值，用这些数据代表每一种职位中人员变动的频率，就可以推测出人员变动的情况。

例证 5-7

某零售公司的马尔科夫分析

假设某零售公司在2005—2006年各类人员的变动情况如下：年初商店经理有12人，在当年期间平均90%的商店经理仍在商店内，10%的商店经理离职；期初36位经理助理有11%晋升到经理，83%留在原来的职务，6%离职。如果人员的变动频率是相对稳定的，那么在2006年留在经理职位上有11人（12×90%），另外，经理助理中有4人（36×11%）晋升到经理职位，最后经理的总数是15人（11+4）。可以根据这一矩阵得到其他人员的供给情况，也可以计算出其后各个时期的预测结果，具体如表5-8所示。

表5-8 某零售公司的马尔科夫分析

2005—2006	商店经理/%	经理助理/%	区域经理/%	部门经理/%	销售员/%	离职/%
商店经理 N=12	90% 11					10% 1
经理助理 N=36	11% 4	83% 30				6% 2
区域经理 N=96		11% 11	66% 63	8% 8		15% 14
部门经理 N=288			10% 29	72% 207	2% 6	16% 46
销售员 N=1 440				6% 86	74% 1066	20% 288
供给预测	15	41	92	301	1072	351

三、人力资源的供需平衡

人力资源供需平衡（包括数量、质量、结构）是人力资源规划的目的，人力资源供需预测就是为制定人力资源供需平衡规划而服务的，企业人力资源供需关系有三种可能：一是人力资源供需总量平衡，结构不平衡；二是人力资源供给大于需求；三是人力资源供给小于需求。企业处于不同的发展阶段，人力资源供需关系不同，如表5-9所示（陈京民，韩松，2006）。

表5-9 企业不同发展阶段的人力资源供求关系

企业发展状态	企业人力资源表现状况	人力资源状态
扩展时期	企业人力资源需求旺盛，供不应求	供给不足
稳定时期	人力资源数量稳定，有退休、离职、晋升、降职、职位调整、补充空缺等情况	结构失衡
衰退时期	人力资源需求量小，离职人员多于补充人员	供大于求

（一）人力资源的结构不平衡

对于人力资源供需总量平衡但结构不平衡的情况，应根据具体情况制订针对性较强的各种业务计划，如人员流动计划、晋升计划、培训计划。

（二）人力资源的供给大于需求

企业人力资源供给大于需求时，可考虑下列措施：① 裁员，特别是永久性辞退那些工作态度差、技术水平低、纪律观念不强的员工；② 合并、精简机构；③ 鼓励提前退休；④ 提高人员素质，制订轮训计划；⑤ 开办第三产业；⑥ 减少工作时间；⑦ 多人分担一人或少数人完成的工作，降低工资水平；⑧ 在法律允许的范围内增加无薪假期。

例证 5-8

华住“战役”：高管减薪，不裁员

大规模裁员是企业应对经济危机的常用办法。但是，过多的裁员也可能导致企业声誉受损，甚至影响企业未来的发展力。春节黄金周已过，原本是各行各业恢复营业秩序之时，受新型冠状病毒影响，旅游业，尤其是重线下、重资产、重人力的酒店业，迎来了非常时刻。2020 年 2 月 2 日晚间，华住集团创始人、董事长兼 CEO 季琦通过邮件向内部全体员工发布《关于疫情的第二封信》，信中详细阐述了华住的“自救”策略，其中关于员工的策略是：华住的骨干做出表率，跟大家一起共渡难关。除董事长薪酬全部捐出外，华住班委薪酬打对折，华住合伙人薪酬打 7 折，华住 VP 以上干部参照执行。假如疫情进一步恶化，或者疫情时间超过 3 个月以上，在用工问题上有可能需要进一步调整。比如调休、部分上班、基础工资、暂缓支付社保养老保险等。但是，不管情况多么恶劣，华住跟员工一起共渡难关的决心不会变！

（资料来源：https://www.sohu.com/a/370339131_118838.）

（三）人力资源的供给小于需求

当预测企业的人力资源发生或者未来可能发生短缺时，可根据具体情况选择下列措施：① 外部招聘；② 人员转移，即将相对富余的人调往空缺职位；③ 培训或内部晋升；④ 延长工作时间，适当增加报酬；⑤ 提高劳动生力率，用机器代替人；⑥ 聘用临时工；⑦ 工作外包。

在制定平衡人力资源供需措施时，经常出现具体部门与企业整体供求不一致的现象，这就要求我们具体问题具体分析，制定相应的人力资源规划，使各部门人力资源在数量、质量和结构方面达到协调平衡。另外，人力资源的供需平衡措施的制订本身亦非僵化的模型，应当灵活地应对供需的不平衡。例如，并不是目前供过于求，就必须裁员或变相裁员，还必须站在战略的高度来审视。

第四节 组织职业生涯管理

组织职业生涯管理的目标是帮助员工真正了解自己，在权衡组织本身内外环境的优势与劣势、限制等基础上，为员工设计出合理且可行的职业生涯发展目标，在协助员工实现个人目标的同时，实现组织目标。

一、组织职业生涯管理的步骤

组织职业生涯管理包括对员工进行分析与定位、帮助员工确立职业生涯目标、帮助员工制定职业生涯策略、进行组织职业生涯评估与修正等四个基本步骤。

1. 对员工进行分析与定位

组织帮助员工进行比较明确的自我评估，对员工所处的相关环境进行深层次的分析，并根据员工自身特点设计相应的职业发展方向和目标。该阶段的主要任务是开展员工个人评估、组织对员工评估和环境分析三项工作。

（1）员工个人评估。职业生涯规划始于员工对自己的能力、兴趣、职业生涯需要及目标的评估。员工的自我评估即进行自我暴露和剖析，其重点在于分析自己的条件，特别是性格、兴趣、特长与需求等。员工自我评估是组织职业生涯管理的基础，组织为员工提供指导，如提供问卷、量表等，以便员工能够更容易地对自己进行评估。

（2）组织对员工进行评估。组织对员工进行评估主要是为了确定员工的职业生涯目标是否现实，通常可以借助如下四种渠道来进行：① 利用招聘甄选时获得的信息进行评估，包括能力测试、兴趣爱好、受教育情况、工作经历等；② 利用当前的工作状况，包括绩效考核结果、晋升记录、加薪、参与各种培训等；③ 利用员工个人评估结果；④ 利用评估中心技术或构建自己的评估中心。

（3）环境分析。社会的快速变迁、科技的高速发展、市场的竞争加剧，对员工的发展产生了巨大的影响。环境分析通过对社会环境、经济环境、组织环境等有关问题的分析与讨论，弄清环境对职业发展的作用、影响及要求，以便更好地进行职业选择与职业规划。

2. 帮助员工确立职业生涯目标

帮助员工确定职业生涯目标主要包括职业的选择和职业生涯路线的选择。职业的选择要求组织应该开展必要的职业指导活动，通过对人员的分析与对岗位的分析，帮助员工选择合适的岗位，实现人事匹配。职业生涯路线的选择是组织通过对生涯路线选择要素进行分析，帮助员工确定生涯路线，并画出职业生涯路线图。

3. 帮助员工制定职业生涯策略

职业生涯策略是指为了争取职业目标的实现而积极采取的各种行动和措施。它包括：参加公司的各类人力资源开发与培训活动，构建人际关系网络；参加业余时间的课程学习，掌握额外的技能与知识；平衡职业目标、生活目标与家庭目标。组织应该根据员工的不同情况采取不同的职业生涯策略。

4. 进行组织职业生涯评估与修正

职业生涯规划的本质仍然是一种计划，它是基于过去与现在的事实以及对未来的预测基础之上，对未来职业生涯的谋划。但是未来是不确定的，因此，必须在职业规划实施一段时间后，有意识地回顾员工的工作表现，检验员工的职业定位与职业方向是否合适。在实施过程中评估现有的职业生涯规划，组织可以修正对员工的认知与判断，通过反馈与修正，纠正最终职业目标与分阶段职业目标的偏差，增强员工实现目标的信心。

二、组织职业生涯发展阶梯管理

组织职业生涯发展规划与设计是组织职业生涯管理的关键内容之一，对调动员工的积极性和创造性，实现组织目标具有非常重要的意义。

1. 职业生涯发展阶梯的内涵

职业生涯发展阶梯是组织为内部员工设计的自我认知、成长和晋升的管理方案，是决定组织内部人员晋升的不同条件、方式和程序的政策组合。它显示出员工晋升的方式、晋升机会的多少、如何晋升等，为渴望获得内部晋升的员工指明了努力的方向，提供平等竞争的机制。也就是说，职业生涯发展阶梯的实质是设定了一个规则公开、公平、透明的晋升跑道。

2. 职业生涯发展阶梯的模式

目前职业生涯发展阶梯主要有三类：第一类，单阶梯模式：传统的组织或企业的职业生涯发展阶梯只有一种行政管理职位，员工的晋升常常导致“胜任力不足”的问题，目前单阶梯模式只用于性质比较单一的组织。第二类，双阶梯模式：双阶梯模式为员工提供了管理生涯阶梯和专业技术人员生涯阶梯，两个阶梯同一等级的管理人员和技术人员在地位上是平等的，员工可以自由选择并在专业技术阶梯或管理阶梯上得到发展，因此该模式在当前组织中应用得最为广泛。第三类，多阶梯模式：鉴于双阶梯模式对专业技术人员职业生涯阶梯的定义太狭窄，因此将一个技术阶梯分成多个技术轨道，即将双阶梯职业生涯发展模式转变成多阶梯职业生涯发展模式，为专业技术人员的职业发展提供了更大的空间。

3. 职业生涯发展阶梯的设置

有效的组织职业生涯发展阶梯设置，有助于促进员工的发展，实现个人目标与组织目标的整合。决定建立职业生涯阶梯前，组织要先考虑如下两个问题：① 组织是否需要一个从内部提拔人才的长久机制；② 组织是否有必要建立一套培训发展方案，以便发掘更多的后备人才以供提拔之用。如果两者均回答“是”，则组织有必要建立职业生涯阶梯。各种职业生涯发展阶梯模式均有利弊，职业生涯设置与组织的绩效管理、薪酬与晋升激励制度紧密结合。

三、组织职业生涯继任规划管理

健康发展的组织应该建立一项继任规划，以保证组织内外的人力资源能够及时补充到组织重要的岗位。

1. 继任规划的内涵

继任规划（Succession Planning）又称企业接班人计划，是指组织为保障其内部重要岗位有一批优秀人才能够继任，而采取的相应的人力资源培训、开发、晋升与管理等方面的制度与措施。就其本质而言，继任规划是组织职业生涯规划的一种落实方式。

2. 继任选拔模式与规划的实施

（1）继任选拔模式。继任选拔模式包括以下两种：一是企业内生，其中包括从优秀员工中选拔继任者、宗亲接任等；第二种是从外部引进有经验、有能力的职业经理人。

外部继任者招聘流程为：招聘需求分析→岗位职责分析→选择招聘渠道→候选人筛选→测评与深层次面试→背景调查→录用面试→合乎标准的继任者就决定雇用，不合标准的进入人才库。内部选拔继任者流程为：确定需要继任者的关键岗位→确定关键岗位能力要求→盘点企业现有员工情况→确定高潜力员工→评估高潜力人员，确定继任者候选人→分析继任者候选人与继任岗位的差距→培训与开发。这两种模式各有适用条件，无优劣之分，表 5-10 所示为继任选拔模式优缺点与适用条件分析（孙宗虎，2012）。

表 5-10　继任选拔模式优缺点与适用条件

选拔模式	优　　点	适用条件
企业内生	● 企业自身培养或具有血缘纽带的继任者对于企业的忠诚度较高； ● 由于继任者具有足够的人际资源和企业资源储备，内生继任者更易于开展工作； ● 内生继任者可以保持企业战略的连续性； ● 继任者对于企业文化与所在行业有更深刻的理解	● 所处行业变化较为缓慢，是发展平稳的行业，且本企业已经在行业中树立了较为领先的地位； ● 企业具有较为成熟的人才储备和培养机制，内部人才资源较为丰富； ● 企业发展战略非常明确，内部各层面对于战略目标及相应行动计划都有较深刻的了解和认同
外部引进	● 引进继承者可能具备与内生继任者不同的视觉和不同的能力； ● 引进继任者受企业内部人际关系束缚更少，具有更大的勇气与魄力进行改革； ● 由于引进的继任者多为行业经验丰富的职业经理人，综合能力可能比企业内生继任者更强	● 出现行业性整合； ● 经营活动发生巨大变化； ● 企业出现重大危机； ● 出现上述三种情况时，企业可能需要从外部引进具有丰富实战经验和良好业绩的继任者，帮助企业应付混乱和危机

（2）规划实施阶段。每一个员工都应该是潜在的候选继任人选，继任规划的实施实质就是一个员工培育过程，其有效实施须考虑如下问题：① 公司的长期发展方向是什么？② 在哪些主要领域和环节需要不断补充和发展高素质的人力资源？③ 组织想重点培养哪些人以备未来之需？④ 这些人应该走怎样的职业生涯发展道路？⑤ 这些职业生涯发展道路是否适合这些人的具体情况？

继任规划的建设是一个永无止境的过程。它需要定期审视组织的资源，确定哪些位置需要接班人，确定培养候选人需要多长时间，制定出每个人为达到既定目标该走的职业生涯路线。这些都可能因为应对不确定性而改变。因此，组织的监控和更新是每一个继任规划的重要部分。继任规划是一个复杂和长期的系统工程，并非一蹴而就。

本章小结

1. 人力资源战略是人力资源规划的前提与基础，它与企业战略存在互动关系。

2. 人力资源战略制定应遵循内部一致性、外部一致性、动态发展的原则，采用目标分解法或目标汇总法，经过环境分析、战略制定、战略实施和战略评估这四个步骤。

3. 有效的人力资源规划应当满足以下条件：① 确保人力资源需求；② 与内外部环境相适应；③ 与战略目标相适应；④ 保持适度流动性。

4. 应在明确人力资源规划与企业规划的前提下，进行人力资源规划，一般包括调查分析、预测供求、制定规划和实施评估四个阶段。

5. 人力资源需求预测的方法可归为两大类：定性方法（包括经验预测法、描述法、专家小组法、微观集成法）和定量方法（包括维持现状法、工作定员法、散点分析法和构建模型法）。供给预测方法主要有技能清单法、替换单法与马尔科夫模型法。

6. 人力资源供需平衡（包括数量、质量、结构）是人力资源规划的目的，在制订人力资源供需平衡的措施时，应具体问题具体分析，灵活地加以应对。

7. 组织职业生涯管理包括对员工进行分析与定位、帮助员工确立职业生涯目标、帮助员工制定职业生涯策略、进行组织职业生涯评估与修正等四个基本步骤。

8. 职业生涯发展阶梯的实质是设定了一个规则公开、公平、透明的晋升跑道。其主要有三类：① 单阶梯模式；② 双阶梯模式；③ 多阶梯模式。

网站推荐

1. HR 人力资源管理案例网：http://www.hrsee.com/
2. 人力资源报网：http://www.hrnewspaper.com/

影视推荐

技术视角破解人才选拔难题

技术视角破解人才选拔难题是华恒智信的个人频道——人力资源专家推出的关于人力资源管理系列的专题之一，该视频立足管理实战，以短视频的形式从专业视角解答企业家们在人才选拔问题上遇到的困难，如人岗匹配问题、生涯规划问题、人才评价问题、人才流动问题、干部选拔问题、人员冗余问题等。

推荐理由：华恒智信的个人频道是华恒智信人力资源顾问有限公司在腾讯视频软件上推出的关于人力资源管理的系列专题，其目的是给人们提供有关人力资源管理方面的知识，其探讨了企业选人、育人、留人、用人等各方面需要做的工作以及需要注意的事项，能给予观众一些对人力资源思考的空间。

读书推荐

《怎样选人、留人、调人、辞人》

这本书从各方面揭示了选人、留人、调人、辞人的巧妙技术。思想革新：选人须度势调配不拘一格；观念转变：留人必特点突出为我所用；正视差异：用人应通权达变扬长避短；调度有方：育人要夺气攻心七匙并举；因材施教：造就人因菜下料当仁不让；

进退有度：选良方运筹帷幄刚柔并济。

推荐理由：《怎样选人、留人、调人、辞人》是臧成君所著，2007 年 5 月在企业管理出版社出版。该书从文化留人、待遇留人、制度留人三个方面论述了企业如何留住想留的人才。

思考练习题 5-1：选择题

1. 下列不属于人力资源预测方法的定性方法的是（　　）。
   A. 微观集成法　　B. 描述法
   C. 经验预测法　　D. 维持现状法
2. 以下不是制定人力资源战略需要遵循原则的是（　　）。
   A. 动静结合原则　　B. 外部一致性原则
   C. 内部一致性原则　　D. 动态发展原则
3. （　　）不属于人力资源规划的阶段。
   A. 调查分析　　B. 预测需求
   C. 制定规划　　D. 实施评估

思考练习题 5-2：简答题

1. 简述人力资源战略的概念。它与企业战略的关系如何？
2. 人力资源规划的内容是什么？人力资源规划包括哪些步骤？
3. 如何进行人力资源需求和供给预测？都有哪些方法？
4. 怎样平衡人力资源的供需关系？

心理测验：人力资源职业心理测试

以下测试是人力资源专家菲尔博士曾使用过的，用于测试对于人力资源职业适合度。

1. 你何时感觉最好？（　　）
   A. 早晨　　B. 下午及傍晚　　C. 夜里
2. 你走路时是（　　）
   A. 大步快走　　B. 小步快走　　C. 不快，仰着头面对着世界
   D. 不快，低着头　　E. 很慢
3. 和人说话时，你（　　）
   A. 手臂交叠地站着　　B. 双手紧握着
   C. 一只手或双手放在臀部　　D. 碰着或推着与你说话的人
   E. 玩着你的耳朵、摸着你的下巴或用手整理头发

4. 坐着休息时，你的（　　）

A. 两膝并拢　　B. 两腿交叉

C. 两腿伸直　　D. 腿蜷在身下

5. 碰到你感到发笑的事时，你的反应是（　　）

A.欣赏地大笑　　B. 笑着，但不大声

C. 轻声地笑　　D. 羞怯地微笑

6. 当你去一个派对或社交场合时，你（　　）

A. 很大声地入场以引起注意

B. 安静地入场，找你认识的人

C. 非常安静地入场，尽量保持不被注意

7. 当你非常专心工作时，有人打断你，你会（　　）

A. 欢迎他　　B. 感到非常恼怒　　C. 在两者之间

8. 下列颜色中，你最喜欢哪一种颜色？（　　）

A. 红色或橘色　　B. 黑色　　C. 黄色或浅蓝色

D. 绿色　　E. 深蓝色或紫色　　F. 白色

G. 棕色或灰色

9. 临入睡的前几分钟，你在床上的姿势是（　　）

A. 仰躺，伸直　　B. 俯躺，伸直　　C. 侧躺，微蜷

D. 头睡在一手臂上　　E. 被子盖过头

10. 你经常梦到你在（　　）

A. 下落　　B. 打架或挣扎　　C. 找东西或人

D. 飞或漂浮　　E. 你平常不做梦　　F. 你的梦都是愉快的

现在将所有分数相加，再对照后面的分析得出你的测评结果。

说明：职业心理测试的分数：

1. A-2；　B-4；　C-6

2. A-6；　B-4；　C-7；　D-2；　E-1

3. A-4；　B-2；　C-5；　D-7；　E-6

4. A-4；　B-6；　C-2；　D-1

5. A-6；　B-4；　C-3；　D-5

6. A-6；　B-4；　C-2

7. A-6；　B-2；　C-4

8. A-6；　B-7；　C-5；　D-4；　E-3；　F-2；　G-1

9. A-7；　B-6；　C-4；　D-2；　E-1

10. A-4；　B-2；　C-3；　D-5；　E-6；　F-1

职业心理测试的分析结果：

0～21 分：内向的悲观者

人们认为你是一个害羞的、神经质的、优柔寡断的、需要人照顾的、永远要别人为

你做决定、不想与任何事或任何人有关的人。只有那些深知你的人知道你不是这样的人。

21～30 分：缺乏信心的挑剔者

你的朋友认为你是一个谨慎的、十分小心的人，一个缓慢而稳定辛勤工作的人。如果你做任何冲动或无准备的事，你会令他们大吃一惊。

31～40 分：以牙还牙的自我保护者

别人认为你是一个明智、谨慎、注重实效的人，也认为你是一个伶俐、有天赋、有才干且谦虚的人。你不会很快、很容易和人成为朋友，但如果你是一个对朋友非常忠诚的人，同时也要求朋友对你有忠诚的回报。那些真正有机会了解你的人会知道要动摇你对朋友的信任是很难的，但一旦这信任被破坏，会使你很难过。

41～50 分：富有活力的完善者

别人认为你是一个有活力的、有魅力的、好玩的、讲究实际的、永远有趣的人；虽然你经常是群众关注的焦点，但是你是一个懂得平衡的人，不至于因此而昏了头。他们也认为你亲切、和蔼、体贴、能谅解人；一个永远会使人高兴起来并会帮助别人的人。

51～60 分：吸引人的冒险家

别人认为你有一个令人兴奋的、高度活泼的、相当易冲动的个性；你是一个天生的领袖、一个做决定会很快的人，虽然你的决定不总是对的。别人认为你是大胆的和冒险的，会愿意让你尝试做任何事情，即一个愿意尝试且喜欢冒险的人。

60 分以上：傲慢的孤独者

在别人的眼中，你是自负的、自我的，是个极端有支配欲、统治欲的人。别人可能钦佩你，但不会永远相信你，会对与你更深入地来往有所踌躇及犹豫。

模拟实训：拟写人力资源规划书

假设你现任和平公司人力资源部经理。11 月中旬，公司要求人力资源部在两星期内提交一份公司明年的人力资源规划初稿，以便在 12 月初的公司计划会议上讨论。请你根据以下资料为明年提出合理可行的人员补充规划，内容要列出现有的、可能离职的，以及必需增补的各类人员的数目。

和平公司相关资料如下。

公司现有生产及维修工人 850 人，文秘和行政职员 56 人，工程技术人员 40 人，中层与基层管理人员 38 人，销售人员 24 人，高层管理人员 10 人。统计数字表明，近五年来，生产及维修工人的离职率高达 8%，销售人员离职率 6%，文职人员离职率为 4%，工程技术人员离职率为 3%，中层与基层管理人员离职率为 3%，高层管理人员的离职率只有 1%，预计次年不会有大的改变。按企业已定的生产发展规划，文职人员要增加 10%，销售人员要增加 15%，工程技术人员要增加 6%，而生产及维修工人要增加 5%，高层、中层和基层管理人员可以不增加。

案例分析

谷歌的人力资源战略规划

1. 预测

Google 的人力资源经理使用趋势分析和情景分析进行预测。趋势分析是一种定量技术,允许公司根据当前状况和业务变化预测可能的人力资源需求。情境分析是Google用于 预测人力需求的定性技术。情景分析涉及分析不同的变量组合，以预测每个结果情景的人力资源需求。通过这种方式，Google 结合使用定量和定性技术来预测人力资源需求。

2. 员工冗余或短缺

Google 对员工过剩或短期的关注主要集中在产品的生产过程中，例如制造Chromecast 以及提供 Google Fiber Internet 和有线电视服务。在开发和提供基于网络和软件产品时，人力资源冗余和短缺不是一个重大问题。对于生产流程，Google 的人力资源管理通过预测技术识别可能的冗余和短缺。因此，公司的人力资源规划包括预测人力的冗余和人力资源短缺。这些信息用于 Google 的招聘和人员调度。

3. 供需平衡

在人力资源供需平衡方面， Google 的人力资源管理面临的问题很少。即使对基于网络软件产品和在线广告服务的需求增加，由于这些产品的数字性质，Google 不需要在这些业务领域相应增加人力资源。尽管如此，该公司还需要解决其他领域的人力资源供需问题，例如 Nexus 和 Chromecast 等消费电子产品的生产和分销。在这些领域，Google 使用灵活的策略，根据人力资源需求的预测来聘用新员工。

4. 工作分析方法

在工作分析所用方法上，Google 将面向工作者的工作分析方法与面向工作的工作分析方法进行组合。但是，Google 在针对不同类型岗位进行工作分析时所使用的方法是有所侧重的。例如，公司在针对研究和开发工作，以及产品设计和制造等岗位时，公司重点还是使用以工作为导向的工作分析方法；Google 在对需要大量人际关系技能的工作岗位进行分析时，如人力资源管理职位，公司就侧重使用面向工作者的工作分析方法。

（资料来源：HR 人力资源案例网）

讨论题：

1. 谷歌的人力资源规划体现了本章中人力资源规划的四阶段的哪些内容?

2. 谷歌人力资源规划中的供需预测有什么优点?

3. 通过谷歌人力资源规划的案例分析，结合本章所学的内容，谈谈你对人力资源战略与规划的感想。

参考文献

[1] CHAFFEE E E. Three models of strategy[J]. Academy of management review, 1985(10): 89-98.

[2] DOWLING P J, SCHULER R S. International dimensions of human resource management[M]. Boston, Mass.: PWS-Kent. Doz Yves & CK Prahalad, 1990.

[3] DRUCKER P F. The Practice of management[M]. New York: Harper, 1954.

[4] HOFSTEDE G. Cultural constraints in management theories[J]. Academy of management executive, 1993(7): 81-94.

[5] PORTER M E. Competitive advantage: creating and sustaining superior performance[M]. New York: Free Press, 1985.

[6] STACE D, DONTHY D. Beyond traditional paternalistic: a developmental approches to organizational change and human resource strategies(1994). In: Readings in strategic human resource management[M]. South Melbourne, Australia: Thomas Nelson, 1997.

[7] 陈芳. 人力资源战略：企业获取竞争优势的工具[J]. 湖北商业高等专科学校学报，2001（4）：40-43.

[8] 案例赏析：诺基亚人力资源本土化战略[J]. 中国新通信，2006,（20）：29.

[9] 关于沃尔玛的人力资源计划以及工作分析案例[EB/OL].（2017-12-28）. http://www.hrsee. com/?id=582.

[10] 方振邦，徐东华. 战略性人力资源管理[M]. 北京：中国人民大学出版社，2010：49-54.

[11] 金贤洙，彭剑锋. 三星人才经营的演变[J]. 中国人力资源开发，2016,（2）：82-92.

[12] 何永福，杨国安. 人力资源策略管理[M]. 台北：台北三民书局，2002：41.

[13] 黄亨煜. 基于战略的人力资源规划[J]. 中国人力资源开发，2006（7）：49-54.

[14] 巴特利特，高沙尔. 跨边管理：跨国公司经营决策[M]. 北京：人民邮电出版社，2002.

[15] 华住“战役”：高管减薪，不裁员，重视现金流管理[EB/OL]. https://www.sohu.com/a/ 370339131_118838.2020-02-03.

[16] 刘杰梅. 浅谈人力资源战略与企业战略的互动关系[J]. 商业时代，2008（14）：49-51.

[17] 刘善仕，凌文辁. 德尔菲法在人力资源预测中的作用[J]. 企业经济，2003（02）：116-117.

[18] 刘昕. HR 战略与企业战略，在思辨中前进[J]. 人力资源，2007（05）：12-14.

[19] 彭剑锋. 人力资源管理概论[M]. 上海：复旦大学出版社，2003.

[20] 苏方国. 跨国经营与国际人力资源战略研究[J]. 现代管理科学，2014（08）：54-56.

[21] 史殿华. 吉林油田公司人力资源规划研究[D]. 长春：吉林大学，2013.

[22] 美团的人力资源体系，才是它强大的根本原因[EB/OL].（2019-10-11）. http://www.ruthout. com/information/22644.html.
[23] 吴志明. 员工招聘与选拔实务手册[M]. 北京：机械工业出版社，2002：26-27.
[24] 郭朝晖，李永周，马金平. 高绩效工作系统、战略柔性与企业成长：基于恒大集团的案例研究[J]. 管理案例研究与评论，2019，12（4）：349-364.
[25] 张德. 人力资源管理与开发[M]. 北京：清华大学出版社，2001：88.
[26] 孙宗虎. 职业生涯规划管理实务手册[M]. 2 版. 北京：人民邮电出版社，2012.
[27] 赵曙明. 人力资源战略与规划[M]. 北京：中国人民大学出版社，2005：67.
[28] 余凯成. 人力资源管理[M]. 大连：大连理工大学出版社，2006：313.
[29] 丑纪越. 企业人力资源管理[M]. 北京：科技出版社，2007：68.
[30] 李俊海. 企业战略性人力资源规划模型的研究与应用[D]. 重庆：重庆大学，2006.
[31] 冯虹，陶秋燕. 现代人力资源管理[M]. 北京：经济管理出版社，2006：71.
[32] 孙健敏. 人力资源管理[M]. 北京：科学出版社，2009：80-81.
[33] 陈京民，韩松. 人力资源规划[M]. 上海：上海交通大学出版社，2006：163.

第六章

人力资源招聘与配置

一个公司要发展迅速得力于聘用好的人才，尤其是需要聪明的人才。

——比尔·盖茨

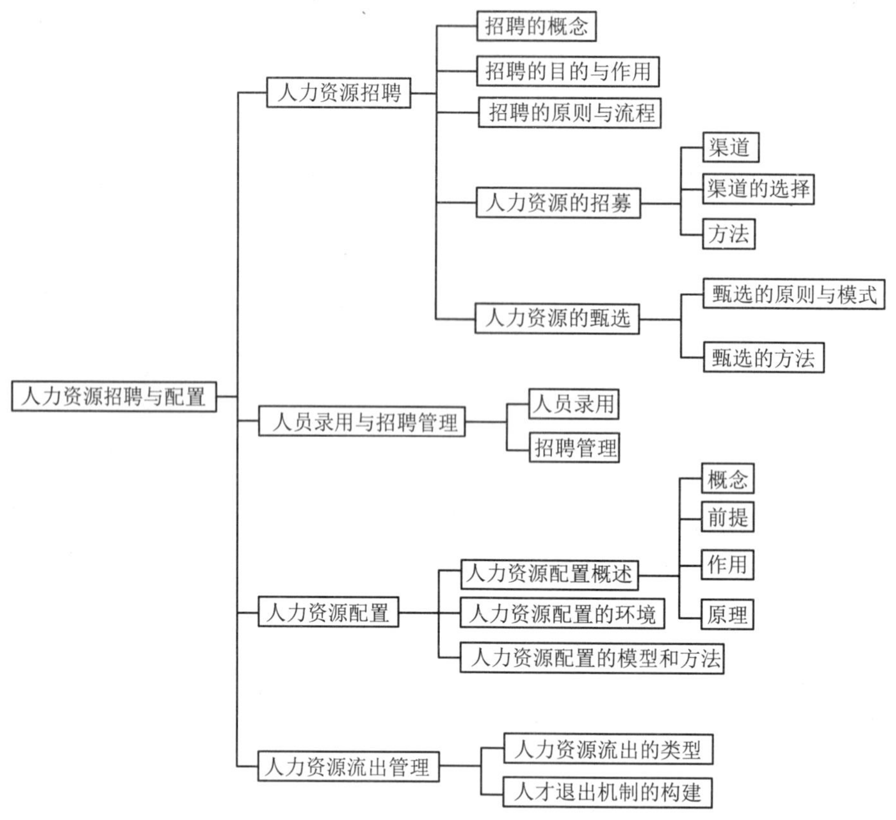

学习目标

- 了解招聘的概念、目的和作用；
- 理解招聘的原则和流程；
- 掌握招募和甄选的方法；
- 了解人员录用的原则和程序；
- 了解招聘管理的内容；

- 了解人力资源配置的概念、作用和原理；
- 理解人力资源配置的模型和方法；
- 理解人力资源流出的类型；
- 掌握人才退出机制的构建策略。

引例

丰田的全面招聘体系

丰田公司著名的“看板生产系统”和“全面质量管理”体系名扬天下，但是，其行之有效的“全面招聘体系”却鲜为人知。该公司全面招聘体系大体上可以分为六个阶段，前五个阶段的招聘大致要持续 5～6 天。

第一阶段，丰田公司通常会委托专业的职业招聘机构，进行初步的甄选。应聘人员一般会观看丰田公司的工作环境和工作内容的录像资料，对丰田公司的具体情况有个概括了解，专业招聘机构也会根据应聘人员的工作申请表、具体能力和经验做初步筛选。

第二阶段，评估员工的技术知识和工作潜能。该阶段通常会对员工进行基本能力和职业态度心理测试，评估员工解决问题的能力、学习能力和潜能及职业兴趣爱好等技术岗位应聘者还有 6 个小时的实操测试。通过前两个阶段的应聘者的有关资料将转入丰田公司。

第三阶段，丰田公司接手有关的招聘工作。本阶段主要是评价员工的人际关系能力和决策能力。应聘人员在公司的评价中心参加一个 4 个小时的小组讨论，讨论的过程由丰田公司的招聘专家即时观察评估，考察应聘者的洞察力、灵活性和创造力。此外，应聘者还需要参加 5 个小时的汽车生产线的实际模拟操作。

第四阶段，应聘人员需要参加一个 1 小时的集体测试，分别向丰田的招聘专家讨论自己取得过的成就，这样丰田的招聘专家能更加全面地了解应聘人员的兴趣与爱好，以便更好地做出工作岗位安排和职业生涯规划。在此阶段也可以进一步了解小组互动能力。

通过以上四个阶段，员工基本上被丰田公司录用，但是员工需要参加第五个阶段——一个 25 小时的全面身体检查，了解员工的身体一般状况和特别的状况。

最后，在第六阶段新员工需要接受 6 个月的工作表现和发现潜能评估，新员工会接受监控、观察督导等方面严密的关注和培训。

丰田公司的全面招聘体系使我们理解了如何把招聘工作与未来员工的工作表现紧密地结合起来。从其全面招聘体系我们可以看出丰田公司非常注重团队精神，而且把品质放在第一位，这就要求员工也要对高品质的工作做出承诺。

（瞿晓理，姚乐，2012）

企业人力资源招聘体系包含了招聘与配置各个方面的内容。本章着重探讨人力资源招聘与配置的相关问题，主要包括招聘的概念和重要性，人力资源招募、甄选、人员录用与招聘管理以及配置的概述、模型、方法等内容。

第一节　人力资源招聘

本节对人力资源招聘做一个概述，内容包括招聘的概念、目的与作用，招聘的原则与流程，人力资源招募的渠道、方法，以及人力资源甄选的原则、方法。

一、招聘的概念

招聘是人力资源管理系统中一个实务性很强的环节，它是控制企业人力资源流入的口径，如果该环节出现了差错，将会产生一系列的问题。招聘包括两个最重要的环节：① 招募，即招之，把人吸引来应聘，形成人才蓄水池；② 甄选，即聘之，从人才蓄水池中挑选出组织需要的人。招募是指组织确定工作需要，根据需要吸引候选人来填补工作空缺的过程。甄选是使用各种选择方法和技术挑选合格员工的过程。招募和甄选的具体内容我们将会在本节中重点阐述。

总之，人力资源招聘是企业按照聘用规则，根据企业实际情况，通过一定的招募渠道与甄选方法，从企业内外部选拔人员，补充目前或未来职位空缺的工作过程。有效的招聘实际上是组织在一定的时间和成本范围内，采取适当的方式方法，实现人、职位、组织三者的最佳匹配，以达到因事任人、人尽其才、才尽其用的多赢目标。

二、招聘的目的与作用

招聘主要是基于组织发展的需要，获取组织所需要的人力资源，为组织带来竞争优势，以支撑组织战略目标的实现。

（一）招聘的目的

招聘的最终目的是实现组织的人事匹配，即员工与职位的匹配。匹配是一个双方相互契合的过程，而不是一厢情愿、委曲求全的痛苦过程。人事匹配主要包括以下三重含义：① 员工素质与职位要求相匹配；② 员工职业生涯理想与职业发展通道相匹配；③ 员工与组织情境因素（主要包括企业战略、高层价值观、企业文化、生活设施与环境等）相匹配。现代企业唯有实现上述三重匹配，才能既保证员工胜任职位，又保证职位对员工具有较为长久的吸引力，有效地减少员工的流失，实现组织的高绩效。

（二）招聘的作用

招聘是补充员工的主渠道，是企业增加新鲜血液和生机活力的标志之一，其重要作用主要体现在以下四个方面。

1. 关系企业的生存与发展

招聘作为组织人力资源管理的第一关口，招聘的质量直接影响组织人才的输入和引进的质量，关系到组织的生存与发展。

2. 确保组织所吸纳的员工队伍素质优良

企业只有将合适的人安排到合适的岗位上，并在工作中注重员工队伍的培训和发展，才能确保员工队伍的素质优良。正如构建素质模型的出发点——“选对人比培养人更重要”一样，组织人事匹配是否成功首先取决于招聘的质量。

3. 降低员工流失率，提高组织效益

招聘获取到合适的人才，有利于降低员工的流失率，节约频繁招募、甄选以及岗前、岗中培训等费用；同时也有利于实现人力资源的优化配置，形成员工组织队伍的合理结构，实现组织成员的密切配合，达到人才互补和整体优化的效果，最终实现组织运行的高性能，确保组织的高效益。

4. 为做好后续人力资源管理工作奠定基础

人力资源管理的内容主要包括选人、育人、用人、留人以及人员流动。招聘工作做得好，选人得当，有利于后续各项人力资源开发与管理的有效实施，如培训与开发、职业生涯管理、绩效考核、薪酬管理、员工激励、劳动关系管理、人力资源流动、企业文化管理。

三、招聘的原则与流程

招聘是一个系统的循环过程，有效的招聘是在一定的原则指导下，按照一套较为科学的、完整的流程来进行的。

（一）招聘的原则

一般而言，招聘应遵循以下四个原则。

1. 竞争原则

通过测试和考核，鉴定人员的优劣和对人员进行取舍。为了竞争，一要通过内外渠道积极宣传，吸引较多的人员应聘；二要严格考核程序和手段，科学地取舍人力资源，基于素质而非“拉关系”、“走后门”、徇私舞弊，要通过激烈而公平的竞争，选择合适的人才。

2. 平等原则

平等是指对所有的应聘者一视同仁，不得人为地制造各种不平等的限制或条件和各种不平等的优先优惠政策，竭尽全力为有识之士提供平等竞争的机会。另外，为确保公平的环境，应该在招聘队伍的组建、培训、考核、评估与反馈等方面做好工作，防止只招“似我”、晕轮效应、刻板印象等偏见的发生。

3. 能级原则

人的能量有大小、能力有高低、胜任资格有区别，对不同的职位、不同的层级，应该招聘不同的人，即做到人职匹配。招聘不一定要招最优秀的人，而应招最合适的人；不一定要招当期经验最丰富的人，而要基于组织要求招不仅符合当前工作需要，而且经过适当培训与开发后能满足未来需要的人。企业在招聘时要做到量才录用、人尽其才，确保职得其人、人事相宜。

4. 全面原则

对应聘者的考核与考察应该全面，包括品德、知识、能力、智力、心理、过去的工作经验和业绩等。员工的工作绩效受到多方面因素的影响，不能仅仅从单一的指标出发，而应该做全面的考虑。企业在招聘时往往忽略非智力因素对员工未来工作绩效的影响。

（二）招聘的流程

有效的招聘流程在一定程度上可以规范招聘行为，提高招聘质量。招聘流程一般包括以下四个步骤：① 招聘计划；② 人员招募；③ 人员甄选；④ 人员录用与招聘评估。人力资源招聘的流程如图 6-1 所示。

以下对人力资源招聘流程做具体说明。

1. 招聘计划

公司岗位需求部门向人力资源部门提出其部门的人员招聘需求，审核通过后由公司的人力资源部门根据公司的人员规划来制订员工的招聘计划。工作分析的成果是形成职位说明书，它为招募、甄选、录用等提供了参考依据，同时也为招聘工作提供了标准。实际工作中，组织的人力资源需求不仅来自人力资源规划，也来自绩效考核与职业生涯发展。通过有计划的工作轮换、晋升等职业发展手段也会产生招聘需求。

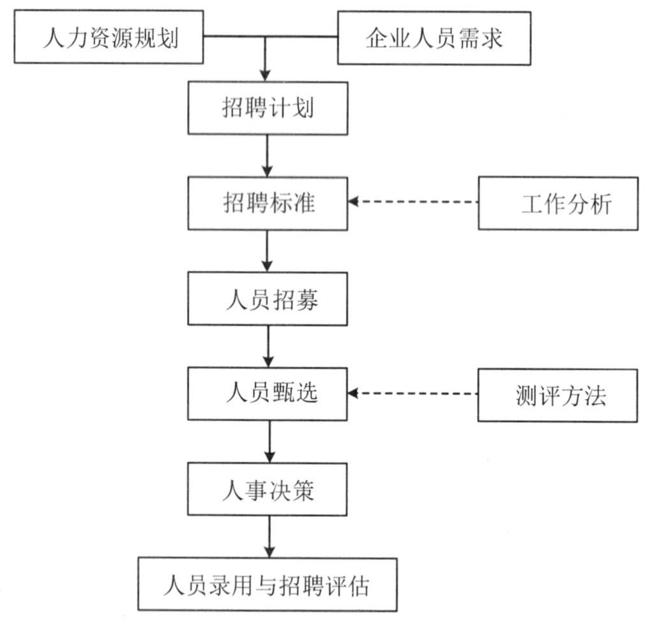

图 6-1　人力资源招聘流程

2. 人员招募

在明确人力资源需求和招聘计划的前提下，就进入了招募实施阶段。本阶段主要关注：① 组织的优势何在；② 内部招募还是外部招募；③ 招募者的组建与管理。影响人员招募的因素主要包括职位的影响、经营战略和企业文化。

3. 人员甄选

人员甄选是指根据从职位的工作说明书、素质模型以及人力资源规划等提炼出的标准和依据，通过运用适当的甄选方法和技术对应聘者进行区分、评估并最终决定谁将加入组织、谁将被淘汰的双向选择过程。

4. 人员录用与招聘评估

一般来说，企业通过对应聘者进行甄选并做出初步录用决定后，接下来要对这些人选者进行背景调查、健康检查，合格者与企业签订试用协议，经试用合格后做出正式录用决定。

招聘评估是对本次招聘工作的一种考核，具体包括对招聘成本效益、录用人员的数量与质量、招募渠道、甄选方法的效果等的评估。评估后应撰写一份招聘总结，以便为后续招聘提供参考。

值得重视的是，招聘作为一个不断循环的过程，招聘管理工作贯穿于整个招聘的流程中。因此，企业必须做好招聘管理工作，以确保招聘工作有序、有据地进行。

四、人力资源的招募

当出现职位空缺时，既可以从公司内部挑选合适的员工来填补空缺，也可以从社会上招聘新员工。内部招募与外部招募是企业获取人才的两种渠道，各有优缺点。一般说来，应聘者在条件相同时，应优先考虑从内部招募。

（一）招募的渠道

1. 内部招募

内部招募是指从本组织内部的员工中晋升或调职。有调查显示，成功的企业 70%以上的管理职位均来自内部选拔。

例证 6-1 

王永庆这样看内部招聘

企业的兴衰关键在于人才，所以许多企业都竞相到企业外去招揽人才。王永庆不完全同意这样的做法，他认为人才往往就在你身边，求才应该首先从企业内部做起。

“寻找人才是非常困难的，最主要的是，自己企业内部的管理工作要先做好；管理上了轨道，大家懂得做事，高层管理人员才有了知人之明，有了伯乐，人才自然就被挖掘出来了。自己企业内部先行健全起来，是一条最好的选拔人才之道。”

台塑每当有了人员短缺时，并不是立即对外招聘，而是先看看企业内部的其他部门有没有合适的人员可以调任，如果有的话，马上内部解决，填写“调任单”，两个部门互相协调调任即可。

（重石，2011）

（1）内部招募的优点。

① 激励员工努力工作，增加其对组织的忠诚度和归属感，利于员工队伍稳定。

② 内部招募使组织对晋升者或调职者的素质和表现有比较深入的了解，因此人员素质比较可靠。

③ 晋升者或调职者对组织目标和组织结构已有所了解，所以对新工作的磨合期短，能够较好地降低成本。

④ 对于业绩越难被证实的岗位，内部提拔越有利于调动员工的积极性。

⑤ 可以降低对权力有特殊偏好的员工的激励成本。晋升不仅可以起到货币无法达到的激励效果，而且可以相对降低激励的货币成本。

（2）内部招募的缺点。

① 职务晋升一般依据的是相对业绩表现，因此，其优越性只能在业绩考核很困难的组织中得到体现。

② 内部提拔受工作性质的制约。内部提拔一般只在工作性质对员工能力要求类似的岗位之间进行，易出现因循守旧的现象。

③ 内部招募容易加剧企业内部的权力斗争。

④ 内部提拔具有向外部市场传递人才信息的效应，使能力强的人产生跳槽的想法。

⑤ 选择范围较小，往往不能满足企业的需要。

2. 外部招募

外部招募是指从组织外部招募德才兼备的能人加盟进来。对一个组织而言，仅有内部招募是不够的，还必须借助组织外部的劳动力市场，采用外部招募的渠道来获取组织所需的人力资源。

（1）外部招募的优点。

① 候选人员来源广，挑选余地大，能够降低培养和培训成本。

② 新员工能够带来不同的价值观以及新观点、新思路、新方法，可以给组织带来新的活力，促进组织不断开拓创新。

③ 对外招聘管理人员，在某种程度上可以缓解内部候选人竞争的矛盾。

④ 外聘人才可以在无形中给组织原有员工施加压力，形成危机意识，激发他们的斗志与潜能，形成"鲶鱼效应"。

⑤ 外部招募是一种有效的信息交流方式，企业可以借此宣传企业文化，树立积极进取、锐意改革的优良形象。

（2）外部招募的缺点。

① 由于信息的不对称，很难准确判别应聘者的实际水平和能力，因此，不称职者会占有一定比例。

② 应聘者带来的文化可能与企业文化有冲突，可能使本企业沦为外聘人员另谋高就的"中转站"。

③ 外聘人员不能迅速进入角色开展工作。

④ 如果组织中具有胜任能力的人未被选用或提拔，外部招募的做法会挫伤组织员工的积极性。

（二）招募渠道的选择

内部招募倾向于“培养”人力资源，外部招募倾向于“购买”人力资源。两种招募渠道各有优缺点，其比较如表 6-1 所示（张爱卿，2008）。

表 6-1 内部招募与外部招募的比较

招募渠道	优　点	缺　点
内部招募	● 有利于被聘者迅速开展工作； ● 可提高被提升者的士气； ● 有利于保证选拔的正确性； ● 可降低招募的风险和成本； ● 可调动员工的工作积极性； ● 充分利用内部资源； ● 成功的概率高； ● 有利于维系成员对组织的忠诚	● 易出现思维和行为定式，缺乏创新性，从而使组织丧失活力； ● 易造成“近亲繁殖”； ● 招致落选者的不满； ● 易引起内部斗争； ● 选择范围有限，组织中最适合的未必是职位最适合的
外部招募	● 为组织注入新鲜血液； ● 有利于突破组织原有的思维定式，利于组织创新； ● 有利于平息和缓和内部竞争者之间的紧张关系	● 被聘者需要较长的“调整适应期”； ● 对内部员工造成打击； ● 被聘者可能对组织文化不适应； ● 被聘者的实际工作能力与选聘时的评估能力可能存在较大差距

招募渠道的选择应权衡内外部渠道的利弊，综合考虑以下要素：企业战略与文化、所在行业及特点、业务特点、业务部门的要求、职位特点、人才战略、招聘部门的资源状况、招聘预算与劳动力市场供给状况等限制性因素，确保招聘的有效性与经济性。

人力资源招聘的实践与研究表明，内部招募与外部招募的结合会产生最佳的效果。每个企业的结合力度都需要结合本公司的实际情况。到底是哪种渠道好，不存在绝对的答案。

（三）招募的方法

招募的方法分为内部招募与外部招募两大类。这里分别介绍主要的方法，一般不存在什么招募方法最好，适合企业并有效的就是好方法。

1. 内部招募的方法

（1）布告法。将空缺职位的性质、职责及其所要求的条件以布告的形式，公布在墙报、布告栏、内部报刊、电视、局域网上，尽可能地使全体员工都能够获得信息，号召有才能、有追求的员工毛遂自荐。布告法有利于让员工感觉到组织在招募人员方面的透明度和公平性，提升员工的士气和忠诚度，强化员工的组织安全感，增强员工与组织的心理契约，培养员工积极进取的精神。

（2）档案法。许多企业都会建立详细的人力资源档案，记录每个员工的教育培训经历、专业技能、资格、智力、职业发展目标等信息。企业出现职位空缺时，人力资源部可以通过企业人力资源信息系统（包括书面档案和计算机系统）来搜寻候选人。档案法虽然可以迅速找到候选人，但是档案本身存储的是员工过往的客观信息，因此，档案一般作为参考，使用时应当结合其他的人员甄选方法。

（3）推荐法。作为内部招募的推荐法是指由本组织管理者或基层员工根据组织的需要推荐其熟悉的合适人选，供人力资源部门与用人部门进行甄选。由于推荐者对用人部门和被推荐者都比较了解，推荐法的成功概率比较大。推荐法对于招募专业性人才比较有效，其突出的优点是招聘成本低，应聘人员的可靠性高。

（4）职业生涯开发系统。企业并不是鼓励所有合格的员工来竞聘同一岗位，而是将具有高潜能的员工置于职业生涯路径之上，接受培养以适应特定目标的工作。这种人力资源开发的方法可以降低企业中的高绩效者外流的可能性，并有助于确保在某个职位出现空缺时总有候选者能够及时填补它，主要用于接班人计划中。

2. 外部招募的方法

（1）广告招募。发布广告是企业从外部招募人员最常用的方法之一。广告能够打破时间与空间的限制，高效地传递职位空缺信息。广告招募主要需考虑下面两个问题：一是媒体的选择；二是招募广告的设计。

① 媒体的选择。广告媒体有很多，包括电视、广播电台、报纸、期刊杂志、招聘网站、广告散页，随着移动互联网的发展，微信、微博等社交工具也成为招聘广告的媒体。媒体的选择主要取决于空缺职位的类型、广告价格、潜在应征者所在地域、媒体的定位、媒体的影响力等因素。例如，征求较低层次人员的广告，刊登在地方性的报刊上即可。

如今大多数企业都把综合招聘网站、社交网站、垂直招聘网站、移动互联网等互联网平台作为招聘广告的载体，并逐渐变成国内的主流招聘形式。综合招聘网站主要有中华英才网、智联招聘、前程无忧、猎聘网、林昊人才、英才网联、卓博人才网、测聘网等；中国的社交招聘网站主要有人和网、天际网、红桃网、linkedin、赶集网、百姓网、58 同城、Boss 直聘、大街网等；垂直招聘网站有主要针对程序员的庞果网，主要针对大学生的大街网、实习僧、应届生求职网，针对互联网的拉勾网等；很多社交招聘网站和垂直招聘网站都有自己的手机客户端，通过移动互联网来连接与匹配用户的需求，不少垂直招聘网站还通过微信公众号传播招聘需求，同时嵌入简历投递功能。

② 招募广告的设计。招募广告的设计主要是形式与内容的设计。一方面，形式设计精良的招募广告不仅有利于吸引更多求职者的关注，而且有利于树立组织的公共形象，组织可以通过外部专业的广告设计机构完成招募广告的设计；另一方面，招募广告应该包括需要传递的信息，如工作地点、工作内容、任职资格、工资福利、职务、工作环境等与职位相关的信息，以及联系方式及其他相关事宜，如招聘有效时间、注意事项等。

（2）委托就业服务机构招募。就业服务机构有劳动力市场、人才市场、职业介绍所等中介机构形式，其作用是帮助雇主选拔人员，节省雇主的时间，企业委托就业服务机构招募员工具有介绍速度较快、费用较低的优势。但若中介机构误解了组织的需求，则可能造成人事的不匹配，因此企业要尽量选择信誉好的服务机构。

（3）校园招募。高校人才荟萃，很多企业的专业技术人员和管理人员都直接从学校招聘，这主要基于两个原因：大学毕业生具有文化易塑性；大学毕业生最具发展潜质。

目前企业在校园招聘中的做法多倾向于先在各个院校组织专场宣讲会，在宣讲会上传递组织的理念和文化，发布招聘岗位和薪酬待遇等信息，号召学生在线上申请或现场投递简历，通过简历筛选安排笔试和面试，通过者将到企业实习，实习期满后再正式聘用毕业生。

这种方法有利于企业按照自己的招聘计划开展招聘活动，而不必受到大型招聘会时间、场地等的制约而且还能给毕业生提供充足的准备时间和选择，进而促进企业和学生的相互了解，让双方自由选择。但是这种做法可能会造成应聘学生过多、过杂，企业需要对大量不相关专业的学生进行筛选，影响招聘面试效率。

在宣传方式上，校园招聘逐步从第三方推荐（老师、师兄、师姐等）过渡到学生群体互相推荐，例如，微软曾举办的“我顶你去微软”活动就是一个经典的案例。宣传的渠道也从攻占学校的就业网站、BBS 到人人网、大街网、Hi All、实习僧、应届生求职网等主要针对大学生的招聘网站，再到微博、微信等手机终端。

随着知识经济的到来，人才竞争更加激烈，一些知名公司为从校园招聘到优秀人才，改进或取代了传统的校园招聘。

例证 6-2   

华为的校园招聘理念

华为的校园招聘一般安排在每年的 11 月份，华为在 2019 届校园招聘活动提出“勇敢新世界”的口号，华为成立了 8 个招聘小组，奔赴全国 8 个地区来开展本次的校园招聘活动，涉及的高校超过了 50 所。除那些常规的宣讲、笔试面试等常规套路之外，华为为了能够进一步增强双方的互相了解，还举办了一系列面向大学生的比赛活动。依据大学生特点专门定制了各种比赛环节，既能考察参赛者的专业技能,又能将企业文化融入其中，在潜移默化中影响大学生们对华为的认知，可谓一举多得。比如华为举办的“2018 软件精英挑战赛”，让大学生充分展示自己的软件设计与编程能力；“2018 华为销售精英挑战赛”模拟真实商业世界的比拼环境，让大学生充分认识华为销售岗位，学习销售知识，感受商场实战，锻炼实践能力，同时为参赛学生提供近距离接触华为的机会；“2018 华为网络技术大赛”致力于让参赛学生感受网络技术改变世界的魅力，享受架构设计和数据分析的乐趣,锻炼学生与人沟通和团队协作能力。

（资料来源：http://www.hrsee.com/?id=880.）

（4）委托猎头公司。“猎头”（Headhunting）意指“网罗高级人才”。“猎头公司”就是指一种高级管理人员代理招聘机构，它采取隐蔽猎取、快速出击的主动竞争方式，常被企业用来搜寻总裁或各部门经理等高级管理人才，因此企业需要求助猎头公司来填补的职位比重不会很大，不过对于高级行政管理职位和关键的技术职位来说，猎头公司可能是企业唯一的选择。支付给猎头公司的费用一般由雇主承担，大致为推荐人才年薪的 25% ~ 40%。

专业的猎头顾问一般阅历丰富（至少在外企担任过较高的职务），品行优良，严守行业规范和职业操守，具有责任感，具备高超的沟通能力和技巧，具有较丰富的心理学与人际关系学知识等。他们能够提供候选人才的真实情况并能进行坦诚交流，也能够为企业提供人力资源开发的指导性建议。这种专业和超值的服务，无论是从人员质量还是招聘成本上，均被许多企业所认可，使用“猎头”已经成为一种趋势。

（5）参加人才招聘会。外部机构组织的人才招聘会能提供企业与求职者双向交流的机会。企业可以通过参加人才招聘会直接获取大量应聘者的相关信息，可信度较高，既节省费用，又缩短招聘周期，并可以在信息公开和竞争公平的条件下，公开考核，择优录用。但是，招聘会上往往应聘者众多，洽谈环境差，挑选会受限制。

（6）应聘者自荐。这种毛遂自荐式的招聘方法效率高、成本低。由于此类求职者一般对公司与职位都做过特别的了解，因此一旦应聘成功，比较容易适应新的工作环境。这种招募方法可能存在的问题是：从求职者提出申请到企业出现职位空缺会存在一定的时间差，而许多求职者可能已经找到了工作；为应聘成功，求职者可能提供虚假信息。

（7）熟人推荐。这里的“熟人”包括公司内的雇员、公司外的知情人（如离开公司的员工、合作伙伴企业、公司员工的亲人、客户等）。熟人推荐主要有如下三个优点：① 推荐人对企业和被推荐者有一定的了解，在推荐之前已经对被推荐者进行了一次筛选。② 被推荐者也通过推荐者对企业有了一定的了解。③ 由于被推荐者的素质与推荐者的“面子”有很大关系，因此，推荐人不会随便推荐人来应聘。同时也可能存在两个问题：① 如果所推荐的人被拒绝，推荐人对企业的满意度会下降。② 推荐人数过多，容易形成小团体和非正式组织。

（8）网络招聘。中国三大综合性招聘网站中，中华英才网和智联招聘成立于 1997 年，前程无忧成立于 1998 年，它们作为中国第一代网络招聘服务商，开启了中国网络招聘的先河。经过十几年的发展，网络招聘已经为大多数企业所接受，成为企业招聘的常用方法。

2018 年网络招聘市场收入达到 91.2 亿元，增速达到 31%，网络招聘雇主数量达 526.7 万，与 2017 年相比增长 3.5%。由此可见，网络招聘的发展速度十分迅速，而在这近二十年的发展历程中，网络招聘大致经历了三个阶段：① 萌芽探索期。这一阶段主要依托 PC 端以综合招聘模式为主，以前程无忧、智联招聘为代表的一批综合招聘平台。② 成长成熟期，网络招聘平台开始向移动端发力，更加重视个性化招聘，诞生了一批个性化招聘企业，如垂直类招聘、社交类招聘、其他新兴招聘类型。③ 稳定发展期。该阶段的主要特点在人工智能、大数据等技术在网络招聘行业的应用更加成熟，简化招聘流程，提升招聘效率。

随着移动互联网的发展，网络招聘也逐渐在向移动化和智能化发展。目前很多招聘网站都开发了自己的手机客户端，可以实时发布招聘需求，获取人才信息。很多企业还借助微信公众号推送和传播招聘需求，并嵌入简历投递功能，使企业可以随时随地招聘，求职者可以随时随地应聘。

网络招聘主要有两种方式：① 注册成为人才网站（前程无忧、智联招聘等）的会员，在人才网站上发布招聘信息，收集求职者资料，查询合适人才；② 在本企业的网站上发布招聘信息，并建立相应的链接。此外还包括其他五种特殊方式：① 在某些专业的网站

（如 IT 人才网、大学生人才网站等）发布招聘信息；② 在浏览量很大的门户网站（如搜狐等）上发布招聘广告；③ 利用网页搜索引擎搜索相关专业网站及网页，发现可用人才，自己做猎头；④ 通过网络猎头公司招聘人才；⑤ 在 BBS、聊天室里发现和挖掘出色人才。

与传统的招聘相比，网络招聘有很大的不同，表 6-2 总结了两者在招聘宣传，搜集、筛选简历以及面试录用三个方面的不同（李明，2013）。

表 6-2 网络招聘与传统招聘的比较

内 容	网络招聘	传统招聘
招聘宣传	在人才网站、本企业网站或微信公众号等发布招聘需求，宣传费用低，招聘范围没有限制，信息可以及时更新；但可能会出现虚假信息	通过报纸、杂志、电视等做广告，宣传覆盖面广，可信度高，但成本较高，信息传递具有滞后性
搜集、筛选简历	建立网络招聘平台，求职者可以直接在网上递交简历，企业可以在网上进行简历搜集和筛选，节约了求职者和企业时间、精力和成本的投入	举办招聘会，现场投递简历或到招聘公司直接投递简历，工作量大，耗时长，成本比较高
面试录用	可以通过互联网上随时交流，但是企业和求职者之间很难有较全面的了解	求职者到招聘会现场或企业面对面交流，相互了解较全面，录用效果好

五、人力资源的甄选

人力资源的甄选是做好招聘工作的重要保障，接下来将主要介绍人力资源甄选的原则、模式、方法以及甄选过程中可能出现的问题与相应的对策。

（一）甄选的原则与模式

甄选的理论基础是人事匹配，目的是实现良好的人与工作、人与组织的匹配。为此，甄选应遵循一定的原则，采用一定的甄选模式。

1. 甄选的原则

（1）因事择人。从组织的需要、岗位的空缺出发，根据职位对人员的资格要求来甄选人才。坚持因事择人，才能实现事得其人、人适其事。

（2）人职匹配。企业各职位均有特定的工作内容、岗位规范和对从业者的素质要求，每个求职者也都有自己的从业条件与个人意愿。企业在招聘实践时要尽量实现两者的匹配，实现人职匹配对降低离职率及招聘成本等均有良好的作用。

（3）用人所长。人才不等于全才、奇才、完人。在人员甄选中要注意克服“求全责备”的思想，树立“只要置于适当的位置，人人皆人才”的观念。用人用其长，关键看企业中是否存在用其所长的职位。

（4）德才兼备。自古以来，“德才兼备”是用人的标准。德与才是不可分割的统一体。“才”之核心是能力问题，涉及操作性；“德”之核心是能否努力为组织服务的问题，涉及方向性与目的性，两者统一于素质。甄选过程坚持德才兼备，要克服两个错误倾向——重德轻才与重才轻德。

例证 6-3

晋商用人唯贤

“得人者兴，失人者衰，认真查看者得之，不认真查看者不得之。”这是山西商人的经验之谈。

晋商当时的管理方式与现代委托—代理机制相仿，这种机制的形成很大程度上基于东家与掌柜之间的信任。聘用掌柜之前，先由东家对此人进行严格的考察，确认其有所作为，能守能攻，多谋善变，德才兼备，可以担当掌柜之重任，便以重礼招聘，委以全权，并始终恪守用人不疑、疑人不用之道。

光绪二十年，高钰被任命为大德通票号的总经理，引起轩然大波。面对众人的质疑，乔东家不为众言所动，将号内资本、人事全权委托给高钰负责。高钰在大德通票号逐渐地树立了绝对的权威。甲午战争时期，当不少票号开始收缩业务时，大德通却继续大张旗鼓地扩张业务，最终提高了信誉，赢得了大批顾客的信赖，生意更加红火起来。这证明了高钰的高瞻远瞩和真知灼见，也让众人心服口服。

（刘建生，2014）

2. 甄选的模式

（1）综合式。综合式甄选要求每个应聘者接受所有的甄选测试，录用决策主要依据他们各项得分的总分或加权处理后所得分数，这样可以使测试结果变得更科学。在只要求对录用者的每一项资格水平做整体评定，并且各项能力均没有最低要求时，通常采用该模式。

（2）淘汰式。淘汰式甄选，即每一轮甄选测试都淘汰一批不合格的应聘者，只有在所有测试中均合格的人才能被录用。当工作所需要的各项工作能力、资格指标均要求达到或高于某一水平时，采用淘汰式进行甄选是比较有效率的，也比较节约费用。

（3）混合式。混合式甄选，即将综合式与淘汰式结合起来进行甄选。一般操作如下：首先，采用淘汰法对“最低门槛要求”进行资格筛选，如学历文凭、等级证书、技能水平等；其次，采用综合式甄选模式，对通过筛选的应聘者进行其他各种测试，综合评定其各项能力；最后，可以考虑录用在以上甄选中都合格的候选人。

（二）甄选的方法

通常采用笔试、面试、心理测试和评价中心等甄选方法对应聘者的知识、能力、个性和动力因素进行评价，判断其是否能够胜任企业的招聘职位。

1. 笔试

笔试是指在一定的控制条件下，应聘者按照试卷要求，用记录的方式回答问题的一种甄选测试形式。笔试包括专业知识与技能测验、基本素质测验、计算机测验等。

笔试是使用最为频繁的甄选方法之一，其优点是题量大、内容广、评分相对客观公正、可以大规模进行、费时少、效率高；其局限在于不能全面考察应试者的工作态度、品德修养、组织能力、口头表达能力和操作技能等。

宝洁公司的笔试

宝洁公司在招聘甄选时的笔试主要包括以下三个部分。

1. 解难能力测试

试题分为 5 个部分，共 50 题，限时 65 分钟，题型为选择题，每题 5 个选项。主要考察申请人的自信心、效率、思维灵活、承受压力的能力、迅速进入状态以及成功率。

2. 英文测试

英文测试主要是听力题、阅读题及写作，主要用于考核母语非英语人员的英文能力。

3. 专业技能测试

主要是考核一些有专业限制的部门的应聘者，如研究开发部、信息技术部和财务部等。比如公司研发部招聘的程序之一是要求应聘者就其所应聘职位针对某些专题做学术报告，以考察应聘者的专业功底。

（资料来源：例证来源于网络并经编者加工整理。）

2. 面试

面试是测查和评价人员能力素质的一种考试活动。具体地说，面试是一种经过组织者精心设计，在特定场景下，以考官对考生的面对面交谈与观察为主要手段，由表及里测评考生的知识、能力、经验等有关素质的一种考试活动。

与其他人员甄选方式相比，面试具有以下五个显著特点：① 以谈话和观察为主要手段；② 双向沟通，面试交流直接且有互动；③ 面试内容灵活；④ 面试对象单一，由考官逐个提问测评；⑤ 面试时间持续。但目前企业滥用非结构化面试，致使面试往往成了友好的闲聊，不良现象也时有发生。

面试的方法种类众多，常用的面试方法有以下六种：非结构化面试、结构化面试、情景面试、行为面试、小组面试、压力面试。

3. 心理测验

心理测验（Psychological Test）是通过一系列的科学方法来测量应聘者的智力水平和个性方面的差异。1989 年我国国家公务员录用考试制度建立，从此心理测验成为国家机关招人的必用技术。与此同时，企业也开始采用心理测验作为人才聘选拔的工具。徐亮等在杭州市人才交流市场对 88 家企业进行了问卷调查，并对部分招聘人员作了访谈。调查显示，88 家企业中仅有 32 家已经使用过心理测验，87.5%的招聘人员认为心理测验有一定科学性，可见心理测验在企业中认可度仍然较高。（徐亮等，2011）企业在招聘中的心理测验主要应用在以下几方面：① 综合素养测评；② 人际交往能力测试；③ 情商测试；④ 职业性格和兴趣测试（如霍华德 SDS 职业兴趣量表等）；⑤ 心理成熟度测试；⑥ 性格/人格及能力测试（这是当前人才测试应用的主体部分，主要的实施工具有卡特尔、PDP、DISC、九型人格、心理特征等）；⑦ 职业能力测试（包含领导力、团队协作力、逻辑能力、执行能力等）；⑧ 礼仪测试（如杰奎琳惠特摩尔的礼仪测试工具）；⑨ 情绪稳定性测评（常用工具为艾克森情绪评测等）（赵汉高，熊建华，2019）。

例证 6-5

某公司将九型人格工具应用于招聘甄选中

香港某公司是一家以提供长者服务为主业的成长型公司，包括高级专业护理安老院、长者中心、长者用品专门店、酒店、红茶馆、药房，拥有员工近四百人。从2002年开始，公司已先后资助或者半资助员工参加在美国和香港的外部导师主持的九型人格培训，参加时间一般为2～5天；在企业内部则以人力资源部经理为讲师开展九型人格培训，员工自愿报名参加，时间一般为0.5～2天。迄今为止，公司上至总经理，下至普通员工，特别是管理层已有半数以上员工接受了九型人格工具的培训。

目前，公司将九型人格工具用在人才招聘甄选上，由公司老板罗先生和人力资源部根据岗位要求特点确定型号要求，在人力资源部门对应聘者进行初步筛选后，通常由用人部门、人力资源部的2～3人组成面试小组，对应聘者进行面试。对应聘重要岗位者，由包括老板罗先生在内的5～9人面试小组对应聘者进行面试。面试小组的一个重要任务是通过问话和谈话了解和确定应聘者的型号。为更好地了解应聘者的型号，应聘者需要填写情景反应式的两道题的九型人格心理测试，约需五分钟。三年多来，公司将九型人格工具应用于招聘中的做法已经取得了初步的成效。

（陈国海，熊淑宜，2006）

4. 评价中心

评价中心（Assessment Center），又称情景模拟法，是一种综合性的人员评价方法，它包含上述的面试、心理测试等方法。这种方法通常将被测试者置于一个模拟的工作情境中，采用多种评价技术，由多个评价者观察被评价者在这种模拟工作情境中的行为表现，用以识别被评价者未来的工作潜能。

评价中心具有以下四个优点：① 信度高，一般介于0.74～0.95；② 效度高，一般介于0.45～0.65；③ 预测性强；④ 能够使应聘者在进行一次系统模拟练习后提高管理水平。但是由于情景模拟设计复杂，准备工作时间长，费用比较高，因此，往往在招聘高级管理人员或人才选拔的最后阶段才运用该方法。

评价中心所采用的情景性测验包括多种形式，主要有公文处理、角色扮演、无领导小组讨论、演讲、撰写报告、模拟面谈、案例分析、管理游戏等形式。这里简要介绍前面四种形式。

（1）公文处理。公文处理（In-basket Activity），又称为“公文筐”测验，是评价中心最常用、最具特色的工具之一。它是对实际工作中管理人员掌握和分析资料、处理各种信息以及做出决策的工作活动的抽象和集中。测验在假定的环境下实施，它模拟组织发生过的实际业务、管理环境，提供给应聘者的“公文”信息主要包括电话记录、人事备忘录、调查报告、上级指示、请求报告、客户档案、公司文件、政府法令条文等。测验要求应聘者以管理者的身份，在规定的条件下，对各类公文进行处理，并形成公文处理报告。评价人员通过观察应聘者在规定的条件下处理过程的行为表现、分析公文处理报告、事后的访谈等手段，评估应聘者的计划、组织、预测、决策和沟通的能力。

例证 6-6

汇丰银行的公文筐整理

汇丰银行在招聘人才时，常用的一种方式是先给应聘者一个文件筐，要求应聘者在规定的时间内将所有杂乱无章的文件存放于文件筐中，要求应聘者去整理资料。凡不接受此项工作或者整理工作完成得不理想的人员均不录用。汇丰银行希望通过资料整理这种工作，来考察该人员是否能够分清资料的轻重缓急，处理业务是否具有条理性，以及是否具备吃苦耐劳和脚踏实地的作风。那些临危不乱、作风干练者自然能够获高分。

（2）角色扮演。角色扮演（Role Play）要求多个应聘者共同参与一个管理性质的活动，每个人扮演特定的角色，模拟实际工作中的一系列活动。角色扮演能够有效地考察应聘者的实际工作能力、团队合作能力、组织协调能力、创造性等。

为达到预期效果，进行角色扮演应做好以下准备工作：① 事先要做好周密的计划，每个细节都要设计好，不要忙中出错，或乱中出错；② 助手事先训练好，讲什么话，做什么反应，都要规范化，在每个应聘者面前要做到基本统一；③ 编制好评分标准，主要看其心理素质和实际能力，而不要看其扮演的角色像不像，是不是有演戏的能力。

（3）无领导小组讨论。无领导小组讨论（Leadless Group Discussion）是指不指定讨论会的主持人，将数名（5～7 名为佳）应聘者集中在一起就某一话题展开讨论，面试考官在旁观察其行为表现并进行筛选的一种甄选方式。讨论内容往往是大众化的热门话题或与拟聘岗位工作有关的内容，避免偏僻或专业化，讨论主题呈中性，使应聘者有机会充分地显示自己的才华。

通过这种方式可以观察到每个人的领导能力如何，是否有独立见解，能否倾听别人的意见，是否尊重别人，是否侵犯别人的发言权等。

（4）演讲。演讲是一个由应聘者按照给定的材料组织并表达自己的观点和理由的过程。通常，应聘者拿到演讲题目后有 5～10 分钟的准备时间，正式演讲大约控制在 5 分钟，有时演讲结束后，主考官针对演讲内容对应聘者提问。

演讲能够比较迅速地反映应聘者的语言表达能力、思辨能力、反应能力和承压能力，具有操作简单、成本较低的优点，但仅通过演讲反映出的个人特质具有一定的局限性，因而演讲往往与其他评价形式结合使用。

上述的甄选方法各有特点，实际操作中，可以根据具体情况有选择地综合运用。实际甄选面试时，企业应做好前期工作，全方位、多角度、富有责任感地考察、甄选和培育应聘者，确保公平公正，评估与控制体现在招聘的全过程中。

第二节 人员录用与招聘管理

在经过了招聘甄选环节后，接下来就是招聘录用与招聘评估。甄选是人员录用的前提与依据，人员录用是甄选的直接结果。招聘评估是对整个招聘做一个评价，为的是更好地控制成本，提高招聘效率。

一、人员录用

录用决策主要以工作说明书为依据，并随招聘情况的不同而有所变动，是人与职位的匹配。录用决策的依据主要有职位需要、人员素质及双向选择。人员录用原则与甄选类似，总体上就是要遵循补偿性原则、多重淘汰性原则以及混合式原则，确保录用人员的质量。

例证 6-7   

百度的识人用人理念

在人才招聘上，李彦宏极其苛刻，宁缺毋滥是百度人力资源部门招聘的一大特点。李彦宏提出“三个语言思维系统”，即英语思维、数学逻辑语言思维和汉语思维。这三种语言系统思维，是完善百度用人理念的基石，李彦宏凭借此，为白度广纳贤才，百度也因此成为优秀工程师们成长的温床。在这样的用人理念下，百度在短短几年的时间里囤积了大量尖端科技人才，员工人数也大幅上升。截至 2004 年年底，百度员工总数已超过 300 人。2005 年 3 月，百度进行了一次大规模招聘，3 个月后又再次举办招聘会。仅 3 个月的时间，便招收了 65 名新员工。同年 8 月，百度员工规模膨胀了一倍，达到了 600 多人。而到了 2014 年，百度的员工已经超过了 1.5 万人。

（资料来源：http://www.hrsee.com/?id=1099.）

人员录用的一般程序如下。

1. 背景调查

背景调查的主要目的是了解应聘者与工作有关的一些背景信息，也可以对其诚实性进行考察。调查的主要内容包括学历学位、工作经历、不良记录等。这些信息可以从网络资格查询中心、原雇主与同事、客户、其他知情人等处获知。

调查时，应把重点放在与应聘者未来工作相关的信息上；尽量从不同渠道验证信息，避免偏见或错误；同时也要注意避免侵犯其个人隐私，做好保密工作。

2. 健康检查

企业对拟录用者进行一系列的身体健康检查，如发现有严重疾病的，可以取消录用资格。

3. 签订劳动合同与致谢

企业与被录用者签订劳动合同，以法律形式明确双方的权利与义务。同时，企业也应当及时通知未被录用的应聘者，感谢他们对公司的关注和配合。

4. 人员报到

被录用的人员携带录用通知书和其他材料在规定的时间到人力资源部门注册报到。

二、招聘管理

招聘管理并不是招聘的结尾工作，它贯穿于整个招聘流程。招聘管理源于招聘流程，又旨在提高招聘工作的效率和效益。招聘管理应当做好招聘网络管理、招聘过程管理、招聘人员管理、招聘文本工具管理、人才库管理和招聘评估等工作。

（一）招聘网络管理

为了确保人员供给的数量与质量，企业必须选择适合自己需求的人力资源供给渠道并与之建立良好的关系，从而形成自己的招聘网络。招聘网络管理主要涉及招募渠道的开发与维护。招募渠道有内外之分，有鉴于此，应做好以下两个方面的工作。

1. 内部渠道管理

可以从晋升、调职等员工流动的途径出发，评价各种人员内部流动的具体方式对组织绩效的贡献。企业要着重做好企业内部人力资源信息管理系统的构建与维护，包括不断收集并更新员工的教育学历、参与的培训、技能的掌握、绩效的表现、关键事件、职业生涯发展期望等信息；同时，应重视公司网站的开发与维护，如及时更新公司咨讯、开发招聘模块等。

2. 外部渠道管理

外部渠道主要有大中专院校、就业服务机构、劳动力市场、猎头公司、人才招聘会、网络（人才招聘网站等）、广告媒体、推荐人才的人及其他公司。外部渠道是宣传企业形象的良好窗口。企业应不断地开发相关的外部渠道、评估各个渠道的有效性，并维护与之形成的关系，构建良好的外部招聘网络。

企业与高校招聘网络的构建与管理可以通过以下五个方面进行：① 与大学保持良好的合作关系；② 组织校园企划大赛；③ 组建学生俱乐部；④ 组织实习生培训；⑤ 设立专项奖学金。

例证 6-8 

北京工商大学与腾讯达成战略合作

2020 年 1 月 3 日，北京工商大学与腾讯签订了战略合作协议，双方将共同发力智慧校园生态建设，全面整合学校资源，创新教学培养模式，助力北京工商大学打造全国智慧校园标杆院校，探索新互联网+教育的发展模式。

首先，双方将共建北京工商大学智慧校园，联合打造网络化、数字化、个性化、泛在化的智慧校园环境，实现信息技术与人才培养、科学研究等领域的深度融合。其次，双方将共同探索创新人才培养的新模式。同时，双方将针对产学研创新达成合作。除此之外，腾讯将助力北京工商大学构建“智慧校园融合应用示范基地”，实现各类教育信息化应用间的数据共享。

（资料来源：例证来源于网络并经编者加工整理。）

此外，公司还应注意在大学校园内树立自身的良好形象。例如，通过组织或赞助演讲赛、篮球赛、专题报告等增强学生对企业的了解，通过向学生赠送带有企业标志的纪念品、在校园公共设施上张贴企业标识等提高企业在学生中的知名度，通过校友会、同乡会、学生社团等在学生中建立联系网络，挖掘出有潜力的并被公司吸引的优秀人才。

（二）招聘过程管理

招聘过程管理主要涉及招聘流程的设计与优化，应把流程管理的思想融入其中，实施过程管理。

招聘的一般流程是：① 招聘计划；② 人员招募；③ 人员甄选；④ 人员录用与招聘评估。对不同的职位，可以开发具体的、具有针对性的招聘流程。

招聘流程设计好之后也不是一劳永逸的事，它必须有一个不断完善的过程。这要求企业从一个高度来审视、评估整个招聘流程的效率，发现问题，找出原因，进行招聘流程的优化或再设计。

（三）招聘人员管理

招聘人员管理主要涉及招聘人员的选取、培训、考核、激励等。招聘是人力资源流入的口径，而招聘人员则是这个口径的管理者，在很大程度上控制着流入的人力资源的数量与质量。因此，必须对招聘人员实施严格的选拔和管理。

1. 招聘人员的选拔

并不是每个人都能够胜任人员招聘工作的，也不是每位招聘人员能够胜任招聘的全部过程。招聘人员是一个“混合”人员的组合，按职责细分起来，包括前期准备与招聘策划人员、招募人员、甄选人员、录用决策人员、招聘评估与管理人员以及其他支持性人员。企业设计招聘人员的选取程序时可以这样考虑：成立招聘人员甄选特别委员会，开发和制定招聘人员的胜任素质模型，以此甄选招聘人员。

2. 招聘人员的培训

对不同的招聘人员进行有针对性地培训。培训内容一般包括招聘理念与理论、招聘流程、甄选方法的使用与选择、相关技能等，应减少和避免主观偏见，减少“裙带关系”等人情因素的掺杂，确保客观、公平、公正。

3. 招聘人员的考核

对招聘人员的考核，应贯穿于整个招聘过程的始终。其目的是：减少招聘过程中“越轨”行为的发生，确保招聘按时、按质、按量完成；为企业招聘积累经验，为后续人员招聘服务。

（四）招聘文本工具管理

招聘过程中需要使用的文本工具可以归为两种：测试题库和辅助工具。

1. 测试题库管理

甄选中需要应用大量的笔试与面试的测试题目或通用的测量问卷。企业可以根据测试的针对性、科学性、操作性、可靠性、有效性等标准，不断设计并修正笔试与面试题目、选择测量问卷、构建企业的测试题库。题库中应包括各种不同用途的工具，分别测试应聘者的文化水平、专业知识、管理能力、个性特征等。

2. 辅助工具管理

招聘过程中需要用到诸多辅助工具，主要包括申请表、应聘登记表、面试评分表、书面通知。这些辅助工具的设计与开发应保证科学性、实用性与有效性。

另外，应做好员工隐私保密管理工作（一般由专人管理），以免带来不必要的人事和法律纠纷。

（五）人才库管理

人才库既包括企业内部的人才，又包括企业外部的人才（如本行业的技术权威、竞争对手的骨干人员等）。人才库不仅要记录这些人的姓名、住址、联络方式，还应记录其特长、爱好、家庭状况等。这样，企业在需要人才时，才知道到哪里去找以及怎么去找，以便减少盲目性，提高成功率。

对企业内部的人才，要分层、分类管理，可以分为技术类、管理类、营销类等。应在考核的基础上建立后备人才库，根据以岗位绩效为核心内容的综合测评结果，实行动态管理，使员工能上能下，能进能出。

对外部人才，需要不断地发掘，适当建立联系，同时应具有全球视野，网罗全球范围内的优秀人才。

（六）招聘评估

对招聘绩效进行评估，有利于评估招聘渠道的吸引力和有效性，有助于改进招聘的筛选方法、评估测试结果的准确性，从而提高招聘的工作绩效，提高新进员工的质量，避免招聘工作的短期行为，以达到资源的合理配置。招聘评估的方法有定性与定量方法之分。定性指标主要有评价候选人的数量、质量和职位填补的及时性，对招聘过程的满意度，新员工所在职位的部门负责人对此次招聘工作的满意度。表 6-3 是招聘评估的指标体系（李燕萍，李锡元，2012）。

表 6-3　招聘评估指标体系

一般评估指标	● 补充空缺的数量或百分比； ● 及时地补充空缺的数量或百分比； ● 平均每位新员工的招聘成本； ● 业绩优良的新员工的数量或百分比； ● 留职至少一年的新员工的数量或百分比； ● 对新工作满意的新员工的数量或百分比
基于招聘者的评估指标	● 从事面试的数量； ● 被面试者对面试质量的评价； ● 职业前景介绍的数量和质量等级； ● 推荐的候选人中被录用的比例； ● 推荐的候选人中被录用而且业绩突出的员工的比例； ● 平均每次面试的成本

续表

基于招聘方法的评估指标	● 引发的申请的数量； ● 引发的合格申请的数量； ● 平均每个申请的成本； ● 从方法实施到接到申请的时间； ● 平均每个被录用的员工的招聘成本； ● 招聘的员工的质量（业绩、出勤等）

以下主要从招聘评估的对象介绍招聘评估。

1. 成本效益评估

成本效益评估主要对招聘成本、成本效用、招聘收益成本比等进行评估。

（1）招聘成本评估。招聘成本评估是指对招聘中的费用进行调查、核实，并对照预算进行评价的过程。其分为招聘总成本与招聘单位成本，总成本包括招募、选拔费用等直接成本与各种内部费用的间接成本；单位成本即招聘单价，是总成本与录用人数之比，招聘单价通常是招聘成本的核心评估指标。

（2）成本效用评估。成本效用评估是指对招聘成本所产生效果进行的分析，主要包括招聘总成本效用分析、招聘成本效用分析、人员选拔成本效用分析、人员录用成本效用分析。其计算公式分别为

总成本效用=录用人数÷招聘总成本

招募成本效用=应聘人数÷招募期间的费用

选拔成本效用=被选中人数÷选拔期间的费用

人员录用效用=正式录用人数÷录用期间的费用

（3）招聘收益成本比。招聘收益成本比的计算公式为

招聘收益成本比=所有新员工为组织创造的总价值÷招聘总成本

该指标越高，说明招聘工作越有效。它既是一项经济评价指标，也是对招聘工作的有效性进行考核的一项重要指标。

2. 录用人员的评估

录用人员评估，就是根据组织招聘计划、招聘岗位的工作分析及素质模型，对所录用人员进行的数量、质量、结构、对所在岗位的满意度等方面的评价过程录用人员数量评估属于定量评估，可从录用比、招聘完成比和应聘比三个方面进行。其计算公式分别为

录用比=录用人数÷应聘人数

招聘完成比=录用人数÷计划招聘人数

应聘比=应聘人数÷计划招聘人数

录用比越小，说明招聘方的可选择范围越大，录用人员的素质以及其与工作的匹配度相对越高。当招聘完成比大于 1 时，则说明在数量方面全面或超额完成招聘计划。应聘比越大，说明发布招聘信息的效果越好，同时也说明录用人员的素质可能比较高。

3. 招募渠道的效果评估

招聘渠道的效果除可用以上指标间接衡量外，还可以通过招聘渠道的吸引力直接进

行评估。招聘渠道的吸引力可以通过所吸引的有效候选人的数量来衡量。

4. 甄选方法的评估

甄选方法的效果是指测试是否尽可能地选择了符合要求的人，并尽可能地排除了不符合要求的人。甄选方法的效果可以从标准化、客观性、规范化、可靠性和有效性五个方面进行评估。标准化保证应聘者在尽可能相似的条件下接受选拔；规范化为比较一个求职者与其他求职者的表现提供了一个参考框架；可靠性是指甄选方法的可信程度，用测信度、复本信度和内部一致性信度三种信度衡量，信度系数在 0 ~ 1，它是真实分数标准差和实得分数标准差之间的比率，因此，信度系数越大越好。一般来说，能力测验的信度系数应该在 0.90 左右，如果一个能力测验的信度系数小于 0.70，在使用时就要慎重。有效性可以用内容效度、构想效度和效标关联效度这三种效度（测量的结果与想要测量内容之间的相关系数）来衡量，其中内容效度的高低一般凭招聘人员或测试人员的经验判断，因此多应用于知识测试与实际操作测试，而不适用于能力测试；构想效度不适用于选拔员工时的测试，而适用于现有员工的测试。效标关联效度又称预测效度，说明测试用来预测被试者未来行为的有效性，常用的效标主要有学术成就、特殊训练成绩、实际工作表现及团体对照四个。

5. 招聘者的评估

招聘者的评估主要从其招聘工作的产出成效（即招聘质量）来衡量，衡量招聘质量的最关键指标是新聘人员的质量，而不是招聘成本或招聘时间等指标。而这些恰恰是传统的用来衡量招聘质量的关键指标，如招聘及时率、招聘成本等指标。这些指标只能衡量招聘工作的效率，而不能反映出是否通过招聘挑选到了合适的员工，用它们来衡量招聘质量是不恰当的。

第三节　人力资源配置

人力资源配置是连接人力资源招聘和利用的桥梁，要使已招聘的人力资源得到比较充分的利用，就要做到人力资源的合理、有效配置。在本节中，我们将论述人力资源配置的概念、前提、作用、原理，影响人力资源配置的环境以及人力资源配置的模型和方法。

一、人力资源配置概述

（一）人力资源配置的概念

人力资源配置是在人力资源战略的指导下，通过合理的手段和程序，从企业内部或外部获取劳动力，并根据组织和岗位的特征和要求，分配和使用劳动力，使得人尽其才，最大限度地为企业创造更多经济效益的过程，它是人力资源管理的一个重要环节，它的最终目的是要达到个人和岗位的匹配，提升组织的整体效能。人力资源配置包括人力资源的初始配置及再配置两个部分。初始配置是指企业根据岗位需求通过招聘、竞争上岗等形式从外部吸纳员工，将员工安置在相应的岗位上的过程；再配置是企业在人力资源使用过程中，根据环境的变化对员工素质和能力、岗位的要求重新分析、匹配后，对人力资源进行再次配置的过程，它具有动态性。

（二）人力资源配置的前提

人力资源的配置是建立在企业劳动分工、企业劳动协作和工作地组织的基础之上的。首先，劳动分工是在科学分解生产过程的基础上所实施的劳动专业化，使劳动者从事不同但又相互联系的工作。劳动分工有三个主要层次，即一般劳动分工——农业、工业、商业、建筑业等，特殊劳动分工——种植业、林业、牧业等和个别劳动分工——企业内部的分工。其次，企业的劳动协作，就是采用适当的形式，把从事各种局部性工作的劳动者联合起来，共同完成某种整体性的工作，通过协作，不仅可以提高个人的生产力，而且可以创造出一种新的生产力。最后，工作地组织是指根据生产工艺的要求，对员工工作场所中的机器设备、工具用具等进行科学合理的安排和放置，使人、机、物之间有合理的布局与安排，以提高员工的工作效率，其工作内容有以下三方面：① 合理地装备和布置工作地；② 保持工作地的正常秩序和良好的环境；③ 组织好工作地的供应服务工作。

（三）人力资源配置的作用

合理的人力资源配置是社会保持活力的基本要素之一。它不但可以使社会组织内的人力资源结构趋向合理，而且可以最大限度地实现人尽其才、才尽其用，使每个人的才智和潜能都得到充分的发挥，以产生最大的社会效益和经济效益。概括地说，人力资源配置具有以下三个方面的作用。

1. 调整组织内部的人际关系和工作关系

组织内部融洽的人际关系和工作关系是使员工保持饱满工作热情，顺利开展工作的重要条件。由于员工在性格、工作方式、价值观等方面存在各种差异，因此容易产生矛盾，而科学合理的人力资源配置作为人员调配的方法对于调整组织内部的人际关系和工作关系、处理和解决有关矛盾可以起到很好积极的作用。

2. 形成组织内部的竞争机制及其对外的竞争力

科学合理的人力资源配置，不仅能增强人力资源配置的有效性，而且能带动和产生一系列有利于人力资源发展的机制。例如，人力资源配置的动态调整过程是形成优胜劣汰竞争机制的基础，这种竞争机制有利于企业保留优秀的员工，淘汰不符合要求的员工，增强企业的竞争力。

3. 产生双向激励作用

人力资源配置会涉及人员的工作岗位变动、薪酬的增减、工作性质或行业的变化等方面。这些变化都可能转变成为一种内在的激励因素，即上行激励和下行激励。上行激励即把优秀人员适时地配置到更富有挑战性、并享有相应的权利和劳动回报的岗位上，从而对员工产生正向的激励作用。下行激励即对技能过低或表现不好的人员采取调岗、降职、辞退等措施造成压力，从而使员工更积极地去提高自己的工作技能。

（四）人力资源配置的原理

人力资源配置的原理对企业人力资源配置实践起到指导作用，也是人力资源配置具备有效性的前提条件。人力资源配置的原理主要有以下五个。

1. 要素有用原理

在人力资源配置中，首先要遵循一个原理，即任何要素（人员）都是有用的，也就是说，没有无用之人，只有没用好之人，因此就需要组织正确地识别人员，发掘人员的可用之处，创造人员可用的条件。

例证 6-9

福特工厂雇用残疾人士

福特汽车公司成立于1903年，是世界第一大卡车生产厂家，也是世界第二大汽车生产厂家。1913年，福特工厂开始了将标准化、流水线和科学管理融为一体的现代大规模生产。流水线彻底改变了汽车的生产方式，同时也成为现代工业的基本生产方式。在流水线上，每个工人被固定在一个工位上，长期进行动作单一的操作。经过分析，福特发现在制造T型车的7 882项工作中有4 034项并不需要完全的身体能力，因此，福特雇用了上万名残疾人士，把他们安排在适合的工位上。事实证明，这些残疾人士完全能够胜任流水线上相应工位的工作，并且能够平等地获取与正常人相同的工资。

2. 能位对应原理

企业职位有层次和种类之分，它们占据着不同的位置，处于不同的能级水平。而每个人的能力特点和能力水平都是不同的，在企业识别人才之后，就要考虑如何调用好人才，把那些有着不同能力特点和水平的人安排在对应的职位上，并赋予这个职位应该有的权力和责任，实现个人能力与岗位要求的匹配，从而实现能位对应。

3. 互补增值原理

互补增值原理就是人各有所长，也各有所短，以己所长补他人所短，从而使每个人的长处得到充分发挥，避免个体的缺点，通过个体之间取长补短而形成整体优势，实现组织最优化的目标。

4. 动态调节原理

动态调节原理指的是人员与岗位的匹配是相对的，随着环境和条件的变化，人员与岗位有可能经历由不匹配到匹配或者是由匹配到不匹配的过程，这个过程是在动态中实现的，只有不断调整人与岗位的关系，才能达到重新匹配，这正是动态调节原理的体现。

5. 弹性冗余原理

弹性冗余原理是指在人与事的配置过程中，从工作的角度出发要达到工作的满负荷，从员工的生理、心理要求考虑，又不能超越员工身心的极限，保证对人、对事的安排要留有一定的余地，既带给员工一定的压力和紧迫感，促使员工快速完成工作，又要保障员工的身心健康，给员工足够的缓冲空间。

二、人力资源配置的环境

人力资源的配置受到企业内部环境和外部环境的影响，要做好人力资源配置工作，应当充分考虑人力资源配置的环境。

（一）内部环境

影响企业人力资源配置的内部环境有很多，这里主要介绍企业的战略、企业文化、企业的经济性质和企业人力资源政策。

1. 企业战略

在不同的企业战略下，企业会有不同的目标、组织结构和生产技术，这就对人力资源的配置提出了不同的要求，因此，企业战略是人力资源配置的依据。人力资源配置分析提供的内部信息包括人力资源的现状、人力资源的素质、人力资源的工作绩效与改进、人力资源培训与开发的效果等；提供的外部信息包括劳动力供给情况、竞争对手所采取的激励或薪酬计划情况等，为企业制定战略提供了参考。

2. 企业文化

企业在招聘和配置员工时，要考核员工是否适合企业文化，如果企业倡导合作的文化，那么喜欢单打独斗的人将很难融入组织中；如果企业提倡创新，那么安分守己的人在企业中将很难有所作为。因此，企业文化影响着员工的招聘和配置，只有充分考虑人员和企业文化的适合程度，才能把合适的人放到合适的岗位上。

3. 企业的经济性质

企业的经济性质意味着企业所面临的人力资源配置问题存在很大不同。虽然我国市场经济建设已经发展了较长的时间，但是很多国有企业在人力资源配置方面依然未能从计划经济体制的阴影中走出，仍沿用传统的配置方式。加上普遍存在的人员富余问题，给知识经济下企业人力资源配置形成了较大的障碍。而众多由乡镇企业成长起来的民营企业，由于受地理位置及长期以来人们就业观念的影响，人员结构性短缺的现象则较为严重，管理基础较为薄弱，如何吸引人才，留住人才并加以合理配置则成为其需要面对的主要问题。

4. 企业人力资源政策

人力资源政策是公司为了实现目标而制定的有关人力资源的获取、开发、保持和利用的政策规定，包括人员招聘与配置政策、培训与开发制度、员工激励制度、评估考核制度、奖金福利制度、劳动关系政策等。人力资源政策是一个系统管理工具，关系到企业的发展和员工的利益。科学的人力资源政策能优化人力资源的组织和管理，提高组织效率，实现组织的利益最大化。

（二）外部环境

与内部环境一样，企业的外部环境也是影响人力资源配置的重要因素。外部环境主要是指市场配置、人力资源供求关系、中介组织、国家法律政策。

1. 市场配置

人力资源的市场配置是以劳动力自身生产成本（人力投资）及用人单位对该项资源未来的劳动产出预期为基础，由企业与求职者供求关系决定的工资为条件，通过供求双方的自由选择而完成的，体现的是招聘与配置的体制环境。

人力资源市场配置的供给方是劳动岗位上的主体，即劳动者；需求方是将人、财、物三要素购买齐全，组织其进行生产的决策者，双方互相进行自由选择，能够使资源按照自身的条件被送到社会需要它的劳动岗位，当市场上的人力资源供给和需求发生改变时，市场经济体制能够顺利、快速地实现人力资源的再配置。

2. 人力资源供求关系

人力资源的供给和需求情况，是人力资源配置的基本因素，两者的关系可以分为供过于求、供不应求、供求平衡三种类型。

（1）供过于求。供过于求，即人力资源的供给大于需求。这种类型意味着社会的人力资源出现闲置的情况，社会就业不足，失业人员增多。造成人力资源供过于求的原因有很多，例如，人口数量过多，增长过快；经济状况不佳，生产停滞或下降等。

（2）供不应求。供不应求，即人力资源的需求大于供给。这种类型表现为一个国家或者地区缺乏劳动力，结果是影响经济的发展。造成人力资源供不应求的原因有：生产和经济快速发展，而人口增长缓慢；人力资源的质量与企业要求不匹配，可能会出现人力资源在数量上供过于求而在质量上供不应求的情况；人口红利消失，人工成本上升导致劳动力供给减少。如今，面对人力资源供不应求的困境，越来越多的企业开始寻求机器人的帮助。

未来万科 30%的物业管理员由机器人取代

在“2015 亚布力中国企业家论坛夏季高峰会”闭幕主题演讲上，万科企业股份有限公司董事会主席王石演讲时透露，未来，万科 30%的工人会被机器人取代。

万科旗下的 20 个“第五食堂”中有 8 个是机器人在炒菜。2017 年万科由机器人管理的酒店将在深圳开张，30%的万科物业管理员将由机器人来取代。2018 年 4 月，恒大集团与中国科学院签署全面合作协议，称恒大将在未来十年投入 1 000 亿元与中科院共同打造三大科研基地，布局机器人、集成电路、量子科技、人工智能等重点领域。

（小微，2015）

（3）供求平衡。供求平衡，即人力资源的供给与需求基本一致，这种平衡包括人力资源数量、质量、结构上的平衡。人力资源供求平衡的标志是人力资源的供给能够被社会全部吸收，而社会的人力资源需求又能全部得到满足，这种类型是人力资源供求关系中的健康状态，但是这种理想状况是非常罕见的。因此，比较现实的是实现人力资源供求的基本平衡，即不存在长期的大量求职人口，也不存在长期大量缺乏人力资源的部门和行业。

3. 中介组织

随着经济的发展和社会事务的增多，越来越多的组织把一部分业务交给中介组织来完成，以提高工作效率，节约成本。在人力资源招聘和配置中，中介组织是人力资源招聘与配置的操作者，它们主要提供职业介绍、就业培训、职业指导等服务。

4. 国家法律政策

为了保护劳动者的合法权益，国家出台了《劳动法》《就业促进法》《劳动合同法》《妇女权益保障法》《残疾人保障法》《职业教育法》等法律。在人力资源的招聘和配置中，企业要熟知和遵守国家相关的法律政策，这样既能保护劳动者的合法权益，也能避免劳动争议和纠纷，减少企业不必要的损失。

三、人力资源配置的模型和方法

（一）人力资源配置的模型

人力资源配置的模型主要有人–岗匹配模型和人–组织匹配模型，其中，人–岗匹配模型分为人–岗静态匹配模型和人–岗动态匹配模型。

1. 人–岗匹配模型

（1）人–岗静态匹配模型。人–岗静态匹配模型主要描述了人岗匹配与整个管理系统的关系，如图 6-2 所示。

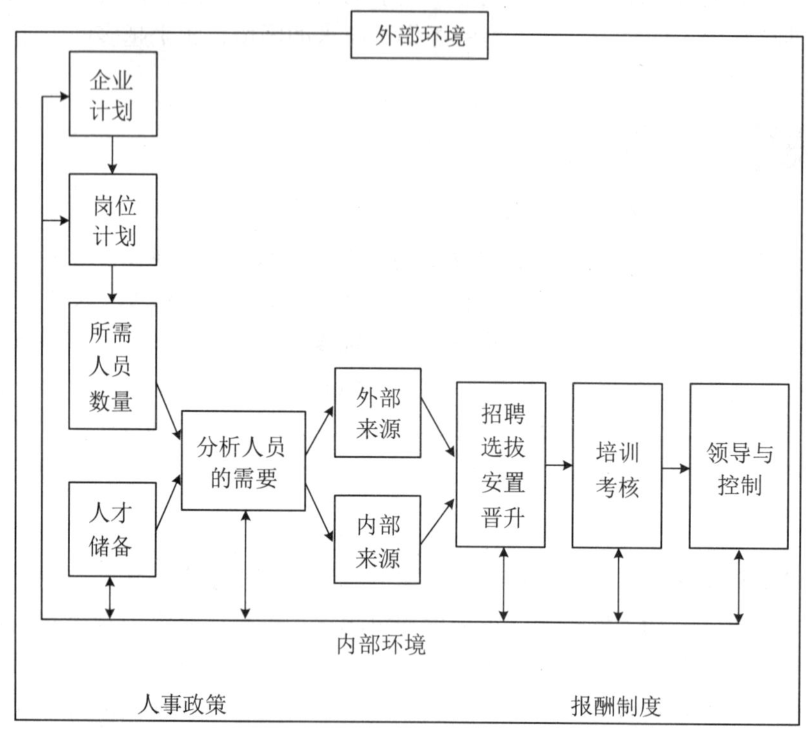

图 6-2　人–岗静态匹配模型

在人–岗静态匹配模型中，企业计划是岗位计划的基础，它也是实现企业目标的必要条件。根据现有岗位计划，能够得出目前企业所需人员的数量。通过分析企业所需人员数量和人才储备中可得到的人力资源，可以得出员工的招聘、选拔、安置和晋升需求，并通过内部来源和外部来源满足上述需求，最后通过培训和考核，使员工与岗位相匹配。人岗匹配的程度还会影响领导和控制。人岗的合理匹配有助于领导工作的开展，选拔优秀的人员会促进控制工作。

（2）人-岗动态匹配模型。为了弥补人-岗静态匹配模型的不足，近年来，有学者提出人-岗动态匹配模型，对企业人力资源进行优化和配置。人-岗动态匹配模型如图 6-3 所示。

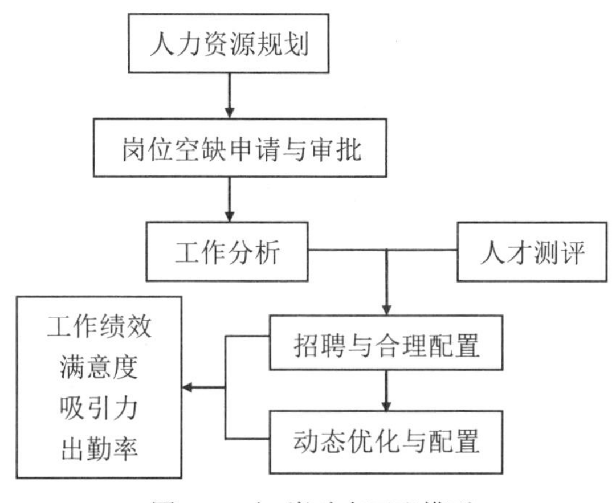

图 6-3 人-岗动态匹配模型

① 人力资源规划。匹配合格的人力资源有助于企业目标的实现，而人力资源的匹配需要有周密的人力资源规划。人力资源规划是企业人力匹配的前期性工作，是一个对企业人员流动进行动态预测和决策的过程，它在人力资源管理中具有统领与协调作用。其目的是预测企业的人力资源需求和可能的供给，确保企业在需要的时间和岗位上获得所需的合格人员，实现企业的发展战略和员工个人的利益。

② 岗位空缺申请与审批。人力资源规划是对企业所需人员数量以及企业内部所能提供的人员数量的一种预测，至于具体哪些部门、哪些岗位存在空缺，则需由各部门主管提出岗位空缺与申请，并由人力资源部进行仔细严格的审批。如果没有比较严格的审查，或是形式上设立这个审查而实质上根本不起作用，那么就极有可能导致公司整体的人口膨胀。因此，严格的岗位申请与审批是有效的人力资源规划以及有效的人力资源利用与匹配的基础。

③ 工作分析。确定了所需招聘人员的岗位以及各岗位空缺人员数量后，就应对这些岗位进行工作分析，以确定职位工作任务、职责及任职资格条件等。事实上，工作分析应作为人力资源管理的一项基础性工作来做，而不是等到有招聘需求时临时来进行。如果岗位分析做得好，形成了规范的工作说明书，那么在有招聘需求时，就只需分析企业内外环境的变化是否导致了该岗位的职责及任职资格等发生了新的变化。

④ 人才测评。进行了工作分析后，企业得出了岗位对人员在知识、技能、个性等方

面的要求，因此，企业可以据此来设计员工测评的指标，并选用相应的测量工具。对求职者进行科学的测评可让企业了解员工是否能胜任某一岗位，从而为合理配置员工提供依据。由于企业人岗匹配很多是在企业内部完成的，因此，通过员工测评与绩效考评等手段，对企业人力资源进行普查，建立人才库，将非常有利于企业进行人岗匹配。

⑤ 招聘与合理配置。进行了工作分析与人才测评后，就要对从企业内部或外部招聘的人员进行合理配置，将合适的人安置在合适的岗位上，达到个人与岗位的匹配。实际上，个人与岗位匹配包含着两层意思：一是岗位要求与个人能力要匹配；二是工作报酬与个人意愿要匹配。招聘和配置员工的所有活动都是要实现这两个层面的匹配，不能有所偏颇，否则将不能实现个人与岗位的匹配。

⑥ 动态优化与配置。人力资源需要进行动态的优化与配置，因为随着企业内外环境的变化，岗位的任职资格势必会有新的要求，而随着时间的推移，在该岗位上的员工也可能变得不再适合这个工作岗位的要求，或者其能力已远远超出该岗位的要求。因此，有必要重新进行工作分析与人才测评，对岗位责任、岗位要求及现有人员的知识、技能、能力等重新进行定位，使企业整体的人力资源达到优化配置。

2. 人-组织匹配模型

人-组织匹配是指组织成员的个性特征与组织特征之间的相容性，强调个人与组织分享共同特质，关注个人与组织的价值、目标、使命等的匹配。

员工价值观与组织价值观的一致性匹配是人与组织匹配最基础与核心的方面。根据吸引-选择-磨合模型，人在组织中不是偶然的随机分布，组织中的员工都是被组织吸引、选择和留用的人。员工会评估组织的目标、结构和文化等因素与自己的态度、价值观等是否符合，员工也总是倾向于选择在发展目标上与个人特点相适合的组织，以利于自身职业的发展。企业管理实践证明：个体的离职倾向、组织承诺、工作满意度、工作绩效等，不仅与员工较强的工作能力、较高的福利薪酬相关，更重要的是个体感觉是否能在认知、文化等方面与组织相匹配，匹配度越高，相应的组织承诺、工作满意度、工作绩效等就越高，同时，离职倾向越低。因此，企业要将人与组织的匹配度作为正式的考核指标，确保招聘到与组织具有一致价值观、相似目标，性格与组织氛围相适应的员工。

（二）人力资源配置的方法

根据所选标准的不同，人力资源配置的方法可以分为以下三个。

1. 以人为标准进行配置

以人为标准进行配置的具体做法是对员工进行岗位测试，对每一位测试者标出得分最高的岗位，并把测试者安排在其得分最高的岗位上。这种方法可能会出现多人在同一岗位上得分最高，但是只能选择一个人而把其他优秀人才淘汰掉的情况。另外，如果所有测试者的最高得分都没有出现在某一个岗位上，会造成该岗位空缺。这种方法要求测试内容全面丰富，对员工的各项素质能够进行综合评价。

2. 以岗位为标准进行配置

当岗位出现空缺时，以岗位的需求为依据，结合岗位说明书把最符合要求的员工安排到相应岗位上。这种方法可能会导致一个人被好几个岗位选中。虽然这种方法的组织功能最高，但是只有在允许岗位空缺的前提下才能实现，因此常常是很不完善的。

3. 以双向选择为标准进行配置

由于单一地以人为标准或者以岗位为标准进行人力资源配置存在很多的缺点，因此可以采用双向选择的方法进行配置，实现岗位和人员的匹配。

当企业内的员工数与岗位需求数相等时，往往先公布岗位要求，然后让员工自由选择，最后以岗选人，这便是一种双向选择的配置方式。这种方法综合了以上两种配置方法，充分考虑员工和岗位双方的因素，最终通过有效配置达到岗位需求的满足和员工能力的充分发挥。以双向选择为标准进行人力资源配置所产生的工作效率最高。

第四节 人力资源流出管理

作为人力资源流入企业的口径，招聘是企业人力资源流入管理的核心；职业生涯设计与管理是对流入企业的人力资源的一种引导性的流动管理；而流出管理则基于对流入企业人力资源的动态管理，规避企业人力资源的滞涨或臃肿。本节着重叙述企业人力资源流出的类型、构建人才退出机制的必要性以及一般方法。

一、人力资源流出的类型

企业人力资源向企业外的流动比流入更为复杂，它是指一个从企业领取货币性报酬的人中断作为企业成员关系的过程。从流出形式上看，员工的流出有改变工作单位而不改变职业的流动，有跨行业的流动，而且向外的流动还可以伴随地区之间的流动。从员工流出企业的意愿看，可以分为非自愿流出、自愿流出和自然流出。

（一）员工非自愿流出

非自愿流出是指由于各种原因，由企业一方先提出让员工离开，而并非员工自己主动流出企业的情况，主要包括解雇、人员精简、提前退休等三种形式。

1. 解雇

解雇是指聘任双方解除聘约的行为，具体说就是解除聘任的职务，不再聘用。解雇可以真正实现优胜劣汰的用人机制，优化员工组合，从反面刺激那些墨守成规和不思进取的员工，以使其更认真地对待自己的工作。解雇应当遵循如下原则：① 以事实为依据；② 体面；③ 坚持；④ 迅速。

参照以上原则，解雇一般以如下步骤进行：① 调查工作业绩；② 用书面材料说明解雇员工的原因；③ 制定终止雇佣关系的条件；④ 最好让对方在合同终止那天离开办公室；⑤ 准备好进行解雇会谈；⑥ 在独立的会议室中进行会谈；⑦ 尊重对方；⑧ 解释有关解雇的财务安排；⑨ 收回该员工使用的企业的财物。

2. 人员精简

人员精简是一个用来包揽人事裁减、招聘解冻、组织重组和兼并的术语，它是因在实际部门的广泛运用而获得认可的。人员精简是组织管理方为降低成本而采取的一系列自愿行动，降低成本的重点领域一般是劳动力成本、货币成本、时间成本或技术成本。通常而言，人员精简主要是裁减企业的劳动力规模。

例证 6-11

思科的裁员之路

2013 年 8 月，思科宣布裁减 4 000 名员工(约占该公司员工总数的 5%)；同年 10 月，约有 900 名员工收到被思科解雇的通知；2012 年 7 月，思科裁减了约占公司总数 2%的员工。自从 2011 年以来，思科一直定期开展裁员行动。2011 年，思科公司推出了一项名为“加速思科转型计划（ACT）”的项目，当时这一项目由公司高级副总裁安琪尔负责。2011 年 7 月，思科宣布裁员约 6 500 人；同月，思科宣布将机顶盒制造工厂出售给富士康，该工厂有 5 000 名工人。而从 2011 年至 2013 年，思科通过裁员、出售业务等方式共计减员约 2 万人。2019 年 11 月，在一次思科合作伙伴峰会上，思科首席执行官罗宾斯提到了公司、经济和人类面临的多个挑战，当下，疫情又给社会与经济带来新的挑战。思科曾在 2 月初公布 3 亿美元的重组方案，此次裁员正是该重组的一部分。

（资料来源：例证来源于网络并经编者加工整理。）

3. 提前退休

提前退休是让接近退休年龄的人自愿提前退出工作的一种方式。英国在 1977 年开始实施“工作让渡计划”，即自愿退休计划，让失业人员接替提前退休人员让出的工作岗位，同时对自愿提前退休人员给予适当的补偿。过渡性退休是让接近退休年龄的员工逐年减少工作时间，直至正式退休。

（二）员工自愿流出

员工自愿流出，对组织来说是一种损失，常被称为员工流失。按照员工与企业之间的隶属关系，员工自愿流出可以划分为如下两类：① 员工与企业脱离任何法律承认的契约关系，如辞职、自动离职；② 员工虽然未与企业解除契约关系，但客观上已经构成离开企业的事实。例如，主动型在职失业，即员工个人在保持在职的条件下对失业不太在意的一种情况，它在国有企业员工中出现得比较多，这些员工一般都在积极从事着第二职业，并不在意失去这份工作带来的收入减少。

人才流失给企业带来了巨大的直接损失和间接损失。人才流失给企业带来的损失已经成为不可回避和亟待解决的现实问题。

人才流失危机

自 2012 年 5 月起，美国开始出现人才流失危机。根据经济危机持续的时间和影响，研究人员预测在不久的将来会迎来大规模的员工流动。据人才招聘公司 Right Management 2011 年 11 月对美国、加拿大超过 1 000 名员工的网上调查：高达 84%的受访者表示，他们有计划在 2012 年换一份新工作。

美世咨询于 2011 年 10 月对 17 个地区的 3 万名员工（含超过 2 400 名美国员工）进行的调查显示：离职员工的百分比从 2005 年的 23%跃升到 2010 年的 32%。

34%的人力资源和招聘经理称 2011 年他们企业的员工流动率有所上升，据 Harris Interactive 公司所做的 2012 年美国就业预测报告显示：期待更高的薪酬和感觉过度劳累是各行各业且规模不一的企业招聘经理和员工给出的首要原因。30%的雇主表示，他们已经流失了在 2011 年度表现最佳的员工，43%的雇主则担心自己的顶尖人才在 2012 年可能会跳槽。人力资源专家不得不“想方设法保留、激励优秀员工，还需要随时关注谁有离职的动向并想方设法留住他们”。

（安吉·福克斯，2012）

（三）员工自然流出

员工自然流出的形式有很多种，如退休、伤残、死亡等。这里仅讨论第一种情况，后两种情况多是偶然性的，且占极少的比例。企业大部分自然流出的员工是以退休的方式离开企业的。

退休是在员工达到一定年龄并为组织服务了一定年限的基础上，可以根据企业的内部政策以及当地政府的一些规定来享有退休金。企业的退休管理一般都是针对他们的这些情况开展的，具体来说主要包括两个方面：① 为退休者提供与退休相关的信息，如退休后的收入分配、住房、家庭关系处理、态度调整和有关的法律事务方面的信息；② 为员工提供心理支持，有些企业还将原来的退休者请回来，让他们为面临退休的员工介绍经验并解答即将退休者的疑问，有些企业还提供一些关于健康、心理、休闲方面的咨询。

二、人才退出机制的构建

（一）人才退出机制的含义

企业人才退出机制是企业根据业务发展战略的需要，在企业中持续实现人岗匹配、能力与绩效的匹配、绩效与薪酬的匹配，以定期的绩效考核结果为依据，对那些达不到要求的人员依据程度的不同采取降职、调岗、离职培训、解雇和退休等的一种人力资源管理方式。因此，退出与解雇之间存在一个缓冲带，实施人力资源退出机制，是为了保证组织人力资源团队的精干、高效和富有活力，通过自愿离职、再次创业、待命停职、提前退休及末位淘汰等途径，让不适合组织战略或流程的员工直接或间接地退出组织及其机构，实现人力资源的优化配置和战略目标。

（二）人才退出机制的现状

对于国有企业人才退出机制的现状，改革开放之前，国有企业中并没有人才退出机制，自从中央政府提出国企减员增效之后，在国有企业中掀起了一股下岗裁员浪潮，企业隐性失业显性化，为中国企业的一次集体人才退出。而在私营企业中，尤其是在中国比较常见的家族企业中，一方面是频繁的雇员流动，另一方面却是人才退出的无序性和随意性，也就是说缺乏规范科学的人才退出机制，因此家族企业必须建立健全人员的退出机制。

（三）构建人才退出机制的必要性

构建人才退出机制的必要性体现在以下三个方面。

1. 实现企业战略的需要

企业战略是 组企业活动的决策，企业战略目标的实现依赖于一系列功能性战略，而这一系列功能性战略中人力资源战略最为重要。围绕人力资源战略，制定相应的选、用、育、留等方面的管理制度，在人岗匹配的基础上，逐步实现企业的发展战略，使企业人才退出上升到企业战略的层面，将其作为企业人力资源的正常职能活动，保证人才退出的程序化、规范化和制度化。

2. 实现人才职业生涯设计的需要

职业生涯设计是指将个人发展与组织发展相结合，对决定一个人职业生涯的主客观因素进行分析、总结和测定，确定其职业发展目标，并选择能实现这一目标的职业。科学的人才退出机制可以有效地配合和支持企业员工职业生涯计划。有了人才退出机制，一些能力和绩效低下的员工就会退出其占据的职位，让那些能力较高的员工有发挥优势和施展才华的机会，这必然会提高企业效率，提高人力资源的利用率，同时也激发后进者的工作积极性。这样就会为人才开辟宽阔的职业通道，以更宽的职业发展道路留住组织真正需要的关键人才。

3. 提高员工士气的需要

动力来自压力，一个没有压力的企业也就没有动力。中国企业在过去实行员工终身雇用制，企业没有权力解雇员工，员工能进不能出，因此员工也就没有任何压力，工作没有动力。而人才退出机制使员工处于流动状态，如果绩效不佳就会面临降职、降薪、调岗或解雇的危险。这就使员工始终处于工作紧张状态，不断地为提高绩效而努力。人力资源退出机制犹如人力资源管理中的“鲶鱼效应”，对企业中的人力资源起到督促和激励的作用。通过人才的退出机制保持企业人力资源的吐故纳新，在人才退出的同时为企业注入新鲜血液，引入新的思想和理念，不断提高企业的创新能力。

（四）人才退出机制的构建策略

人才退出的过程是一个循序渐进的过程，因此，良好的人才退出机制也应该是各个环节的有效匹配，其构建策略包括以下五个重要内容。

1. 根据员工的考核结果决定人才的退出

人才的退出机制通常以定期的绩效考核为基础，通过定期的绩效考核，对员工的近期工作表现进行审核和评价，然后以考核的结果为依据做出相应的人事决策，如降职、降薪、调岗、退休甚至解雇，这样就可以定期检查企业中人岗匹配程度并及时进行调整，保持企业中人员与岗位、岗位与能力的匹配。要做好该环节的工作，缓冲是一个重要的步骤。所谓缓冲是指员工绩效考核达不到要求并不直接导致退出企业，企业要针对每个员工绩效考核的具体结果做出恰当的反馈，而且要正确区分退出与解雇、流动。

2. 重视解雇程序的管理

要做到刚性裁员，柔性操作。既然裁员关系到企业的生存，就只有理性地面对，才能予以妥善解决，在理性的基础上采取柔性化方式。对企业来说，裁员过程中很重要的一项内容就是要降低员工的心理失衡，降低裁员成本。而要做到这一点，就必须根据企业的战略转型制订系统的裁员计划，把裁员程序化、规范化和制度化，以柔性化和人性化的实施方式保证裁员的良好成效。

3. 做好离职员工管理

有调查显示，目前国内企业超过 2/3 的在职员工并不知道该如何正确办理自己未来离开公司的离职手续。目前大多数跨国公司都建立了一套完善的离职员工管理方法，尤其对于掌握核心技术和营销管理的高级人员，有更严格的离职管理方法。

4. 建立“回聘”制度

回聘是指与业绩良好的离职员工建立长期联系，在企业经营状况转好时可以考虑重新录用。感受过外界企业文化的离职员工通常更能体会到原企业文化的精髓，具有更高的企业认同感。回流员工再次主动离职率非常低，而且由于熟悉企业内部工作流程，能够更快地进入工作状态，可以减少招聘新员工的大量培训支出。特别是裁员过程中离开企业的员工，其中大部分不是由于员工能力和过错离开的，相反，只是由于企业在实现不同的战略目标或者处在不同的发展阶段，为了实现目标而舍弃的。

5. 注意法律问题

在建立“退出机制”的同时，不可避免地还要关注法律的相关要求。在与员工签订劳动合同时，应该注意相应的解除合同条款，避免在裁员时出现违法现象。在解除劳动合同时要按照相关法律和公司规定给予员工相应的经济补偿，避免由此引发争端。首先，退出方法要根据相关法律的规定制定，必要时要向当地劳动部门咨询，甚至可以把退出方法到当地人力资源和社会保障部门备案，确保退出方法的合法性。其次，要有书面材料记录员工相关行为，使人力资源退出具有充分证据。最后，在人力资源退出时，要与当地人力资源和社会保障部门做好沟通，解释裁员原因，取得人力资源和社会保障部门的支持，按照《劳动法》《劳动合同法》等规定，确定补偿金额。

6. 建立与人才退出机制配套的机制

人才退出有利有弊，因此企业要建立与人才退出机制相匹配的机制，使人才退出带来的损失最小。有的被解雇的员工以前在企业中占据要职，并且由于工作需要掌握着企业的信息资源（如客户资源），或者掌握着企业所需的核心技术，而企业又没有相应的机制控制这些信息资源，也无法及时找到可以替代他们的人。这时候企业最明智的做法就是建立各种防范机制。

本章小结

1. 招聘是组织人力资源的入口，是一个系统的循环过程。完整的招聘流程一般包括招聘计划、人员招募、人员甄选、人员录用与招聘评估。

2. 组织职位出现空缺时，既可以从公司内部挑选合适的员工来填补空缺，也可以从社会上招聘新员工。内部招募与外部招募是企业获取人才的两种渠道，各有优缺点。实施招募时，应根据具体的情况选择招募渠道。

3. 内部招募的方法主要有四种：布告法、档案法、推荐法和职业生涯开发系统；外部招募的方法主要有九种：广告招募、委托就业服务机构、校园招募、委托猎头公司、参加人才招聘会、应聘者自荐、熟人推荐、网络招聘和匿名招聘。

4. 甄选的理论基础是人事匹配，目的是实现良好的人与工作、人与组织的良好匹配。为此，甄选应遵循一定的原则，采用一定的甄选模式。通常采用笔试、面试、心理测试和评价中心等甄选方法对应聘者的知识、能力、个性和动力因素进行评价。

5. 甄选是人员录用的前提与依据，人员录用是甄选的直接结果。人员录用应遵循补偿性原则、多重淘汰式原则和混合式原则。人员录用的一般程序是：背景调查、健康检查、签订劳动合同与辞谢、人员报到。

6. 招聘管理贯穿于整个招聘流程中，应当做好以下五个方面的管理工作：招聘网络、招聘过程、招聘人员、招聘文本工具、人才库。

7. 招聘是在工作分析、素质模型与人力资源规划的指导下进行的，其实质是组织对所需人力资源的获取过程。一般来说，流入的人力资源在任职前、任职中、任职后，都有一个培训的过程。这涉及人力资源的培训与开发。

8. 配置是组织为了提高效率，创造更大的经济效益，对人员的素质和能力进行分析，并使之与条件相符的岗位相匹配的过程，包括初次配置和再配置两种类型。

9. 配置不仅要考虑企业的战略、文化、企业的经济性质以及人力资源政策，还要关注劳动力市场的体制环境、供求关系、中介组织以及国家法律政策等方面。

10. 人力资源流出类型主要有非自愿流出、自愿流出和自然流出三种类型，其中员工非自愿流出主要包括解雇、人员精简、提前退休等三种形式；员工自然流出包括退休、伤残、死亡等形式。

11. 人才退出机制的构建策略包括：① 根据员工的考核结果决定人才的退出；② 重视解雇程序的管理；③ 做好离职员工管理；④ 建立“回聘”制度；⑤ 注意法律问题；⑥ 建立与人才退出机制配套的机制。

网站推荐

1. 前程无忧网：www.51job.com
2. 中华英才网：www.chinahr.com
3. 智联招聘：www.zhaopin.com
4. 大街网：www.dajie.com
5. 应届毕业生网：www.yjbys.com

影视推荐

《终极面试》

某实力雄厚、背景神秘的大集团展开公开招聘，经过激烈角逐，最终有 8 名精英男女入围最终测试。他们被带入一间近乎全封闭的房间，在测试期间只有三条规则：① 禁止与考官和警卫交谈；② 禁止污损考卷；③ 禁止离开房间。违反其中一条规则，将丧失考试的资格。应聘者面前的考卷是白纸一张，贸然落笔也是污损考卷的一种。在各种奇怪的规则之下，这几位精英变得手足无措，个性张扬的白人男子率先提议应试者们要共同合作，解决问题。拥有不同背景的男女看似走到一起，却不知机关暗藏其中。

推荐理由：该片以公司招聘面试为主题，反映的招聘机制不仅可以给企业人力资源部门带来借鉴意义，还可为面试者提供一些可取之处。

读书推荐

《重新定义团队：谷歌首席人才官的团队管理法则》

本书介绍了谷歌首席人才官拉斯洛博克结合自己 9 年来领导谷歌人力资源部门的实战经验，首次公开谷歌人力资源和团队管理的核心方法。

推荐理由：这本书是博克编著、宋伟译的，2015 年 12 月在中信出版社出版。谷歌可以算是互联网企业中的明星企业，也是所有互联网公司人力资源部门学习研究的对象，而这本书很好地解读了谷歌管理层如何将挖掘、培养和留住人才作为企业最高战略，有借鉴意义。

思考练习题 6-1：选择题

1. 以下不属于招聘流程的是（　　）。

   A. 招聘计划　　B. 招聘评估

   C. 人员录用　　D. 实习培训

2. （　　）是外部招募方法。

   A. 布告法　　B. 档案法

   C. 推荐法　　D. 广告招募

3. 下列不属于人员录用的程序的是（　　）。

   A. 背景调查　　B. 健康检查

   C. 人员报到　　D. 人员培训

思考题练习题 6-2：简答题

1. 招募有哪些渠道与方法？

2. 招聘评估有何作用？都有什么评估指标？如何进行招聘管理？

3. 配置的前提和作用是什么？怎样做好人力资源配置工作？

模拟实训 6-1：设计简历

确定自己心仪的公司和职位，假定该公司目前正在招聘该职位的员工，作为大学毕业生，你想前去应聘，借鉴模板，请设计和提交自己的简历。配对或小组讨论，指出简历的优势和不足，推选出优秀者在全班分享。

模拟实训 6-2：设计招聘方案

某会计师事务所计划招聘会计和一般管理人员，假如你是此次招聘的负责人，请为此次招聘活动设计一套招聘方案。

案例分析

雀巢公司招聘面试流程

总部位于瑞士的雀巢公司是世界 500 强企业之一，2019 年《财富》杂志世界 500 强榜单雀巢公司名列第 76 位，在世界食品行业中独占鳌头。目前，雀巢在全球拥有 500 多家工厂，近 30 万员工。该公司的面试流程具体如下。

（1）集体面试。2～8 个人分为一组，大家在闲聊中互相介绍自己。

（2）圆桌互动。圆桌上每个求职者都有一个英文名字，每个人都有一个固定的座位，规定每个求职者花 3 分钟的时间用英文和身边的伙伴交流，然后到讲台上向大家介绍对方，这个环节除考查求职者的英文水平和亲和力外，还考查求职者的演讲能力和记忆力。

（3）即兴演讲。求职者随机抽一份题，准备两分钟后上台接受所有人的提问。即兴演讲时可能会提的问题：① 你觉得是学校教育重要还是家庭教育重要？② 你觉得当地现行的教育制度是否合适？是否应该改进？

（4）小组讨论。每 2～5 个人一组，讨论一个具体案例，在内容都完全一样的表格中，先填写然后再进行讨论，再做详细的记录。没有面试官，完全自由。

（5）一对一面试。每一个面试人员面对面考查固定的求职者，从肢体语言、微笑、眼神到仪容仪表，随时为求职者打分。

（资料来源：http://www.hrsee.com/?id=1094.）

讨论题：

1. 以上雀巢公司的面试流程采用了哪些甄选模式？体现了什么甄选原则？

2. 通过对雀巢公司的案例分析，雀巢公司在人力资源招聘上有哪些优点？你有获得什么启发？

参考文献

[1] 瞿晓理，姚乐．人力资源管理案例汇编[M]．北京：经济科学出版社，2012.

[2] 张爱卿．人力资源管理理论与实践[M]．2 版．北京：清华大学出版社，2008.

[3] 李明．网络招聘和传统招聘的比较研究[J]．企业导报，2013（9）.

[4] 刘建生．晋商五百年经营谋略[M]．太原：山西教育出版社，2014：26.

[5] 陈国海，熊淑宜．九型人格在企业人才招聘中的应用[J]．商场现代化，2006（20）：250-251.

[6] 李燕萍，李锡元．人力资源管理[M]．2 版．武汉：武汉大学出版社，2012：208.

[7] 小微．王石：未来万科 30%物业管理员由机器人取代[N]．中国日报中文网，2015-08-30.

[8] 重石．商业传奇王永庆的经营哲学[M]．北京：北京工业大学出版社，2011.

[9] 福克斯．如何降低员工流动率[J]．美国人力资源，2012（9）：18.

[10] 赵汉高，熊建华．人才测评在企业招聘中的应用实践[J]．环球市场，2019（16）：46.

[11] 徐亮，章麟，张进辅．浅论企业人才招聘中的心理测验[J]．人才资源开发，2011（5）：96-97.

第七章
人力资源培训

培训很贵，但不培训更贵。

——日本松下电器创始人松下幸之助

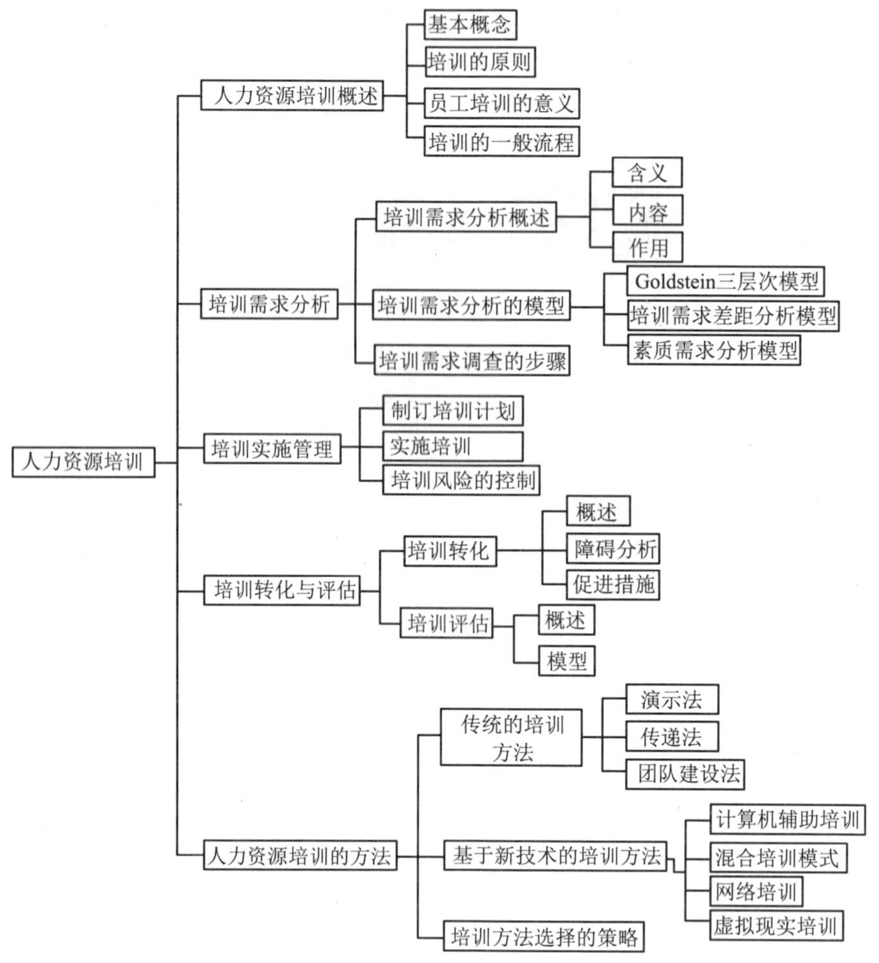

学习目标

➢ 了解培训的概念、原则和流程；

- 了解培训需求分析的模型和步骤；
- 掌握实施培训时所需内容；
- 了解培训转化与评估；
- 掌握实施培训的方法和选择策略。

引例

沃尔玛的交叉培训

沃尔玛公司的飞跃发展离不开它的科学化管理体系，更离不开它所推动的独特的交叉培训模式。所谓交叉培训，就是一个部门的员工到其他部门学习，培训上岗，使这位员工在对自己从事的工作操作熟练的基础之上，又获得另外一种行业技能。零售业是人员流动最大的一个行业，造成这种现象的原因是员工对自己本身职务的厌烦。此外，还有人认为他们所从事的职务没有发展前途，不利于以后的发展，于是选择了离开。而沃尔玛正是利用这种交叉培训的方式解决了这一问题，沃尔玛的交叉培训使上下级之间的关系变得随意亲切，没有隔阂，久而久之，大家形成了统一的思想认识——“我和总经理是同事，我就是这家店的一分子”，从而全心全意地投入经营，为沃尔玛更加茁壮的成长打下基础。经过交叉培训，员工以沃尔玛为家，为了沃尔玛的利益而努力奋斗，使之成为零售业的巨鳄，也使顾客对沃尔玛有了情感上的认同。

（葛玉辉，荣鹏飞，2014）

引例中，沃尔玛采用交叉培训的方式，让员工在熟悉自己的工作操练基础上，再获得一项技能，使员工能够时刻对工作保有热情和积极态度。从中可以看出，适当、良好的人力资源培训对于员工和企业自身都有着举足轻重的影响，因此企业应对员工培训予以重视。基于人力资源管理实践中“育人”的问题，本章在介绍人力资源培训的基本概念和一般流程之后，按照人力资源培训的一般流程的若干环节分别展开论述。

第一节 人力资源培训概述

人力资源培训是对流入组织中的人力资源的培育过程。然而，培训的内涵有差异，关注的重点不同。本节主要论述人力资源培训的基本概念、原则、意义以及一般流程。

一、基本概念

培训关注短期，开发关注长期。开发有广义与狭义之分，培训、开发以及教育有所不同。

（一）人力资源培训

培训是指通过有目的、有计划的系统干预过程，组织提高员工的素质，旨在提高员工的工作绩效和劳动生产率，进而提升组织的经济和社会效益（陈国海，2019）。下面将介绍培训的两个模型。

1. KSA 培训内容模型

培训重点要关注的是与工作绩效和劳动生产率直接相关的员工的素质提升。传统的 KSA 模型关注的培训内容是 K（Knowledge；知识）、S（Skills；技能）、A（Attitude；态度和价值观），如图 7-1 所示。长期以来，运用 KSA 培训内容模型指导培训实践，企业取得了一定的成效（Cheng & Lunn，2016），但是，随着时代的发展，KSA 培训内容模型暴露出明显的三个缺陷：① 忽视了与工作绩效和劳动生产率直接相关的员工素质，比如员工的身体健康和体能、态度和价值观内容也比较笼统；② 重视知识和技能培训，而忽视态度和价值观培训，因为知识和技能培训容易做，态度和价值观培训难做；③ 忽略了知识、技能、态度和价值观培训内容之间的有机联系，比如有趣的、鲜活的知识可能促进态度改变。

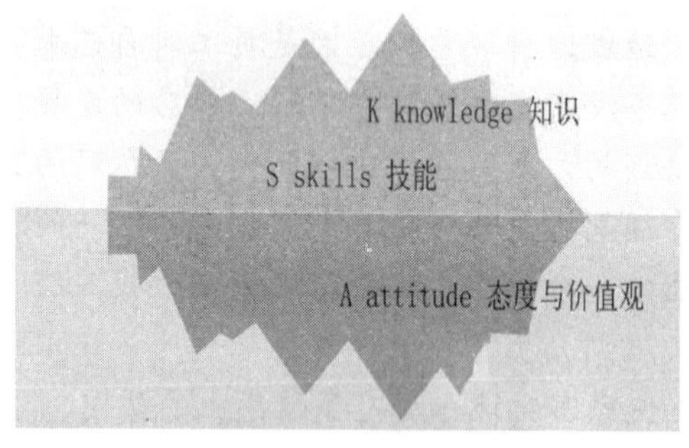

图 7-1

2. KS3PH 培训内容模型

由于 KSA 模型自身存在的缺陷，陈国海（2019）在此基础上提出了 KS3PH 培训内容模型：K（Knowledge；知识）、S（Skills；技能）、P1（Physical power；体力）、P2（Psychological power；心力）、P3（Psychic power；德力）、H（Happiness；幸福力）。与传统的 KSA 培训内容模型大体一致，但随着时代发展，又有些区别，比如因为知识搜索技术和 AI 的发展，获取知识显得非常廉价，这样就需要按价值对知识进行分类。经济合作与发展组织（OECD）将知识分为四种类型：① 知道是什么的知识（Know-what），指关于客观事实的知识；② 知道为什么的知识（Know-why），指自然规律和原理方面的知识；③ 知道怎么做的知识（Know-how），指技术诀窍、技能和能力方面的知识；④ 知道是谁的知识（Know-who），指知道何人具有何种知识和能力的知识，涉及社会关系等方面。S（Skills；技能）更多的是指职业和心智技能。

3P 是指：① P1（Phisical power；体力），从身体病痛、身体疲劳的一端到身体强健、体力充沛的另一端，一般通过体育锻炼、饮食营养、休息睡眠等提升体力；② P2（Psychological power；心力），从心理疾病、心理问题的一端到心理健康、心理繁荣的另一端；③ P3（Psychic power；德力），从践踏法律、道德败坏一端到遵纪守法、道德楷模、家国情怀、坚守信仰的另一端。KS3P 培训内容模型更为强调对 3P 即体力、心力和德力的培训。H（Happiness；幸福力）则指员工在组织中获取积极、正能量、快乐等因素的能力。

农行厦门分行的新员工培训

中国农业银行厦门支行对新进员工的培训向来十分重视，新招的应届大学毕业生自报到开始就投入紧张的培训中，培训内容主要包括如下四个部分。

（1）团队培训。为期三天，通过一系列集体活动，如红黑游戏、蓝丝带等增进了对自己和别人的了解，培训都是由农行已经获得培训师资格的资深员工负责开展的。

（2）银行产品调查。为期五天，分小组对中行、工行、建行、招行、民生银行、汇丰银行等国有和外资银行进行银行产品和银行服务调查。亲身感受各家银行的服务和产品，并与农行做比较，最后形成调查报告。

（3）针对性培训。由于这批大学生将来的发展方向是客户经理，因此增加了九型人格的培训内容，以使大家能够针对不同的人格类型采取不同的沟通策略和营销手段；同时又加入了三天的礼仪培训，内容包括坐姿、站姿、走姿、握手、中西餐礼仪等一系列的社交礼仪。

（4）业务培训。分行抽调了各个业务能手给新员工上课，内容包括基本的 ABIS、传票等，既有理论课程，又有技能训练，实时跟进，注重培训效果。考试有理论考试和技能考试，在此过程中，也通过团队竞争来培养团队精神。

新员工培训的整个过程持续了 40 天，每天晚上 8 点以后到次日早上 9 点之前，员工们都是在集体宿舍，这样有助于大家进一步加深了解。

（陈大松，2017）

（二）培训与教育的异同

培训是一种由组织规划和设计的学习过程，是企业针对员工有计划、有组织实施的系统学习和挖掘潜力的行为过程，其目的是通过把培训内容与所期望的工作目标联系起来，促进个人与企业的共同发展。从管理学角度看，培训主要使员工学习掌握如何做好所承担岗位的相关知识和技能（林媛媛，2005）。

培训与教育均关注员工知识、技能和态度的提升。但是，教育往往指学历教育，周期长，重点在于知识的学习；培训往往指非学历教育，周期短，重点在于使用性知识或技能的学习。两者的具体比较如表 7-1 所示（葛玉辉，荣鹏飞，2014）。

表 7-1 教育与培训的比较

区别点	教育	培训
知识	在教育中，知识是通过教而学会的，教师告知学生什么是真理	在培训中，知识主要是被发现的，而不是被传授的，培训师只是促进和帮助学员去发现真理
中心	教学以教师为中心	培训以学员为中心
行为	教学主要关注那些可测评的行为	培训关注行为，同时也关注态度
目标	教学注重明确的行为性目标，强调信息的获取	培训注重目标的明确性，强调人际技能的掌握（学会如何学习）

续表

区 别 点	教 育	培 训
内容	教学内容关注技术性能力	培训内容还涉及人的技能，诸如决策能力和批评性思维能力，以及处理人际关系、进行管理和领导所需的一些软技能
方法	教学以学科为中心，一般采用讲课的方式，学员主动参与较少	培训更加个性化和多样化，注意与环境的融合，更强调发挥学员参与的积极性

二、培训的原则

培训要想取得良好的效果，应遵循以下五个原则。

1. 战略导向原则

企业培训要服从或服务于企业的整体发展战略，同时，也要以战略眼光去组织企业培训，不能局限于某一培训的项目或需求。

2. 参与性原则

在培训的过程中，只有受训者的参与、投入甚至行动，才能增强培训的效果。因此，培训必须调动员工参与培训的积极性。

3. 激励性原则

学习动机多来自需要，在培训的过程中，可应用种种激励方法，使受训者在学习过程中，因需要的满足而产生学习意愿。

4. 应用性原则

企业员工培训和开发与普通教育的根本区别在于它特别强调针对性和实践性。企业要改变脱离实际、向学历教育靠拢等用人思维。培训讲求实效，学以致用。

5. 因人施教原则

员工培训应因人而异，不能采用普通教育“齐步走”的方式培育员工，即根据不同的对象选取不同的策略，甚至制订个性化的培训发展计划。

三、员工培训的意义

作为企业发展的支柱，员工培训具有以下五个方面的意义。

1. 让新员工尽快进入角色

通过职前培训，让新员工尽快熟悉企业环境，了解企业文化及自己所要承担的具体工作任务，实现良好的角色转换过程。

2. 提高工作绩效

通过对员工有效的培训，使得企业员工在以下几方面得到提升：① 知识结构得到更新，掌握新的工作方法，如掌握计算机操作技能；② 工作技能明显提高，劳动熟练度加强；③ 与周围的人际关系得到改善，合作意识与工作热情增强。

3. 为企业造就人才

相对于从外部招聘而言，从内部晋升企业所需人才有着无可比拟的优势，而有效的培训能够使员工的知识水平、技术能力及人际关系处理能力都得到强化，从而使员工成为某一领域的专门人才。

4. 提高和增进员工对企业的认同感和归属感，增强企业的稳定性

通过培训，可以提高员工胜任工作的能力，在一定程度上改变员工的工作态度，同时也可以使企业中具有不同价值观、信念、工作作风的员工和谐地统一起来，为共同的目标各尽其力。

5. 提高对组织创新的认识，增强企业的生命力

企业发展的内在动力就在于组织的不断创新，而大多数员工倾向于“安于现状”，对创新和变革常常表现出本能的抵制。针对组织变革的培训，能够端正员工对组织创新的认识，让员工领悟到：企业保持恒久生命力的唯一办法就是不断创新与变革。

四、培训的一般流程

尽管培训的侧重点有所不同，但是都遵循一般性的流程。从问题导向的视角看，其一般流程主要解决如下四个问题：① 为什么要培训？涉及培训的基础、原因与目的。② 怎么进行培训？涉及培训的计划与方法。③ 怎么使得培训有效？涉及培训的实施、控制与转化。④ 培训的效果怎么样？涉及培训的效果评估。一些有效的工具或方法能够帮助我们解决上述问题，它们包含在流程之中。培训的一般流程主要包括前期准备、培训的实施、培训的转化、培训的效果评估，如图 7-2 所示。

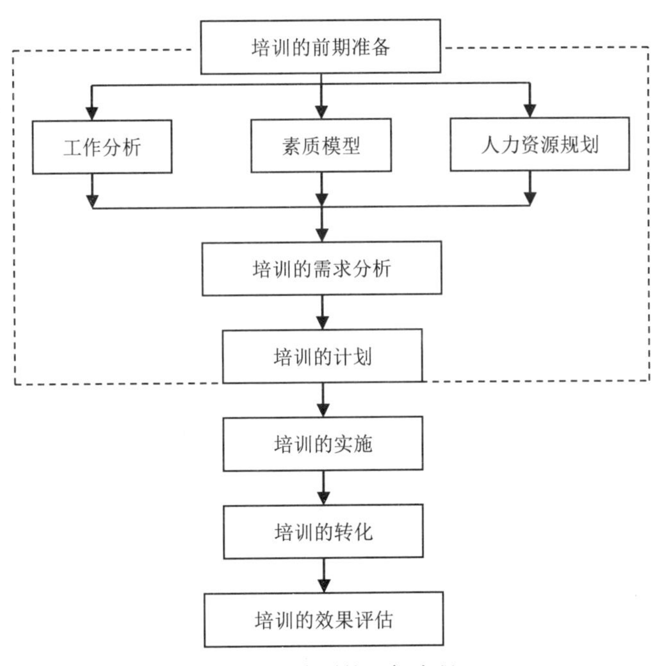

图 7-2　培训的一般流程

（一）培训的前期准备

人力资源培训的成效在很大程度上取决于其前期准备工作的成效。工作分析、素质

模型与人力资源规划，是培训的三个基础与前提，它们为培训提供了依据与方向。培训需求分析正是在这些工作之上进行的，而培训计划是在人力资源规划和培训需求分析的基础上制订的。

（二）培训的实施

培训的实施在培训计划的指导下进行，主要涉及具体的操作。但是怎样使得培训顺利实施并富有效率，有待详细的探讨，需要融入过程管理思想。同时，培训的实施也直接影响到培训成果的转化。

（三）培训的转化

如何将培训转化为绩效成果，是企业关注的一个焦点。培训的转化是指将在培训中所学到的知识、技能、行为和态度应用到实际和未来工作当中去的过程。

（四）培训的效果评估

培训的效果评估是指收集培训成果以衡量培训是否有效的过程。它是培训流程中的一个重要环节，是衡量企业培训效果的重要途径和手段。通过评估，管理者可以知道：学员的知识和技能得到了怎样的更新和提高，态度和行为有何改变，工作表现产生了怎样的变化。

第二节　培训需求分析

培训需求分析主要解决为什么要培训的问题，作为培训活动的第一步，在培训中发挥着基础的指导性作用，直接决定培训的成败。

一、培训需求分析概述

（一）培训需求分析的含义

培训需求分析又称培训需求评估，是指在正式运作培训活动之前，采用一系列相关的方法和技术，对企业的发展状况和员工的资质水平等进行系统的调查分析，从而确定具体的培训内容、培训对象和培训方式的过程。培训需求分析是培训和开发体系的首要环节。

（二）培训需求分析的内容

培训需求分析的具体内容可以从下面三个不同的角度进行划分。

1. 培训需求的层次分析

根据培训需求分析所涉及内容的不同层次，可以将培训需求分析分为以下三类。

（1）组织层次分析，即确定组织范围内的培训需求，以保证培训计划符合组织的整体目标与战略要求，具有战略性。

（2）任务层次分析，即确定各个工作岗位的员工达到理想的工作业绩所必须掌握的技能和能力，它决定了培训的内容。

（3）员工层次分析，即将员工目前的实际工作绩效与企业的员工绩效标准对员工技能的要求进行比照，其主要目的是将来评估培训结果与未来培训。

2. 培训需求的对象分析

根据培训需求分析所涉及员工的不同，可以将培训需求分析分为以下两类。

（1）新员工的培训需求分析。它主要源于新员工对企业文化与制度的不了解，对工作岗位的不熟悉。通常使用任务分析法来分析决定新员工在工作中所需的各种技能。

（2）在职员工的培训需求分析。它主要源于新技术在生产过程中的应用，以及在职员工的知识、技能、观念和态度不能满足工作的需要。通常采用工作分析法和绩效分析法来分析在职员工的培训需求。

3. 培训需求的阶段分析

根据培训需求分析所涉及时间的不同，可以将培训需求分析分为以下两类。

（1）目前培训需求分析，即着眼于组织目前存在的问题和不足，从中找出问题产生的原因，进而确定培训内容。

（2）未来培训需求分析，即着眼于组织未来成长所需要的素质，主要采用前瞻性培训需求分析方法分析决定培训内容。

（三）培训需求分析的作用

培训需求分析是现代培训活动的首要环节，其作用包括以下五个方面。

（1）确认员工现状与目标要求的差距。

（2）识别需求和问题的本质，判断是否可由培训加以解决。

（3）有助于企业发展的前瞻性预测分析。

（4）有利于预估培训成本。

（5）获取内部与外部的多方支持，达成共识。

二、培训需求分析的模型

模型是分析与解决问题的手段，下面介绍三种常用的培训需求分析模型。

（一）Goldstein 三层次模型

20 世纪 80 年代，戈德斯坦恩（I. L. Goldstein）等人将培训需求分析系统化，构建了 Goldstein 三层次模型。这一模型是培训需求分析的重要理论基础，它将培训需求分析分成了三个部分，即组织分析、任务分析和人员分析，如图 7-3 所示（Noe R，Hollenbeck，Gerhart，2000）。

具体来说，组织分析是指在组织的经营战略条件下，判断组织中哪些部门和员工需要培训，以保证培训计划符合组织的整体目标与战略要求；任务分析是指通过分析完成该项任务所需要的知识、技能和态度，由此确定与任务相关的各项培训内容，并定义各项培训内容的重要性和掌握的困难程度；人员分析是指从员工的实际状况的角度，分析员工现有情况与理想的任务要求之间的差距，即“目标差”，以形成培训目标和内容的依据。戈德斯坦恩认为，通过这三个方面评价结果的比较和综合，就能揭示出培训任职者最需要的知识、技能和态度。组织分析是任务分析和人员分析的前提，任务分析更侧重于职业活动的客观要求方面，即理想状况，而人员分析更侧重于员工个人的主观特征方面。

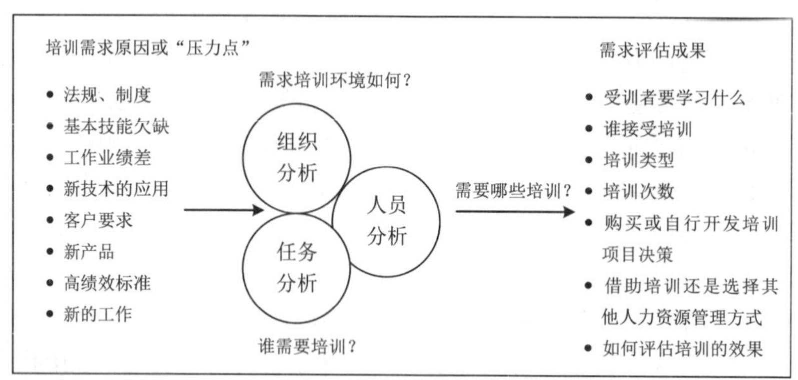

图 7-3　Goldstein 三层次培训需求分析模型

（二）培训需求差距分析模型

美国学者汤姆 • W. 戈特（Tom W. Goad）将“现实状态”与“理想状态”之间的“差距”称为“缺口”，以此确定员工知识、技能和态度等方面的培训内容（Cusimano，1996）。培训需求差距分析模型通过对“理想技能水平”和“现有技能水平”之间关系的分析来确认培训需求。它主要包含了以下两个思想：① 只要“理想状态”形成，“现实状态”便会与之构成差距——包括现有知识程度与希望达到的知识程度之间的差距，现有能力水平与希望达到的能力水平之间的差距等；② 培训需求由差距的形成而产生，即：培训需求=理想状态-现实状态。任何培训活动都旨在消除或缩小这种差距。培训需求差距分析模型将培训需求分析的重点“差距分析”进行提炼，提高了培训需求分析的可行性，较好地弥补了 Goldstein 模型在任务分析和人员分析方面操作性不强的缺陷。

（三）素质需求分析模型

素质模型（Competency Model）是指担任某一特定的任务角色所需要具备的素质特征的总和。该分析模型的应用步骤包括：确认素质差距；分析差距，确定培训的优先次序；制订并执行培训开发计划；评估效果。

在培训需求分析中，素质需求分析模型具有如下四个方面的优点。

（1）素质特征的可测量性可以使分析过程更加标准化，而且使培训需求更加具体化。

（2）该模型有助于描述工作所需的行为表现，以确定员工现有的素质特征，同时发现员工需要学习和发展哪些技能。

（3）该模型使员工能够容易理解组织对他的要求，建立行动导向的学习。

（4）该模型强调了培训的“岗位绩效导向”，将员工培训引入了解决绩效问题的范畴。然而，该模型未能足够重视企业战略对培训需求的影响。此外，素质模型的运用对企业的人力资源管理水平提出了较高要求，因为建立素质模型要求相当专业的技术和后期分析处理技巧，且耗时、费力、成本高。

三、培训需求调查的步骤

不管用何种培训需求分析模型，都必须进行培训需求调查工作，其实施程序包括以下四个步骤。

（一）前期准备

培训活动开展之前，培训部门应该有意识地收集有关员工的各种资料。这样不仅能够在培训需求调查时很方便地调用，而且能够随时监控企业员工培训需求的变动情况，以便在恰当的时候向高层管理者请示开展针对性的培训。前期准备主要包括四个方面的工作，分别是建立员工背景档案、与其他部门保持密切联系、了解员工培训需求并向主管领导反映情况、需求调查准备。

（二）制订培训需求调查计划

在培训调查工作开展之前，需要制订一个详细的计划，指导企业进行培训需求调查。具体而言，培训需求调查计划应包括如下四个方面的内容。

1. 培训需求调查工作的行动计划

安排调查活动中各项工作的时间进度以及各项工作应注意的问题，对调查工作的实施很有必要。对重要的、大规模的需求分析更应制订一个行动计划。

2. 确定培训需求调查工作的目标

培训需求调查的目的不同，培训调查工作的侧重点也就不同。以三层次分析为例，其调查工作的侧重点比较如表 7-2 所示（傅夏仙，2003）。

表 7-2　三层次分析的目的与内容

分　析	目　的	内容（方法）
组织分析	决定组织中哪些人需要培训以及培训什么	根据组织长期目标、短期目标和经营计划判定知识和技能需要； 将组织效率和工作质量与期望水平进行比较； 制订人事接续计划，对现有雇员的知识和技能进行审查； 评价培训的组织环境
任务分析	决定培训内容应该是什么	对于个人工作，分析其业绩评价标准、要求完成的任务和成功地完成任务所必需的知识、技能、行为和态度
人员分析	决定谁应该接受培训和他们需要什么培训	通过使用业绩评价，分析造成业绩差距的原因； 收集和分析关键事件； 对员工及其上级进行培训需求调查

3. 选择合适的调查方法

培训需求信息的收集方法主要有五种：访谈法、重点团队分析法、观察法、调查问卷法和工作任务分析法。其实施要点与优缺点比较如表 7-3 所示（陈国海，2012）。

表 7-3　培训需求信息收集方法的比较

方　法	实 施 要 点	优　点	缺　点
访谈法	① 确定访谈对象和人数； ② 准备访谈提纲； ③ 访谈气氛和过程控制； ④ 整理并分析结果	① 工作灵活，便于双向交流； ② 有助于增强信任感，提高培训的接受程度	① 费时，不易量化，分析难度大； ② 对面谈者素质要求高
重点团队分析法	① 团队成员的选择（要有代表性）和人数确定（一般 8～12 人）； ② 访谈气氛和过程控制； ③ 整理并分析结果	① 用时相对较少； ② 利用头脑风暴法可以相互启发，分析更为全面； ③ 容易激发成员对培训的使命感和责任感	① 成本较高，对组织者要求较高； ② 有时成员不敢反映本部门的真实情况，容易走形式
观察法	① 观察员工在工作或会议中的行为表现； ② 一般在非正式情况下进行，避免造成被观察者的不安	易获得第一手资料，信息可信度大	费时费力，仅适用于生产作业和服务性人员。不适用于技术人员和销售人员
问卷法	① 列出培训者要了解的事项，并将列出的事项转化为问题； ② 设计问卷； ③ 问卷试答、修改； ④ 发放并回收问卷，并对问卷结果分析	① 实施简单，节省时间，成本低； ② 调查范围广，信息来源广； ③ 使被访者回答问题更自然； ④ 易于对数据资料进行归纳	① 问卷编制难度高，编制周期长； ② 问卷结果的真实性不高，分析量大； ③ 回收率可能低，有些答案不符合要求
工作任务分析法	把工作任务书、工作规范或工作任务分析记录表作为员工的标准，将员工具体表现进行比照，找出差距，分析培训需求	① 资料容易获得； ② 通过现行的重要信息和问题的线索，提供客观的证据，结论可靠性高	① 信息的时效性差； ② 通常无法找到问题的原因和解决之道

4. 确定调查内容

培训部门要分析这次调查应得到哪些资料，然后除去手中已有的资料，就是要调查的内容。培训需求调查的内容不要太广泛，但对于某一特定内容，为便于取证，可以进行多角度调查。

（三）实施调查

制订了培训需求调查计划以后，就要按照计划规定的行动依次展开工作。具体操作中应明确如下三个问题。

1. 了解受训员工的现状

受训员工的现状包括：① 他们在组织中的位置；② 以前是否受过培训；③ 接受过什么样的培训；④ 参与过的培训形式有哪些。

2. 寻找受训员工存在的问题

调查应该帮助培训对象发现自身在工作中存在的问题，分析问题产生的原因，这样有利于员工对该调查工作的积极配合。

3. 了解受训员工的期望和真实想法

调查中应确定受训员工期望能够达到的培训效果。要让员工知道说出自己的培训期望可能会对培训内容有所影响。若不能满足期望，应解释原因。

（四）分析和输出培训需求结果

在培训需求调查的基础上，分析并集结成果。

1. 培训需求调查结果的分析

调查资料收集到以后，要仔细分析这些调查资料，由于信息来源的渠道和信息形式不同，因而应该进行信息归类、整理、分析与总结，也可以制作一些表格对信息进行统计，并利用直方图、分布曲线图等工具将信息所表现的趋势和分布状况予以形象地处理，并从中找出培训需求。

2. 培训需求调查结果的输出

培训需求分析报告包括：① 需求分析实施背景；② 目的和性质；③ 实施的方法和程序；④ 阐明分析结果；⑤ 解释、评论和提供参考意见；⑥ 附录；⑦ 报告提要。

第三节　培训实施管理

培训实施管理主要包括制订培训计划、实施培训和培训的风险控制。

一、制订培训计划

制订培训计划应遵循一定的原则，按照一定的系统性步骤进行。

（一）培训计划制订的原则

培训管理者在制订培训计划前，应明确并把握如下四个原则：① 培训计划的制订必须以培训发展需求为依据；② 培训计划的制订必须以企业发展战略规划为依据；③ 培训计划的制订必须以各部门的工作计划为依据；④ 培训计划的制订必须以可能掌握的资源为依据。

（二）培训计划制订的步骤

培训计划的内容几乎不可避免地要包含或解决以下五个问题：① 为什么要培训？② 谁接受培训？③ 培训什么？④ 谁实施培训？⑤ 如何培训？有鉴于此，培训计划的制订应包括以下五个步骤。

1. 明确培训目标

培训目标是指在培训后，希望参训员工能够获得的能力。一般而言，培训目标包括如下五个方面：① 通过员工培训能够达成员工对企业文化、价值观和企业战略的了解和认同；② 达成员工对企业规章制度、岗位职责和工作要领的掌握；③ 提高员工的知识水平，增强员工的工作能力，改善工作绩效；④ 端正工作态度，提高员工的工作热情和合作精神，建立良好的工作环境和工作气氛；⑤ 配合员工个人和企业发展的需要，对有潜力的员工，通过有计划的人员发展使员工个人的事业发展与企业的发展相结合。

制订培训目标的具体步骤如下：① 确定目标。② 分清主次。③ 检查可行性。④ 设计目标层次。

2. 明确参训人员

参训人员的选择至少应该与以下四个方面相匹配：① 组织战略与目标；② 本次培训的目标；③ 员工的发展目标；④ 培训预算等资源性限制。

3. 设计培训内容

一般来说，现代培训的内容可以分为五个层次，即知识培训、技能培训、思维培训、观念培训和心理培训。五个层次由浅入深，逐步深入，同时它们又相互联系。对于每一个培训项目来说，需要对其培训内容做出层次上的界定，如表 7-4 所示（陈国海，2012）。

表 7-4　培训内容的五个层次及其含义

培训内容	含　义
知识培训	对培训对象所拥有的知识进行更新，主要解决“知”的问题。通过培训使员工具备完成本职工作所需的基本知识，了解企业发展战略、经营方针、规章制度、市场及竞争形势等
技能培训	对培训对象所有的能力加以培养和补充，主要解决“会”的问题，旨在应对现代社会对每个行业、岗位的新技能要求，产业结构的不断调整，员工岗位转换频率的加快
思维培训	重点在于改变管理者固有的思维方式，并在培训中激发管理人员的创造性思维，主要目标在于解决“创新”的问题
观念培训	使培训对象持有的与外界环境不相适应的观念得到改变，其目标在于解决“适应”的问题
心理培训	重点在于开发培训对象的潜能，主要目的是通过心理调整，引导员工利用自己的显能去开发自己的潜能，主要目标在于解决“悟”的问题

例证 7-2

让员工适应组织的目标和价值观

上岗引导成为员工目标与企业目标一体化过程的开端，美国丰田汽车制造公司的上岗引导计划就是一个很好的例子。这个计划主要的目的是潜移默化地使丰田的新员工接受该公司的质量意识、团队意识等。

这个计划的内容可总结如下。

第一天：公司主管人力资源的副总裁介绍本计划概况、致欢迎词、详细讲述公司组织结构和人力资源部门情况、丰田公司的历史文化、公司福利、公司质量和团队精神的重要性。

第二天：员工间倾听和沟通。在这一过程中主要强调相互尊重、团队精神和相互交流的重要性。将这天其余的时间都用于上岗引导的一般性内容，包括安全、环境事务等。

第三天：沟通训练，内容是提问和反馈方法。其余时间用于介绍丰田公司解决问题的办法、质量保证、安全与事故通报。

第四天：上午召开团队精神研讨会，主题包括团队训练、丰田的提案制度等。下午专门进行防火和灭火训练。

以上就是丰田公司引导新员工接受其目标和价值观的上岗引导过程。

（傅夏仙，2003）

培训内容的设计在形式上集中反映在培训课程的设计上。培训课程开发与设计是一个系统化的过程，应该体现五个基本原则：① 基于培训需求；② 契合成人的认知规律；③ 强调实效性；④ 全员开发与重点开发相结合；⑤ 紧跟时代发展，具有适度的超前性。

培训课程开发与设计的程序包括环环相扣的五个环节：① 确定培训课程的目标。培训课程目标由绩效、条件和标准组成，包括课程目标和内容目标两个层次。② 收集培训课程的信息和资料，主要包括受训、学员、任务和环境方面，收集方法可采用观察法、问卷法等。③ 设计培训课程，主要包括课程用途、学员概况、学员必备条件等。④ 开发培训课程的内容。该阶段要根据学员的专门知识水平来选择教学方法、教学媒体、培训场地，开发出支持教师和学员的资料。⑤ 评价并修订培训课程设计。培训课程设计效果可以从反应、学习、行为和结果等四个层次进行评价。

4. 确定培训者

英国培训与发展专家罗杰 • 贝内特（R. Bennett）在 1998 年提出培训者担负着五种角色：① 培训者，为受训者提供学习内容、条件、绩效反馈和其他帮助；② 提供者，设计、保持和实施培训计划；③ 顾问，分析企业存在的问题并提出培训需求，寻找和评价解决问题的途径，解决企业发展中的问题，做好管理参谋；④ 创新者，帮助企业应对环境的变化，帮助员工发展新思维；⑤ 管理者，对培训活动进行计划、组织、控制和提高，保证培训目标的实现。

因此，培训者需具备六个方面的能力：① 观察与捕捉能力；② 分析与总结能力；③ 策划与组织能力；④ 表达与沟通能力；⑤ 引导与应变能力；⑥ 学习与创新能力（李燕萍，吴欢伟，2007）。这些可以作为遴选或培训培训者的参照标准。

就培训者的来源来看，有企业内部讲师与企业外部讲师之分。内部讲师主要负责专业技能、企业规章制度与企业文化等的培训，而外部讲师主要负责新理念、新思想、新技术的培训。两者各有优缺点，其比较如表 7-5 所示（丑纪岳，2007）。

表 7-5 企业培训内部讲师与外部讲师的优缺点比较

讲师来源	优　点	缺　点
内部讲师	① 熟悉企业实际情况，易于开展有针对性的培训； ② 为员工树立榜样，激励员工的积极性； ③ 易于控制； ④ 减少搜寻成本，培训成本较低	① 容易导致“近亲繁殖”，缺乏创新； ② 选择范围小； ③ 权威性不高； ④ 可能无法激发受训者足够的热情

续表

讲师来源	优　　点	缺　　点
外部讲师	① 选择范围大； ② 能够带来全新的理念； ③ 可以提升培训的档次，引起企业各方面的高度重视； ④ 容易使员工保持新鲜感和好奇心； ⑤ 易于营造学习氛围，促进培训效果	① 时间接触短，沟通困难，信息不对称，容易选错，风险较大； ② 可能因迁就对方（学术成就、头衔、知名度），而放弃企业培训的本来目的； ③ 对企业缺乏足够的了解，偏重于理论，培训的针对性不足； ④ 实际管控难度大，成本较高

可见，在一定程度上，内部讲师与外部讲师具有互补性，一个是“内脑”，一个是“外脑”，企业可以根据不同的培训目的选择培训者。

中信银行信用卡中心：内部海选培训师

中信银行信用卡中心高度重视人才的发展，致力于打造人才发展的“永动机”——内部人才培养机制。让内部讲师体系深入业务一线，是将培训落实到实处的关键着力点。培训中心精心策划，推出了内训师体系建设项目“T 计划”——“培训培训师”（Training Trainer）的简称，一方面要为信用卡中心建设完善的内部讲师体系，并创新性地为内部讲师提供横向与纵向相结合的职业发展通道；另一方面是要实行“双 T”培训模式，除内部讲师外，第二个“T”是指 Target（战略目标）、Task（工作任务及问题），要将培训项目与具体任务结合起来。

（资料来源：2009 年第三届哈佛《商业评论》管理行动奖——中信银行信用卡中心参选案例。）

5. 选定培训时机、地点和方法

从培训时机上讲，新员工入职前需要进行培训，培训时间可以从几天到几个月。在职员工的培训时机，可以根据组织绩效现状与未来发展需要来决定。

培训场地的选用因培训内容和方式的不同而有所区别，分为两种：① 利用内部场地。训练项目主要有工作现场的培训和部分技术、技能、知识和态度等方面的培训。② 利用外面专业培训机构或场地。培训项目主要是专业性与重要性较强的培训项目（如专题研修）。培训方法的选择是有章可循的，通常要注意三个原则（杨生斌，肖平，高恺元，2006）：① 培训目标是方向；② 培训方法为内容服务；③ 对不同的对象，采用不同的方法，即“因材施教”。同时，还应考虑如下五个因素：① 所需的时间；② 受训者的岗位可离开的程度；③ 所需的经费；④ 学员的数量；⑤ 相关科技的支持程度。

二、实施培训

实施培训是对培训计划的实际履行和控制。尽管理论上可以制订出完善的培训计划，但是实践上可能一团糟，因为它涉及人的因素，包括个人理念、执行力、应对突发情况的能力等。培训实施的效果不仅取决于实际实施培训的过程，而且取决于培训计划前后各个活动的协调状况。表 7-6 列出了培训实施过程中的主要工作（郑晓明，2013）。

表 7-6 培训实施工作

培训阶段	主要工作
培训前	1. 制订培训计划； 2. 编写培训教材； 3. 聘请培训教师； 4. 安排培训场所； 5. 准备培训场所； 6. 安排好培训人员食宿； 7. 安排好受训人员食宿
培训中	1. 保持与培训人员的联系； 2. 保持与受训人员的联系； 3. 观察受训人员的课堂表现； 4. 及时将受训人员的意见反馈给培训人员； 5. 保证培训设施的便利使用； 6. 保持培训场所的干净整洁； 7. 适当安排娱乐活动
培训后	1. 评价受训人员的学习效果； 2. 听取培训人员和受训人员的改进意见； 3. 酬谢培训人员； 4. 培训总结； 5. 跟踪调查受训人员的工作绩效； 6. 调整培训系统

三、培训的风险控制

作为人力资源的一种投资，培训也有其自身风险。这是因为企业培训投资形成的人力资本具有以下四个特征：① 产权特性的复杂性，体现在投资主体的模糊性与投资收益的复杂化；② 所有者的能动性和创造性；③ 投资内容的时效性；④ 投资收益的间接性。因此，需要针对培训投资的不同风险类型，提出相应的应对措施，有效地控制培训风险。

（一）企业培训投资风险的类型

企业在进行培训投资决策时必须对投资的成本和收益进行比较。从培训的人力资本特性看，培训风险主要表现为以下四种（朱方伟，武春友，2004）。

1. 流失风险

流失风险的产生源于员工离开企业，体现在两个方面：① 人的寿命的不确定性。② 接受培训后的员工离开原企业。

2. 激励风险

当接受培训的人力资本所有者——员工得不到有效激励时，他们在工作中不发挥相应的才能，从而使人力资本的经济利用价值一落千丈。企业必须借助具有激励性的企业制度安排、组织设置和心理契约管理来实现对人力资本的使用和调度。

3. 贬值风险

企业培训的主要内容是丰富员工的知识，提升员工的技能，而知识和技能会出现损耗，这种损耗分为两种：① 有形损耗。由于生疏、遗忘等引起知识和技能减少。② 无形损耗。科技的快速发展、市场的动态变化、产品生命周期的急剧缩短都加速了企业在职培训人力资本的无形损耗。

4. 结构风险

企业培训的结构风险主要表现在如下两方面：① 内部结构风险。人的体能、精神及健康状态与寿命长短直接影响到一个人培训投资的收益率。② 外部结构风险，即培训投资（人力资本投资）与实物资本投资的结合风险。

（二）企业在职培训投资风险的防范措施

结合不同的风险类型，必须采取有效措施对企业培训的投资风险进行防范。防范和规避企业培训投资的风险应考虑以下四点。

1. 提高接受培训员工的忠诚度

企业培训投资的有效性直接决定了接受培训员工的忠诚度。企业进行培训投资决策时必须同时考虑如何为员工提供最好的训练和发展的资源，提供个人的专业成长机会，提高员工的忠诚度。

2. 完善企业人力资本激励措施

企业建立健全企业人力资本激励的措施包括：① 建立合理的收入分配制度；② 强化精神激励，包括为员工创造发展的机会，支持员工在工作中实现自我等；③ 重视员工职业生涯设计，充分了解员工的个人需求和职业发展意愿等。

3. 不断更新培训内容

企业在进行培训投资决策时，既要考虑市场前沿的发展需要，又要充分考虑企业自身的发展现状，不断更新培训内容，促进企业发展。

4. 调整企业投资结构

进行企业培训投资决策时，需要考虑两个方面的均衡：① 对员工知识、技能和健康投资的均衡。改善员工的身心健康状况，也是增加企业人力资本存量的重要保障。② 培训投资与实物资本投资均衡问题。人力资本培训投资与实物资本投资的结合比例要充分考虑企业的产品特性、技术特性和企业的规模。

第四节　培训转化与评估

企业进行培训投资的目的就是实现培训的收益，提高组织的绩效，这涉及培训转化的问题。培训评估是对整个培训成效的评定，可以借用评估模型进行。

一、培训转化

培训转化涉及培训的全过程，从内容上看，培训转化包括培训过程转化与培训成果转化两种。目前主要有同因素、激励推广和认知转换等三种培训转化理论，培训设计受到培训转化理论的指导。

（一）培训转化概述

1. 培训转化的内涵

培训转化（Training Transfer）是指受训者将在培训中的所学（知识、技能、行为方式、认知策略）有效且持续地应用于工作当中（Broad，Newstrom，1992）。其目的就是要改善员工的工作业绩并最终提高企业的整体绩效。

从内容来看，培训转化可以分为以下两种。

（1）培训过程转化。转化发生在培训过程中，是在对个体的培训过程中逐渐完成的，并在持续的时间里通过潜移默化的形式转化为企业的业绩或组织的目标。

（2）培训成果转化。转化过程较为复杂，是企业对员工的能力或技能的培训以期达到企业目标的过程，表现为培训内容与个人能力技能及企业业绩三者的显著正向相关性。

2. 培训转化的模型

培训转化既包括将培训内容推广到工作当中，又包括对于所学内容的维持。图 7-4 为培训成果转化过程的模型（Baldwin，Ford，1998）。推广能力是指受训者将所学技能（语言知识、动作技能等）应用于与学习环境中遇到的问题和情况相似但又不完全相同的工作中的问题和情况的能力。维持能力是指长时间持续应用新获得的技能的过程。

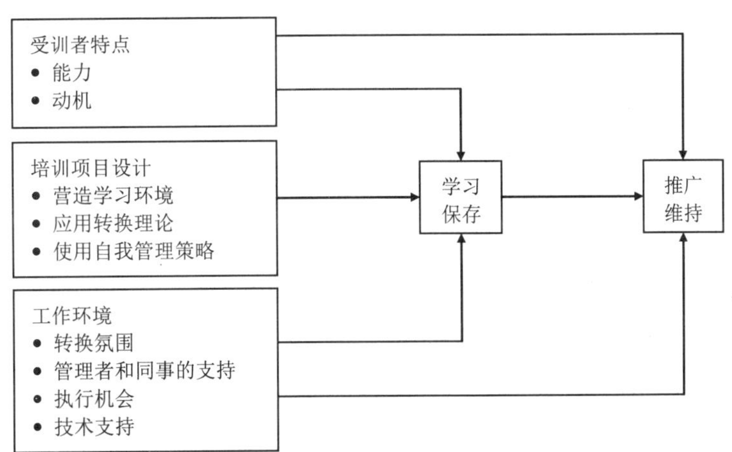

图 7-4　培训成果转化过程模型

提高培训的转化率有两种方法：① 适应性培训转化，如培训项目的设计和工作环境；② 刺激转化，如受训者的动机和能力。激励在刺激受训者转化动机上将发挥重要的作用，这是培训转化的内在动力。

培训转化分为两个步骤：① 个人转化，指培训内容转化为个人的知识和观念，即外显知识内隐化、组织知识个人化；② 组织转化，指个人将所学到的知识和观念应用于培训所期望的提高企业业绩或组织目标的活动中，即将个人内隐知识外显出来的过程。

3. 培训转化的理论与培训设计

培训转化的理论主要有三种：同因素理论、激励推广理论和认知转换理论。培训转化理论的主要内容及适用条件如表 7-7 所示（Royer，1979）。培训的目的不同，培训设计的侧重点也有所不同。

表 7-7　培训转化理论

理　　论	强 调 重 点	适 用 条 件	转 化 类 型
同因素理论	培训环境和工作条件完全相同	工作环境的特点可预测且稳定，如设备适用培训	近转化
激励推广理论	一般原则适用于多种不同的工作环境	工作环境不可预测且变化剧烈，如人际关系技能培训	远转化
认知转换理论	有意义的材料和编码策略可促进对于培训内容的存储和回忆	各种类型的培训内容和环境	近转化和远转化

（1）同因素理论与培训设计。同因素理论（Identical Elements Theory）认为，培训转化只有当受训者在执行工作与接受培训期间所学内容完全相同时才会发生。能否达到最大限度的转化，取决于任务、材料、设备和其他学习环境特点与工作环境是否相似。同因素理论特别关注“近转化”的发生。近转化（Near Transfer）是指受训者将所学技能准确应用于工作的能力。如果培训项目强调近转化，则培训设计应包括：① 培训项目一定要传授具体的概念和程序；② 必须向受训者详细解释培训任务和实际工作任务之间的所有差别；③ 鼓励受训者关注培训任务和工作任务之间的重要差别（如完工的速度），而不是不重要的差别（如特征相同但模型不同的设备）；④ 受训者在培训中学习的行为和技能必须有利于高绩效的产生。

（2）激励推广理论与培训设计。激励推广理论（Stimulus Generalization Theory）指出，理解培训转化问题的方法是：建立一种强调最重要的特征和一般原则的培训，并明确这些一般原则的适用范围。它强调“远转化”（Far Transfer）。远转化是指受训者将所学技能应用于与培训环境不一致的工作环境（设备、问题和任务）的能力。如果培训项目强调远转化，则培训设计应包括：① 培训项目一定要传授一些一般性的概念和广义的原则；② 让培训者了解培训中强调的内容与他们工作中的实践的相似性，以便将各种在不同环境中有效的策略联系起来；③ 培训项目必须强调这些一般性的原则能够运用到范围更广的情形中。

（3）认知转换理论与培训设计。认知转换理论（Cognitive Transfer Theory）指出，转换实现的可能性取决于受训者恢复所学技能的能力，即认为可以通过向受训者提供有意义的材料来增加他们工作中遇到的情况与所学能力相结合的机会，从而提高转换的可能性。同时，向受训者提供对所学技能进行编码记忆的认知策略，这样他们就能够轻而易举地恢复这些能力。该理论对培训设计的影响主要体现在：鼓励受训者思考培训内容在实际过程中可能的应用。培训的应用练习可以帮助受训者理解所学能力与现实应用之间的联系，以便在需要时更快地回忆所学技能。应用练习是让受训者运用培训所学的内容来解决工作问题或处理实际情况。

（二）培训转化的障碍分析

有关培训利用的研究表明，一般情况下，只有 40%的培训内容在培训后的短时间内能够立即被应用到工作情境中，25%的内容在 6 个月以后还能应用，15%的内容能够维持到每年年末。如果以货币形式来衡量，大约只有 10%的培训投入能够转化为员工日后的工作行为（Newstrom，1986）。在降低企业培训成本的同时，增强培训的实际效果，促成培训转化，是企业迫切需要关注的课题。下面从观念与执行两个方面分析培训转化的障碍，对有效克服培训转化的障碍，提高培训转化率提供改进依据。

1. 影响培训转化的错误观念分析

（1）培训仅仅是一种福利。片面强调培训仅仅是员工的一种福利的观念，不利于培训绩效的提升。员工参加培训都应该既是权利也是义务，因此员工有享受培训的权利，企业也有约束员工参加培训的权力。企业可以把员工参加培训纳入绩效考评之中，让员工感受到竞争压力，督促员工努力去学习。

（2）培训是中基层管理者的事。企业需要清醒地认识到，对公司高管层进行相关的管理知识和技能培训是必要的。从企业长远发展的角度看，更应该对他们加强培训，强化他们在企业战略管理、人力资源、财务管理、市场营销等方面的理论知识和能力。

（3）培训是人力资源部门的工作职责。将培训认为是人力资源部门的工作职责，结果势必造成培训转化成效大打折扣。这是因为参训人员所学的新知识、技能、观念和行为需要在本岗位工作的基础上才能得到实践和发挥。

（4）培训万能论。企业在重视培训的同时，也容易走入另一个误区：过分倚重于培训工作，认为培训是万能的，把培训当成解救企业的万能钥匙。但是，培训并非万能的，培训只能解决“不能的问题”，解决不了“不为的问题”。

2. 培训转化的执行分析

（1）缺乏科学的需求分析基础。因为企业对员工的培训需求缺乏科学细致的分析，使得培训工作带有盲目性、随意性，缺乏针对性。

（2）重视投入，忽视产出。企业培训年度计划通常提供的是企业年度培训经费投入和培训课程计划安排，一旦开始后就很少有人过问，直到结束时才进行简单的考试，对培训绩效缺乏系统管理，难以保证培训转化效果。

（3）重前期准备，忽视培训的监督和沟通。许多企业重视培训的前期准备、策划和选择过程，进入实施阶段时，却忽视了对培训的监督和沟通。培训过程中缺少监督和沟通将造成事倍功半的结果。

（三）促进培训转化的措施

从影响培训转化的因素（工作环境特征与组织环境）的视角看，有效地促进培训转化，应做好如下几方面工作。

1. 营造良好的工作环境

良好的工作环境主要包括以下五个方面。

（1）营造良好的转化氛围。转化氛围是指受训者对能够促进或阻碍培训技能或行为应用的工作环境特征的感觉。表 7-8 列出了有利于培训成果转化的氛围的特征（Tracey，Tannenbaum，Kavanagh，1995）。研究表明，培训转化氛围与管理者在培训之后的管理行为和人际关系行为的积极变化密切相关。

表 7-8 有利于成果转化的氛围特征

特　征	特 征 描 述	举　例
上级与同事鼓励	主管和同事鼓励受训者使用培训中获得的新技能和行为方式并为其设定目标	刚接受过培训的管理者与他们的主管和其他管理者共同讨论如何将培训成果应用到工作当中
任务线索	受训者的工作特点会督促或提醒他应用在培训中获得的新技能和行为方式	刚接受过培训的管理者的工作就是依照他使用新技能的方式来设计的
反馈结果	主管支持受训者运用培训中获得的新技能和行为方式	主管应关注那些应用培训内容、刚刚受过培训的管理者
不轻易惩罚	不公开责难使用从培训获得的新技能和行为方式的受训者	当刚受过培训的管理者在应用培训内容的过程中出现失误时，他们没有受到惩罚
外部强化结果	受训者会因应用从培训获得的新技能和行为方式而受到外部奖励	刚受过培训的管理者若成功运用了培训内容，他们的薪水就会增加
内部强化结果	受训者会因应用从培训中获得的新技能和行为方式而受到内部奖励	主管和其他管理者应表扬那些刚受过培训就将所学的内容应用于工作中的管理者

（2）加强管理者的支持程度。管理者支持（Management Support）是指受训者的管理者对参加培训项目的重视程度，以及对培训内容在工作中的应用程度。管理者能够为培训活动提供不同程度的支持，如表 7-9 所示（Cusimano，1996）。支持程度越高，就越能促进培训成果转化。

表 7-9 管理者对培训的支持水平

支 持 形 式	支 持 程 度	描　述
参加培训教学	高支持	在培训项目中作为培训者
实践技能	↑	让受训者有实践机会
强化	│	与受训者共同探讨进展情况，并询问如何支持受训者使用新技能
参与	│	通过重新安排工作日程，支持员工参与培训项目
鼓励	↓	赞成员工参加培训
接受	低支持	允许员工参加接受培训，承认培训的重要性

（3）构建同事支持网络。在员工间建立起支持网络有助于促进培训成果的转化。支持网络（Support Network）是指由两个或两个以上的受训者组成的、愿意会面并讨论将所学技能应用于工作中的进展情况的小组。他们以面对面或电子邮件等方式进行沟通，共同分享在工作中应用培训内容的成功经验。表 7-10 反映了同事支持网络的组建方式与培训转化效果之间的联系。

表 7-10 同事支持网络组建方式与培训转化效果的联系

同事支持网络组建方式	内容描述	培训转化效果
面对面会议	定期见面，沟通如何将刚学的新技能运用到工作中去	高
咨询导师	组织安排一名受过同样训练且经验丰富的员工作为咨询人员，帮助受训者解决难题	↕
内部简讯	组织或培训师在组织内部以刊物或简讯的形式传播成功经验	低

（4）增加应用所学技能的机会。应用所学技能的机会是指向受训者提供或由他们主动寻找机会来应用培训中新学到的知识、技能和行为方式。应用所学技能的机会包括三个方面：① 使用范围，即在工作中使用培训内容的数量；② 活动程度，即在工作中运用培训内容的次数和频率；③ 任务类型，即在工作中应用所学技能的培训内容的难度和重要性。一般来说，有实践机会的受训者比没有实践机会的受训者更有可能保持所获得的能力。

应用所学技能的机会多寡的衡量可以从三个方面进行：① 受训者是否完成过应用所学技能的任务；② 应用所学技能有多少次；③ 对于难度大且富有挑战性的任务时应用所学技能的情况。如果应用所学技能的机会少，则一般说明或反映了三个问题：① 受训者应该接受再培训；② 工作环境对新技能的应用产生了阻碍，如管理者没有支持培训活动，不给受训者提供能够应用培训所强调的技能的机会；③ 培训内容对员工的工作并不重要。

（5）应用技术支持。管理者可以使用各种工具和技术减轻培训工作的负担，促进培训转化。目前，企业应用的比较多的工具和技术包括：① 培训手册；② 交互式计算机培训；③ 实例研究；④ 角色扮演；⑤ 录像带；⑥ 交叉培训，即一个部门的员工到其他部门学习，培训上岗，实现达到这位员工在对自己从事的职务操作熟练的基础上，又获得了另外一种职业技能；⑦ 电子执行支持系统（Electronic Performance Support System，EPSS），这是一种计算机应用系统，它能够按要求提供技能培训、信息资料和专家建议，同时可以向受训者提供一种电子信息资源，作为在工作中应用所学技能的必要基础，以促进培训转化。

2. 营造良好的组织环境

组织环境是工作环境的营造者。为了让受训者获得应用新技能的机会及管理者和同事的支持，激发受训者的学习动机，并使工作环境有利于学习，许多公司正在努力转变成为学习型组织（具备很强的学习能力、适应能力与变革能力），并且十分关注知识管理，注重知识的流程化与制度化管理，开发知识共享的机制。

需要指出的是，培训转化体现在培训的全过程中，深受整个组织价值观、培训目标与组织战略目标的协同性、高层的参与重视度以及管理细节等因素的影响。

二、培训评估

培训评估至少要解决两个问题：一是为什么要进行培训评估；二是怎么进行培训评

估。下面着重论述这两个问题。

（一）培训评估概述

1. 培训评估的含义

培训评估（Training Evaluation）有广义与狭义之分。广义的培训评估是指对培训项目、培训过程和效果进行评价，可分为三种：① 培训前评估，在培训前对受训者的知识、能力和工作态度进行考察，作为培训者编排培训计划的依据；② 培训中评估，在培训实施过程中进行的评估；③ 培训后评估，即狭义的培训评估，是指对培训的最终效果进行评价，是培训评估中最为重要的部分，其目的在于使企业管理者能够明确培训项目选择的优劣，了解培训预期目标的实现程度，为后期培训计划、培训项目的制定与实施等提供有益的帮助。

2. 培训评估的作用

（1）培训前评估的作用主要体现在：① 保证培训需求确认的科学性；② 确保培训计划与实际需求的合理衔接；③ 帮助实现培训资源的合理配置；④ 保证培训效果测定的科学性；⑤ 保证培训项目组织合理、运行顺利；⑥ 保证受训者对培训项目的满意度。

（2）培训中评估的作用主要体现在：① 保证培训活动按照计划进行；② 有助于培训执行情况的反馈和培训计划的调整；③ 过程检测和评估有助于科学解释培训的实际效果。

（3）培训效果评估的作用主要体现在：① 有助于树立结果为本的意识；② 有助于扭转目标错位的现象，是提高培训质量的有效途径。

3. 培训评估的流程

一般来说，培训评估包括以下五个步骤（诺伊，2015）。

（1）进行需求分析。评估过程应该从培训需求的决策开始，需求分析有助于确定需要哪些知识、技能、行为方式或其他能力。

（2）开发可测量的学习成果并进行培训转化分析。要确立能够指导项目实施的、具体的、可测量的培训目标。对工作环境进行分析，以确定培训成果的转化，对于确定如何将培训内容应用于工作是很有用的。

（3）设定成果衡量尺度。成果衡量尺度建立在学习目标和培训转化分析的基础之上，它们用来评价学习和培训成果转化发生的程度。

（4）选择评估策略。选择评估策略时要考虑诸如专业技术、获得信息所需的时间、变化的可能性及企业文化等因素。

（5）计划并实施评估。规划和实施一项评估包括进行项目预测（培训前评估）及根据评估方案收集培训成果。评估的结果可以用于项目的改进、营销或赢得更大的支持。

（二）培训评估模型

随着研究的深入，各种培训评估模型（如四层次评估模型、CIRO 评估模型、CIPP 评估模型、舍贝克和科恩的效用公式）脱颖而出，并且逐步修正完善。下面重点介绍常用的四层次评估模型。

柯克帕特里克（Kirkpatrick）于 1959 年提出的四层次评估模型，是有关培训评估的最著名和被引用较多的模型。从评估的深度和难度看，它包括以下四个层次。

（1）反应层次，即一级评估，是培训评估中最低的层次，是通过对受训者的情绪、注意力、兴趣等研究，得出受训者对培训材料、培训师、设施、方法和内容等的看法和态度。这一层次的评估通常采用调查问卷的形式。

（2）学习层次，即二级评估，主要用于了解受训者通过培训学到了什么，即测量受训者对原理、事实、技术和技能的掌握程度。这一层次的评估主要采用书面测试、操作测试、等级情景模拟测试等评估方法。

（3）行为层次，即三级评估，往往发生在培训结束后的一段时间，用来测定受训者在日常工作中是否自觉运用了培训所学到的知识和技能。这一层次的评估主要依靠上下级、同事、客户等相关人员对受训者的业绩进行评估来测定。

（4）结果层次，即四级评估，它上升到了组织高度，即组织是否因为培训而经营得更好，用来判断培训后员工工作业绩提高的程度。具体可以通过事故率、产品合格率、产量、销售量、生产率、员工流动率、员工士气以及企业对客户的服务等指标来进行测定。该层次的评估需要采集大量的数据，对企业来说有一定的困难。

综上所述，四层次评估模型评估标准可以归结为表 7-11。

表 7-11　四层次评估模型评估标准

层　　次	标　　准	重　　点
1	反应	受训者满意程度：他们是否喜欢这些项目？讲授的内容是否清楚且有用？他们是否确信他们已经完全掌握所学的这些材料
2	学习	知识、技能、态度、行为方式的收获：他们是否掌握了所教授的知识和技能？他们是否能谈论以前所不能谈论的知识？他们是否能在培训（角色扮演）中表现出适当的行为
3	行为	工作中行为的改进：他们现在是否能做以前所不能做的事情？他们能否在工作中表现出新的行为？绩效是否有所改善
4	结果	受训者获得的经营业绩：在生产率、成本节约、反馈时间、工作绩效的质量或数量等方面是否有确实的成效？培训项目是否有实用价值

柯克帕特里克四层次评估模型是最常用的培训评估模式，它主要以受训者作为评估对象，前两个层次主要是对培训的过程进行评估，而后两个层次主要是对培训的结果进行评估。

第五节　人力资源培训的方法

培训方法与技术的采用直接关系到培训的效果。培训的方法种类繁多，本节介绍传统的培训方法和基于新技术的培训方法，并对培训方法的选择做出一定的分析。

一、传统的培训方法

传统的培训方法是以培训者直接面对受训者为主要形式的培训方法。本章讨论的传统培训方法分为三类：演示法、传递法和团队建设法（诺伊，2015）。

（一）演示法

演示法是指受训者为被动的信息接收者的培训方法。这些信息包括事实、过程及解决问题的方法。演示法包括讲座法和视听法。

1. 讲座法

讲座法是指培训者用语言传达想要受训者学习的内容。它按照一定的组织形式有效地传递大量信息，成本最低，时间最节省。这种学习的沟通方式是单向的——从培训者到听众。表 7-12 描述了五种标准的讲座方法及其优缺点。

表 7-12　五种标准的讲座方法及其优缺点

序　　号	方　　法	具体描述	优　　点	缺　　点
1	标准讲座	培训者讲，受训者听，并吸取知识	有效地传递大量信息，成本最低，时间最节省	单向沟通，缺乏反馈
2	团体教学	两个或两个以上的培训者讲不同的专题或对同一专题的不同看法	给培训带来更多的技术和观点	占用培训者更多的时间，用于准备特定培训内容并与其他培训者协调
3	客座发言	客座发言人按事先约定的时间出席并讲解主要内容	可以给受训者一些相关的例子和实际的应用，激发他们的学习动机	对某一领域不了解的受训者难以理解重点
4	客谈小组	两个或更多的发言人进行信息交流并提问	有利于受训者充分表达自己的立场、观点	对某一课题不了解的受训者难以理解重点
5	学生发言	各受训者小组在班上轮流发言	提高资料的价值及受训者的关注程度	若受训者发言技巧匮乏，将导致学习受阻

讲座法的不足之处在于缺少受训者的参与、反馈以及与实际工作环境的密切联系，这些都会阻碍学习和培训成果的转化。由于讲座法强调的是信息的聆听，因此它不太能吸引受训者的注意，而且讲座法使培训者很难迅速有效地把握学习者的理解程度。为克服这些缺点，讲座法常常会附加问题、讨论和案例研究，以便使培训者能够在讲座中为受训者提供更多的参与机会、与工作有关的案例和实践练习，从而有利于学习和培训成果的转化。

2. 视听法

视听教学使用的媒体包括投影胶片、幻灯片和录像（或 DVD、VCD）。

（1）培训中使用录像的优点。在培训中使用录像的优点有：① 培训者可以重播、慢放或快放课程内容，可以根据受训者的水平来灵活调整培训内容；② 可以让受训者接触到不易解释说明的设备、难题和事件，如设备故障、顾客抱怨或其他紧急情况；③ 受训者可接受相同的指导，使项目内容不会受到培训者兴趣和目标的影响；④ 通过现场摄像可以让受训者目睹自己的绩效而无须培训者过多的解释。

（2）培训中使用录像的缺点。在培训中使用录像存在一些缺点，它们一般来自所使用的创作方法，例如：① 录像中过多涉及受训者学习的内容；② 演员之间的对话效果不好，削弱了信息的可信度及明确性；③ 过多使用了笑话或背景音乐，剧情过于复杂，使受训者无法弄清录像中要强调的学习重点。

（二）传递法

传递法（Hands-on Method）是指要求受训者积极参与学习的培训方法，主要包括以下六种。

1. 现场培训

现场培训（On-the-Job Training，OJT）是指新员工或没有经验的员工通过观察并仿效同事或管理者工作时的行动来学习。它对下面四种情形比较适用：① 培训新员工；② 帮助有经验的员工进行新技术升级培训；③ 在统一单位或部门内进行交叉培训；④ 岗位发生变化或得到晋升的员工的新工作适应培训。

这种方法在材料、培训者的工资或指导方案上投入的时间或资金相对较少，某一领域内的专家和同事都可以作为指导者。但是它也存在三个不足：① 管理者和同事完成一项任务的过程并不一定相同，他们也许既传授了有用的技能，也传授了不良的习惯；② 他们可能并不了解演示、实践和反馈是进行有效的现场培训的重要条件；③ 未经组织的现场培训将可能导致员工接受不到良好的培训，他们可能使用无效或危险的方法来生产产品或提供服务，并且会使产品或服务质量不稳定。

现场培训可以采用多种多样的形式，这里介绍以下两种常见的形式。

（1）师带徒。师带徒（Apprenticeship）是一种既有现场培训又有课堂培训的工作—学习培训方法，它是一种最为传统的现场培训方式。师带徒的主要优点有两个：① 让学习者在学习的同时获得收入，因为学徒培训会持续好几年，学习者的工资会随着其技能水平的提高而自动增长；② 师徒之间形成良好的人际关系，有助于工作的开展。其缺点在于：① 由于新技术与新管理在企业中的运用，培训的技能可能无用武之地；② 其他企业认为师带徒培训出来的员工技能不具有推广性，不愿意聘用“师带徒”计划中成长起来的工人；③ 师傅担心“带会徒弟饿死师傅”，因而传授时有所保留。

（2）自我指导学习。自我指导学习（Self-directed Learning）是指由员工自己全权负责的学习，包括什么时候以及谁将参与到学习过程中来。自我指导学习的主要优点是：① 让受训者自行制定学习进度并接受有关学习绩效的反馈；② 仅需要少量培训者，减少了交通与教室安排费用。其缺点是：① 它基于受训者的自主性；② 公司的自我指导学习开发成本较高。要想真正实现员工的自我培训，企业必须全面做好各方面的准备，建立健全培训激励机制，从制度上对员工的自我培训进行激励。

2. 仿真模拟

仿真模拟（Simulation）是一种体现真实生活场景的培训方法，受训者的决策结果能够反映出如果他在某个工作岗位上工作会发生的真实情况。模拟可以让受训者在一个人造的、无风险的环境下看清他们所做决策的影响，常常被用来传授生产和加工技能及管理和人际关系技能。

3. 案例研究

案例研究培训方法是关于员工或组织如何应对困难情形的描述，要求受训者分析评价他们所采取的行动，指出正确的行为，并提出其他可能的处理方式。案例研究的一个基本假设是：员工只有在一个不断发现的过程中学习，才最有可能在必要时回忆起并应用这些知识与技能。由于受训者的参与度对案例分析的有效性具有至关重要的影响，因而受训者必须愿意并且能够分析案例，然后进行沟通并维持自己的立场。

4. 商业游戏

商业游戏（Business Game）培训方法要求受训者收集信息，对其进行分析并做出决策。商业游戏主要用于管理技能的开发。游戏可以刺激学习，因为参与者会积极参与游戏而且游戏仿照了商业的竞争常态。参与者在游戏中所做的决策涉及各个方面的管理活动，包括劳动关系（谈判和签订合同）、市场营销（为新产品定价）和财务预算（支持购买新技术）。

5. 角色扮演

角色扮演（Role Play）是指让受训者扮演分配给他们的角色，并给受训者提供有关情景信息。它与模拟的区别在于受训者可选择的反应类型及情景信息的详尽程度。角色扮演提供的情景信息十分有限，而模拟所提供的情景信息通常比较详尽。

例证 7-4

IBM如何培训销售人员

模拟销售角色是IBM公司市场营销培训的一个组成部分，学员们在课堂上经常扮演销售角色，教员扮演客户，向学员提出各种问题，以检查他们接受问题的能力。在公司第一年的全部培训课程中，没有一天不涉及销售这个问题，课堂上始终强调要保证演习或介绍的客观性，包括为什么要到某处推销和期望达到什么样的目的。同时，对所推销产品的特点、性能以及可能的效益要进行清楚的说明和演习。

（资料来源：例证来源于网络并经编者加工整理。）

6. 行为示范

行为示范（Behavior Modeling）是指向受训者提供一个演示关键行为的示范者，然后给他们机会去实践这些关键行为。行为示范以社会学习理论为依据，该理论强调学习是通过观察示范者演示的行为及替代强化而发生的。行为示范更适用于学习某一种技能或行为，而不太适用于事实信息的学习。

（三）团队建设法

团队建设法（Group Building Methods）是用以提高小组或团队绩效的培训方法，旨在提高培训者的技能和团队的有效性。团队建设法让受训者共享各种观点和经历，建立群体统一性，了解人际关系的力量，并审视自身及同事的优缺点。其主要形式包括如下三种。

1. 冒险性学习

冒险性学习（Adventure Learning）又称野外培训、户外培训，注重利用有组织的户外活动来开发团队协作和领导技能。它最适合于开发与团队效率有关的技能，如自我意识、问题解决、冲突管理和风险承担。冒险性学习获得成功的关键在于坚持让整个工作小组一起参与这种学习，这样才可以显示出妨碍群体有效性的因素，并对其加以讨论。

2. 团队培训

团队培训（Team Training）是协调一起工作的单个人的绩效，从而实现共同目标的培训方式。团队绩效包括三个要素：知识、态度和行为。知识要素要求团队成员具有使他们能在意料之外或新的情况下有效运作的智力模型或记忆结构；行为要素要求团队成员必须采取可以让他们沟通、协调、适应且完成复杂任务以实现目标的行动；团队成员对人物的理解和对彼此的感觉受态度的影响。

3. 行动学习

行动学习（Action Learning）是指给团队或工作小组一个实际工作中面临的问题，让他们共同解决并制订出行动计划，然后由他们负责实施该计划的培训方式。在行动学习中，可以通过以下几种类型的问题进行：① 如何改变经营状况；② 更好地利用技术；③ 消除与顾客之间的障碍；④ 开发全球领导者。

二、基于新技术的培训方法

新技术包括多媒体技术、远程学习、专家系统、电子支持系统和培训应用软件。新技术对培训会产生以下影响：① 降低传递培训课程所耗费的成本；② 使得数字化合作（Digital Collaboration）成为可能，数字化合作即利用新技术，加强和拓展分布在不同地方的员工协同工作的能力；③ 互联网的诞生推动了学习的革命，技术使学习成为了一个更加动态的过程。

基于新技术的培训方法有三个特征：① 研发费用高，主要用来购买硬件和软件、开发项目，或用新的媒体对原有项目进行改造；② 管理费用低廉，因为员工可以在家或办公室接受培训，并且不需要集中在一起学习；③ 随着远程培训的日益盛行，这些方法将融入更多学习所要具备的特征，如实践、反馈等。

下面简述三种基于新技术的培训方法。

（一）计算机辅助培训

计算机辅助培训是指由计算机给出学习的要求，受训者做出回答，再由计算机分析这些答案并向受训者提供反馈的一种互动性培训方法（林媛媛，2005）。它包括互动性录像、光驱和其他一些计算机驱动系统。随着教学软件的发展和网络的日益广泛使用，计算机培训也更趋于先进。计算机辅助培训既有优点又有不足，如表 7-13 所示（所罗门，1997）。

表7-13　借助计算机培训的优势与劣势

<table>
<tr><td rowspan="7">优　势</td><td>能使学习者在自己选定的时间、空间学习</td></tr>
<tr><td>能提供有直接反馈的高级相互反应</td></tr>
<tr><td>为学习者提供检验自己理解程度的机会</td></tr>
<tr><td>能够提供不同的培训地点并保护学习者的隐私</td></tr>
<tr><td>当用到屏幕显示信息时，它是多种多样的</td></tr>
<tr><td>能自动保存学生的记录</td></tr>
<tr><td>节省成本</td></tr>
<tr><td rowspan="5">劣　势</td><td>相对不灵活，取决于预制程序</td></tr>
<tr><td>由于没有培训人员或同级小组在场以确保参加，要求受训者有高度自我约束意识，并做出承诺</td></tr>
<tr><td>由于是个人单独学习，会产生孤立感</td></tr>
<tr><td>它无法给予学习者直接的奖惩，因此不利于对学习者进行动机激发</td></tr>
<tr><td>当需要昂贵的硬件时，成本就变得太高</td></tr>
</table>

（二）混合培训模式

混合学习模式的概念产生于2003年12月9日，由何克抗教授在第七届全球华人计算机教育应用大会上正式提出。所谓混合学习，就是将传统一般学习方法的特点和优势与网络信息技术的学习特点和优势相结合。总的来说，混合式培训模式的内涵包括结合线上线下，培训与学习，工作与实践三个层次。远程线上培训侧重于理论宣讲，但面授培训的重点在于应用实践，促进员工养成自我学习，自我管理的行为习惯。

混合式培训模式不是简单的多种培训方式的混合叠加，该模式建构是一个动态、系统、多元化的可促进企业可持续发展的生态系统，以导向为需求，以发展为目标。例如，上海睿泰企业管理集团有限公司为丝芙兰所打造的E-learning平台开发、电子课件定制和线下培训开发为一体的混合式培训方案带来的客观绩效，节约了15%的企业培训成本，员工工作效率提高了58%，绩效考核增加了10%，超过90%的门店营业额提升了30%。混合式培训既能满足员工的同一需求，又能对学习基础不同的员工带来福利。

例证 7-5

宝洁的混合式培训机制

在宝洁人才培养体系中，培训机制是非常重要的组成部分，也是宝洁口碑最好的制度之一。在培训方式上，宝洁采用混合式培训，包括在职培训、课堂式培训、网上培训、远程培训等。在职培训是其中最核心的部分，包括直接经理制、导师制等。

直接经理制，即明确指定的直接经理对下属的一对一的培养与帮助。每一位员工从刚开始进公司，就会有以为直接经历对其进行指导，这是一对一的真正的商业培训，培训的内容甚至包括拜访客户的语气、每一件小事的处理等。

导师制，即导师学员类似于师徒制的运作方式，经历双向选择的过程之后，“导师”会将自己的实际经验传授给学员，倾听他生活的困惑与苦恼以及遇到的困难，同时以自身的经验告诉他在公司里的注意事项、公司文化的细节以及如何去开展工作等，并不断地从旁边指导扶持。

此外，宝洁不同部门会建立不一样的培训内容和体系。宝洁公司建立了各级“宝洁学校”，针对不同阶级的需求，为员工提供各种精心设置的课程。

（资料来源：https://www.pg.com.cn/Csr/Training.aspx）

（三）网络培训

网络培训按其所基于的平台的不同可以分为以下两种。

1. 基于互联网平台的培训

互联网是一种被广泛使用的通信工具，是一种快速廉价收发信息的方法，也是一种获取和分配资源的方式。基于互联网平台的培训包含五个独立的层次，如表 7-14 所示（Kruse，1997）。

表 7-14 基于互联网平台的培训的五个独立层次

一般性的沟通和交流	培训者和受训者可以借助互联网进行交流。培训者可以在网上发布课程通告、布置作业、回答问题，受训者可以在网上向培训者提问。所有类型的合作学习都可以通过互联网来实现，例如小组讨论、论坛，同一个项目组的受训者之间还可以在网上聊天
在线资料检索	借助超文本标志语言和万维网的通用程序语言，培训者可以创造一个网上图书馆。这样，受训者就能够方便地获取所有的培训辅助资料，包括产品说明书、安全手册和技术文档等
培训需求分析、培训管理和测验	培训者可以在网上进行培训需求分析、管理在线培训报名的情况、对受训者进行前测和后测、给测验打分、进行评估、记录成绩。测验结果可以迅速、有效地传回给受训者
以互联网为平台的培训项目的传播	借助文件传输协议（计算机网络上主机之间传送文件的一种服务协议），经过授权的员工可以随时从网上下载培训项目
多媒体信息的传播	新型程序的诞生，使实时、互动的多媒体信息交流成为可能。现在的受训者可以接受伴随声音、画面的互动培训

2. 以内部网为平台的培训

内部网又称局域网，基于内部网的培训是以公司的内部平台来开展培训的。通过内部网，人力资源开发人员可以实现与受训者的信息沟通，进行培训需求分析，完成其他培训管理工作，传递课程资料和其他培训文档，随时随地对全体员工进行检查。对大型跨国公司而言，基于内部网的培训是一种强而有力的培训手段。

（四）虚拟现实培训

虚拟现实（Virtual Reality）是指为受训者提供三维学习体验的计算机技术。虚拟现实培训是指使受训者能够看到自己在工作中可能遇到的任何情境，在这个虚拟的环境中受训者能够接触、观看以及进行操作演练。其优点在于仿真性、超时空性、自主性、安全性，缺点在于开发或购买成本较高。

三、培训方法选择的策略

在挑选培训方法时，应结合企业自身的实际情况，采取最合适的方法或将各种培训方法优化组合，配合运用，才会取得良好的培训效果（史娜，2014）。

（1）理念性知识培训可用讲授法。可以采用线下的讲座法，也可以利用互联网等新技术采用云课堂的方式进行线上培训。讲授法有利于受训者系统地接受新知识，容易掌握和控制学习进度，还可以同时对多人进行，运用方便，比较经济。由于主要是单向性的信息传递，缺乏培训师与学员间必要的交流和反馈。

（2）技能速成培训适合用传递法。传递法是指要求受训者积极参与学习的培训方法。它通过具体示范教学，使学员明白某一工作是如何运作的，优点是激发受训者的学习兴趣，将听、观、想等多种感官相结合，加深对所学知识的认识；缺点是所需的时间和精力成本较大。

（3）专题培训适合用研讨法。研讨会多以专题演讲为主，中途或会后允许学员与演讲者进行交流。研讨法鼓励学员积极思考，主动提出问题，表达个人感受，有利于激发学习兴趣。该方法比较适宜管理人员的训练和解决某些有一定难度的管理问题，它对导师学员自身的水平要求比较高。

（4）视听法和网络培训法。视听法直观鲜明，往往比讲授法或研讨法给人更深刻的印象；教材生动且给学员以真实感，所以比较容易引起他们的兴趣。但是视听法设备和内容成本较高，教学内容容易过时，而且学员时间较少，一般可以作为讲授法的辅助。

网络培训法是将文字、图片、影音文件等资料放在网上，供学员学习。这种方法信息供应量大，无时间和地点限制，颇受学员欢迎，也是今后培训发展的趋势之一。但一些如人际交流、讲究动手的技能培训则不太适用于网络培训法。

本章小结

1. 人力资源培训是对流入组织中的人力资源的培育过程。培训的一般流程包括前期准备、培训的实施、培训的转化、培训的效果评估。

2. 培训需求分析主要解决为何要培训的问题，一般通过模型作为解决问题的手段，常见的三个模型分别是：Goldstein 三层模型、培训需求差距分析模型、素质需求分析模型。

3. 制订培训计划步骤包括明确培训目标，明确参训者，设计培训内容，确定培训者，选定培训时机、地点和方法。

4. 培训转化涉及培训的全过程，包括培训过程转化与培训成果转化两种。有三种培训转化理论，即同因素理论、激励推广理论和认知转换理论。每种理论对培训设计的要求有所不同。

5. 培训评估有广义与狭义之分。广义的培训评估是指对培训项目、培训过程和效果进行评价，可分为三种：培训前评估、培训中评估和培训后评估（即狭义的培训评估）。

6. 培训的方法种类繁多，总体上可以分为传统的培训方法和基于新技术的培训方法，每种培训方法都有其优缺点和其适应性。培训方法的选择应遵循目标导向、方法为内容服务、因材施教、可行性等原则。

网站推荐

1. 企大云学习：http://www.qida.com/
2. Mooc 中国：https://www.mooc.cn/
3. 云学堂：http://www.yxt.com/newhome
4. 腾讯会议：https://meeting.tencent.com/

影视推荐

《惊涛大冒险》

救生员本·兰德尔在一次海上营救中失去了五个同事，由此他几乎要放弃自己。上司为了帮助他，把他派往海岸营救队的精英训练学校担任教练，以缓解恢复他的心情。在训练学校，兰德尔没有采用学校既定的课程设置，而是按照自己的职业经验设计了一套独特的教学方法，并且成效显著，受到了学员们的热烈欢迎。同时，新学员杰克·费斯切带着游泳比赛冠军的头衔加入了兰德尔的学生队伍。他因自己出色的身体条件和游泳技术而骄傲自大，目中无人。然而，兰德尔通过严厉管制加温情引导的方式，教会了杰克作为一个救生员，仅仅有天分是不够的，这是一份需要用心去做，去体会的工作，需要强烈的奉献精神。毕业前夕，在杰克第一次单独执行营救任务的过程中，他从兰德尔的身上最直接地体会到了什么是英雄品质和牺牲精神。正如救生员的座右铭“只要有一线希望，让其他人先活下来”。

推荐理由：适当的、良好的培训方式，能让被培训的人感受到团体的核心精神。通过影片，企业培训管理人可以理解如何采取恰当的培训措施，也可以让培训员工感受到培训的意义，以及企业的精神、宗旨。

读书推荐

《培训师》

本书作为培训管理的入门书籍，以小说形式，介绍关于培训的理念和方法。例如，作者介绍了培训开场的框架：ABC 法则。A：Attention，启动学员注意。启动注意的形式无非两种，一种叫理性启动，一种叫感谢启动。理性启动是引发思考的开场，比如讲个故事，说个道理；感性启动就是激发状态的开场，比如做做活动。 B：Benefit，明确利益。告知学员课程的受益、课程的计划及课程的考核方法等。 C：Connection，建立关系。建立讲师与学员、学员与学员以及讲师与培训管理者之间的关系。

推荐理由：《培训师》是郭程于 2011 年在电子工业出版社出版的一本关于培训管理的入门级书目，内容简单易懂，不枯燥，能使读者更容易地理解企业培训的核心。

思考练习题 7-1：选择题

1. 下列不属于企业培训原则的是（　　）。

   A. 战略导向原则　　B. 独立性原则

   C. 激励性原则　　D. 应用性原则

2. 培训的一般流程分为（　　）个步骤。

   A. 6　　B. 5　　C. 4　　D. 3

3. 以下不属于培训转化理论的是（　　）。

   A. 培训需求差距分析模型　　B. 同因素理论

   C. 激励理论　　D. 认知理论

思考练习题 7-2：简答题

1. 简述人力资源培训 KS3PH 模型。
2. 简述人力资源培训需求分析的 Goldstein 模型。
3. 如何制订企业年度培训计划？

模拟实训 7-1：培训评价

寻找一份人力资源管理、物流管理、营销管理、财务管理、电子商务等专业领域的企业培训录像（至少 1 小时），反复观看几遍之后，要求你对此培训做出评价，包括：该培训师的培训风格、采用的主要培训方法、你欣赏的地方；不足之处；如果让你来做培训，你会做出哪些改进。要求结合录像，具体明确地指出在某个时间段或针对某个内容，培训师是如何讲的，学员又是如何反应的。

模拟实训 7-2：课件设计

对非专业的人力资源管理、物流管理、营销管理、财务管理、税务管理课程的培训，选择其中一讲的内容（约 2 小时），做出相应的幻灯片及其说明或补充文件。内容包括参加人员、课程目标、主要内容和时间安排、考评标准、设计目的。

案例分析

宝洁公司的培训机制

宝洁每年都从一流大学招聘优秀的大学毕业生，这些人仅靠管理者的培训是远远不够的。因此，宝洁为新员工特设了“PG 学院”，并请来高级经济人为他们提供系统的入职、各种技能、海外培训及语言、专业技术培训，以确保公司在全球范围的管理人员参

加学习并了解他们所需要的管理政策和技术。（赵曙明，2014）

此外，宝洁公司是当今为数不多的采用内部提升制的企业之一。内部提升制已经成为宝洁企业文化的显著表现形式之一，是宝洁用人制度的核心，也是宝洁取得竞争优势的一个重要源泉。与内部提升制密切相关的另一项制度是宝洁的轮岗制度，即员工能够在足够的工作年限之后改变工作岗位，到不同的部门或者不同的区域继续工作，即跨国轮岗或跨部门轮岗。在轮岗问题上公司会尊重员工的想法，并努力提供更多的机会来实现其个人选择。

通过公司一系列的培训，宝洁员工迅速成长为行业精英，这使得宝洁被誉为“管理的大学”“商业经营的摇篮”。

（资料来源：https://www.pg.com.cn/Csr/Training.aspx）

讨论题：

1. 让毕业生迅速成长为公司所需人才，正是宝洁一系列培训的成果，你觉得宝洁是如何确保培训转化的？

2. 宝洁的效果转化方式是否值得绝大部分企业效仿？你还了解哪些其他的培训效果转化方法？请举例。

3. 在此案例中，特别强调了宝洁所招聘的毕业生都是来自一流大学的优秀毕业生，也就是说，培训效果的转化会受参加人特征的影响，那么，还需要考虑什么因素来确保培训效果的转化？

参考文献

[1] BALDWIN T T, FORD J K. Transfer of training: a review and directions for future research[J]. Personnel psychology, 1998(41): 63-103.

[2] BROAD M L, NEWSTROM J W. Transfer of training[M]. MA: Addison-Wesley, 1992.

[3] CUSIMANO J M. Managers as facilitates[J]. Training and Development, 1996(50): 31-33.

[4] CHENG S M，LUNN S. Training and qualification: employee training at galaxy entertainment group. In: ZEUCH M. Handbook of human resources management [M]. New York: Springer, Berlin, Heidelberg，2016.

[5] HANNUM W. The application of emerging training technologies[M]. Alexandria, VA: American Society for Training and Development, 1990.

[6] KRUSE K. Five levels of Internet-based training. Development[J]. Training and Development, 1997, 51(2): 60-61.

[7] LEAP T L, CRINO M D. Personal human resource management[M]. London: Macmillan, 1989: 291.

[8] NOE R A, HOLLENBECK J R, GERHART B, et al. Human resource management: gaining a competitive advantage[M]. 3rd ed. Boston, Mass.: Irwin/ McGraw-Hill, 2000.

[9] ROYER J M. Theories of the transfer of learning. Educational psychologist[J]. Educational Psychologist, 1979(14): 53-69.

[10] TRACEY J B, TANNENBAUM S I, KAVANAGH M J. Applying trained skills on the job: the importance of the work environment[J]. Journal of applied psychology, 1995(80): 235-252.

[11] NEWSTROM W J. Leveraging management development through the management of transfer[J]. Journal of management development, 1986, 5(5): 33-45.

[12] 陈国海，霍文宇. 员工培训与开发[M]. 3 版. 北京：清华大学出版社，2019.

[13] 傅夏仙. 人力资源管理[M]. 杭州：浙江大学出版社，2003：112.

[14] 葛玉辉，荣鹏飞. 员工培训与开发[M]. 北京：清华大学出版社，2014：3-4.

[15] 耿玉霞. 企业培训需求分析模型探讨[J]. 中外企业家，2008（3）：28-29.

[16] 凌云. 企业教练让员工自主发电[J]. 人力资源，2008（14）：60-62.

[17] 林媛媛. 企业培训理论与实践[M]. 厦门：厦门大学出版社，2005：12.

[18] 李燕萍，吴欢伟. 培训与发展[M]. 北京：北京大学出版社，2007：145-147.

[19] 所罗门. 培训战略与实务[M]. 孙乔，译. 北京：商务印书馆国际有限公司，1997.

[20] 诺伊. 雇员培训与开发：6 版[M]. 徐芳，邵晨，译. 北京：中国人民大学出版社，2015.

[21] 史娜. 人力资源培训与开发实用教程[M]. 北京：北京邮电大学出版社，2014.

[22] 丑纪岳. 企业人力资源管理[M]. 北京：科学出版社，2007：154-156.

[23] 徐芳. 员工培训与开发理论及技术[M]. 上海：复旦大学出版社，2005：4.

[24] 夏艳玲. 培训效果评估理论综述[J]. 科教文汇（下半月），2006（1）：187-188.

[25] 谢琼丹. 基于工作现场学习的企业混合式培训模式的构建与实践[D]. 杭州：浙江工业大学，2019.

[26] 杨生斌，肖平，高恺元. 培训与开发[M]. 西安：西安交通大学出版社，2006：44，119-121.

[27] 朱方伟，武春友. 基于人力资本理论的企业在职培训投资风险分析[J]. 科学与科学技术管理，2004（6）：126-130.

[28] 赵曙明. 人员培训与开发 [M]. 北京：人民邮电出版社，2014：88-89.

[29] 郑晓明. 现代企业人力资源管理实务丛书精选套装[M]. 北京：机械工业出版社，2013.

第八章

绩效管理

一个单位强调考勤、打卡的时候，一定是它走下坡路的时候。

——知名主持人白岩松

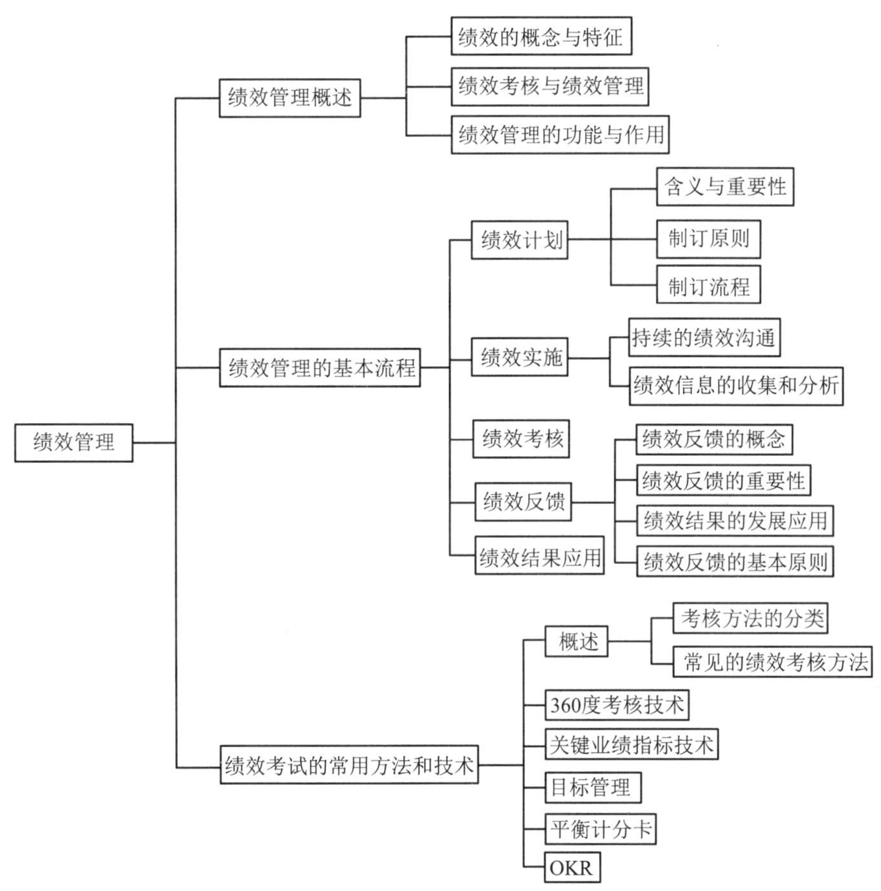

学习目标

- 了解绩效的概念及其特点；
- 了解绩效管理的功能和作用；
- 掌握绩效管理与绩效考核的区别；

➢ 了解绩效管理的基本流程；
➢ 掌握绩效考核的常用技术。

引例

微软公司的绩效管理

微软的人力资源管理离不开优秀的绩效管理。在微软，绩效管理是一个持续的过程，一个标准的绩效管理循环周期为一年，从 7 月至 8 月设定任务目标开始，到 1 月至 12 月的绩效检查，这期间员工和经理人之间不断进行双向反馈、面对面沟通，第二年的 8 月份则是年度绩效考评。

微软绩效管理的核心是：形成内部竞争。主要体现在三点：个人任务目标计划，绩效评分曲线，与绩效评分直接挂钩的加薪、授股和奖金。首先由员工起草个人任务目标计划，经理审议计划，再进行修改和最后确定。制订计划时应遵循以下几个原则：具体、可衡量、明确时限、现实且具有较高难度。绩效评分曲线的形状和角度是硬性的，各级的百分比是事先规定的。绩效评分等级分为：最佳、较好、及格、不及格。微软的绩效体制旨在驱使本来优秀的员工更努力地让自己进步，制定清晰的目标，给予员工危机感使其自觉保持竞技状态。在微软，即使员工完成了任务目标计划也不一定能获得绩效高分，因为每个员工都在积极进取。年度加薪、授股、奖金与绩效评分直接挂钩，如果得分不及格就什么都得不到，还要进入“绩效观察期”。

另外，绩效反馈是微软绩效管理中的一个重要环节。通过面对面沟通和双向反馈，经理人同步地对员工的绩效进行分析，对高绩效员工进行鼓励和奖励，为低绩效员工提供意见和建议，双方共同编制具体的行动方案。通过有效的绩效反馈，员工自身素质、能力和士气得到提高，最终导向积极的工作行为，确保公司的发展朝着明确的目标努力。

（许文静，2014）

从上述引例中可以看出，成为行业顶尖的公司离不开好的人力资源管理，而好的绩效管理正是实现好的人力资源管理的必要步骤。本章主要介绍绩效管理的基本概念和理论，并从系统循环的视角探讨如何进行绩效管理，最后着重介绍绩效考核的几种常见办法。

第一节　绩效管理概述

绩效管理是一个系统工程，本节着重介绍绩效管理的基本概念、绩效考核与绩效管理的联系与区别以及绩效管理的作用。

一、绩效的概念与特征

（一）绩效的概念

绩效（Performance），也称为业绩，反映的是人们从事某一活动所产生的成绩和成果。绩效是一个多维建构，观测和测量的角度不同，其结果也会不同。

可以从经济学、管理学和社会学三个角度来理解绩效：① 从经济学角度看，绩效与薪酬是员工与组织之间的对等交易关系，员工用自己的绩效来交换相应的薪酬，组织则用相应的薪酬来交换员工的绩效，这种对等交易的本质，体现了等价交换的原则，这正是市场经济运行的基本规则；② 从管理学的角度看，绩效是一种有效产出，是组织目标完成的结果，包括组织绩效、团队绩效和个人绩效三个方面，组织绩效与团队绩效由实体形态的“效率”和价值形态的“效益”两个方面体现，效率一般指劳动生产率、组织运作效率等，效益则反映经济目标的实现程度；③ 从社会学角度上看，绩效意味着每一个社会成员按照社会分工所确定的角色承担他的那一份责任，他的生存权利是由其他人的绩效保证的，而他的绩效又保障其他人的生存权利。

目前对绩效的界定主要有三种，即结果观、行为观、潜力观（萧鸣政，2007），表 8-1 为以上三种绩效观点的比较。

表 8-1　三种绩效观点的比较

比较维度	结果观	行为观	潜力观
内涵	绩效是结果	绩效是行为	员工潜能与绩效有关
焦点	工作任务、工作产出	工作行为	员工素质
观点	绩效应该被定义为工作的结果，因为这些工作结果与组织的战略目标、顾客满意感及所投资金的关系最为密切（伯纳丁）； 绩效是“一个人留下的东西，这种东西与目的相对独立存在”（凯恩）	绩效具有多维性，许多工作结果并不一定是个体行为所致，可能受到与工作本身无关的其他因素的影响； 员工没有平等地完成工作的机会，并且在工作中的表现并不一定都与工作任务有关； 过分关注结果会导致忽略重要的行为过程，而对过程控制的缺乏会导致工作成果的不可靠性，不恰当地强调结果可能会在工作要求上误导员工	用发展的眼光看待员工的绩效。绩效不是对历史的反映，而是强调员工潜能与绩效的关系，关注员工素质，关注未来发展

（二）绩效的特征

绩效主要包括以下三个方面的特征。

1. 多因性

绩效的优劣受到主客观多种因素的影响，它是技能、激励、环境与机会的函数，即 $P=f(S, O, M, E)$，其中，P 代表绩效，S 代表技能，O 代表机会，M 代表激励，E 代表环境。技能是员工具有的工作技巧与能力水平；激励是指员工的工作积极性；环境是员工工作所面对的全部环境因素；机会是偶然的，也是不可控的，员工要正确对待。

2. 多维性

绩效可以分解为多个维度，在考核员工绩效时，要从不同的维度来全面考核绩效。

3. 动态性

绩效是不断变化的，绩效的好坏会随着诸多因素的变化而变化，管理者必须动态地看待员工的绩效。

二、绩效考核与绩效管理

绩效管埋与绩效考核尽管只有两字之差，但是它们之间在很多方面存在非常重要的差别。若不能正确认识两者的关系，绩效管理的价值无法得到体现，企业也不能通过绩效管理来提高员工绩效，进而提升企业的竞争优势。

（一）绩效考核

绩效考核（Performance Appraisal，PA），又称绩效考评、绩效评价、绩效评估或者业绩考评，是针对企业中每个职工所承担的工作，应用各种科学的定性法和定量法，对职工行为的实际效果及其对企业的贡献或价值进行考核和评价。它是企业人力资源管理的重要内容，更是企业管理强有力的手段之一。绩效考核的目的是通过考核提高每个个体的效率，最终实现企业的目标。绩效考核是现代组织不可或缺的管理工具。有效的绩效考核，除了确定每位员工对组织的贡献或不足，还能在整体上为人力资源管理提供决定性的评估资料，从而改善组织的反馈机能，同时作为公平合理地酬赏员工的依据。

（二）绩效管理

绩效管理是指通过管理者与员工之间持续开放的沟通，达成组织目标的预期利益和产出，并推动团队和个人做出有利于目标达成的行为的管理过程。绩效管理包括三个重要方面：① 就目标达成共识；② 绩效管理不是简单的任务管理，它特别强调沟通、辅导和员工能力提升；③ 绩效管理不仅强调结果导向，而且重视达成目标的过程。

绩效管理的一个显著特征是将各个过程与公司目标整合在一起，如引入绩效工资体系解决培训和发展的资源分配，以实现公司的目标（Bevan，1991）。理查德 • 威廉姆斯（Williams，1998）指出，绩效管理是考核系统发展历史上的必然进步，它作为一套协调系统，实现了员工和组织绩效一致的目标。

绩效管理在本质上是一个 PDCA 循环过程，即计划、实施、检查和再行动，而不是一个阶段或时点的工作，其基本流程包括五个环节：① 绩效计划；② 绩效实施；③ 绩效考核；④ 绩效反馈；⑤ 绩效结果应用。

绩效管理本身也是一种管理思想，代表着对企业绩效相关问题的系统思考，其主旨有两个：系统思考和持续改进（彭剑锋，2011）。因为企业中存在的问题相互交织、相互影响，绩效作为企业运行管理的总体表现，涉及各个层面的问题，因而必须进行系统思考；而持续改进是一个不断学习、总结和提高的过程。有鉴于此，本书作者理解的绩效管理与第三种观点较为一致。任何管理都是一种指导人们实践的思想和原则，而不是一种死板的教条和规则。

（三）绩效考核与绩效管理的区别

绩效考核与绩效管理两个概念存在非常重要的区别。绩效考核是事后考核工作的结果，是管理过程中的局部环节和手段，侧重于判断和评估，强调事后的评价，仅在特定的时期内出现；而绩效管理是事前计划、事中管理和事后考核所形成的三位一体的系统，是一个完整的管理过程，侧重于信息沟通与绩效提升，强调事先沟通与承诺，伴随着管理活动的全过程。

绩效管理与绩效考核的主要区别，可以从人性假设、管理宽度、管理目的、管理者角色等四个方面来理解（苏天高，2007），具体如表 8-2 所示。

表 8-2 绩效管理与绩效考核的主要区别

主要方面	含义	具体内容
人性假设	人的主要动机是经济的，即在成本一定的情况下追求个人利益的最大化，或者在利益一定的情况下追求个人成本的最小化	员工在没人监督的情况下，会尽量少做工作或降低工作质量，而督促员工为企业做贡献的办法就是利用考核，通过考核这个“鞭策”利器，提高员工的工作绩效
管理宽度	管理环节的个数，用以评价管理程序上的完整性	绩效管理是一个严密的管理体系，由绩效计划、绩效实施、绩效考核、绩效反馈和绩效结果应用五个环节组成，即管理宽度等于 5。绩效考核仅仅是其中的一个环节，与其他的四个环节共同组成一个完整的管理链条
管理目的	绩效管理中连接绩效实施和绩效反馈与面谈的环节	绩效管理的目的主要体现在四个方面：① 为人员的内部供给计划提供较为详尽的信息；② 为更有效的职位分析提供依据；③ 为员工的薪酬调整提供信息；④ 为制订员工培训与开发计划提供依据，并在此基础上帮助员工制定个人职业生涯发展规划，从而实现企业与员工的双赢
管理者角色	在绩效考核环节，管理者的角色是裁判员；在绩效管理过程中，管理者的身份是多重的，即辅导员+记录员+裁判员	在绩效管理中，管理者首先作为一名辅导员，与员工保持及时、真诚的沟通，持续不断地辅导员工；其次还要扮演好记录员的角色，记录下有关员工绩效表现的细节，形成绩效管理的文档；最后作为裁判员依据记录下的内容，确保绩效考核有理有据、公平公正

三、绩效管理的功能与作用

绩效管理的功能与作用尽管关系紧密，但是仍有所区别。其功能是绩效管理活动各个因素组织的结构性能，是绩效管理活动本身所固有的，相对独立，而其作用则是绩效管理活动产生的实际效果，是绩效管理功能在具体情况下的发挥与表现。

（一）绩效管理的功能

从绩效管理的目的视角看，绩效管理包括两个基本功能，即管理功能和发展功能。

1. 管理功能

绩效管理是指通过设定组织目标，运用一系列的管理手段对组织运行效率和结果进行控制与掌握，并最终实现预定目标的过程。绩效管理通过评价、区分、反馈等展示其管理功能，具体体现在以下四个方面。

（1）激励功能。绩效管理可以充分肯定员工的绩效，使员工体验到成功与自豪，鼓励先进，鞭策落后，带动中间，从而对每个员工的工作行为进行有效的激励。

（2）控制功能。通过绩效管理，对组织中的每个员工的活动进行追踪，及时沟通和分析，反馈绩效管理信息，及时发现问题，指出哪些部位、流程、程序、授权和协作关系需要改进和调整，从而为组织变革与发展提供依据。

（3）沟通功能。在绩效反馈阶段，管理者针对考核结果与员工沟通，听取员工的申诉和看法，并探讨解决问题的方法。这样就为上下级提供了一个良好的沟通平台，使上级和下级之间相互了解，并增进相互间的理解。

（4）规范功能。绩效考核标准为人力资源管理提供了一个客观而有效的标准和行为规范，并依据考核的结果进行晋升、奖惩、调配等，通过不断考核，按照标准进行奖惩与晋升，促进人力资源管理标准化。

2. 发展功能

绩效管理考核的结果有助于发现员工的不足和潜能，为员工的培训和开发指明方向。一方面，组织可以根据考核结果制订正确的培训计划；另一方面，可以发现员工的特点，根据其特点决定培养方向和使用方法，充分发挥个人的长处，将个人与组织的发展目标有效地结合起来，实现协同发展。

（二）绩效管理的作用

绩效管理的作用主要体现在绩效考核的结果在人力资源管理中的应用方面，概括起来，绩效管理的作用主要体现在以下三个方面。

1. 绩效管理促进组织和个人绩效的提升

绩效管理能够节约管理者的时间，避免冲突，促进员工的发展（盛运华，赵宏中，2002）。从绩效管理的流程来看，绩效管理通过设定科学合理的组织和个人绩效目标，为组织和个人指出了努力的方向；在绩效考核环节，对组织或个人的阶段工作进行客观公正的评价，明确组织和个人对企业的贡献，激励高绩效的继续努力，督促低绩效的找出差距进行改善；在绩效反馈面谈阶段，通过考核者和被考核者面对面的交流沟通，帮助被考核者分析工作中的长处和不足，并制订详细的绩效改善计划和措施；同时，在绩效反馈阶段，考核者应与被考核者就下一阶段工作提出新的绩效目标，在企业正常运营情况下，新的目标应超出前一阶段目标，激励组织和个人进一步提升绩效。

2. 绩效管理促进管理和业务流程优化

企业管理涉及对人和事的管理，对人的管理主要是约束激励问题，对事的管理就是流程问题。所谓流程，就是一件事情或者一个业务如何运作，涉及因何而做、由谁来做、到哪里去做、做完了交给谁的问题。在富于效率的绩效管理过程中，各级管理者都会从公司整体或本部门角度出发，尽量提高处理事情的效率，在上述四个方面不断进行调整，使组织运行效率逐渐提高。

3. 绩效管理保证组织战略目标的实现

成熟企业一般都有比较清晰的企业战略以及制定好的远期及近期发展目标，并在此基础上根据企业外部经营环境的变化以及企业内部条件制订出年度经营计划及投资计划，即企业年度经营目标。管理者将公司的年度经营目标向各个部门分解就成为部门的年度业绩目标，各个部门向每个岗位分解核心指标就成为每个岗位的关键业绩指标。

第二节 绩效管理的基本流程

绩效管理的基本流程，是构建企业绩效管理系统的核心部分，主要包括五个环节：①绩效计划；②绩效实施；③绩效考核；④绩效反馈；⑤绩效结果应用。

一、绩效计划

绩效计划是绩效实施的行动指南，绩效计划与绩效实施两者均为绩效考核的前奏。

（一）绩效计划的含义与重要性

1. 绩效计划的含义

绩效计划（Performance Plan）是一个确定组织对员工的绩效期望并得到员工认可的过程，是考核者与被考核者双方对员工应该实现的工作绩效进行沟通的过程，并将沟通的结果落实为订立正式书面协议。绩效计划必须能够清楚地说明期望员工达到的结果，以及为达到该结果所期望员工表现出来的行为和技能。绩效计划的设计从公司最高层开始，将绩效目标层层分解到各级子公司及部门，最终落实到个人。对于各子公司而言，这个步骤即为经营业绩计划过程，而对于员工而言，则为绩效计划过程。

2. 绩效计划的重要性

绩效计划作为绩效管理的一种有力工具，体现了上下级之间承诺的绩效指标的严肃性，使决策层能够把精力集中在对公司价值最关键的经营决策上，有机地将股东的利益和员工的个人利益整合在一起，确保公司总体战略的逐步实施和年度工作目标的实现，有利于在公司内部创造一种突出绩效的企业文化。绩效计划的文本结果可以形成一份绩效合同、绩效契约或者绩效协议书。

绩效计划是绩效管理基本流程的起点和关键步骤。人们常常非常重视年终的绩效考核，而忽视了年初的绩效计划。成功的绩效管理是从年初做绩效计划开始的。通过它可以在公司内建立起一种科学合理的管理机制，能够有机地将企业战略与员工的具体目标相结合。绩效计划是为了给所有管理者和员工确定奋斗的目标和前进的方向。

制订绩效计划的过程，就是总结过去、统筹未来的过程。绩效计划过程是各级管理者和员工进行充分沟通，确定绩效计划，并填写绩效计划及评估表格的过程。通过绩效计划，可以帮助管理者与员工就工作目标达成共识。绩效计划过程就是让所有员工都明确目标并找到路径的过程。

（二）绩效计划制订的原则

不论是公司的经营业绩计划，还是员工的绩效计划，在制订绩效计划时应该注意以下原则（徐斌，2007）。

1. 价值驱动原则

要与提升公司价值和追求股东回报最大化的宗旨相一致，与公司发展战略和年度绩效计划相一致原则，突出以价值创造为核心的企业文化。

2. 流程系统化原则

与战略规划、资本计划、经营预算计划、人力资源管理等管理程序紧密相连，配套使用。

3. 突出重点原则

在设定关键绩效指标和工作目标时，要突出关键、突出重点，选择那些与公司价值关联度较大、与职位职责结合更为紧密的绩效指标和工作目标，而不是整个工作过程的具体化。

4. 可行性原则

关键绩效指标与工作目标必须是员工能够控制的，要界定在员工职责和权利控制的范围之内，否则就难以实现绩效计划所要求的目标任务。

5. 足够激励原则

使考核结果与薪酬及其他非物质奖惩等激励机制紧密相连，适度拉大绩效突出者与其他员工的薪酬比例，打破分配上的平均主义，做到奖优罚劣、奖勤罚懒、激励先进、鞭策后进，营造一种突出绩效的企业文化。

6. 客观公正原则

要保持绩效的透明性，进行坦率、公平、跨越组织等级的绩效审核和沟通，做到系统和客观地评估绩效。

7. 全员参与与职位特色原则

在绩效计划的设计过程中，一定要积极争取并坚持员工、各级管理者和管理层的多方参与。针对每个职位而设定，而薪酬体系的首要设计思想之一便是将不同职位划入有限的职级体系。因此，相似但不同的职位，其特色完全由绩效管理体系来反映。这要求绩效计划内容、形式的选择和目标的设定要充分考虑到不同业务、不同部门中类似职位各自的特色和共性。

例证 8-1

海尔集团绩效计划

海尔的绩效管理体系能有效地结合企业的发展战略，主要运用了目标管理法和关键绩效考核指标，两者的结合解决了企业将向哪里发展的问题。

海尔绩效管理的第一步是绩效计划。集团根据企业的战略发展目标确定总体方向，再设定考核指标。接着把大的指标分解到下级各个部门，各个部门再根据绩效设定政策，给员工制定工作目标，签订个人事业承诺（PBC）。制定绩效评价目标：利用 PBC 的考核模式，让每个员工都做出个人的业绩承诺。在整个集团中，每个级别、每个部门都要自上而下地层层签订 PBC，实现战略目标落实到每个员工的身上，组织的绩效是由员工自身绩效组成的，这样有机的联系在一起，实现企业与员工的发展相一致。

（赵祎楠，2015）

（三）绩效计划的制订流程

制订绩效计划，一般应该遵循以下三个步骤。

1. 绩效计划的准备

绩效计划是管理人员与员工双向沟通的结果，为了使沟通取得预期的效果，事先必须做好以下六个方面的准备工作。

（1）全员绩效基础理念培训。每个员工都理解并接受绩效管理，是绩效管理真正走向成功、为企业战略的实现提供保障的前提。绩效管理的真谛不在于考核，而在于改善行为，最终提升绩效。通过全员绩效管理理念的培训，员工就能够积极主动地参与绩效管理活动。让每个员工都认识到，参与绩效管理是每个员工的权利与基本义务，这样就为绩效计划的有效制订奠定了坚实的基础。

（2）收集相关信息。所要收集的信息主要包括三个方面：① 关于企业的信息，包括组织战略目标和发展规划、年度经营计划；② 关于部门的信息，包括业务单元工作计划和团队工作计划；③ 关于个人的信息，主要包括工作描述的信息以及上一个绩效周期的绩效考核结果。

（3）诠释企业的发展目标。绩效管理服务于企业战略，因此绩效计划也来自企业战略。管理者和员工都应该了解企业战略、企业发展目标。因为绩效计划来源于企业发展目标的层层分解，企业领导诠释企业发展目标还可以增强员工的主人翁意识与主动精神。员工对企业发展目标了解越多，就越容易认同企业的发展目标。企业发展目标经层层分解，最终就形成了各个岗位的绩效计划与目标。

（4）将企业发展目标分解为各个部门的特定目标。部门目标来自企业战略目标的分解。不但企业的发展目标可以分解到生产、销售等业务性部门，而且行政、财务、人力资源等业务辅助性部门的工作目标也与整个企业发展目标紧密相连。管理者要善于根据企业的发展目标分解出本部门的目标。有了部门目标，才能够进一步分解制定每个员工的岗位目标。

（5）员工为自己制订绩效计划草案。在设定绩效计划之前，员工应该对本岗位的工作描述进行回顾，思考职位存在的目的和主要工作职责。管理者可以根据岗位的实际变化调整工作职责。员工要非常清楚自己所在岗位的工作职责，根据部门的目标，结合自身实际，草拟自己的绩效计划与目标。绩效计划的主要内容不仅包括工作任务目标，还包括要达到的绩效具体标准、主要考核指标、工作目标的权重以及工作结果的测量方法等。这个步骤非常重要，一方面可以培养员工的绩效计划意识，另一方面也可以了解员工对自己、对岗位、对绩效计划的认知和定位。

（6）管理者审核员工制订的绩效计划。管理者要详细审核员工的绩效计划，善于发现绩效计划的问题所在，分析员工为什么会把绩效目标定得太高或太低。同时，管理者还应该利用SMART原则来分析员工所制订计划和目标的有效性。SMART原则实际上是有效制订绩效计划的五个标准。S是specific，即绩效计划必须具体、明确；M是measureable，即绩效计划必须是可衡量的；A是actionable，即绩效计划必须是可执行的；R是realistic，即绩效计划必须是员工能力的真实反映，是可以实现的；T是time-bound，即绩效计划必须有时间限制。管理者审核员工的绩效计划，可以发现员工的真实心理，根据每个员工的具体情况对症下药。

2. 绩效计划的沟通

绩效计划是双向沟通的过程，绩效计划的沟通阶段也是整个绩效计划的核心阶段。在这个阶段，管理人员与员工必须经过充分的交流，对员工在本次绩效期间的工作目标和计划达成共识。绩效计划会议是绩效计划制订过程中进行沟通的一种普遍方式。

管理人员和员工都应该确定一个专门的时间用于绩效计划的沟通，并且要保证在沟通的时候最好不要有其他事情打扰。在沟通的时候气氛要尽可能宽松，不要给人太大的压力，把焦点集中在开会的原因和应该取得的结果上。

在进行绩效计划的沟通时，首先往往需要回顾一下已经准备好的各种信息，在讨论具体的工作职责之前，管理人员和员工都应该知道公司的要求、发展方向以及对讨论具体工作职责有关系和有意义的其他信息，包括企业的经营计划信息、员工的工作描述和上一个绩效期间的评估结果等。

3. 绩效计划的审定和确认

在绩效计划的审定和确认的过程中，要注意以下三点。

（1）在制订绩效计划的过程结束时，为确认双方是否达成了共识，管理人员和员工应该能以同样的答案回答以下问题。

① 员工在本绩效期内的工作职责是什么？

② 员工在本绩效期内所要完成的工作目标是什么？

③ 如何判断员工的工作目标完成情况？

④ 员工应该在什么时候完成这些工作目标？

⑤ 各项工作职责以及工作目标的权重如何？

⑥ 哪些是最重要的？哪些是其次重要的？哪些是次要的？

⑦ 员工的工作绩效好坏对整个企业或特定的部门有什么影响？

⑧ 员工在完成工作时可以拥有哪些权力？

⑨ 员工在完成工作时可以得到哪些资源？

⑩ 员工在达到目标的过程中会遇到哪些困难和障碍？

⑪ 管理人员会为员工提供哪些支持和帮助？

⑫ 员工在绩效期内会得到哪些培训？

⑬ 员工在完成工作的过程中，如何去获得有关他们工作情况的信息？

⑭ 在绩效期间，管理人员将如何与员工进行沟通？

（2）管理者协助员工制订具体的行动计划。如果说绩效计划说明我们想做的事情，那么行动计划说明我们怎样去实现绩效计划。每个绩效计划都要有一个行动计划。管理者要善于协助员工就绩效计划制订详细周密的行动计划。同时，在以后的绩效辅导与事实过程中，还应该及时监督并控制员工行动计划的实施情况。

（3）当绩效计划结束时，应最终形成绩效协议书，并经双方签字认可。绩效计划的最后结果，就是形成一个经过双方协商讨论达成共识的协议书——绩效协议书。绩效协议书应该包括员工的工作目标、主要工作结果、衡量工作结果的指标和标准、各项工作所占的权重以及每项工作目标的主要行动计划等内容。绩效协议书主要在于明确当事人的绩效责任，并且管理者和员工双方都要在协议书上签字认可。

例证 8-2 

IBM 员工的绩效计划

IBM 作为全球最大的信息技术和业务解决方案公司，其绩效管理体系也是相当先进有效的。作为整个绩效管理流程的起点，绩效计划将个人目标、部门目标和组织目标结合起来，是员工全面参与管理、明确自己职责和任务的过程，是绩效管理至关重要的环节。

IBM 公司员工的绩效计划，建立在员工自己按下列三个领域设定的年度目标上。

（1）必胜（Win），这里表达的是成员要抓住任何可成功的机会，以坚强的意志来励志，并且竭力完成。如：市场占有率是最重要的绩效评等考量。

（2）执行（Execute），这里强调两个字，即行动、行动、行动，不要光是坐而言，必须起而行。

（3）团队（Team），即各不同单位间，不许有冲突，绝不在顾客面前让顾客产生疑惑。

（流芳百世，2020）

二、绩效实施

制订了绩效计划之后，各级被考核者就按照其绩效计划开展工作。在工作过程中，管理者要对被考核者的工作进行指导和监督，对发现的问题及时予以解决，并随时根据实际情况对绩效计划进行调整。绩效实施过程必须融入过程管理的思想。绩效实施过程管理主要包括持续的绩效沟通、绩效信息的收集和分析两个方面。

（一）持续的绩效沟通

持续的绩效沟通就是管理者和员工共同沟通和分享有关信息的过程。这些信息以及沟通的内容，主要包括工作进展情况、潜在的障碍和问题、可能的解决措施以及管理者如何才能帮助员工等。持续的绩效沟通是连接绩效计划与绩效考核的中间环节。相对于变化的经济环境、市场、员工状况等而言，绩效计划书相对固化，进行持续的绩效沟通的目的在于应对变化，保持工作过程的动态性、柔性和敏感性，及时调整目标和工作任务。

采取何种沟通方式在很大程度上决定着绩效沟通的有效性，而绩效沟通形式各种各样，有正式与非正式之分。表 8-3 列出了几种正式沟通与非正式沟通的优缺点（付亚和，许玉林，2014）。

表 8-3　几种正式沟通与非正式沟通的优缺点

沟通形式		优　点	缺　点
正式沟通	书面报告	节约了管理者的时间； 解决了管理者和员工不在同一地点的问题； 培养员工边干边总结，进行系统思考； 培养员工的书面表达能力； 可以在短时间内收集大量信息	信息单向流动，从员工到管理者； 容易流于形式，员工厌烦写报告； 适用性有限，不适合以团队为基础的组织，信息不能共享
	定期面谈	沟通程度较深； 可以对某些不便公开的事情进行沟通； 员工容易对管理者产生亲近感、气氛融洽； 管理者可以及时对员工提出的问题进行回答和解释，沟通障碍少	面谈时容易带有个人情感色彩； 难以进行团队间的沟通
	团队会议	便于团队沟通； 缩短信息传递的时间和环节	耗时长，难以取得时间上的统一性； 有些问题难以在公开场合进行讨论； 容易流于形式，走过场； 大家对会议的需求不同，对信息进行有选择的过滤
非正式沟通		形式多样，时间地点灵活； 及时解决问题，办事效率高； 提高员工满意度，起到很好的激励作用； 增强员工与管理者之间的亲近感和友情	缺乏正式沟通的严肃性； 并非所有情况都可以采用非正式沟通

（二）绩效信息的收集和分析

任何决策均离不开信息，绩效管理也一样。绩效信息的收集和分析是一种有组织的系统收集有关员工、工作活动和组织绩效信息的方法。收集和分析信息，旨在解决问题或证明问题，包括：① 提供一份以事实为依据的员工工作情况的绩效记录，为绩效考核及相关决策提供依据；② 及时发现问题，提供解决方案；③ 掌握员工自身行为和态度的信息，发现其长处和短处，便于有针对性地提供培训与再教育；④ 为法律纠纷提供依据。

为此，应收集记录以下信息：① 目标和标准实现的情况；② 员工受表扬与批评的情况；③ 证明工作绩效优秀与低下所需的具体证据；④ 管理者与员工就绩效问题进行谈话的记录，必要时要求员工和管理者双方签字。

收集信息可以采用观察、工作记录、工作日志、他人反馈和自我评估等手段。手段与方法的选取，提倡综合应用，以便对同一个员工进行全方位的了解。

例证 8-3

紫金矿业的工作日志

近年来，紫金矿业集团股份有限公司要求管理干部每天在线填写工作日志，因工作忙或者出差未能及时填写工作日志的员工，要求尽可能及时地补上。工作日志有助于员工及时记录和汇报当天的主要工作，便于员工总结每周（月、季度、年）的工作，也便于上级通过内部网查看、了解、指导和考核下级的工作。然而，也有少数员工反映，工作日志法对文字功底好、表达能力强的员工有利，而对文字功底差、不善于表达的员工不利；另外，有些岗位的工作（如会计、出纳）比较单调，就是那么几项，因此，填写时显得字数少、内容重复。

（供稿：陈国海，2016）

三、绩效考核

绩效管理中的绩效考核环节，着重解决“谁采用什么方法来考核谁以及考核什么”的问题，是一个实施阶段，也是一个开发阶段。下面主要介绍绩效考核的原则和实施。

（一）绩效考核的原则

孟子曾说：“权，然后知轻重，度，然后知长短。物皆然，心为甚。”从中可以看出绩效考核的重要意义。绩效考核应遵循以下五个原则。

1. 公平客观原则

公平是确立和推行员工考核制度的前提。不公平就不可能发挥考核应有的作用。绩效考核应当根据明确规定的考核标准，针对客观考核资料进行评价，尽量避免渗入主观性和感情色彩。

2. 严格原则

考核不严格，就会流于形式，形同虚设。考核不严，不仅不能全面地反映工作人员的真实情况，而且还会产生消极的后果。考核的严格性包括：要有明确的目的和考核标准，要有严肃认真的考核态度，要有严格的考核制度与科学、严格的考核程序及方法等。

3. 反馈原则

要将考核的结果（评语）反馈给被考核者本人，以起到考核的教育作用，也是保证考核民主的重要手段。同时，应当向被考核者就评语进行说明解释，肯定成绩和进步，说明不足之处，提供今后努力方向的参考意见。这样做有助于被考核者了解自己的优点和缺点、长处和短处，使考核成绩好的人再接再厉、继续保持先进，使考核成绩不好的人心悦诚服、奋起上进，同时还有助于防止考核中可能出现的偏见以及种种误差，以保证考核的公平与合理。

4. 结合奖惩原则

依据考核的结果，应根据工作成绩的大小、好坏，有赏有罚，有升有降，而且这种赏罚、升降不仅与精神激励相联系，而且还必须通过工资、奖励等方式同物质利益相联系，以实现考核的真正目的。

5. 差别原则

考核的等级之间应当有鲜明的差别界限，针对不同的考核评语在工资、晋升、使用等方面应体现明显差别，使考核带有刺激性，激发员工的上进心。

例证 8-4

上汽大众汽车销售有限公司销售人员的绩效考核

目前，上汽大众汽车销售有限公司的绩效考核制度主要是将销售人员的销售业绩与工资直接关联的方式。

上海大众汽车销售有限公司销售部门员工的具体考核有以下关注点。

（1）销售收入：销售人员的收入主要是与当月汽车的销售计划完成水平有着直接密切的联系。公司对于员工的最主要的激励制度就是绩效工资。根据销售人员在当月完成的汽车的销售量确定员工的绩效工资。如果销售人员超额完成了任务，绩效工资水平将会上升一个层次。

（2）业务能力、服务态度：销售人员需要每天都对销售的汽车车型知识进行更新，牢记每款车型的新旧功能。销售主管要对每位员工的知识储备进行不定期的检查，确保员工在客户手续齐全的情况下满足顾客的试驾需求。

（3）工作态度：员工违反部门工作规定时，部门主管要及时进行提示和监督，尽量避免违规次数过多，否则会影响销售员工的绩效考核结果。

（4）培训学习：企业组织安排销售人员定期定点进行培训和学习，培训时会统计每位被考核者参加的培训次数，并及时考核每次参加培训的人员的培训质量，避免滥竽充数者，培训次数及质量指数用于计算员工绩效水平。

（毛志强，2013）

（二）绩效考核的实施

绩效考核的实施一般涉及以下四个方面的内容。

1. 设计绩效考核指标体系

（1）绩效考核指标。制定有效的绩效考核指标是建立绩效考核体系的中心环节。建立岗位绩效考核指标体系，首先要明确考核的到底是什么？一般来说，绩效考核要考核的核心内容是能力、态度和业绩，把这三个方面的内容转化为具体的、可以衡量的、可以评价的指标就是绩效考核指标。

在一个考核指标体系中，指标通常可以分为三类：① 主要指标，即职位关键目标任务的要求指标，不同性质的岗位要根据不同的工作性质，设置不同的百分比权重；② 辅助指标，即对职位一般性要求指标或各职位都具有的公共指标；③ 否决指标，即对职位安全生产、廉政建设等方面设立的否决指标。该指标不占权重，但该项指标如果未达到标准，该职位的整体业绩就要按照一定的条件要求或一定比例的系数给予较大幅度的降低。

绩效考核指标还可具体地分为四类：① KPI 指标，即自上而下分解的关键绩效指标（是指标而不是目标）；② 时限性指标，如完成工作计划或任务的具体期限；③ 数字化指标，即有关质量、成本或其他方面的量化要求；④ 描述性指标，如有关质量、服务和其他方面的描述性要求。

（2）制定绩效考核指标的原则。制定绩效考核指标需要遵循五项原则：① 客观性原则，要以岗位职责的特征为依据；② 明确性原则，对工作数量和质量的要求、责任的轻重、业绩的高低要做出明确的界定和具体的要求；③ 可比性原则，对同一层次、同一工作性质岗位的绩效考核必须在横向上寻求一致；④ 可操作性原则，最大限度地符合实际要求；⑤ 相对稳定性原则，制定后要保持相对稳定，不可随意更改。

需特别注意：① 绩效考核指标要尽可能量化，要做到能量化的量化，不能量化的标准化，不能标准化的行为化；② 绩效考核指标要突出目标导向，也就是说，绩效指标必须注意岗位目标与组织目标的一致性。

（3）构建绩效考核指标体系的步骤。构建绩效考核指标体系一般要经历以下四个步骤。

① 工作岗位分析。根据考核目的，对被考核对象所在岗位的工作内容和性质、完成这些工作所应履行的岗位职责和应具备的能力素质、工作条件等进行研究和分析，从而了解被考核者在该岗位工作所应达到的目标、采取的工作方式等，初步确定出绩效考核指标。

② 理论验证。根据绩效考核的基本原则，对所设计的绩效考核指标进行论证，使其具有一定的科学依据。

③ 进行指标分析，设置权重，确定指标体系。根据工作岗位分析所初步确定的指标，运用绩效考核指标体系设计方法进行指标分析，最后确定绩效考核指标体系。在进行指标分析和指标体系的确定时，往往将几种方法结合起来使用，以使指标体系更加准确、完善、可靠。

④ 不断完善绩效考核指标。为了使绩效考核指标体系更趋合理，还应不断对其进行修订完善，分为考核前修订与考核后修订。前者通过专家咨询法，将所确定的指标提交领导、学术权威或专家进行审议，征求意见，修改、补充和完善绩效考核指标体系；后者根据考核结果应用之后的效果等情况进行修订，使考核指标内容更加理想和完善。

2. 确定考核者

对处于组织架构中的某一个职位上的员工而言，参与考核的人员，可能包括上司、同事、员工本人、下属和客户。对同一员工，观察视角不同，考核结果也不同，效果也不一样，现分别介绍如下。

（1）直接上级考核。直接上级通常是最熟悉员工的工作、工作状况（努力、态度、纪律性等）、工作结果（工作质量、工作数量等）的人。在多数情况下，直接上司是执行考核任务的最佳人选。上级对下级考核不仅是传统考核制度的核心，而且也是管理的一种手段。

（2）自我考核。自我考核一般包括工作总结、经验教训和自我评价。实施自我考核，旨在提高员工在绩效考核中的参与度，促进员工对自己工作绩效进行思考与总结，发现自己的优点与不足，有利于绩效反馈与沟通。但与直接上级考核相比，自我考核者往往对自己较为宽容，并倾向于夸大优点，规避缺点。有鉴于此，自我评估一般用于发展用途，而不适合于管控用途。

（3）同事评估。同事评估与上级考核时从两个不同角度来看待某一员工的绩效。在通常的情况下，上级掌握着更多的有关工作要求和绩效结果的资料，而同事则以一种不同的、更趋于现实的眼光来看待某一员工，如工作过程中表现出的团队精神、合作性、协作性、领导力、人际交往力等。相对而言，当同事评估只用于发展目的时，员工的反应比较积极。

（4）下级考核。下级考核对培养企业的民主作风、提高企业员工之间凝聚力等方面起着重要作用，比较适用于考核上司在某些工作方面的表现，如领导力、口头表达、授权、团队协调以及对下属的关注程度。当下级考核用于发展用途时，管理者（上级）会采取较为支持的态度。为避免潜在麻烦，下级考核应该采用匿名提交的方式，并将多人的考核结果综合考虑。

（5）顾客考核。顾客考核的优势在于顾客不受企业内部利益机制影响，考核具有较高的真实性和公正性，能够强化以顾客为导向的服务理念，弊端在于费时费力、成本较高。以下两种情况最适合采用顾客考核：① 员工从事的工作要求他直接为顾客提供服务，或者需要他为顾客提供联系公司内部所需要的其他服务；② 公司希望通过收集信息来了解顾客希望得到什么样的产品或服务。这样顾客考核成了将公司的市场营销战略与人力资源活动及政策联系在一起达到战略目标的服务工具。

（6）360 度考核。360 度考核又称全方位评估。工作往往具有多面性，处于不同角度的人观察到的方面也是不同的。许多公司已经将各种考核方法得到的信息综合使用，并产生全方位评估与反馈体系。尽管最初 360 度评估系统仅仅为了发展，特别是管理发展和职业发展，但是这种方法也在逐渐用于绩效考核和其他管理用途（详见本章第三节）。

从众多可能的考核者中选取某一考核者或考核者组合，应该根据考核的目的、被考核者的组织位置、公司情况等进行，不应该赶时髦，人用我用。

3. 培训考核者与被考核者

考核质量取决于考核者以及被考核者的认知、态度和行为。为保证绩效考核的合理进行，必须对考核者进行严格的培训。通过培训，考核者能够公平合理地进行考核，并具备强有力的监督管理能力；被考核者接受绩效管理考核系统，了解考核的作用与意义、绩效考核实施的基本流程、员工在考核中的作用与职责以及实施考核的时间计划等，并积极配合考核工作。

对考核者的培训应注意四点：① 认真讲解考核内容，即考核标准；② 着力提高考核者的观察能力和判断力，避免常见的考核误差；③ 培训考核工作需要的技术，如确立良好的绩效与处理表现不佳员工的方法，分析员工的个别特性的方法等；④ 加强绩效管理理念等基础培训，使其重视考核工作。

4. 预防和应对绩效考核的常见误差

绩效考核常见的九种误差及预防和应对措施如表 8-4 所示。

表 8-4 绩效考核常见的九种误差及解决措施

误差类型	误差描述	预防和应对措施
考核指标理解误差	由于考核人对考核指标理解的差异而造成的误差。不同的考核人对考核标准的理解会有偏差，如对于某一员工的绩效，甲考核人可能会选“良”，乙考核人可能会选“合格”	修改考核内容，让考核内容更加明晰，尽可能量化； 尽可能让同一名考核人进行考核，员工之间的考核结果就具有了可比性； 避免对不同职务员工的考核结果进行比较

续表

误差类型	误差描述	预防和应对措施
光环效应误差	一个人在某一方面有一个显著优势，人们会误以为他在其他方面也同样有优势	考核时，考核人可以将所有被考核人的同一项考核内容同时考核，而不以人为单位进行考核
趋中误差	考核人倾向于将被考核人的考核结果放置在中间的位置，这主要由于考核人害怕承担责任或对被考核人不熟悉而造成的	考核前，对考核人员进行必要的绩效考核培训，消除其后顾之忧，同时避免让对被考核人不熟悉的考核人进行考核
近期误差	人们对最近发生的事情记忆深刻，而对较早发生的事情印象浅显。考核人往往会用被考核人近一个月的表现来评判其一个季度的表现	消除近期误差的最好方法是考核人每月进行一次当月考核记录，在每季度进行正式的考核时，参考月度考核记录来得出正确考核结果
个人偏见误差	考核人往往会给自己喜欢（或熟悉）的人较高的评价，而对自己不喜欢（或不熟悉）的人给予较低的评价	采取小组评价或员工互评的方法可以有效防止个人偏见误差
压力误差	当考核人了解到本次考核的结果会与被考核人的薪酬或职务变更有直接的关系，或者惧怕在考核沟通时受到被考核人的责难，考核人可能会做出偏高的考核	要注意对考核结果的用途进行保密； 在考核培训时让考核人掌握考核沟通的技巧。如果考核人不适合进行考核沟通，可以让人力资源部门代为进行
完美主义误差	考核人可能是一位完美主义者，他往往放大被考核人的缺点，给被考核人较低的评价	首先向考核人讲明考核的原则和方法，另外可以增加员工自评，与考核人考核进行比较。如果差异过大，应该对该项考核进行认真分析，看是否出现了完美主义错误
自我比较误差	考核人不自觉地将被考核人与自己进行比较，以自己作为衡量被考核人的标准	将考核内容和考核标准细化、明确，并要求考核人严格按照考核要求进行考核
盲点误差	考核人由于自己有某种缺点，而无法看出被考核人也有同样的缺点	将考核内容和考核标准细化、明确，并要求考核人严格按照考核要求进行考核

四、绩效反馈

绩效反馈是绩效管理过程中的一个重要环节。只有及时提供反馈，才能确保员工的工作不致偏离正轨。

（一）绩效反馈的概念

绩效反馈主要通过考核者与被考核者之间的沟通，就被考核者在考核周期内的绩效情况进行面谈，在肯定成绩的同时，找出工作中的不足并加以改进。其目的是使员工了解自己在本绩效周期内的业绩是否达到所定的目标，行为态度是否合格，让管理者和员工双方达成对评估结果一致的看法；双方共同探讨绩效未合格的原因所在，并制订绩效改进计划；同时，管理者要向员工传达组织的期望，双方对绩效周期的目标进行探讨，最终形成一个绩效合约。

（二）绩效反馈的重要性

绩效反馈是由员工和管理人员一起，回顾和讨论考核的结果，如果不将考核结果反馈给被考评的员工，考核将失去极为重要的激励、奖惩和培训的功能。因此，有效的绩效反馈对绩效管理起着至关重要的作用，具体体现在以下三个方面。

1. 绩效反馈是考核公正的基础

考核过程是考核者履行职责的能动行为。绩效反馈不仅让被考核者成为主动因素，而且赋予了其一定权利，使被考核者不但拥有了知情权，更拥有了发言权；同时，通过程序化的绩效申诉，有效降低了考核过程中不公正因素所带来的负面效应，在被考核者与考核者之间找到结合点和平衡点。

2. 绩效反馈是提高绩效的保证

绩效考核结束后，当被考核者接到考核结果通知单时，在很大程度上并不了解考核结果的来由，这时就需要考核者就考核的全过程，特别是被考核者的绩效情况进行详细介绍，指出被考核者的优缺点，特别是考核者还需要对被考核者的绩效提出改进建议。

3. 绩效反馈是增强竞争力的手段

任何一个团队都存在两个目标：团队目标和个体目标。个体目标与团队目标一致，能够促进团队的不断进步；反之，就会产生负面影响。

（三）绩效结果的发展应用

绩效结果在发展方面的用途主要体现在以下三个方面。

1. 提供员工绩效改善的建议

绩效改善的本质是促进一些符合期望的行为发生或增加其出现的频率，减少或消除不期望出现的行为。改善员工绩效可以参照以下五个步骤进行：① 直接主管与员工达成关于绩效问题的共识；② 分析绩效问题产生的原因；③ 确定改善目标；④ 共同探讨可能解决的途径；⑤ 鼓励员工取得进步。

2. 作为人力资源培训与开发的针对性需求与评估依据

通过绩效考核，主管可以发现人力资源培训与开发方面的不同需求。绩效考核结果为人力资源培训与开发提供了依据，使得培训与开发具有针对性。人力资源培训与开发主要是通过提高员工的工作技能，来提高他们的工作绩效。

3. 作为职业发展规划的依据

一个好的绩效体系往往能够提供两类信息：一是员工的一般能力信息，以便了解员工学习与发展的潜能，较高潜能者是公司宝贵的投资对象；二是员工的特殊技能信息，以便了解员工具备的特殊素质，特殊技能较优者可胜任公司中的特定职位。在此基础上，员工与主管双方可以编制员工职业发展规划，一般步骤是：① 员工与主管人员进行绩效沟通；② 双方就员工绩效方面存在的差距分析原因，找出员工在工作能力、方法或工作习惯等方面有待改进之处；③ 双方根据未来的工作目标要求，选取员工有待改进之处作为个人发展项目；④ 双方共同编制具体行动方案，确定个人发展项目的期望水平和目标实现期限以及改进的方式；⑤ 列出改进个人发展项目所需要的资源，并指出哪些资源需要主管人员提供帮助。

（四）绩效反馈的基本原则

绩效反馈应注意以下五个基本原则。

1. 经常性原则

绩效反馈应当是经常性的，而不应当是一年一次。原因有两点：① 管理者一旦意识到员工绩效存在缺陷，就有责任立即去纠正它；② 绩效反馈过程有效性的一个重要决定因素是员工基本认同考核结果。因此，考核者应当向员工提供经常性的绩效反馈，使他们在正式的考核过程结束之前就基本知道自己的绩效考核结果。

2. 对事不对人原则

在绩效反馈面谈中双方应该讨论和评估的是工作行为和工作成绩，而不是员工的个性特点。员工的个性特点一般不能作为评估绩效的依据，例如个人气质的活泼或者沉静。但是，在谈到员工的主要优点和不足时，可以谈论员工的某些与工作绩效有关的个性特征。不管员工的绩效考核结果是好是坏，一定要多给员工一些鼓励，要让员工把一种积极向上的态度带到工作中去。

3. 多问少讲原则

发号施令的管理者很难实现从上司到帮助者、伙伴的角色转换。管理者在与员工进行绩效沟通时应该遵循 20/80 法则：80%的时间留给员工，20%的时间留给自己，自己在这 20%的时间内，可以将 80%的时间用来发问，20%的时间用来“指导”“建议”“发号施令”，因为员工往往比管理者更清楚本职工作中存在的问题。

4. 着眼未来的原则

绩效反馈面谈中很大一部分内容是对过去的工作绩效进行回顾和评估，但这并不等于说绩效反馈面谈集中于过去。谈论过去的目的并不是停留在过去，而是从过去的事实中总结出一些对未来发展有用的东西。

5. 制度化原则

绩效反馈必须建立一套制度，只有将其制度化，才能保证它能够持久地发挥作用。

例证 8-5

江苏凤凰出版传媒股份有限公司的绩效反馈

江苏凤凰出版传媒集团有限公司，是全国首家资产和销售收入双超百亿的大型国有出版集团企业，连续三届入选“全国文化企业强”。

凤凰传媒的绩效考核的目的并非终止于考核结果，而是着眼于新的绩效管理的开始。向员工本人反馈对其工作绩效的考评结果，是为了让员工了解自己的工作情况。面谈与沟通是出版集团绩效反馈过程中重要的管理技巧。沟通不但有利于增强出版企业员工的责任心与满意度，而且有利于增强出版企业员工对组织绩效考评目的和意义的理解，进一步开发出版企业员工的潜能，为组织绩效的持续提升以及富有竞争力的团队的形成奠定基础。一方面考核者与被考核者讨论考核结果，使员工有机会提出对考核结果的意见，力争对考核结果达成共识；另一方面，对于考核结果不理想的员工，管理者可根据考核中获得的信息与员工进行面谈，给予员工适当、明确的指导，进而帮助员工将个人的职业生涯发展目标与组织目标更紧密地结合起来，从而提高员工参与感和满足感，进而提升绩效。

（秦宇阳，2012）

五、绩效结果应用

（一）绩效结果分析

如何应用绩效考核结果关系到绩效管理的成败。在应用之前，必须对绩效结果进行分析。绩效结果应用主要包括员工管理与员工发展两个方面。

从纵向与横向两个方面考察一个员工的绩效，绩效考核的结果分析如图 8-1 所示。

（二）绩效考核结果的应用

绩效考核是为了改善和提高员工的绩效，因而绩效考核结果具有多种用途。总体上，可以分为管理和发展两种用途，如图 8-2 所示。

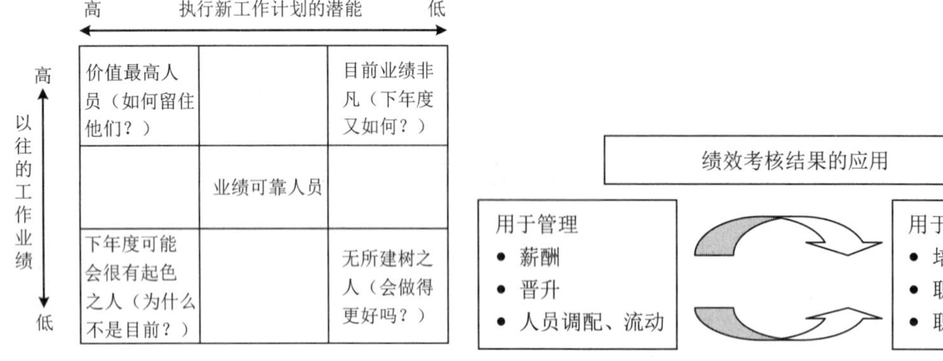

图 8-1　考核结果分析

图 8-2　绩效考核结果的应用

从工作表现与工作贡献两个维度看，绩效考核中员工可以分为贡献型、安分型、堕落型和冲锋型四种类型，如图 8-3 所示。

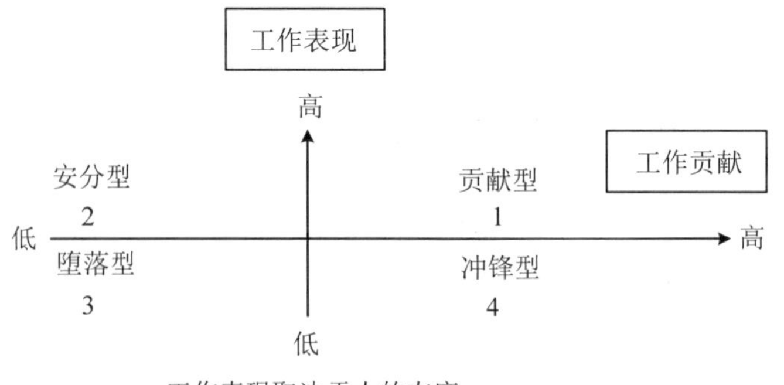

图 8-3　绩效考核中的员工类型

针对四种不同的类型，应分别施予不同的奖惩政策，具体如图 8-4 所示。

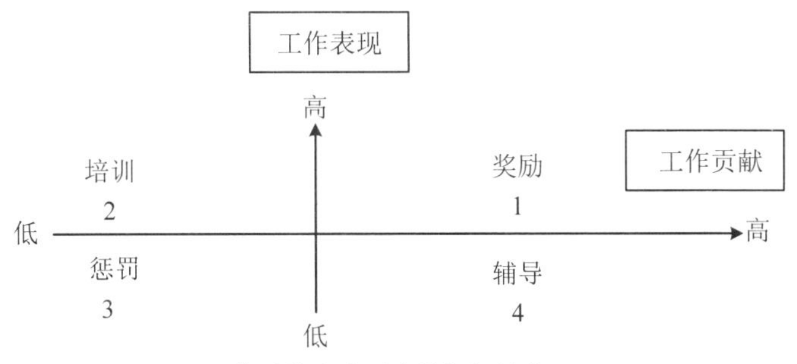

图 8-4 不同类型员工的奖惩政策

上面的奖惩政策在不同程度上可以归结为绩效结果的管理与发展两个方面的用途。

（三）绩效结果的管理应用

绩效结果在管理方面的用途主要体现在以下三个方面。

1. 衡量招聘的有效性

绩效考核结果可以用于衡量招募与甄选的有效性。一般认为，如果甄选出来的优秀人才实际的绩效考核结果确实很好，就说明甄选是有效的；反之，则说明要么是甄选不够有效，要么是绩效考核的结果有问题。新员工是否适合所在的职位，要看工作一段时间之后的绩效结果，若绩效结果比较满意，则说明招聘较为成功；反之，则需要对招聘的每个环节进行检查与反思。

2. 为职位变动提供依据

绩效结果可以为职位变动（如晋升、调职、降级）提供一定的信息。员工在某方面绩效突出，就可以考虑让他在此方面承担更多的责任。如果员工在某方面的绩效不好，有可能不适合目前的职位，可以调整职位，使他从事更加适合的职位。将绩效结果应用到职位晋升方面，还应结合对员工素质的评估。在目前职位上绩效优秀，并不代表在更高职位也一样优秀，还需看其潜力。另外，可以考虑淘汰绩效不佳者。

3. 作为奖酬分配的依据

为了增强薪酬的激励作用，员工的薪酬应与绩效挂钩。对不同工作性质的人，与绩效挂钩的报酬所占的比重应有所不同。例如，销售人员的报酬中较大的比重是由绩效决定的，行政人员的报酬中由绩效决定的部分就较小。薪酬调整往往由绩效来决定，工作晋升的等级也与绩效联系在一起。

第三节 绩效考核的常用方法和技术

绩效管理的效果和效率在很大程度上取决于绩效考核所采用的方法和技术。本节介绍绩效考核常用的一些方法和技术。

一、绩效考核常用方法和技术概述

绩效考核方法主要分为三类，而绩效考核技术则在不断地推陈出新。

（一）考核方法的分类

从考核内容上看，绩效考核方法可以分为三类。

1. 特征考核法

特征考核法主要衡量员工拥有的某些特征（如依赖性、自主性和领导能力）的程度。它包括图示考核法、多重标准尺度法、强迫性选择法和书面法。

2. 行为考核法

行为考核法主要衡量员工在工作中表现的行为是否应该。它包括关键事件法、行为核对表法、固定行为等级法和行为观察等级法。

3. 结果考核法

结果考核法主要衡量员工工作的结果，一般从工作数量、工作质量等方面进行。最常见的是目标管理法。

上述三类绩效考核方法，各有优缺点，具体如表8-5所示。

表8-5　绩效考核方法的优缺点

方法类别	优　点	缺　点
特征考核法	● 费用不高； ● 使用有意义的衡量标准； ● 使用方便	● 很可能产生等级错误； ● 不适合员工咨询； ● 不适合报酬分配； ● 不适合晋升决策
行为考核法	● 使用特定的工作标准； ● 易被员工和上司接受； ● 适合提供反馈； ● 对报酬和晋升决策比较公平	● 费时； ● 成本较大； ● 很可能产生等级错误
结果考核法	● 很少有主观偏见； ● 易被员工和上司接受； ● 将员工工作与企业工作联系起来； ● 鼓励共同制定目标； ● 适合报酬和晋升决策	● 费时； ● 可能鼓励短期行为； ● 可能使用被污染的标准； ● 可能使用有缺陷的标准

（二）常见的绩效考核方法

表8-6列出了十一种常用的绩效考核方法。同一个考核方法在不同的场合有不同的用途。例如，交替排序法既可以比较两个员工的绩效，同时也可以比较两个职位的价值高低。

表8-6　十一种常用的考核方法

考核方法	简　介
图尺度考核法	最简单和运用最普遍的绩效考核方法之一，一般采用图尺度表填写打分的形式

续表

考核方法	简介
交替排序法	较为常用的排序考核法。在群体中挑选出最好的或者最差的绩效表现者，较之于对其绩效进行绝对考核要简单易行得多。因此，交替排序的操作方法就是分别挑选、排列“最好的”与“最差的”，然后挑选出“次好的”与“次差的”，依次进行，直到将所有的被考核人员排列完为止，以优劣排序作为绩效考核的结果
配对比较法	更为细致地通过排序来考核绩效的方法，其特点是：每一个考核要素都要进行人员间的两两比较和排序，使得在每一个考核要素下，每一个人都和其他所有人进行了比较，所有被考核者在每一个要素下都获得了充分的排序
强制分布法	在考核进行之前就设定好绩效水平的分布比例，然后将员工的考核结果安排到分布结构中去
关键事件法	通过员工的关键行为和行为结果来对其绩效进行考核，一般由主管人员将其下属员工在工作中表现出来的非常优秀的行为事件或者非常糟糕的行为事件记录下来，然后在考核时点上（每季度或每半年）与该员工进行面谈，根据记录共同讨论来对其绩效做出考核
行为锚定等级考核法	基于对被考核者的工作行为进行观察和考核，从而评定绩效水平
评语法	要求管理人员用一段简短的书面鉴定，描述员工的绩效表现。有些则要求评估者按事先列好的问题，逐项评论员工的绩效情况。评语没有规定格式
360 度考核法	在考核时，通过同事评价、上级评价、下级评价、客户评价以及个人评价来评定绩效水平的方法
目标管理法	员工有若干具体的指标，这些指标是其工作成功开展的关键目标，管理人员根据它们的完成情况评价员工的绩效
平衡计分卡法	基于财务、顾客、内部过程、学习与创新四个方面的目标是否实现，从而衡量员工的绩效水平
OKR 考核法	大量互联网公司如 Intel、谷歌等采用的一种精密严谨、完全数值化的内部目标考核方法，能够将目标由上到下贯穿到基层。

例证 8-6

GE 的末位淘汰制

在美国通用电气公司（GE），员工实行末位淘汰制。末位淘汰制是一种绩效管理制度，指根据公司总体目标和具体目标结合岗位情况对员工进行考核，并将考核评分较低的员工进行淘汰的制度。这种制度使员工具有危机感和紧迫感。正如 GE 首席执行官杰克·韦尔奇所说：“有人认为我们将员工末位 10%清除出去是野蛮的行径，事情并非如此，让一个人待在一个并不能让他成长进步的环境才是真正野蛮的行径。因为在公司内部淘汰，他还有可能去寻找新的机会，如果放任自流的话，他最终很有可能被社会淘汰，这才是最可怕的。”

但是末位淘汰制有一定的弊端。末位淘汰制使用的是相对标准而非绝对标准，因此绩效考核不是鼓励员工向绝对标准靠拢，而是强调同事之间的竞争，由此可能引发一系列恶性竞争，不利于公司合作氛围的建立。另外，因为绩效考核注重的是结果而不是过程，而个人的绩效往往受到他人工作的影响，产生的结果是不完全确定可控的，因此一部分被淘汰的员工会产生不公平感。

（刘剑，2005）

二、360度考核技术

360度考核也称全方位考核、多视角考核，它是一种基于上级、下级、自己、同事和客户（包括内部客户和外部客户）等多种信息渠道收集员工的绩效信息，综合地评估其绩效并提供反馈的方法。360度考核与传统自上而下反馈的本质区别就是其信息来源的多样性，从而保证了反馈的准确性、客观性和全面性。

360度考核评价体系的目的在于通过获得和使用高质量的反馈信息，支持与鼓励员工不断改进与提高自己的工作能力、工作行为和绩效，以使组织最终达到管理或发展的目的。

360度考核的优点主要有：① 考核公正、真实、客观、准确、可信，能够减少考核误差，考核结果相对有效；② 可以让员工感觉企业很重视绩效管理；③ 可以激励员工提高自身全方位的素质和能力。

360度考核的缺点主要有：① 考核成本高；② 由于考核参照标准的不确定性，使得考核只关注一般特质，而非行为；③ 考核是以个体记忆为基础，不能真实反映被评者过去的工作行为；④ 考核者不能观察到被评者的全部工作行为，容易以偏概全；⑤ 如果培训和运作不当，可能形成紧张气氛，影响组织成员的工作士气，同时，很容易遭遇一些陷阱，如文化震荡、专断、组织成员忠诚的消失、监督失效、裙带关系。

实施360度绩效考核时，应注意以下几点：① 取得高层领导的支持与配合，在公司内部倡导一种变革、创新、竞争和开放的文化，让员工从观念上接受360度考核；② 加强宣传和沟通，对考核者进行有效培训，讲清考核的意义所在，了解考核目的，消除考核中的人为因素；③ 结合企业实际，根据最近相关原则、有机结合原则和经济可行原则合理选择考核主体，力争以最小成本达到对考核客体客观公正的考核；④ 充分考虑文化差异的影响，结合中国实际设计本土化的考核指标，使360度考核既能较好地适应中国文化，又在测评中不受中国传统文化的影响；⑤ 考核完毕后，应及时将考核结果反馈给员工，指导其改进工作中的不足之处，促进员工不断成长，进而提高考核的效果。

三、关键业绩指标技术

关键业绩指标（Key Performance Indicator，KPI）是用于评估和管理被评估者绩效的定量化或行为化的标准体系。它是通过对组织内部流程的输入端、输出端的关键参数进行设置、取样、计算和分析，衡量流程绩效的一种目标式量化管理指标，是对公司及组织运作过程中实现战略的关键成功要素的提炼和归纳，是把企业的战略目标分解为可运作的远景目标和量化指标的有效工具，是企业绩效管理的基础。KPI一般由财务、运营和组织三大类可量化的指标构成。

KPI的优点是：① 目标明确，有利于公司战略目标的实现；② 提出了客户价值理念，KPI提倡为企业内外部客户价值实现的思想，在一定程度上提升了以市场为导向的经营思想；③ 有利于组织利益与个人利益达成一致。策略性的指标分解，使公司战略目标成为个人绩效目标，员工在实现个人绩效目标的同时，也是在实现公司总体的战略目标，达到两者和谐，实现公司与员工共赢的效果。

同时，KPI 具有如下三个缺点：① KPI 指标比较难界定；② KPI 会使考核者误入机械的考核方式陷阱；③ KPI 并不适用于所有岗位。

企业在设计 KPI 指标时，应加强与基层员工的沟通与交流，并针对不同岗位设计不同的 KPI 指标组合，突出不同部门的 KPI 指标不同的特点和着重点；KPI 指标是自上而下分解的关键绩效指标，而不是绩效考核目标；激励指标与控制指标相结合。总之，运用 KPI 方法进行公司关键量化指标的设立和分解，要遵循 SMART 原则，在对公司价值链进行分析的基础上，根据公司使命和愿景确定公司的关键成果领域；针对每一个关键成果领域制订流程级 KPI；对每一个流程级 KPI 设计下一层 KPI，直至岗位 KPI，从而保证公司战略的层层分解和落实；分析和构建指标之间的逻辑关系，并对指标进行属性测试，建立指标辞典。

例证 8-7

顺丰速运提派员 KPI 示例如表 8-7 所示。

表 8-7 顺丰速运提派员 KPI 示例

	考 核 标 准	权重/%
业务指标	各分部小件员每月增长率（金额）以该平均增长率上浮一个百分点为 100 分计； 每上升一个百分点加 15 分，该项考核分数不封顶	40%
运营指标	问题（异常）件以千分之一作为标准，低于千分之一为 100 分； 每超出一个点，减掉 15 分，该项考核下不保底，有可能是负数	30%
财务指标	该项 100 分，一次交款不及时扣 50 分，两次扣完 100 分	10%
客户指标	该项 100 分，考核顾客满意度，客户投诉一次扣 50 分	10%
日常指标	日常表现分五等，依次为好、较好、一般、差、较差，分别对应 100 分、80 分、60 分、40 分、20 分	10%

四、目标管理

目标管理（Management By Objective，MBO）是管理大师彼得·德鲁克提出并倡导的一种管理模式。最高层领导根据组织面临的形势和社会需要，制定出一定时期内组织经营活动所要达到的总目标，然后层层落实，要求下属各部门主管人员乃至每个员工根据上级制定的目标和保证措施，形成一个目标体系，并把目标完成情况作为考核的依据。它是根据注重结果的思想，先由组织最高管理者提出组织在一定时期的总目标，然后由组织内各部门和员工根据总目标确定各自的分目标，并在获得适当资源配置和授权的前提下积极主动为各自的分目标而奋斗，从而使组织的总目标得以实现的一种管理模式。

目标管理的实施步骤及过程包括三个方面：首先，建立每位考核者所应达到的目标及为达到这一结果所应采取的方式方法；其次，制定被考核者达到目标的时间框架，有助于决定对于培训的需求；最后，根据调整情况制定新的目标以及为达到新的目标而可能采取的新的战略。

目标管理考评体系是一整套计划和控制系统，同时也是一套完整的管理哲学系统。在理论上，只有每位成员成功，才可能有主管人员的成功、各个部门的成功和整个组织或企业的成功。经验表明，该方法有助于提高工作效率，而且还能够使公司的管理当局根据迅速变化的竞争环境对员工进行及时的引导。但目标管理考核体系也有一些不足之处：其实质是反向式控制管理，容易导致对质量的忽视；单纯追求利润目标，靠账面数字管理企业；制定高额利润或绩效目标，仅靠奖罚管理企业，容易导致企业管理走向极端。

在目标管理实施过程中，要鼓励员工参与目标的设定过程，这样有利于激励员工，更好地理解和执行目标。需要对全体人员进行现代管理科学和目标管理思想的教育，加强统计工作，加强信息化和标准化工作，或者做好量化基础工作，实施以 KPI 关键绩效为核心的目标管理体系。当市场环境在目标设定后发生改变时，应及时调整目标，确保既定目标的合理有效。

五、平衡计分卡

平衡计分卡（Balanced Score Card，BSC）是将企业战略目标逐层分解转化为各种具体的相互平衡的绩效考核指标体系，并对这些指标的实现状况进行不同时段的考核，从而为战略目标的完成建立起可靠的执行基础的绩效管理体系。BSC 包括以下六种要素：维度、战略目标、绩效指标、目标值、行动方案和具体任务。BSC 把对企业业绩的考核划分为四个部分：财务、客户、经营过程、学习与成长。它不仅是一个指标评价系统，而且是一个战略管理系统。

BSC 反映了财务与非财务衡量方法之间的平衡、长期目标与短期目标之间的平衡、外部和内部的平衡、结果和过程的平衡、管理业绩和经营业绩的平衡等多个方面。因此，它能够反映组织综合经营状况，使业绩评价趋于平衡和完善，有利于组织的长期发展。BSC 的缺点主要有三个方面：① BSC 的实施难度大。要求企业有明确的组织战略，高层管理者具备分解和沟通战略的能力和意愿，中高层管理者具有指标创新的能力和意愿；② BSC 的工作量极大。除要深刻理解企业战略目标外，需要消耗大量精力和时间把它分解到部门，并找出恰当的指标；③ BSC 不适用于个人。相比较于成本和收益，没有必要把平衡计分卡分解到个人层面。对于个人而言，要求绩效考核易于理解、易于操作、易于管理，而 BSC 并不具备这些特点。

BSC 作为企业的一种战略和绩效管理模式，它是欧美先进企业的管理经验的高度概括和总结，但是它不可能解决现代企业绩效管理中遇到的所有问题。在实际应用中应注意结合企业自身情况，设计出科学可行的平衡计分卡，并坚持做到全员参与和反复沟通，根据新情况、新问题及时进行修正和调整。BSC 不仅仅是一种绩效考核的工具，更是一种战略管理工具，因此还应在高层管理人员承诺和支持以及强有力的领导之下，将 BSC 提升到战略高度予以实施。

可口可乐的平衡计分卡绩效管理

可口可乐瑞典饮料公司 CCBS 采纳了卡普兰和诺顿（Kaplan & Norton）的建议，从财务层面、客户和消费者层面、内部经营流程层面以及组织学习与成长四个方面来测量其战略行动。

作为推广平衡计分卡的第一步，CCBS 的高层管理人员都要履行下面的步骤：① 定义远景；② 设定长期目标（大致的时间范围为 3 年）；③ 描述当前的形势；④ 描述将要采取的战略计划；⑤ 为不同的体系和测量程序定义参数。

在构造公司的平衡计分卡时，高层管理人员已经强调了保持各方面平衡的重要性。为了达到该目的，CCBS 使用的是一种循序渐进的过程。

第一步，阐明与战略计划相关的财务措施，然后以这些措施为基础，设定财务目标并且确定为实现这些目标而应当采取的适当行动。

第二步，在客户和消费者方面也重复该过程，在此阶段，初步的问题是：如果我们打算完成我们的财务目标，我们的客户必须怎样看待我们？

第三步，CCBS 明确了向客户和消费者转移价值所必需的内部过程，然后 CCBS 的管理层问自己的问题是：自己是否具备足够的创新精神？自己是否愿意为了让公司以一种合适的方式发展而变革？

经过这些过程，CCBS 能够确保各个方面达到了平衡，并且所有的参数和行动都会向同一个方向的变化。在 CCBS，很重要的一点就是，只依靠那些个人能够影响到的计量因素来评估个人业绩，从而使公司控制或者聚焦于各种战略计划上。

（雷盟，2004）

六、OKR

OKR 全称是 Objectives and Key Results，即目标与关键成果。其思路源自德鲁克的目标管理，该方法由谷歌成功实施后，被其他知名 IT 企业借鉴。Google 目标设定 OKRs 的执行程序包含了设定目标、形成目标系统、考核打分、评分公开四个流程（蒋先芳，2020）。

OKR 的四个关键要素：① 明确 O（目标）。目标要有野心，由个人和公司共同选出。目标要有一定的难度，有一些挑战；② 对 KR（关键结果）进行可量化的定义；③ OKR 在个人、团队、公司层面上均有，公开透明。④ 季度和年度评估。用 0 ~ 1 分来对每一格关键结果打分，季度 OKR 保持一定刚性，年度 OKR 可以不断修正。

OKR 与绩效考核分离，不直接与薪酬、晋升关联，有效避免了执行过程与目标愿景的背离，也解决了 KPI 目标无法制定和测量的问题。

例证 8-9

Google的OKR

在谷歌创办不到一年时，一位名叫John Doerr的投资人，同时也是英特尔公司的前高管，把OKR制度引入谷歌，这种英特尔发明的制度，在谷歌一直沿用至今。这时，OKR才真正被中国企业家所熟知，并成为风靡效仿的对象。

Google既有年度OKR，也有季度OKR：年度OKR统领全年，但并非固定不变，而是可以及时调整；季度OKR则是一旦确定就不能改变的。此外，Google从公司、团队、经理到个人都有不同层级的OKR，所有这些OKR共同确保公司按计划正常运营。在Google，上至CEO拉里·佩奇（Larry Page）下至每一位基层员工，所有人的OKR都是对内公开的，所有人都能在员工名录上查到任何一位同事的当前OKR和以往的OKR评分。OKR的公开化有助于Google员工了解同事的工作。例如，克劳负责YouTube网站主页时，有些同事可能想在YouTube上放一段产品推广视频，这时候他们可以查看克劳的OKR，了解一下他在当季度的工作，从而判断该如何与YouTube团队协商这件事。

（搜狐IT，2020）

本章小结

1. 绩效本质上是人与事相互结合的产物。绩效管理是对人力资源的一个使用、评估和引导过程，也是人力资源管理的核心，人力资源管理在某种程度上就是对绩效的管理。

2. 绩效考核是事后考核工作的结果，是管理过程中的局部环节和手段，侧重于判断和评估，强调事后的评价；而绩效管理是事前计划、事中管理和事后考核所形成的三位一体的系统，是一个完整的管理过程，侧重于信息沟通与绩效提升，强调事先沟通与承诺。两者在人性假设、管理宽度、管理目的和管理者角色等四个方面有所不同。

3. 从绩效管理的目的来看，绩效管理包括管理和发展两个基本功能。绩效管理的主要作用是促进组织和个人绩效的提升，促进管理和业务流程优化，保证组织战略目标的实现。

4. 绩效管理流程是构建企业绩效管理系统的核心部分，主要包括五个环节：① 绩效计划；② 绩效实施；③ 绩效考核；④ 绩效反馈；⑤ 绩效结果应用。

5. 绩效计划是一个确定组织对员工的绩效期望并得到员工认可的过程，是双方在明晰责、权、利的基础上签订的一个内部协议。绩效实施过程管理主要包括持续的绩效沟通以及绩效信息的收集和分析。

6. 绩效管理中的绩效考核环节，着重解决“谁采用什么方法来考核谁以及考核什么”的问题。绩效反馈是考核公正的基础，是提高绩效的保证，是增强竞争力的手段。绩效结果应用前，必须对绩效结果进行分析。绩效结果应用包括员工管理与员工发展两个方面。

7. 从考核内容上看，绩效考核方法可以分为三类：特征法、行为法和结果法。360度考核、关键业绩指标、平衡计分卡、OKR等是现代企业常用的绩效考核技术。

网站推荐

关键绩效评估指标（KPI）及评估工具的网络数据库：https://smartkpis.kpiinstitute.org/

影视推荐

《杜拉拉升职记》

该片讲述了主人公杜拉拉的职场故事。杜拉拉在外企的经历跨度为八年，她从一个朴实的销售助理，成长为一个专业干练的HR，在这期间她见识了各种职场变迁，也经历了各种职场磨练。从其从业到事业的阶段性顶峰，讲述其职业经历过程中是如何处理与下属、上级领导的关系。

推荐理由：该片以主人公的职场经历为主线，融合了如何实施绩效管理，激励员工，增强员工满意度的管理学知识，值得借鉴。

读书推荐

《管理要像一部好电影》

该书从新角度切入，观察经理人如何整合有形资源和无形资源，为企业创造价值。涵盖主题包括创造价值、解读顾客、成本概念与成本管理、企业应变力与创新力、目标管理与平衡计分卡等。

推荐理由：这本书于2008年由山西人民出版社出版，作者是刘顺仁。作者由日常情境、历史故事，甚至影视趣事带入管理会计概念，将管理会计理论化繁为简，深入浅出。不但可作为管理新人的“理论+实务”大补丸，而且可帮助资深管理人温故知新，让企业能时时审视自己，持续创造价值。

思考练习题 8-1：选择题

1. 实践证明，提高绩效的有效途径是进行（　　）。

   A. 绩效考核　　B. 绩效管理

   C. 绩效计划　　D. 绩效沟通

2. 绩效管理的最终目的是（　　）。

   A. 确定员工奖金　　B. 决定员工升迁

   C. 确定培训人选　　D. 提升员工绩效

3. 以下绩效考核方法能够有效地将目标由上到下贯穿到基层的是（　　）。

   A. KPI 技术　　B. OKR

   C. 360 度考核技术　　D. 强制分布法

思考练习题 8-2：简答题

1. 简述绩效、绩效考核和绩效管理的含义。
2. 简述绩效管理的基本流程。
3. 比较 360 度考核、目标管理、关键业绩指标和平衡计分卡等工具的优缺点。

模拟实训：大学生综合测评体系评价

以本校大学生综合测评体系为例，与其他同学讨论，提出对大学生综合测评体系的一些修改意见和建议。

角色扮演 8-1：绩效面谈——绩效低分的小王

小王是一名销售员，在公司工作一年多了，又到了每月绩效沟通与面谈的时间，他十分困惑，自己已用尽各种办法积极跑业务，平时工作表现不错，但绩效考核成绩还是不佳，还有 1/5 的业绩指标没有完成。其间，主管对他进行过绩效跟进与辅导，但是改进依旧不明显。小王面对即将到来的绩效面谈感到很焦虑。

请两人组队练习，一人扮演主管，另一人扮演小王，模拟绩效面谈场景。然后再互换角色。之后抽取一组在全班同学面前现场角色扮演，师生对其点评并讨论分享。

角色扮演 8-2：绩效评估面谈

角色一：李涛

李涛是某公司销售部主管。根据公司的绩效考评体系，各部门按照 20%的 A 类、70%的 B 类、10%的 C 类的比率来考评员工。这使管理者与员工的绩效面谈产生了尴尬的问题。即使在和被评为 B 类的员工面谈都很难达到正向激励的效果，而在与被评为 C 类的员工进行面谈的时候，所产生的几乎全部都是负向激励。某部门经理小向就正面临这样一个难题。他部门的员工孙悦此次季度考评被评为 C。

角色二：孙悦

孙悦是某公司的渠道专员，大学毕业后在此公司工作两年了，负责的是对外开发渠道客户和维护渠道客户，组织相关营销活动。

按照下列绩效面谈场景进行角色扮演。

（1）员工赞成绩效评估结果，并愿意改进自己，虽然有些分歧，但员工没有进行辩护。

（2）员工赞成绩效评估结果，但拒绝为自己的低绩效承担责任，认为是外部因素引起的。

（3）员工不赞成绩效评估结果，并且提出反驳意见。

分组讨论并回答以下问题。

1. 简要总结会谈。

2. 整个面谈过程中，李涛是否达到了最初的目的？作为主管，他选择的面谈方式以及对面谈节奏的控制是否恰当？

3. 该面谈过程中，哪些地方是需要改进的？

案例分析

阿里巴巴的绩效管理

阿里巴巴持续取得高绩效的关键因素就是在做绩效时把绩效管理和价值观贯彻进行有效和深度结合，形成了阿里巴巴独具特色的绩效考核体系。

1. 把价值观纳入考核

阿里巴巴别出心裁地把价值观纳入绩效考核体系。价值观考核与业务考核各占到50%的比重。而价值观考核指标囊括了追求高绩效的价值观导向和具体的方式方法——如果价值观考核优异，业务绩效不好是不可能的。

价值观考核的“六脉神剑”：

（1）客户第一——客户是衣食父母。

（2）团队合作——共享共担，平凡人做非凡事。

（3）拥抱变化——迎接变化，勇于创新。

（4）诚信——诚实正直，言行坦荡。

（5）激情——乐观向上，永不放弃。

（6）敬业——专业执着，精益求精。

2. 制定科学的绩效考核规则

价值观考核实行通关制，即：大家应该首先做到较低分数的条款，然后进阶至较高级的条款，依此原则，若较低分数未能做到，则没有机会进阶；体现了更高的一个要求和优先级。

3. 确定绩效考核的方向

目标管理要求定性、定量，全面、客观，强调长期而非短期，强调员工首创和互动，而不仅从上至下，强调培训督导而非只看结果，过程和结果一样重要，强调个体绩效趋势，倡导绩效管理即企业绩效管理而非割裂开的个人绩效管理。

4. 确定绩效管理流程向

阿里巴巴的绩效管理流程包括了目标设定、评估、反馈面谈、认可/奖励/激励/绩效改进计划、绩效改善五个步骤。为了保证KPI的有效性，同时也会考察KPI是否符合SMART原则。

（点跃人力资源，2020）

讨论题：

1. 阿里巴巴的绩效管理有哪些特色？
2. 阿里巴巴的绩效管理存在哪些问题和不足，你有何改进的建议？

参考文献

[1] BEVAN S, THOMPSON M. Performance management at the crossroads[J]. Personnel management, 1991(11): 36-39.

[2] WILLIAMS R. Performance management[M]. London: Thompson Business Press, 1998.

[3] 付亚和，许玉林. 绩效管理[M]. 3 版. 上海：复旦大学出版社，2014.

[4] 刘剑. 浅析企业末位淘汰制[J]. 云南电大学报，2005（02）：60-63.

[5] 毛志强. 上汽大众汽车销售有限公司销售人员绩效考核体系研究[D]. 北京：北京交通大学，2013.

[6] 彭剑锋. 人力资源管理概论[M]. 上海：复旦大学出版社，2011：327.

[7] 秦宇阳. 凤凰出版传媒集团绩效管理研究[D]. 南京：南京师范大学，2012.

[8] 苏天高. 试述绩效考核与绩效管理的关系[J]. 湖北经济学院学报（人文社会科学版），2007（12）：62-64.

[9] 盛运华，赵宏中. 绩效管理作用及绩效考核体系研究[J]. 武汉理工大学学报，2002（2）：92-95.

[10] 徐斌. 绩效管理[M]. 北京：中国劳动社会保障出版社，2007：90-91.

[11] 萧鸣政. 现代绩效考评技术及其应用[M]. 北京：北京大学出版社，2010：3-4.

[12] 赵祎楠. 海尔集团绩效管理案例研究[D]. 长春：吉林财经大学，2015.

第九章
薪酬管理

好的经理人员应当不仅让员工挣到钱，而且应该让他们感到工作的意义和乐趣。

——美国著名管理学家托马斯·彼得斯

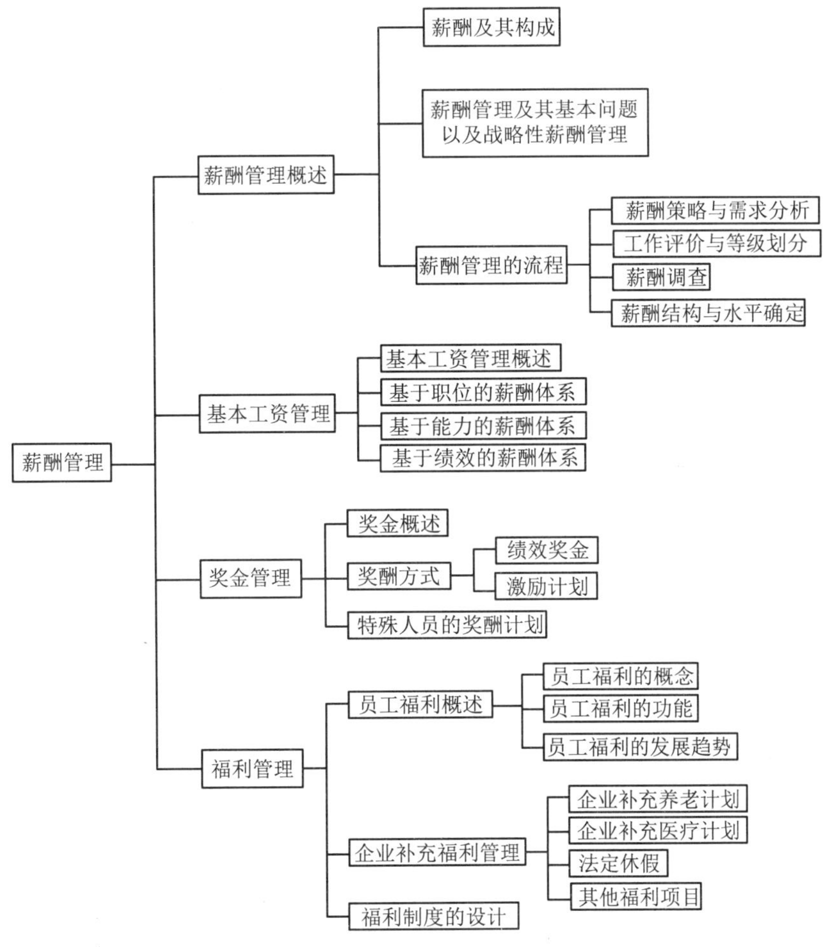

学习目标

- 掌握薪酬管理与全面薪酬的概念；
- 了解薪酬的构成和影响因素；
- 掌握薪酬管理的流程；
- 了解基本工资管理的概念；
- 了解薪酬体系的基础；
- 了解奖金管理的概念和方式；
- 掌握特殊人员的奖励计划；
- 了解福利管理的概念、功能和趋势；
- 掌握企业补充福利管理和福利制度的设计。

引例

华为薪酬体系的发展变迁

在很多人眼中，高薪几乎成了华为的代名词，但实际上，华为的薪酬体系也不是一朝一夕就建成的，华为的薪酬体系经历了三个发展阶段。

第一个阶段：1988—1994 年

华为正处于创业期，内部资源匮乏。员工收入的主要来源是基本工资，华为采取滞后性薪酬策略，以及支付员工非经济性薪酬来吸引优秀人才。

第二个阶段：1995—2005 年

华为处于高速发展期，属于组织生命周期中的成长期。此时的薪酬结构变成了“基本工资+股票+福利”，推出了任职资格管理体系，几乎所有岗位都有自己的任职资格标准，并且与员工的切身利益挂钩，如果员工绩效考核不达标，就会实行“易岗易薪”，以杜绝搞成管理人员躺在功劳簿上养老的行为。

第三个阶段：2006 年至今

华为处于发展的成熟期，战略重点在培养和开发内部人才，强调组织效率和团队协作，因此薪酬体系的重点要考虑内部公平，团队薪酬，实行按责任、绩效、贡献付酬，而不是按资历付酬。

（资料来源：http://www.hrsee.com/?id=957.）

从以上案例中华为薪酬体系的变化可以看出，随着华为从最初的创业到发展、壮大、成熟，它的薪酬体系也在不断发生变革。这说明，薪酬体系必须与企业的发展阶段和战略相匹配，这样才能为企业赢得人才上的竞争优势。因此，探索企业的薪酬管理对企业的发展至关重要。基于人力资源管理实践中的“留人”问题，本章在界定薪酬管理的基本概念后，介绍薪酬管理的基本理论，并着重从实践的角度探讨如何进行薪酬管理。

第一节 薪酬管理概述

本节着重介绍薪酬管理的基本概念、特点、意义和基本流程。

一、薪酬及其构成

（一）薪酬的概念

从字面上理解，“薪酬”（Compensation）的意思是平衡、补偿、回报，同时也含有交换的意思。在不同的国家，薪酬的含义不尽相同，甚至在同一国家的不同阶段，其含义也可能不同。在美国，薪酬等同于辛勤付出或工作所换来的工资和福利之和，而到了20世纪，美国的薪酬从单纯的工资支付演变为雇员的报酬（Milkovich & Newman，2002）。在中国历史上，官吏薪酬是薪酬的基本形式，薪酬有俸、禄、薪等表述形式。著名的薪酬形式有北魏时期的“田邑”，田邑以法典的形式固化：“诸宰民之官各随地给公田，刺史十五顷，县令、郡丞各六顷。”（《魏书·食货志》）秦朝的薪酬形式是禄米。到了西汉时期，货币薪酬成为实物薪酬的补充形式。随着商品经济的发展，封建社会后期主要是货币薪酬形式（孙健平，1994）。新中国成立后很长一段时间，统一用工资概念来指代城镇职工因工作而获得的货币回报。同时，包括住房补助、节假费、生活补助等在内的福利，在我国的工资制度中也占有重要的位置。

总体上说，可以从四个方面来理解薪酬的概念：第一，在不同时期上，薪酬的支付对象和支付内容在改变，薪酬的英文单词从wage、salary变化到compensation，三个概念既有重叠之处，又有区别，如表9-1所示（文跃然，2013）；然而薪酬的本质并没有发生变化，它始终反映雇主与员工的交换关系，始终是员工付出劳动之后的回报。第二，在不同学科上，薪酬研究不仅是管理学研究的重点领域，也是经济学研究的重要组成部分，但其研究点各有侧重。第三，在不同层面上，对于社会而言，薪酬是全体社会成员的可支配收入，薪酬水平将决定社会整体的消费水平；对于企业而言，薪酬意味着成本，即雇主支付给员工的人工成本；对于员工个人而言，薪酬是他们出卖劳动力之后的所得，是与雇主交换的结果。第四，根据表现形式的不同，薪酬被划分为工资、奖金等货币薪酬和保障计划、带薪非工作时间等非货币薪酬。

表9-1 Wage、Salary和Compensation的比较

概　念	时　期	对　象	支付构成
wage（工资）	1920年以前	蓝领	基本工资比重大、福利少（少于5%）
salary（薪水）	1920—1980年	白领、蓝领	基本工资比重大、福利少（约为15%）
compensation（薪酬）	1980年以后	白领、蓝领	基本工资30%+奖金30%+福利40%

（二）薪酬的构成

薪酬的核心部分包括三个模块：基本工资、奖金和福利，其功能及其特征如表9-2所示。

表 9-2　薪酬的构成、功能及其特征

薪酬构成	功　能	决定因素	变动性	特　点
基本工资	● 保障 ● 体现岗位价值	职位价值、能力、资历	较小	● 稳定性 ● 保障性
奖金	对员工良好业绩的回报	个人、团体和组织的绩效	较大	● 激励性 ● 持续性
福利	● 提高员工满意度 ● 避免企业年资负债	就业与否、法律	较小	● 针对所有员工满意度 ● 保障性

基本工资（Base Compensation）是指一个组织根据员工所承担或完成的工作本身，以及所具备完成工作的技能、能力或资历而向员工支付的稳定性报酬。基本工资是薪酬的基础，它体现了工作对于组织的价值，由于工资会受到知识、能力等因素的影响而有所差异，因此工资范围就体现了一个工作或者一组工作对于组织的最大价值和最小价值。

奖金（Incentive Compensation）是企业对员工超额劳动部分或劳动绩效突出部分所支付的奖励性报酬，其支付依据是绩效标准，是在基本工资的基础上支付的、可变的、具有激励性的报酬。

福利（Welfare）是报酬的重要组成部分，大多表现为非现金收入和非劳动收入，通常采取间接支付的发放形式，是一种普惠制的报酬形式。但福利常常并不反映在员工所获得的直接薪酬之中，因而常常被估价过低。

（三）全面薪酬

薪酬既不是单一的工资，也不是纯粹的货币形式的报酬，它还包括精神方面的激励，如优越的工作条件、良好的工作氛围、培训和晋升机会，这些方面都应该很好地融入薪酬体系中去。内在薪酬和外在薪酬应该完美结合，偏重任何一方都是跛脚走路。物质和精神并重，这就是目前提倡的全面薪酬制度。总体而言，全面薪酬包括经济性薪酬与非经济性薪酬两大部分，如图 9-1 所示。

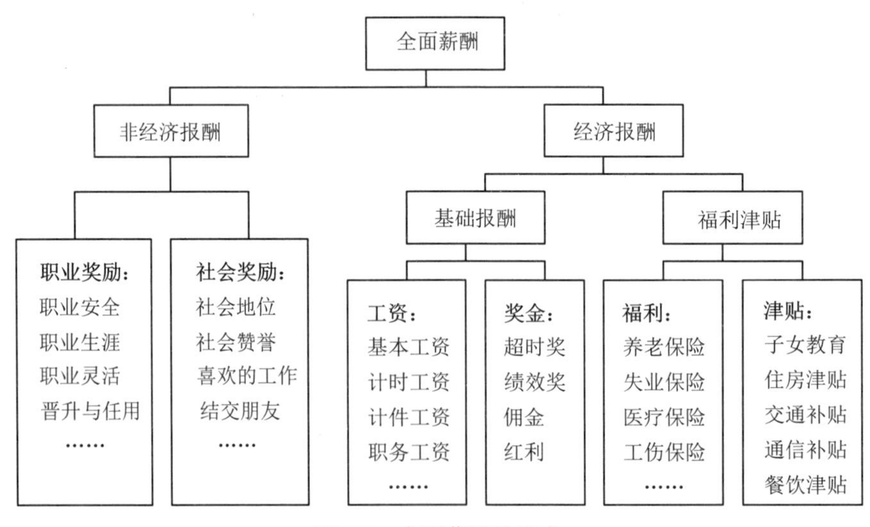

图 9-1　全面薪酬的组成

（四）影响薪酬的因素

影响薪酬的因素主要包括企业、职位、员工和环境等四个方面。

1. 企业因素

（1）对公平感的追求。企业的文化价值观直接影响其对公平的感知，而企业对公平感的追求又与员工的薪酬紧密相连。一方面，通过市场薪酬调查，企业根据外部公平性决定总体薪酬水平；另一方面，通过组织工作评价，企业关注内部公平性，从而确立薪酬结构。

（2）经营战略。制定薪酬制度时，企业必须考虑如何有效地使其融入企业的整体经营战略，而从两者匹配的角度来考虑问题至关重要，却又常常被忽略。

（3）发展阶段。由于企业在初创、发展、成熟和衰退等不同发展阶段呈现出巨大差异，所以在设计薪酬体系时要充分考虑如何与企业所处的发展阶段相协调。

（4）财务状况。这是企业薪酬体系设计及其变动可能会遇到的较强的约束。企业的财务状况主要影响到企业的薪酬竞争性及薪酬结构。较强的财力，不仅使企业薪酬水平极具竞争性，还可让薪酬结构的改进有相对较大的回旋余地。

2. 职位因素

（1）职位说明书。以职位为基础的基本薪酬制度，其制定的前提条件就是进行工作分析。通过工作分析，明确组织内部的组织结构体系，形成所有岗位的职位说明书。

（2）工作评价。在职位说明书完成的基础上，确定每一职位对企业的相对价值，即进行工作评价，这是保证内在公平的关键因素。

3. 员工因素

（1）绩效。员工的薪酬受个人工作表现的影响，在同等条件下，高薪来自个人工作的高绩效。一个健全薪酬体系的基本特征，应该是使员工的工作绩效在薪酬的确定上得到尽可能充分的考虑。

（2）技能。企业之争便是人才之争，掌握关键技能的人，已成为企业竞争的利器。企业愿意付高薪给掌握核心技术的专才与阅历丰富的通才。前者的作用不言而喻，后者则可有效地整合企业内高度分工的各项资源，形成综合效应。

（3）经验。在企业工作时间较长的员工，积累的职务经验及技巧等对企业相对具有更大的重要性，薪酬也肯定会高一些。

（4）教育训练。在一些岗位上，教育程度是衡量员工工作能力的重要参数，也是衡量员工对企业贡献的重要参数。因此，一般说来，接受较多教育训练的员工，薪酬水平会相对较高。

（5）潜力。企业对员工支付的薪酬并不总是针对员工现时的绩效，有时也会考虑到与员工发展潜力相关的未来绩效。被企业领导认定有较大发展潜力者，通常可以得到较多的非货币形态的薪酬。

（6）资历与成员资格。通常资历高的员工薪酬也较高，原因是要补偿员工在学习技能时所耗费的时间、体能、金钱乃至心理上的压力等直接成本和间接成本，以及因学习而使收入减少所形成的机会成本，促进员工不断地学习新技术，提高对企业的贡献度。

4. 环境因素

（1）所在行业。企业在制定薪酬标准时应根据行业特点来决定。传统行业与高新技术行业的差异必然会在薪酬上有所体现。同行业之间也应该互相参照，必要时还要事先做好市场薪酬调查。

（2）当地生活水平。企业所在地区的不同，对企业的薪酬水平影响很大，企业在确定员工的基本薪酬时应考虑当地的生活指数。一般来说，二者之间成正比。

（3）经济形势。经济形势直接影响着薪酬水平，在社会经济环境较好时，通常员工的薪酬水平也相对较高。

（4）法律与政策。虽然薪酬的制定是企业自己的事，但必须是在符合政府有关政策的范围内，尤其值得关注的是有关最低工资以及强制性劳动保险等方面的政府法规。

（5）劳动力供求状况。管理者一般参考它来确定自己企业的薪酬水平，否则，薪酬太低，他们就招不来也留不住所需要的人才；薪酬过高，无疑会转嫁到成本中，最终导致企业在市场竞争中的不利局面。

二、薪酬管理、薪酬管理的基本问题以及战略性薪酬管理

（一）薪酬管理

1. 薪酬管理的概念

所谓薪酬管理，是指一个组织针对所有员工所提供的服务，来确定他们应当得到的报酬总额以及报酬结构和报酬形式的一个过程（李啸尘，2000）。在这个过程中，企业就薪酬水平、薪酬体系、薪酬结构、薪酬构成以及特殊员工群体的薪酬做出决策。同时，作为一种持续的组织过程，企业还要持续不断地制订薪酬计划，拟定薪酬预算，就薪酬管理问题与员工进行沟通，同时，对薪酬系统的有效性做出评价，而后予以不断完善。

薪酬管理对很多组织来说都是一个比较棘手的问题，主要是因为企业的薪酬管理系统一般要同时达到公平性、有效性和合法性三大目标。企业经营对薪酬管理的要求越来越高，但就薪酬管理来讲，受到的限制因素却也越来越多，除了基本的企业经济承受能力、政府法律法规外，还涉及企业不同时期的战略、内部人才定位、外部人才市场以及行业竞争者的薪酬策略等因素。

2. 薪酬管理的特点

薪酬管理比起人力资源管理中的其他工作而言，具有一定的特点，具体表现在以下三个方面。

（1）敏感性。薪酬管理是人力资源管理中最敏感的部分，因为它牵扯到公司每一位员工的切身利益，特别是在人们的生活状况还不是很好的情况下，薪酬直接影响着他们的生活水平。另外，薪酬是员工在公司工作能力和水平的直接体现，员工往往通过薪酬水平来衡量自己在公司中的地位。

（2）特权性。薪酬管理是员工参与最少的人力资源管理项目，它几乎是公司老板的一个特权。老板或管理者认为员工参与薪酬管理会使公司管理增加矛盾，并影响投资者

的利益。因此，员工对于公司薪酬管理的过程几乎一无所知。

（3）特殊性。由于敏感性和特权性，因此每个公司的薪酬管理差别很大。另外，由于薪酬管理本身就有很多不同的管理类型，如岗位工资型、技能工资型、资历工资型和绩效工资型，因此，不同公司之间的薪酬管理有时缺乏参考性。

3. 薪酬管理的原则

薪酬管理应遵循以下八个原则。

（1）补偿性原则。要求补偿员工恢复工作精力所必要的衣食住行的费用，补偿员工为获得工作能力以及身体发育所先行付出的费用。

（2）公平性原则。要求薪酬分配全面考虑员工的绩效、能力及劳动强度、责任等因素，考虑外部竞争性、内部一致性要求，达到薪酬的内部公平、外部公平和个人公平。

（3）透明性原则。薪酬方案和政策适当公开。

（4）激励性原则。要求薪酬与员工的贡献挂钩。

（5）竞争性原则。要求薪酬有利于吸引和留住人才。

（6）经济性原则。要求比较投入与产出效益。

（7）合法性原则。要求薪酬制度不违反国家法律法规。

（8）方便性原则。要求内容结构简明，计算方法简单，管理手续简便。

4. 薪酬管理的内容

完整的薪酬管理应包括以下五个方面的内容。

（1）薪酬的目标，即薪酬应该怎样支持企业的战略，又该如何满足员工的需要。

（2）薪酬的水平管理，即薪酬要满足内部一致性和外部竞争性的要求，并根据员工绩效、能力特征和行为态度进行动态调整，包括确定管理团队、技术团队和营销团队薪酬水平，确定跨国公司各子公司和外派员工的薪酬水平，确定稀缺人才的薪酬水平，确定与竞争对手相比的薪酬水平。

（3）薪酬的体系管理，这不仅包括基础工资、绩效工资、期权期股的管理，还包括如何给员工提供个人成长、工作成就感、良好的职业预期和就业能力的管理。

（4）薪酬的结构管理，即正确划分合理的薪级和薪等，确定合理的级差和等差，还包括如何适应组织结构扁平化和员工岗位大规模轮换的需要，合理地确定工资宽带。

（5）薪酬的制度管理，即薪酬决策应在多大程度上向所有员工公开和透明化，谁负责设计和管理薪酬制度，薪酬管理的预算、审计和控制体系又该如何建立和设计。

5. 薪酬管理的目标

企业进行薪酬管理，旨在吸引和留住组织需要的优秀员工，鼓励员工积极提高工作所需要的技能和能力，鼓励员工高效率地工作。

例证 9-1

美国惠普公司的薪酬目标政策

（1）帮助公司继续吸引那些有助于公司成功的富有创造力和热情的员工。

（2）按照行业领导者的水平来支付。

（3）反映有依据的单位、部门和公司的相对贡献。

（4）公开并容易理解。

（5）保证公平对待。

（6）不断创新，提高竞争力和公平感。

（二）薪酬管理的基本问题

从管理实践的视角来看，薪酬问题主要涉及五个层面的十大基本问题，如表 9-3 所示（文跃然，2013）。这也是薪酬管理中最为核心的问题。

表 9-3 薪酬管理的基本问题

五大层面	十大基本问题
战略层面	1. 应采取何种薪酬策略以配合企业战略？
基本薪酬层面	2. 如何对每个职位及从事该职位的人准确付酬？ 3. 如何保证外部公平性？ 4. 如何确立报酬结构？
奖金层面	5. 凭什么支付奖金？ 6. 支付多少奖金？ 7. 如何支付奖金？
福利层面	8. 如何设计一套符合法律的福利体系？ 9. 如何设计一套补充福利系统以充分发挥福利的人力资源管理功能？
制度层面	10. 如何使工资体系制度化？

（三）战略性薪酬管理

1. 战略性薪酬管理的概念

战略性薪酬也称薪酬战略（Compensation Strategy），其核心内容是在变化的环境中，通过一系列薪酬方案的选择帮助组织赢得并保持竞争优势。战略性薪酬管理作为一种全新的薪酬管理理念的提出，起源于 20 世纪 90 年代整体薪酬管理的实践。传统薪酬管理策略采取的行为往往脱离企业战略的轨道，具有严重的缺陷，因此整体薪酬管理应运而生，它的理论基础是所谓的“权变观念”，认为企业和薪酬战略之间联系得越紧密或彼此越适应，企业的效率就会越高，因此，要求管理者及时调整他们的薪酬体系以适应本企业的战略环境。

IBM 薪酬战略的改变

当企业经营战略发生变化时，薪酬战略必须随之而变，具有代表性的例子是 IBM 公司的战略与文化的变革。当 IBM 公司的经营战略是占有计算机主机市场的领导地位时，为取得很高的边际利润，公司强调内在的一致性，开发良好的职务评价计划、等级化的决策程序与基于终生雇佣政策的薪酬战略，这些都较好地服务于 IBM 公司当时的经营战略。但到了 20 世纪 80 年代后期，该战略因为缺乏灵活性，不能适应市场的快速变化。IBM

公司重新设计了其经营战略，强调成本控制、风险意识、顾客至上。相应地，IBM 公司改变其薪酬战略，突出薪酬体系中奖金的权重，以支持已变化的经营战略，从而促使企业得到持续的发展。

（顾琴轩，2001）

2. 薪酬战略与企业战略相匹配

价值分配不仅是一项技术工作，而且是一种战略思考。作为人力资源管理的一项重要职能，薪酬管理的根本目的是必须与企业的经营战略和价值导向匹配，只有从战略上进行薪酬制度的系统化设计，才能发挥薪酬管理效用的最大化。薪酬战略实际上是企业经营战略、企业文化以及人力资源战略的一种延伸，它强调薪酬管理必须与企业的战略联系在一起。这就意味着战略性薪酬管理不仅要考虑薪酬对员工的回报、外部竞争力和内部公平性，同时更要考虑战略匹配、战略弹性等问题。构建与企业总体战略相匹配的薪酬战略，这是一种新理念与新方法，也将是现代企业发展的一个价值取向。企业施行战略性薪酬管理，旨在达到四个方面的目的：① 支持企业战略的实施；② 强化企业的核心价值观；③ 培育和增强企业的核心能力，获取竞争优势；④ 吸引、激励和留住核心员工。企业战略与薪酬战略之间的联系如图 9-2 所示（米尔科维奇，纽曼，2002）。设计成功的薪酬制度，应该能够支持企业的经营战略，承受周围环境中来自社会、竞争以及法律法规等各方面的压力。

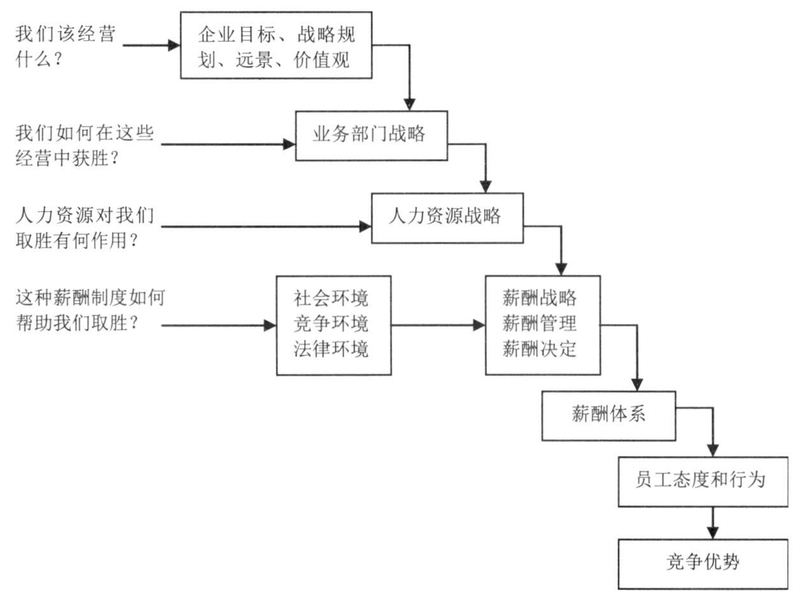

图 9-2　企业战略与薪酬战略的联系

3. 战略性薪酬模型

米尔科维奇（G.T. Milkovich）和纽曼（J.M. Newman）提出的战略性薪酬模型的主要组成部分包括薪酬体系的目标、作为该体系的基础的薪酬战略以及连接战略与目标的技巧，如图 9-3 所示（米尔科维奇，纽曼，2002）。

下面对图 9-3 中的若干概念（薪酬战略决策、薪酬设计技巧、薪酬战略目标）进行介绍。

（1）薪酬战略决策。企业在制定薪酬战略目标后，必须致力于研究实现该目标的各种战略性问题，包括内部一致性、外部竞争力、员工贡献和薪酬管理等四种战略性薪酬政策。这些政策是建立薪酬制度的基石，也是指导薪酬管理达到既定目标的行动纲领。

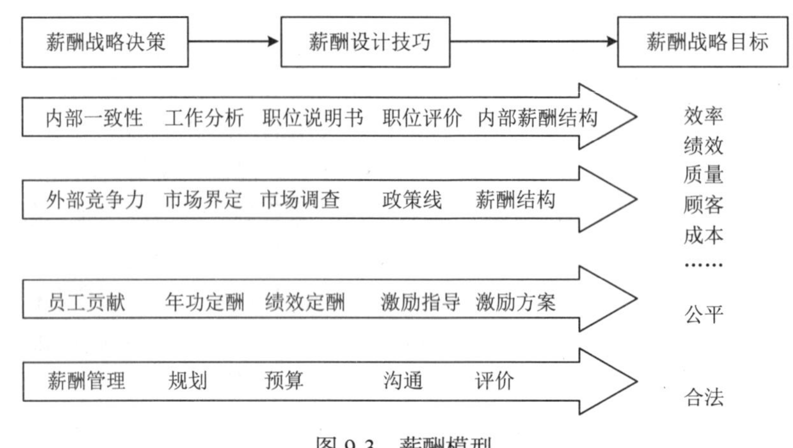

图 9-3　薪酬模型

① 内部一致性。内部一致性是指在同一组织内部不同职位之间或不同技能水平之间的比较。这种对比是以员工各自对完成组织目标所做贡献大小为依据的。在实践中，企业往往通过职位或技能评价来表明不同员工对实现组织目标的重要性差别，进而强化员工对于薪酬内部公平性的认可。

② 外部竞争力。外部竞争力是指组织如何参照竞争对手的薪酬水平给自己的薪酬水平定位。外部竞争力决策的目标是实现薪酬的外部公平性和控制劳动成本。员工对于企业薪酬的外部公平性知觉，是通过将其本人的薪酬与在其他企业中从事相同工作的员工所获得的薪酬进行比较后获得的。这种比较往往会影响到求职者对本企业的选择和现有员工的跳槽决策。一般来说，企业往往借助市场薪酬调查来确保薪酬足够吸纳和维系员工，并避免员工产生强烈的外部不公平感。

③ 员工贡献。员工贡献是指企业相对重视员工的业绩，其目的是实现绩效报酬的公平性。员工会将自己得到的薪酬与在同一企业中从事同样工作的其他员工的薪酬进行内部公平性比较。这种比较主要体现在员工是否认为自己在工作中的积极努力和良好的业绩得到了企业的认可。企业通常用绩效加薪等绩效奖励的方式，来体现员工对企业的贡献以及不同的个人对企业贡献的差异性，进而直接影响员工的工作态度和工作行为。

④ 薪酬管理。薪酬管理是指具体的薪酬管理过程和薪酬政策的实施方式。企业有可能设计一种包括内部一致性、外部竞争力和员工贡献在内的薪酬制度，但如果管理不善，则不可能达到预定目标。企业必须关注薪酬制度实施过程的公平性，做好与员工的沟通，还要对该制度能否实现目标做出准确判断。

（2）薪酬设计技巧。这是把四种基本薪酬战略（内部一致性、外部竞争力、员工贡献和薪酬体系管理）与薪酬目标联系起来的技术。内部一致性战略的建立往往从工作分析开始，把有关某人或某职位的信息收集、组织起来并加以评价，在这些评价的基础上设计薪酬制度。外部竞争力是通过薪酬调查，参照同行给类似职位所定薪酬建立薪酬制度。重视员工贡献的技术主要有年功定酬、绩效定酬、激励指导、激励方案、股票期权等以业绩为基础的薪酬形式。薪酬管理的技术主要有规划、预算、沟通和评价等。

（3）薪酬战略目标。薪酬管理和薪酬制度设计是为了达到某种目的，图 9-3 右端列出了薪酬战略的基本目标：效率、公平和合法。效率可以进一步细化为提高绩效、保证质量、取悦消费者、控制劳动成本等目标。公平目标试图确保每位员工获得公平的绩效，是薪酬设计的基础，它强调在设计薪酬制度时，既能体现员工的贡献，又能满足员工的需要。合法作为薪酬战略的目标之一，包括遵守各种全国性和地方性的法律和法规。一旦这些法律法规发生变化，薪酬制度也应做出相应的调整，以保持一致。薪酬战略目标在薪酬战略管理和薪酬制度设计中起着主导作用。薪酬战略目标为设计薪酬制度提供指导方针，还可以作为衡量薪酬制度成功与否的标准。

三、薪酬管理的流程

薪酬管理的流程主要包括如下四个过程：薪酬策略与需求分析；工作评价与等级划分；薪酬调查；薪酬结构与水平确定。如图 9-4 所示为设计战略性薪酬管理体系的流程。

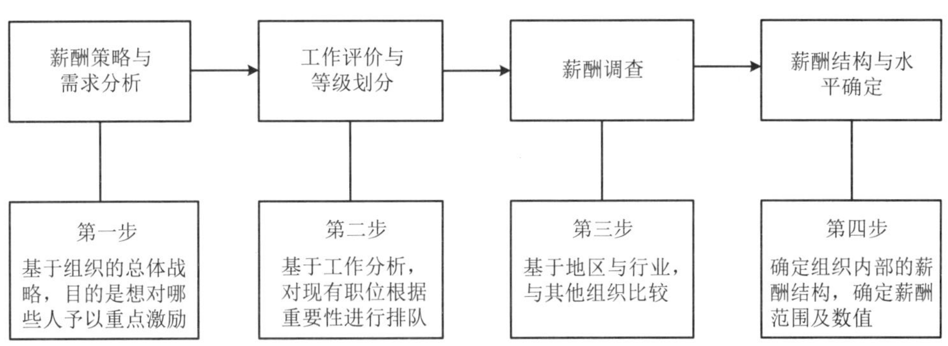

图 9-4　设计战略性薪酬管理体系的流程

（一）薪酬策略与需求分析

成功的薪酬管理都是从薪酬策略与需求分析开始的。薪酬策略源于薪酬战略，以匹配、支持组织总体战略。企业战略决定和揭示企业的目的和目标，是指导企业行为的决策准则。企业的薪酬原则、理念和策略均在企业战略的指导下进行，集中反映企业战略的需求。

（二）工作评价与等级划分

工作评价是企业基于工作分析，划分职位类型，以说明书为依据，以工作内容、所需的技能、对组织的价值、组织文化以及外部市场为基础，对职位进行综合测定和评价。其目的包括两个方面：① 比较企业内部各个职位的相对重要性，得出职位等级序列，进行职位归级，确定职位工资系数，进而为确定工资收入差别提供量化依据；② 为进行薪酬调查建立统一的职位评估标准，消除公司内部由于职位名称不同，或者虽职位名称相同但实际工作要求和工作内容不同所导致的职位难度差异，使不同职位之间具有可比性，为确保工资的公平性奠定基础。

（三）薪酬调查

薪酬调查是指组织通过收集公开资料或抽样调查等得来的信息来判断其他企业所支付的薪酬状况的系统过程。它具有四个目的：① 了解当地其他组织中相同或相似工作的薪酬额；② 将组织的现行薪酬额与一般薪酬额相比较，调整薪酬结构，保持企业的竞争地位，避免人才的流失；③ 为本组织制定薪酬政策提供必要的依据；④ 为组织确定合理的人工费用提供必要的参考资料。其基本步骤为：第一要先选择调查对象，调查对象要遵循行业、类型、环境、规模等各方面相同或相似的原则。第二是要通过上级引荐或高层个人关系等资源求得其他公司的合作，提出调查计划，获取对方的支持，以保证薪酬调查的顺利进行。第三是选择那些工作职责可以明确区分、稳定而且变化较少的具有代表性的工作进行薪酬比较。第四是确定薪酬调查的内容，包括工资薪金、福利等各种费用多少及给付情况、工作时间以及其他与薪酬有关的项目。第五是收集资料，主要有两种方法：① 派代表到被调查组织中访问，在访问中收集资料；② 邮寄薪酬调查表索取资料。第六是整理与统计资料，撰写薪酬调查报告。

例证 9-3

薪酬要打组合拳

迪尔公司第二公司（一家农机设备制造商），其 HR 建立了一种“三叉戟”薪酬战略。迪尔公司在全球拥有 5.6 万名员工，其中 3 万名分布在俄罗斯、巴西、印度和中国。这个“三叉戟”战略包括短期现金激励、股东增值和高绩效团队。三者是相互作用和影响的，短期现金激励项目是基于当年的股东增值，每个员工都能从中得到实惠。对于管理岗位的员工，公司提供了另外一份中期激励计划。迪尔表示：数额是根据市场业绩决定的，与短期的股东增值相似。迪尔公司有一个 600 名雇员的名单，被列入其中的员工可以得到一份长期激励——员工优先认股权，而排名前 25 名的雇员也能参与到另外一个受限制的股票认购权项目中。

（加拉赫，2010）

（四）薪酬结构与水平确定

1. 薪酬水平及其影响因素

薪酬水平对公司的收入、劳动生产率、吸纳和保留员工的能力有积极的影响。在综合考虑产品市场、劳动市场因素和组织因素的前提下，企业采取不同策略来定位自己的薪酬水平。

影响公司薪酬水平的因素有内外部之分，其中外部因素包括国家的宏观经济环境、通货膨胀、行业特点和行业竞争、人才供应状况、外币汇率的变化等；内部因素包括盈利能力和支付能力、人员素质等；除此之外，企业的发展阶段、人才稀缺度、招聘难度、市场品牌和综合实力，也是重要的影响因素。

2. 绘制薪酬曲线，确定薪酬水平

企业在进行薪酬市场调查的基础上，将价值相同的若干种工作或技能水平相同的若干员工划分薪酬等级以后，就需要绘制市场薪酬曲线，即以市场调查得到的薪酬水平为纵轴，以薪酬等级为横轴，建立各种工作薪酬市场水平线，如图 9-5 所示（王长城，2003）。企业可以使其员工的薪酬水平高于、相当于或低于自己竞争对手的薪酬水平。

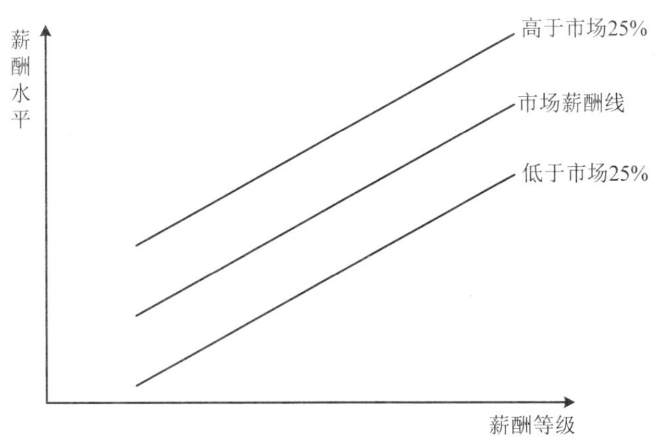

图 9-5　薪酬水平线

企业在绘制了薪酬水平线以后，就要对比本企业与对手企业中相同或相似的职位薪酬，依据竞争对手企业的相应薪酬水平决定本企业相同职位的薪酬水平，同时参照上述职位薪酬水平决定其他职位的薪酬水平。常见的企业市场薪酬水平定位有以下四种。

（1）领先型薪酬政策。采用这种政策的企业如惠普、摩托罗拉，它们通常规模较大、投资回报率高、产品市场上的竞争对手少。这类企业实际上一般通过提高产品价格的方式将较高的薪酬成本转嫁给消费者。

（2）追随型薪酬政策，即市场匹配政策，根据市场平均水平来进行企业薪酬定位，这是最为通用的薪酬政策。

（3）低位型薪酬政策，采取这种政策的企业规模往往相对不大，大多处于竞争性的产品市场上，边际利润率较低，成本承受能力很弱。这类企业很多是中小企业。

（4）混合型薪酬政策。它是指企业在确定薪酬水平时，根据职位类型或者员工类型的不同来分别制定不同的薪酬水平政策。

3. 确定薪酬结构

薪酬结构是指企业的组织结构中各项职位的相对价值及其与对应的薪酬之间保持着什么样的关系。它强调如何在综合考虑风俗习惯、经济环境、法律法规、组织战略、工作设计、政府的政策法规等因素的前提下，公平设计薪酬水平等级、不同薪酬水平之间的级差以及决定薪酬级差的标准。事实上，薪酬结构决策是在内部一致性和外部竞争性这两种有效性标准之间进行平衡的一种结果。薪酬结构的决策过程如图 9-6 所示（刘昕，2014）。

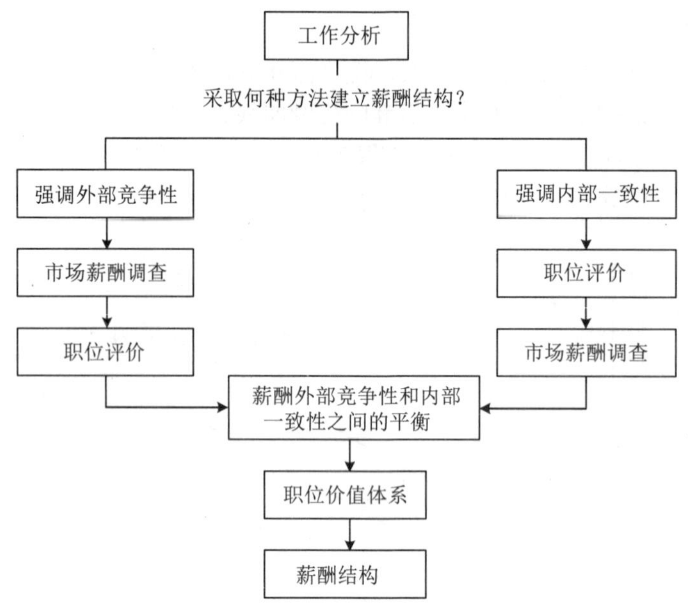

图 9-6　薪酬结构的决策过程

企业薪酬结构反映了企业的分配哲学，即依据什么原则确定员工的薪酬，不同的公司有不同的报酬观。

在工资结构上，与其对应的分别是职位工资、能力（技能）工资和绩效工资。一般来说，企业薪酬结构要实现内部一致性，至少应该具备三个特征：① 对实现企业整体目标贡献越大的员工，所得到的薪酬就应该越多；② 完成工作所需要知识和技能越多的工作，得到的薪酬越多；③ 所处职位风险越高的员工，所得到的薪酬就应该越多。确定薪酬结构主要包括三个方面的工作：① 分等；② 确定每等对应的薪酬区间；③ 确定相邻等级薪酬区间之间的交叉。

第二节　基本工资管理

本节主要阐述基本工资的内容，包括基于职位的薪酬体系、基于能力的薪酬体系、基于绩效的薪酬体系等三种不同的基本工资体系及其管理。

一、基本工资管理概述

（一）基本工资管理的意义

对员工而言，基本工资具有一定的稳定性，是其生活的重要保障；对企业而言，它具有一定的刚性，是企业的重要“支出”。因此，进行基本工资的管理关系到员工与企业的切身利益。

（二）员工薪酬构成及其比较

从经济性报酬看，企业向员工支付薪酬主要有六种方式，它们的具体构成和比较如

表 9-4 所示（米尔科维奇，纽曼，格哈特，2014）。

表 9-4 员工薪酬构成及其承担风险水平的比较

薪酬构成	定义	员工承担的风险水平
基本工资	员工的工资组合中有保障的部分	只要雇佣关系不中断，这部分工资就会得到保障
全面增长	不管员工的表现如何，针对全体员工的工资增长，其规模取决于雇主对自己支付能力的一些主观性评价。这些增长将成为次年基本工资的一部分	一些风险仅仅来源于雇主的判断力。但是由于不与员工的绩效相联系，所以这一方面的风险相对较低
奖励工资	工资的增长是基于对员工绩效的评价。这部分增长在次年将变为基本工资的一部分	奖励工资增加的规模取决于雇主的判断力。其中，员工个人奖励工资的增加部分取决于员工的绩效，而个人绩效不能完全预测
一次性奖励	同样基于员工的绩效。不加入基本工资，但会作为奖金一次性付给员工	员工面临三种风险。前两种已经在奖励工资风险中提到；第三种风险就是一次性奖励不能加入基本工资，而是需要员工每年“重新争取获得”一次性奖励
个人激励计划	一种可变性工资支付，有时是基本工资的一部分。激励因素把薪酬中可增加的部分直接同员工的额外产出相联系（如佣金、计件工资）。与奖励工资和一次性奖励不同，这种工资支付形式对员工的绩效评价是客观的	风险性较强。一般与基本工资配合使用。没有或很少的基本工资意味着员工每年只有依靠绩效评价的结果来决定自己的工资报酬
利润分享	工资的增长基于团队绩效（如小组、部门、整个公司）对一些财务目标的超越	影响利润评价的一些因素超过了员工的控制范围（例如经济气候、财务状况）。越少的控制意味着越多的风险
收益分享	不同于利润分享，因为收益分享所要超越的目标并不是财务绩效，而是成本指标（如劳动力成本、材料成本、设备成本等）	针对个人来说，风险低于利润分享，因为绩效评价更可控

合理的薪酬方案应致力于三个目标的实现：遵守相关法律和法规，企业花费应具有有效性，确保员工受到公平对待。因此，在进行基本工资管理时，务必把握好三个原则：① 同工同酬原则；② 合乎法令原则；③ 简单实用和普遍性原则。

（三）基本工资的付酬因素

基本工资往往涉及多方面的付酬因素，主要包括生活费（年龄）、年资（继续服务年数）、能力（能力差异）、职位（职位价值）、职位成果（绩效大小）等五个方面，如表 9-5 所示。

表 9-5 基本工资的付酬因素

付酬因素	描述
生活费	保证员工基本的生活费用是确定基本薪酬的最基本原则。一般而言，员工的家庭人数、消费内容、消费水平等大致可以根据员工的年龄段来把握

续表

付 酬 因 素	描　述
年资	年资是指在本企业承担该职位工作的时间和资历。当代企业对年资因素考虑得越来越少，但为了保持员工队伍的相对稳定，该因素需要一定程度的体现
能力	显在能力可以用职位工作的完成情况衡量，通过能力所达成的目标或效果来反映。潜在能力是指知识、技能的综合掌握程度以及经验的积累程度。它表示可能会干什么、能干到什么程度。人们一般将学历、职称、职务年限作为潜在能力的显示器。工资给付应该以激励员工把自身所具备的与职位相关的能力全部发挥出来，变成可见的职位成果为目标。工资方案设计应把实际已发挥的能力和潜在的能力都考虑在内
职位	职位越高，权力越大，责任越重，工作结果对企业的影响越大，接触的业务面越广，考虑的问题越多；职位工作越紧张，对承担该职位的人应具备的能力和经验的要求越高，即付出的代价大，创造的价值大，为对其劳动进行补偿，必须支付高薪酬
职位成果	能力不是职位结果的唯一决定因素，不能完全反映劳动者职位的实际价值和成果，还必须对实际绩效较高的劳动者支付较高的薪酬

二、基于职位的薪酬体系

从世界范围来看，目前使用最多的是基于职位的薪酬体系。其基本思想是：不同职位知识、技能承担的职责不同，所以对企业的价值贡献不同。因此企业应当根据所从事的工作领取报酬。该薪酬体系参照工作分析的成果（工作说明书），进行价值评估，根据评估结果确定不同的薪酬等级以及不同等级的工资率，每个薪酬等级包含若干综合价值相近的一组职位，并在此基础上设定每个薪酬等级的薪酬范围。基于职位的薪酬体系设计的基本框架如图 9-7 所示。

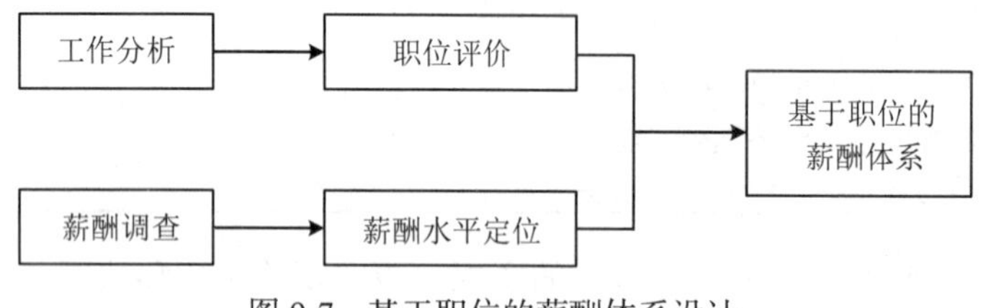

图 9-7　基于职位的薪酬体系设计

在基于职位的薪酬体系中，其职位薪酬的比重一般占整个薪酬收入的 60%以上。基于职位的薪酬体系主要有职位等级薪酬制和职位薪点薪酬制两种形式。

（一）职位等级薪酬制

职位等级薪酬制是指根据岗位重要程度最终确定薪酬等级的薪酬制度。职位等级薪酬制的具体形式有以下两种。

1. 一岗一薪制

一个岗位只有一个薪酬标准，岗内不升级，同岗同资。新员工上岗采用“试用期”的办法，试用期满即可执行岗位薪酬标准。这种薪酬制度简便易行，但岗内难以体现差别，缺乏激励。一岗一薪制比较适用于专业化、自动化程度高、流水作业或工作技术单一的、工作对象比较固定的工种。

2. 一岗数薪制

一个岗位内设置几个薪酬标准，以反映岗位内部不同员工之间的劳动差别。岗内级别是根据不同工作的技术复杂程度、劳动强度、责任大小等因素确定的，薪酬的确定同样是依据岗位要求而定的。实行一岗数薪制，员工可以在本岗位内小步考核升级，直至达到本岗位内最高薪酬标准。其优点在于员工的薪酬增长渠道和机会增多，不晋升、不变换岗位也可以增加薪酬；在企业需要缩减人工成本时，可以灵活控制员工的薪酬增长速度和水平。它比较适用于岗位划分比较粗、岗位内部技术有差别、岗位上晋升和提薪机会较少的工种或岗位。

（二）职位薪点薪酬制

职位薪点薪酬制是一种通过“薪点因素”分析法，按岗位因素测定出每个岗位的薪点数，按员工绩效确定薪点值，员工按岗位获取报酬的一种薪酬制度。这种薪酬制度适用于岗位固定、以重复性劳动为主的岗位。其具体做法是：① 规范岗位测评，根据岗位劳动差别确定薪点数；② 实行工效挂钩，根据经济效益确定岗位薪点值；③ 加强动态考核，实行按绩付酬。

三、基于能力的薪酬体系

基于能力的薪酬体系实际上是基于任职者的薪酬，这种薪酬体系隐含了一项假设：员工的能力直接决定其创造的价值。因此，付给员工的报酬应当根据其能力决定。

（一）企业构建基于能力的薪酬体系的原因

企业构建基于能力的薪酬体系的主要原因，体现在组织与个人两个层面。

1. 它是组织发展的需求

在知识经济时代，员工的能力日益成为企业能力最重要的载体，员工必须持续学习，不断提升技能水平，以保持并强化组织的竞争力。同时，组织更加扁平化、流程化和面向顾客，组织需要员工通过更多的学习来加强技能的深度和拓宽技能的广度，从而能够灵活地应对变化，并创造性地完成工作。

2. 它是员工成长的需求

与以往相比，员工更加重视个人的成长和发展，更加期望个人价值的实现和增值。在能力薪酬体系下，员工不必一味追求职位等级的升迁，也不用按照某种严格的绩效标准去“为绩效奋斗”，他们能够更加积极地参与学习，并努力取得技能水平的提高。这种“为自我能力的提升而工作”的激励便成为一种令人愉快的动力。

（二）基于能力的薪酬体系的优势

相对基于职位的薪酬体系，基于能力的薪酬体系有四个显著优势：① 提供了更加宽广的职业发展路径；② 支持扁平化的组织结构；③ 鼓励员工持续学习，对自身发展负责；④ 构建学习型组织，保持组织的竞争力。

（三）基于能力的薪酬体系的形式及其特征

能力是一个包含了技能、知识及人格特征的有层次的结构，针对不同能力层次，能力薪酬也就有着不同的体现形式，主要包括技能工资（skill-based pay）、知识工资（knowledge-based pay）、胜任力工资（competency-based pay）和基于任职资格的工资（qualification-based pay）。这四种能力薪酬的特征和适用人群如表 9-6 所示。

表 9-6　四种能力薪酬的特征和适用人群的比较

能力薪酬	侧重点	能力来源	能力架构	适用范围
技能工资	关注相对具体的技能和知识	具体的工作要求和技术要求	基于技能的深度和广度的技能模块	技术工人及从事单一工作的专业技术人员
知识工资		与培训密切相关，关注员工的学习成果	基于培训的学分体系	技术工人及专业管理、服务和研究人员
胜任力工资	关注相对核心和抽象的素质和潜质	与组织的使命、愿景、价值观、战略密切相关，关注员工的胜任特质和深层动机	基于文化和战略导向的素质模型	中高层管理者和知识白领
任职资格工资	关注综合经验、技能、知识、素质等能力因素	与任职资格体系相关，薪酬与职业发展密切联系	基于综合的任职资格体系	专业性的管理类、技术类和服务类人员

（四）基于能力的薪酬体系的设计

基于能力素质的薪酬体系往往与宽带薪酬结合在一起，二者相结合使薪酬体系更加具有竞争力，更加具有激励作用。基于能力素质的宽带薪酬体系将若干个以能力素质定价的工资等级划分在一个宽带之中，一个薪酬宽带包括几个甚至十几个工资等级。工作性质大体类似的职位归入同一个薪酬宽带中，从而使薪酬更加具有激励性。基于能力素质的薪酬体系设计的基本流程如图 9-8 所示。

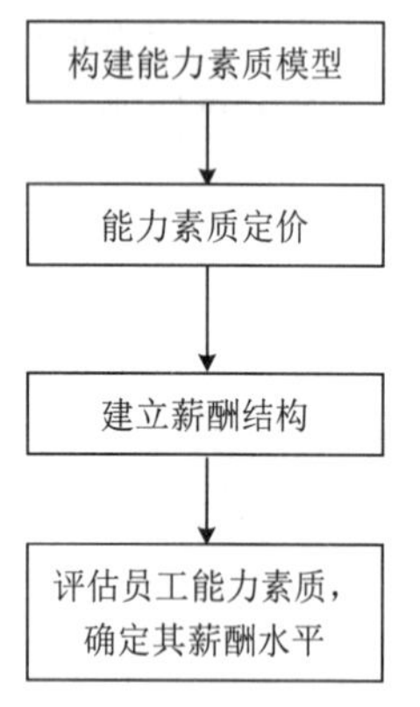

企业通过战略导向法、行为事件访谈法和标杆研究法等方法构建企业的能力素质模型。

关键环节。两种定价方法：① 基于市场的定价，根据相同素质在其他企业所能获得的报酬来确定能力素质价格；② 基于绩效的定价，根据每项能力素质与绩效的相关性来确定能力素质的价格。

多采用宽带薪酬结构。基本步骤如下：① 确定宽带个数；② 根据每个宽带平均能力素质水平，结合能力素质定价水平，确定该宽带的中点值；③ 确定每个宽带的上限和下限；④ 确定每一水平能力素质的工资。

企业可以使用评价中心或基于能力素质模型的 360 度评估等方式对员工的能力进行评估，以充分了解员工的能力状态，与其所任职位的能力素质等级进行相应匹配，从而可确定该员工的薪酬水平。

图 9-8　基于能力素质的薪酬体系设计基本流程

四、基于绩效的薪酬体系

基于绩效的薪酬体系的前身是计件工资，但它不是简单意义上的工资与产品数量挂钩的工资形式，而是建立在科学的工资标准和管理程序基础上的工资体系。其基本特征是将员工的薪酬收入与个人绩效挂钩。

（一）基于绩效的薪酬体系的特点

基于绩效的薪酬体系有以下四个特点：① 有利于雇员工资与可量化的业绩挂钩；② 有利于工资向业绩优秀者倾斜，提高企业效率和节省工资成本；③ 有利于突出团队精神和企业形象，增大激励力度和雇员的凝聚力；④ 绩效工资占总体工资的比率在50%以上，浮动部分比较大。

实行基于绩效的薪酬体系的前提是有效的绩效管理，根据员工绩效的高低划分不同的薪酬档次。它适用于以下情形的职位：独立性高，个人对职位的控制力较强，个人业绩可以量化，工作内容和完成方式不确定，员工可以自己设定目标。

（二）基于绩效的薪酬体系的形式

基于绩效的薪酬体系包括如下两种典型形式。

1. 计件薪酬制

它将员工收入与员工个人产量直接挂钩，形式多样，便于计算，易于理解，计量原则公平，有利于提高产量。实行计件薪酬制有三个条件，即工作物等级、劳动定额和计件单价。

2. 佣金制

佣金制又称提成制。它直接按销售额的一定比例确定销售人员的报酬，主要用于销售人员的工资支付。由于报酬明显与绩效挂钩，佣金制能够激励销售人员努力提高销售额，同时，由于计算简便、易于理解，管理和监督成本比较低。

恒大集团的绩效考核

恒大将绩效考核结果作为员工月度和年度奖金分配的核心依据。其中，月度计划考核结果决定了奖金发放倍数；季度综合考评结果作为奖金发放的调节系数，采用强制排序分为三个等级，对应人数比率分别为20%、60%和20%，相应的绩效系数为1.2、1、0.8；员工月度奖金基数由占月薪资额50%的月浮动奖金及月薪资额30%～60%的额外奖金共同组成。恒大对考核结果的应用采取正负双向激励，体现奖罚对等，即绩效考核有倒扣机制，绩效奖金甚至可能是负数。

（资料来源：http://www.hrsee.com/?id=1095.）

第三节 奖金管理

本节主要阐述奖金层面的两个问题：凭什么支付奖金？如何支付奖金？

一、奖金概述

奖金与基本工资、福利并列，是薪酬的重要组成部分。一般而言，奖金被用于两个方面：① 对已经完成的超额、超标准的绩效进行奖励；② 对预定的绩效目标进行激励。奖金就是为了奖励那些已经超额或超标准完成某些绩效标准的员工，或为了激励员工去完成某些预定的绩效目标，而在基本工资基础上支付的可变的、具有激励性的报酬。简单地说，奖金是企业对员工超额劳动部分或劳动绩效突出部分所支付的奖励性报酬，其支付依据是绩效标准。

从总体奖励报酬的角度来看奖金，可以把奖金分成货币化的奖金和非货币化奖励两种类型，而非货币化奖励又可以分为五种基本形式，即社会强化激励（如表扬）、实物奖励、旅行奖励、象征性奖励、休假奖励。货币化奖金的具体结构如表 9-7 所示（文跃然，2013）。

表 9-7　总体奖励报酬的内容结构

奖金（奖金的可变性和激励性基于按绩效付酬的发展要求）	
对超标准绩效达成的奖励： 绩效工资计划（pay for performance） ● 绩效加薪（merit pay） ● 一次性奖金（merit bonuses） ● 个人特别绩效奖	对绩效目标的奖励： 激励工资计划（incentive pay） ● 个人激励计划（individual incentive plans） ● 团队激励计划（group incentive plans） ● 组织激励计划（organizational incentive plans）
针对一些特殊人员的奖励计划： ● 公司董事的奖励 ● 高层经理人员的奖励 ● 技术研发人员的奖励 ● 销售人员的奖励	从时代的角度： ● 短期奖励计划 ● 长期奖励计划

二、奖酬方式

奖酬方式涉及如何奖励的问题。常用的奖酬方式可以分为两大类，即绩效奖金和激励计划。绩效奖金又包括绩效加薪、一次性奖金、个人特别绩效奖，它是对员工已经完成的绩效进行奖励的方式。作为激励员工实现绩效目标的奖励方式，激励计划包括个人激励计划、团队激励计划和组织激励计划。

（一）绩效奖金

绩效奖金包括以下三种。

1. 绩效加薪

其特点有三个：① 很强的累加性，奖励的加薪直接加到基本工资中，每一次加薪后基本工资额都获得增长，下一次加薪是在已经增加了的基本工资额的基础上进行的；② 不同的绩效评价等级对应不同的工资涨幅；③ 要达到“最低限度有意义的加薪”，即要支付员工认为有奖励意义的最低加薪额。

2. 一次性奖金

一次性奖金属于“非累积性绩效加薪”，每次加薪并不增加工资基数，而是按绩效评价水平给予一次性奖金，奖金不累加到基本工资中，下一次加薪仍然在原来的基本工资额的基础上进行。它克服了传统绩效加薪的弊病：每一次绩效加薪都要增长工资基数，经历了多次加薪后的老员工工资很高但绩效未必令人满意，新员工难以较快地获得相当的工资；比较有效地控制工资成本，但同时可能带来奖励性不足的问题。

3. 个人特别绩效奖

其特点是具有极强的针对性和灵活性，可突破基本奖励制度在支付额度、周期以及对象上的局限；机制比较简单，即谁干出特别突出的业绩就特别奖励谁；具有较好的以点带面的激励效果。

（二）激励计划

激励计划包括个人、团队、组织三个层面。

1. 个人激励计划

个人激励计划主要包括四种：① 针对生产人员的产出激励计划；② 针对一般管理人员的管理激励计划；③ 行为鼓励计划；④ 推荐计划。

2. 团队激励计划

团队激励计划主要包括四种：① 班组或小团队奖励计划；② 收益分享计划；③ 利润分享计划；④ 风险收益计划。

3. 组织激励计划

组织激励计划主要包括两种：① 员工持股计划；② 股票分享计划等。

团队激励计划与组织激励计划的区别不是很清晰，组织激励计划面向的对象群更大一些，一般是全员的；团队激励计划也可以运用于全员。

例证 9-5

华为的股权激励

华为的任正非仅仅持有公司 1.4%的股权，其余股权由 8.4 万名华为员工持有。员工持股是对员工长期激励的有效办法，员工与华为之间的关系由雇佣关系转变为合作伙伴关系，华为公司的效益与每一位员工的薪酬都密切相关。据报道，2015 年华为公司用于支付员工工资和奖金的数额高达 148.5 亿美元，占华为当年收入额的 23.6%，而同行业的平均水平仅为 12%。

与此同时，华为采用同贡献、同报酬的薪酬分配体系，最大限度地激发员工潜能。该体系的核心在于按照员工对华为的贡献度大小，而不是职位等级划分薪酬。同时这一体系，还打破了工龄工资的限制，鼓励新员工多努力,多做贡献,这有利于保持华为员工工作上的积极性。

（资料来源：http://www.hrsee.com/?id=715.）

三、特殊人员的奖酬计划

特殊人员一般具有两个特征：① 在企业中处于矛盾冲突交接的位置，或者说，他们的工作性质和环境对其有着特殊的要求，面临着更大的工作压力，需要有更专业的知识和更高超的技能。② 其工作完成的好坏对整个企业的经营状况有着很重要的影响。因此，对他们的激励有着全局的重要意义，并且这种激励要具有很强的针对性和独特性。

（一）公司董事的奖励报酬

内部董事的奖励报酬包括在高层经理人员的奖励报酬中。外部董事的奖励报酬主要有聘金（年薪）、董事会会议费、委员会会议费、委员会委员津贴。目前对董事的股票激励计划越来越流行。

（二）高层经理人员的奖励报酬

对高层经理人员的奖励报酬主要包括四类：① 一次性绩效奖金，包括非固定奖励、活动绩效奖金、预定分配奖金、目标计划奖金；② 短期激励，包括利润分享计划、收益分成计划、一次性绩效奖；③ 长期激励计划，该计划有利于员工与组织形成利益共同体，包括非法定股票期权、激励性股票期权、附加期权、股票增值权、限制性股票、业绩股票、虚拟股票等；④ 特权奖励，包括体检、公司提供交通用车、金融咨询、使用公司提供的飞机、个人所得税的筹划、乘头等舱外出旅行、乡村俱乐部会员资格、午餐俱乐部会员资格、个人资产管理、个人伤残保险、携配偶外出旅行、专用司机、预留停车位置、专用餐厅、家庭保险计划、汽车配备电话、金融讲座、低息或无息贷款、法律咨询等。

例证 9-6 

伯克希尔·哈撒韦公司的高管激励之道

伯克希尔·哈撒韦公司，2017年财富世界500强排名第八，旗下掌管多家子公司，当年营业收入超过了2 200亿美元，员工人数达到了37万人。伯克希尔秉持以下四条原则：① 薪酬必须与经理人可控范围内的业务绩效相关。在集团公司内，有些部门需要集团投入大量的资金，那么对这些部门经理人员的考核，不能单看他创造了多少收益，而是在剔除了增量资本费用和利息的基础之后，评价其对资金的使用效率。若经理人员能以高回报使用增量资本，就会得到奖励。② 针对子公司单独进行评价。遵循上一条原则，对各个子公司的业绩评价是单独进行的。即便是规模较小的企业，只要是业绩表明经理人员表现出色，他也应该获得足够的奖励，甚至是比那些较大企业的经理获得的更多。③ 高管薪酬与公司的股价没有关系。在伯克希尔，发放绩效奖金的时候，从来不看伯克希尔的股票价值。无论伯克希尔股价是涨是跌或者是横盘，都不会影响子公司经理人员的薪酬。④ 根据每股内在价值的增长进行激励。在伯克希尔，薪酬也是根据每股账面价值的增长而定的。在伯克希尔，更大并不意味着更好，因此公司不希望经理们只是因为增加资产而获得薪酬。巴菲特曾表示："我们的薪酬水平或者办公室的规模，永远不会与伯克希尔公司资产负债表上的数额相联系。"

（资料来源：http://www.hrsee.com/?id=708.）

（三）技术研发人员的奖励报酬

对技术研发人员的奖励报酬有四种方式：① 给予双重职业发展通道（技术晋升阶梯和管理晋升阶梯），将一些运用于管理人员的分享计划和股票增值计划施行于技术研发人员；② 对技术研发人员技能认证等级提升、论文发表的数量和质量、专利发明等进行奖励；③ 为技术研发人员提供轻松的、富有校园氛围的工作环境；④ 对技术研发人员的工作时间和方式进行灵活的安排等。

（四）销售人员的奖励

销售人员的奖励包括以下五种方式。

1. 纯基薪计划

按月给销售人员发放数额固定的基本工资，其实质是基于“支付劳动成本”的一视同仁，不对销售人员的特殊性做出体现和强调，忽视其实现利润增值的作用。纯基薪计划比较少用，在某些情况下不失为一种选择。例如，定制的技术含量高的产品或服务销售；额度巨大，销售周期很长；处于多变的、难以预测的市场；针对销售新人。

2. 纯佣金计划

实质是关注销售人员的特殊性，强调为其提供专门的报酬支付方式。纯佣金计划要考虑两个问题：考核基础指标是销售收入、利润还是销售量？佣金提成比例是固定的还是可变的？纯佣金计划很少单独被使用。

3. 基薪+佣金计划

基薪部分是公司为销售人员的经验、技能、知识和服务素质所支付的报酬；佣金部分是将实现的销售业绩对个人进行分享性的支付，其目的就在于将风险性和保障性结合在对销售人员的薪酬支付之中。

4. 基薪+奖金计划

与基薪+佣金计划的区别在于体现激励性的报酬是奖金而不是佣金，其奖金与事先订立好的绩效目标有紧密的联系，只有在销售业绩达到了目标或定额后，公司才按一定的比例给予奖励。

5. 基薪+佣金+奖金计划

构成成分多，管理和运用比较复杂，可能给整个薪酬管理和支付带来更大的成本，在企业薪酬管理能力不是很强的情况下要慎用。

（五）自由职业者的薪酬管理

自由职业者，是指那些不与用人单位建立正式劳动关系，又区别于个体、私营企业主，具有一定经济实力和专业知识技能，并为社会提供合法的服务性劳动，从而获取劳动报酬的劳动者。互联网时代一个最核心的变化就是媒体的去中心化，人人都是自媒体。共享经济、网红经济的出现，为自由职业者提供了更宽广的舞台。能提供知识、技能、服务的个人，就可以独立生存和发展，包括设计、演出、培训、咨询等行业，截至 2019 年 6 月，全国约有 6 000 万自由职业者。根据人民论坛问卷调查中心的调查显示，自由职业者收入高于平均水平，年收入高于 12 万元的自由职业者占 39.6%，而非自由职业者群体只占 30.7%，对比年收入 18 万元以上的高收入群体，自由职业者占比 23.5%（尹泽轩，2019）。对于自由职业者，不但要自己缴纳全额社保，还要缴纳高额的个人所得税，自由劳动者的收入按劳动报酬所得缴纳个人所得税，劳务报酬所得的应纳税所得额为：每次劳务报酬收入不足 4 000 元的，用收入减去 800 元的费用；每次劳务报酬收入超过 4 000 元的，用收入减去收入额的 20%；预扣预缴，年度汇算清缴时，按综合所得，年度扣除 6 万元及各项附加扣除后，按 3%至 45%税率计算。劳务报酬所得与工薪所得的区别在于，提供劳务的个人与被服务单位没有稳定的、连续的劳动人事关系，也没有任何劳动合同关系，其所得也不是以工资薪金形式领取的，而是按次领取。对于高额收入的自由职业者，开始借助薪税服务平台或者公司形式合理避税。

第四节　福 利 管 理

本节主要介绍员工福利的定义、功能和发展趋势，阐述企业补充福利管理以及如何设计一个好的福利制度。

一、员工福利概述

（一）员工福利的概念

刘昕（2014）认为，福利是员工薪酬中的重要组成部分，包括退休福利、健康福利、带薪休假、实物发放和员工服务，它有别于根据员工的工作时间计算的薪酬形式。福利具有两个特征：① 福利通常采用延期支付或实物支付的方式；② 福利具有类似固定成本的特点，因为福利与员工的工作时间之间并没有直接的关系。

可见，员工福利是总报酬的重要组成部分，大多表现为非现金收入和非劳动收入。它是一种普惠制的报酬形式，通常采取间接支付的形式。

腾讯的员工福利

腾讯的薪酬在业内颇具竞争力，福利也相当丰厚，用产品的思维做福利创新在人力资源界更是尽人皆知，以下是腾讯的员工福利项目。

员工保障计划：腾讯为员工提供完善的保障计划，包括国家规定的养老保险、医疗保险、工伤保险、失业保险，生育保险及根据政府政策缴纳住房公积金。

员工假期：法定假期方面，公司提供：年休假、带薪病假、双休日/法定公众假期、婚假、丧假、产假陪产假、哺乳假等相关假期。

员工关怀与救助计划：腾讯为员工提供多种福利计划，旨在为员工创建舒适的工作环境，并实现工作生活的平衡。

健康福利：健康加油站项目包括：① 健康咨询、周年健康体检、健康热线；② 心理专家、一对一心理辅导、保护隐私；③ 重大疾病、商业保险、重疾贷款、重疾就医协助。

财富福利：① 为员工涨薪；② 股权激励、住房公积金或者住房补贴；③ 最高 30

万安居借款,劲爆免息。

生活乐趣：方便快捷的班车服务、全天候的食堂美食、丰富多彩的节日礼包、一年一度的公司旅游、圣诞晚会等大型公司活动。腾讯员工的孩子一生下来，就获赠生日 QQ 号，附带 18 年的会员服务。

（资料来源：http://www.hrsee.com/?id=1165.）

员工福利按照其制定的依据可以分成法定福利和企业补充福利，法定福利是根据国家的政策、法律和法规，企业必须为员工提供的各种福利，主要包括养老保险、失业保险、医疗保险、工伤保险、生育保险以及住房公积金。企业补充福利是企业根据自身的管理特色、财务状况和员工的需求，向员工提供的各种补充保障计划以及各种服务、实物和带薪休假等。

（二）员工福利的功能

良好的福利制度可以帮助企业实现人力资源管理目标和战略目标，为企业吸引和保留所需要的员工，有助于充分发挥员工的积极性和主动性，有助于提高员工的工作满意度和工作绩效，有利于企业节省人力成本，可以鼓励员工之间的合作。福利是影响企业劳动力雇用决策的重要因素，它还可以传递企业的文化和价值观。

（三）员工福利的发展趋势

企业员工福利制度的形式随着社会经济的发展而不断变化。进入 21 世纪以来，福利制度的发展趋势呈现出以下六个趋势。

1. 从普惠制到重点针对核心人才的趋势

所谓普惠制是指福利制度面向公司中所有员工，与员工对企业贡献和业绩大小并不挂钩，因此不仅不能激励员工，还增加企业成本。而现代企业设计福利计划时，不再保持普惠制，而是倾向于把福利作为一种奖励以此激励员工努力工作。

2. 员工福利的弹性化趋势

由于员工们对福利项目的偏好不同，传统统一的福利计划不仅很难满足员工多样性的需求，还为此付出了大量的成本。而弹性化的福利制度是由员工自行选择福利项目的福利管理模式，更好地满足了员工个性化的需要，也减轻了企业的负担。弹性化企业福利有四种形式：自助式福利、标准组件式福利、核心外加式福利、弹性支用账户式福利。

3. 员工福利的社会化趋势

员工福利的社会化趋势实质上就是福利项目外包，外包公司对福利项目的设计、购买、发放及管理全权负责。其优点是可以集中企业的时间去专注于核心业务，而且专业化的外包公司其福利制度设计的专业化程度也高。其缺点是专业公司对企业的了解程度不如企业自己的人力资源部门，对员工的需求也不是很清楚。

4. 员工福利的货币化趋势

员工福利的货币化趋势是指企业为了简化员工福利的管理，免去设计福利项目和迎合员工偏好差异的麻烦，直接向员工发放与原来福利项目等值的现金。其优点是既省去了大量的行政作业，又避免了员工多样化需求。其缺点是改变了福利原有的性质和意义，成为第二奖金。此外，不能够再享受国家的税收优惠，也不能体现规模采购的好处，可能会使企业人工成本增加。

5. 员工福利激励最大化趋势

许多企业的福利管理往往表现为搞职务福利和搞关系福利。其实，从本质上讲，福利是一种补充性报酬，应以员工的合理劳动为对价。一些企业出现福利政策新趋向来促进福利激励作用最大化：一是员工福利与企业绩效相挂钩；二是员工福利与个人工作表现及贡献相挂钩。按照员工对企业的贡献程度，将福利等级设为不同层次。这种福利表现方式所产生的评价体系，清楚地表现了企业文化的价值导向，可以提高企业的凝聚力。

6. 员工福利全面化趋势

除国家规定的“五险一金”外，企业自己制定的个性化的非现金福利称为“软福利”——协调员工的生活、身心与工作关系的项目来取代传统的现金或实物福利，它体现了公司在严格制度管理下富有人情味的一面，体现了人本思想的经营理念和对员工的人文关怀。

此外，企业也将培训作为一种福利推广，使得企业为员工提供的培训从“费用”演变为“投资”，进而演变成如同每个员工都能享有的如养老保险一样的“福利”。

二、企业补充福利管理

有关法定福利的内容可参见本书第十章的“劳动关系管理”，这里主要从企业补充福利的内容出发，介绍企业补充福利的管理。

（一）企业补充养老计划

企业补充养老计划又称企业年金计划。企业年金是在法定福利中的基本养老保险基础上建立的由企业和员工按照自愿量力的原则而自主设立的养老保险制度。它通过设立个人账户和年金基金，采取政府监管与市场化运作方式，为参保员工支付养老待遇。企业年金在国外又称“职业年金”“雇主退休金计划”。我国于2000年正式将原企业补充养老保险规范为企业年金。从给付结构看，企业补充养老年金计划可以分为收益确定制（Defined-Benefits Plan，DB）和缴费确定制（Defined-Contribution Plan，DC）两种，表9-8对它们进行了比较。2004年《企业年金试行办法》和《企业年金基金管理试行办法》出台，对中国企业年金制度和基金投资及管理做出了详尽的规定，使基金运作有了政策指引。但是，目前我国企业年金制度改革还尚在探索，其发展现状主要体现在三点：① 企业年金发展遇到瓶颈，参与率持续下降。2018年年末，全国有8.74万户企业建立了企业年金，比2017年增长了8.7%，参加职工人数为2 388.17万人，比2017年增长了2.4%，企业年金基金规模达到14 770亿元，比2017年增长了14.67%。参保企业数、职工数、基金规模都在持续增加，但增速逐渐放缓，近几年甚至出现下降的趋势。② 企业年金发展失衡，区域差异明显。东部地区的上海参加企业年金的企业数量为9 358个，职工人数为137.4万人，基金规模为730.8亿元。而西部地区的甘肃参加企业年金的企业数量仅为

475 个，职工人数仅为 20.56 万人，基金规模仅为 105.6 亿元，地区间养老金权益严重分化。③ 年金制度替代率偏低，缺乏发展空间。基本养老保险负担过重，抢占了第二支柱的发展空间，在减税降费和供给侧改革的背景下，基本养老保险缴费率逐渐下降为 24%，远高于美国社会保障税率 12.4%（陈洋洋，2020）。

表 9-8 收益确定制和缴费确定制的比较

类别	描述	优点	缺点	适用行业举例
收益确定制（DB）	按照一种固定公式计算退休福利的计划，包括确定养老金数量的一套准则，可以预先确定雇员应得的养老金数额	保障稳定可靠； 考虑了职工的工资水平、工龄等因素，对公司服务时间长的员工有利； 风险低，受到年龄偏大、风险承担能力较低、流动性不大的职工的欢迎； 养老金水平一定，便于沟通交流	管理复杂，费用高； 风险完全由企业承担，给企业带来沉重的压力； 一般不会设立个人账户，资产没有分配给职工个人，基金的积累受企业经济效益的影响很大，因而其收益也未必"确定"	进行退休金制度改革的大中型企事业单位（如银行、电力、冶金、工程勘察设计、广播电影电视、公共事业单位等）中的年长员工
缴费确定制（DC）	雇主按照规定方式向雇员支付退休资金，并不确定雇员最终所得的养老金数量，只确定计划的定期缴纳额	一般可以享受多种税收和政策优惠； 企业的成本事先就能确定，减轻了企业负担； 通常采用个人账户的形式，并且企业缴费随员工工作年限递增，有利于留住企业的核心员工； 投资渠道多样化，投资收益率较高	风险较高； 员工保障可能不稳定； 养老金水平事先并不知晓，不利于有效沟通	传统的煤炭、冶金及行业，新兴的通信、电子行业，普通的中小企业等

（二）企业补充医疗计划

我国城镇职工的基本医疗实行"低水平、广覆盖"原则，实行统一的基本医疗保险缴费政策和给付待遇，在主要体现普遍公平保障的基本医疗保险制度范围内，很难满足不同支付能力和医疗保障需求的企业职工医疗保障的需要。许多企业为其员工建立补充医疗保险，如员工生病住院，所需的医疗费用除了社会保险报销的部分外，企业还会按一定的比率（80%）帮助员工负担剩余部分，这样一来，员工个人所需承担的费用就很少了。此外，一些企业还为其员工提供免费定期体检、免费防疫注射、药费或滋补营养品报销或补贴、职业病免费防护、免费或优惠疗养等福利措施。

（三）法定休假

法定休假包括两类：① 公休假日是指劳动者通常的周末休息时间。在我国实行的是每周 40 小时工作制，所以劳动者每周可以享受两天的公休假。② 法定休假日是指法定的节日休假。在我国具体指元旦、春节、清明节、劳动节、国庆节、端午节、中秋节以及法律法规规定的其他休假节日。

（四）其他福利项目

其他广泛采用的福利项目如表 9-9 所示。

表 9-9　其他广泛采用的福利项目

福利项目	描述
额外金钱收入	特殊节日的加薪、过节费、分红、小费、购物券和补贴
超时酬金	超时加班费、节假日值班费
生产性福利设施	舒适的工作环境
住房性福利	免费宿舍、夜班宿舍、廉价公房出租或出售、提供购房的低息或无息贷款、住房补贴、安置费用
交通性福利	免费班车服务、市内交通补贴、个人交通工具购买的低息或无息贷款以及补贴、交通工具的保养费和燃料补贴、公用汽车保修及保养费
饮食性福利	免费或低价工作餐、工间休息的免费饮料、餐费报销、免费发放食品、伙食补贴、下午茶
教育培训性福利	在职培训或脱产培训、公费进修、报刊订阅补贴、专业书刊购买补贴
文体旅游福利	有组织的集体文体活动、企业自建文体设施、免费文体票券、旅游津贴、团建活动
金融性福利	信用储金、存款户头特惠利率、低息贷款、预支薪金、额外困难补助
其他生活性福利	洗澡理发津贴、降温取暖津贴、优惠价提供本企业产品或服务、健康体检、婚庆福利、丧事吊唁、防暑补贴、生活困难补助

企业补充福利不是法律强制的，但却是吸引、激励和留住优秀员工的有效手段。企业应根据自身的行业特点、规模、实力、人才市场的供求状况、员工的自身特点等权衡选择相应的福利项目，制定员工福利制度。

三、福利制度的设计

一套好的福利管理制度的评价标准有五点：① 恰当的。对外具有竞争力，对内符合企业战略、企业规模和经济实力。② 可支付的。福利项目要在企业可以支付的范围内进行设计。③ 可理解的。各个福利项目的设计和表述能够很容易地为员工所理解，选择时不会产生歧义。④ 可操作的。福利项目是切合实际的、可实施的。⑤ 可变动的。福利方案要灵活设计，能够尽量满足各类员工的不同需求，具有自我调节的能力。

确定福利制度的享受对象。通常意义下的福利是一种参与式的回报，面向公司中所有员工，与员工个人及其群体对企业的贡献和绩效没有关系。有的企业在设计福利项目时，是专门针对某类员工的，要想让福利成为一种吸引和留住核心人才和优秀员工的措施，那么企业就要事先确定福利制度的享受对象。企业必须考虑福利制度是为谁而设计，哪些人员有资格享受特殊的福利制度。

此外，还应该基于企业战略和人力资源策略来设计福利制度，认真了解国家相关法规，正确评估福利制度所需的资金数量及其来源，做好福利制度的信息沟通。

例证 9-8

阿里巴巴的薪酬管理

1. 阿里的薪酬管理模式

阿里在进行薪酬管理时，根据工作评价的结果结合员工的工作经验、技术、业务水平及工作态度等因素来确定员工相应的工资等级。在工资等级划分上，阿里将所有的岗位分成高层管理核心层、中层骨干和基层三个层次；同时将岗位分成五类：管理、行政、财务、销售、技术。阿里还根据岗位的重要性程度进行划分，在同一个岗位职级内划分出了十个等级，也就是所谓的“一岗十薪”。

2. 阿里的薪资结构

阿里的工资组成=基本工资+岗位工资+工龄工资+津贴+奖金+其他

每部分的比率根据岗位不同，比率的分配也不一样。比如以程序员为例，基本工资、岗位工资、工龄工资等占比大约为69%，奖金占比为31%；而阿里的销售员工基本工资比率为15%，奖金为30%，其他收入为55%。阿里年底的奖金一般是0~6个月的工资，90%的人可以拿到三个月的工资。

3. 阿里的持股计划

阿里巴巴在公司成立之初便推行了全员持股计划。这里所说的“全员持股”，并不是进入公司的所有员工都持有公司的股份，而是指针对公司全体员工的持股计划。具体是指，那些满足一定条件的阿里巴巴员工，均有资格持有一定数量或比例的阿里巴巴股份，不具备相应条件的员工虽然暂时不能持有公司的股份，但未来有希望持有。股票是工作满两年之后才能取出，第一次最多只能取走50%，剩余部分要4年之后才能全部取出。

（资料来源：http://www.hrsee.com/?id=1168.）

本章小结

1. 薪酬的形式和内容在变化，但它始终反映雇主与员工的交换关系的本质并没有发生变化。全面薪酬包括经济性薪酬与非经济性薪酬两大块。薪酬的核心部分包括三个模块：基本工资、奖金和福利。

2. 影响薪酬的因素主要包括企业、职位、员工和环境等四个方面，其中企业因素包括：① 对公平感的追求；② 经营战略；③ 发展阶段；④ 财务状况。职位因素包括：① 职位说明书；② 工作评价。员工因素包括：① 绩效；② 技能；③ 经验；④ 教育训练；⑤ 潜力；⑥ 资历与成员资格。环境因素包括：① 所在行业；② 当地生活水平；③ 经济形势；④ 法律与政策；⑤ 劳动力供求状况。

3. 薪酬管理是指一个组织针对所有员工所提供的服务，来确定他们应当得到的报酬总额以及报酬结构和报酬形式的一个过程。其具有敏感性、特权性与特殊性三方面的特点。

4. 薪酬管理的基本流程是：薪酬策略与需求分析、工作评价与等级划分、薪酬水平调查、薪酬结构与水平确定。

5. 基于职位的薪酬体系、基于能力的薪酬体系和基于绩效的薪酬体系是三种不同的基本工资体系。

6. 常用的奖酬方式可以分为两大类，即绩效奖金和激励计划。绩效奖金又包括绩效加薪、一次性奖金、个人特别绩效奖，它是对员工已经完成的绩效进行奖励的方式。激励计划包括个人激励计划、团队激励计划、组织激励计划。

7. 员工福利是总报酬的重要组成部分，包括退休福利、健康福利、带薪休假、实物发放和员工服务，大多表现为非现金收入和非劳动收入，它是一种普惠制的报酬形式，通常采取间接支付的发放形式。

网站推荐

1. 新宝科技：www.xinbaokeji.cn
2. 薪资通：http://xinzitong.com/

影视推荐

《乔家大院》

该片讲述了我国晚清时期一代晋商的代表人物——乔致庸以商富民、以商兴国的人生经历，表现了晋商节俭勤奋、明理诚信、精于管理的人文精神。剧中主人公乔致庸的成功之道除了义、信、利的诚信理念、掌柜负责制的两权分立、严厉的号规制度和学徒制之外，更核心的是激励机制——身股制。

推荐理由：片中体现的股权激励机制对企业在员工激励方面有很大的启发以及参考价值。

读书推荐

《薪酬管理》

全书以薪酬模型为核心，以薪酬战略、薪酬级数和薪酬目标为导线，从内部一致性、外部竞争性、员工贡献和薪酬管理等四大领域，深入探讨了薪酬管理涉及的各个人力资源管理模块，全面展示了薪酬在人力资源管理和企业战略中的重要作用，详尽介绍了薪酬管理理论和实践在全球的最新发展。

推荐理由：《薪酬管理》是由美国两位权威学者米尔科维奇和纽曼合著，出版于 1984 年，经过多次再版，2008 年 8 月在中国人民大学出版社出版的第九版为最新版。书中有大量的实证研究与案例，使读者能够深入领会各个理论要点和管理技术的含义和应用。

思考题练习题 9-1：选择题

1. 下列不属于影响薪酬的员工因素的是（　　）。
   A. 绩效　　B. 技能　　C. 潜力　　D. 培训时长
2. （　　）不是薪酬管理的特点。
   A. 敏感性　　B. 技术性　　C. 特权性　　D. 特殊性
3. （　　）不属于薪酬管理的原则。
   A. 竞争性原则　　B. 合法性原则　　C. 半透明性原则　　D. 公平性原则

思考题练习题 9-2：简答题

1. 简述薪酬和薪酬管理的含义。
2. 比较基本工资的三种薪酬体系的异同。
3. 试分析比较基本工资、奖金和福利在吸引、激励和保留员工方面的作用。

模拟实训：薪酬管理制度设计

通过熟人介绍，就一家中小型企业薪酬及管理制度进行调查，结合企业实际和本章节内容，为该企业设计一份薪酬管理制度。

案例分析

IBM 公司的薪酬原则

美国的蓝色巨人 IBM（国际商业机器公司）成立于 1911 年，是计算机行业中成立较早的公司之一。随着时代的变迁，IBM 现如今已经将发展的重点转投到信息技术服务行业，2019 年《财富》杂志世界 500 强榜单中 IBM 名列 114 位，年营业收入超过了 790 亿美元，全球员工人数达到了 38 万。IBM 的薪酬体系有一些看似简单却非常实用的原则，切实遵循这些理念是 IBM 薪酬体系成功的重要原因。

（1）双向沟通原则。在计划、执行、评估及评估结果运用的过程中，都要与员工进行明确的沟通。IBM 强调双向沟通，不存在单向指令和无处申诉的情况。

（2）透明原则。满足员工的“知情权”，让员工知道目前成就及如何做得更好。业绩评估结果由主管和经理直接在第一时间与员工沟通。员工之间以公正、公开、透明的方式进行交往和沟通以目标执行之成就来处理员工在公司的得失。

（3）正面激励原则。IBM 对员工采取积极的激励政策基本没有惩罚的方式。不允许从工资中扣任何的惩罚款项。清晰的 PBC 评估能使没有达到承诺目标的员工意识到，没有得到激励，就意味着自己做得不好。

（4）指标精练原则。复杂的事情简单做，最简单的往往是最本质的。设定三五个绩效指标远比设定无所不包的绩效指标效果要好。IBM 一般最关注销售收入、存货周转、产品质量、客户满意度和利润等几个指标。

（5）强调执行原则。强调沟通让部分语言表达能力好、人际关系好、拥有资源多或影响力强的人或业务单元获得更好的评估结果。对此，IBM 绩效管理的原则是，永远根据员工完成的承诺进行评估，而不仅仅是报告上所说的。为了保持薪资的竞争力，IBM 专门委托咨询公司对整个人力资源市场的薪酬进行调查，公司员工的收入会根据市场情况进行调整。

（资料来源：http://www.hrsee.com/?id=1254.）

讨论题：

1. IBM 公司的薪酬原则体现了本章内容中薪酬管理的哪些内容？

2. 通过对 IBM 公司的案例分析，你认为该公司的薪酬管理有何优势？你可以得到哪些启示？

参考文献

[1] MILKOVICH G T, NEWMAN J M. Compensation[M]. 7th ed. New York: McGraw-Hill/Irwin, 2002: 4.

[2] MILKOVICH G T, NEWMAN J M. From pay to rewards: 100 years of change[J]. ACA Journal, 2002, 9(2): 6-18.

[3] 加拉赫．最佳雇主的薪酬方案[J]．企业科技与发展，2010（9）：23-24.

[4] 顾琴轩．提升企业竞争优势的薪酬战略研究[J]．上海交通大学学报（社会科学版），2001（2）：78-82.

[5] 陈洋洋. 我国企业年金制度实施现状、问题及优化路径[J]. 现代交际，2020（4）：63-64.

[6] 刘昕．薪酬管理[M]．4 版．北京：中国人民大学出版社，2014.

[7] 米尔科维奇，纽曼．薪酬管理：第 6 版[M]．董克用，等，译．北京：中国人民大学出版社，2002.

[8] 李啸尘．新人力资源管理[M]．北京：石油工业出版社，2000.

[9] 米尔科维奇，纽曼，格哈特．薪酬管理（英文版）：第 11 版[M]．北京：中国人民大学出版社，2014.

[10] 孙健平．薪酬管理[M]．长春：吉林人民出版社，1999.

[11] 王长城．薪酬构架原理与技术[M]．北京：中国经济出版社，2003：81.

[12] 文跃然．薪酬管理原理[M]．2 版．上海：复旦大学出版社，2013.

[13] 马尔托奇奥. 战略薪酬：第 2 版[M]. 周眉，译. 北京：社会科学文献出版社，2002.

[14] 尹泽轩. 自由高收入/不稳定不规律/孤独焦虑:2019 自由职业者生存发展报告[J]. 国家治理，2019（08）：9-15.

第十章
劳动关系管理

对员工忠诚，员工反过来就会对你忠诚；对员工负责，员工反过来就会对你负责。

——海尔董事局主席张瑞敏

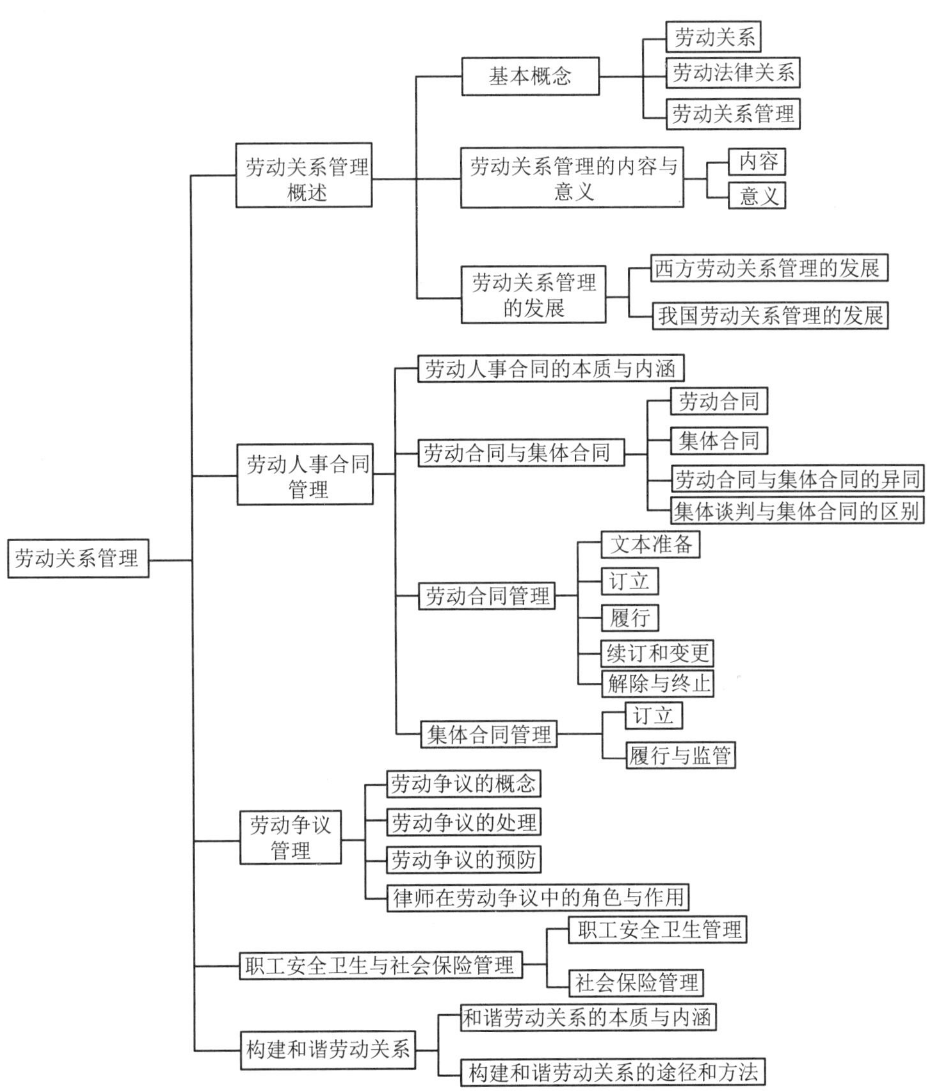

学习目标

- 了解劳动关系和劳动关系管理的概念；
- 掌握劳动人事合同管理；
- 了解劳动争议管理；
- 了解职工安全卫生与社会保险管理；
- 了解和谐劳动关系的构建。

引例

常德沃尔玛罢工事件

2014年3月，沃尔玛公司对位于常德市水星楼的分店做出关店决定，但未按照我国《劳动合同法》的相关规定提前三十日通知工会以及企业员工，而且公司单方面制定的员工安置方案因未与工会协商也遭到全体员工的抵制，但公司都不予理睬。3月18日，沃尔玛方开始做关店最后准备，分店员工对沃尔玛方的强势和不尊重产生强烈不满，员工们试图通过罢工，占领店内物资的方式来阻止关店。在工会与沃尔玛相持不下期间，沃尔玛采取分化对员工采取行动，先后与44名员工签订安置补偿方案，进一步削弱工会力量。到了3月28日，沃尔玛宣布解除拒绝接受安置方案的65名员工的劳动合同，并将根据其制订补偿方案将补偿金打入员工工资卡上。虽然工会和员工的做法得到多方支持，但是沃尔玛还是强行将常德水星楼分店关掉。由于2014年6月5日沃尔玛注销了常德水星楼分店的法人资格，导致该分店工会的社团法人资格也被注销。黄兴国只能以个人名义向法院提起诉讼，诉请认定沃尔玛违反《劳动合同法》第八十七条的规定，并支付双倍赔偿金。该案经两级法院审理，均未支持黄兴国诉讼请求。该案以工会组织的行动彻底失败而告终。

（吴礼强，2018）

案例中由于劳动保护机制未得到完善，导致工会、员工及企业都遭受到了损失，造成了糟糕的局面。因此，在当今劳资纠纷日益纷杂且繁多的经济发展状态下，为尽可能避免劳资双方冲突的扩大，维护社会的稳定和经济快速健康的发展，把法律问题置于人力资源管理中是非常必要的，完善相关劳动关系的法律制度，才能促进经济和谐、快速发展。基于人力资源管理实践中与法律相关的问题，在《劳动合同法》实施的环境下，本章主要介绍劳动关系管理的基本概念、内容以及相关问题的处理，以实现企业人力资源管理的法制化，构建和谐的劳动关系。

第一节　劳动关系管理概述

劳动关系管理是人力资源管理不可或缺的组成部分，主要包括劳动合同与集体合同管理、劳动争议管理、职工卫生安全与社会保险管理等内容。

一、基本概念

劳动关系管理涉及劳动关系、劳动法律关系和劳动关系管理三个概念，下面分别对其内涵加以介绍。

（一）劳动关系

1. 劳动关系的概念

劳动关系有广义与狭义之分。广义的劳动关系泛指劳动者与劳动力使用者为实现生产过程所结成的社会经济关系。狭义的劳动关系，即企业劳动关系，专指劳动者与用人单位为实现生产过程而提供劳动服务而建立或结成的社会经济关系。

2. 劳动关系的类型

作为劳动法调整对象的劳动关系，包括宏观和微观两个方面。从宏观而言，主要包括三个层面的内容，即所谓个别劳动关系、集团或团体劳动关系、社会劳动关系或产业关系。从微观而言，企业劳动关系类型有四种：① 所有者与全体员工的关系；② 经营管理者与普通员工的关系；③ 经营管理者与工人组织的关系；④ 工人组织与职工的关系。

（二）劳动法律关系

1. 劳动法律关系的概念

劳动法律关系是指劳动法律规范在调整劳动关系过程中形成的法律上的劳动权利和劳动义务关系。劳动法律关系具有强制性，它是劳动关系在法律上的表现，是当事人之间发生的符合劳动法律规范、具有权利义务内容的关系。劳动法律关系存在产生、变更与消亡的过程，集中体现在劳动契约的变化上；产生即明确相互间的权利义务，形成劳动法律关系；变更即变更其原来确定的权利和义务的内容；消亡即终止其相互间的消灭劳动法律关系的劳动法律事实。

2. 劳动法律关系的种类

按照生产资料所有制形式的不同，劳动法律关系可分为六种：① 全民所有制单位的劳动法律关系；② 集体所有制单位的劳动法律关系；③ 劳动者个体经营单位的劳动法律关系；④ 私营企业的劳动法律关系；⑤ 中外合资企业、中外合作经营企业的劳动法律关系；⑥ 外商独资经营企业的劳动法律关系。

3. 劳动法律关系的要素

劳动法律关系的要素包括主体、内容和客体。

（1）劳动法律关系的主体。劳动法律关系的主体是指依法建立劳动法律关系，享有权利和承担义务的当事人。具体而言，一方是劳动者与劳动者组织，包括本国公民、外国人（外国公民、无国籍人）、工会、职代会；另一方主体是用人单位，包括有法人资格的企业、事业单位、国家机关、社会团体、个体经济组织等。

（2）劳动法律关系的内容。劳动法律关系的内容主要指主体双方即劳动者与用人单位各自依法享有的权利和义务。

沃尔玛解聘“内鬼”法律不应缄默

自2014年举报沃尔玛使用过期原材料制作熟食、煎炸用油“一个月不换”的一个多月后，沃尔玛深圳洪湖店4名员工等来的不是企业的道歉，而是解聘书。

根据报道，沃尔玛深圳洪湖店的“黑油”事件始于2014年8月7日，举报人通过视频举证该店煎炸用油“一个月不换”，以及涉嫌用过期肉等原材料制作熟食等问题。还有员工证实确实存在使用过期食材及长虫大米的情况。举报人不是外人，正是被沃尔玛看作“内鬼”的单位员工。于是，沃尔玛以员工行为“严重违反公司规章制度，同时给公司造成重大损害”为理由，将员工清除出单位。

根据劳动法的规定，用人单位单方解除劳动合同的条件中，并不包括因为揭露单位黑幕，给单位造成影响的情形。毕竟，揭露行为是出于正当的目的，也是客观存在的事实，即便给单位造成了不利影响，也不该以一纸解聘书将职工赶出门外。

因此，对于沃尔玛违法开除员工的行为，法律不应该保持缄默，而应当及时发声。毕竟，如果通过这一起事件，能够为弱者撑起维权的天空，必然会鼓励更多的员工曝出单位见不得人的内幕，进而更好地维护公众利益。

（资料来源：劳动争议协调仲裁网）

（3）劳动法律关系的客体。劳动法律关系的客体是指劳动法律关系主体的劳动权利和劳动义务共同指向的事物，如劳动时间、劳动报酬、劳动纪律、安全卫生、福利保险、教育培训和劳动环境等。

4. 劳动法律关系、劳务关系与劳动关系的区别与联系

劳动法律关系和劳务关系的区别主要表现在所属范畴、形成前提和所含内容三个方面：① 范畴不同：劳动关系属于经济基础范畴，劳动法律关系属于上层建筑范畴；② 前提不同：劳动关系的形成以劳动为前提，劳动法律关系的形成则是以劳动法律规范的存在为前提；③ 内容不同：劳动关系的内容是劳动，劳动法律关系的内容则是法定的权利和义务。其联系体现在：劳动关系是劳动法律关系产生的基础，劳动法律关系则是劳动关系在法律上的反映。

劳务关系是一种传统的经济社会关系，是指两个或两个以上的平等主体之间，依据民事法律规范，一方向另一方提供劳务，另一方依约支付劳务报酬的一种权利义务关系。广义上，它包括承揽、承包、运输、技术服务、委托、信托和居间等。劳务关系与劳动关系的主要区别体现在以下几个方面。

（1）主体资格不同。劳动关系的双方主体具有特定性，即一方是用人单位，另一方必然是劳动者。而劳务关系的主体类型较多，其主体不具有特定性，可能是两个平等主体，也可能是两个以上的平等主体；可能是法人之间的关系，也可能是自然人之间的关系，还可能是法人与自然人之间的关系。

（2）主体地位不同。在建立劳动关系之后，劳动者与用人单位双方地位不平等，不仅存在财产关系，还存在着领导与被领导的行政隶属关系。而劳务关系中，双方是平等的民事权利义务关系，劳动者提供劳务服务，用人单位支付劳务报酬，彼此之间只体现财产关系，不存在行政隶属关系。

（3）当事人权利义务不同。在劳动关系中，劳动者与用人单位之间存在一般义务外，还存在附随义务，如用人单位应当为劳动者办理社会保险，劳动风险由用人单位承担，劳动者应当遵守用人单位的内部规章制度等。劳务关系中却不存在这些附随义务。

5. 相关法律法规

随着我国社会与经济的不断进步与发展，规范和调整劳动关系的相关法律法规越来越多、越来越细化，这体现了我国劳动关系管理规范化和法制化的趋势。表 10-1 列出了与劳动关系有关的部分重要法律法规。

表 10-1　我国有关劳动关系的部分法律法规

类　别	法律法规	发布部门	实施（修订）日期
综合法	中华人民共和国劳动法	全国人大常委会	1995.01.01
劳动合同制、招工管理	禁止使用童工规定	国务院	2002.12.01
	集体合同规定	劳动和社会保障部	2004.05.01
	中华人民共和国劳动合同法	全国人大常委会	2008.01.01
	中华人民共和国劳动合同法实施条例	国务院	2008.09.18
	劳务派遣暂行规定	人力资源和社会保障部	2014.03.01
劳动报酬	关于工资总额组成的规定	国家统计局	1990.01.01
	国务院批转劳动部等部门关于加强城镇集体所有制企业职工工资收入管理的意见的通知	国务院	1990.10.22
	关于进一步做好企业工资总额同经济效益挂钩工作的通知	劳动和社会保障部、财政部	2003.11.24
	最低工资规定	劳动和社会保障部	2004.03.01
	关于进一步健全最低工资制度的通知	劳动和社会保障部	2007.06.12
考核与奖惩	工人考核条例	劳动和社会保障部	1990.07.12
职工工作时间与劳动保护	女职工劳动保护规定	国务院	1988.09.01
	关于职工工作时间的规定	国务院	1995.05.01
	劳动部贯彻《国务院关于职工工作时间的规定》的实施办法	劳动和社会保障部	1995.03.26
	人事部贯彻《国务院关于职工工作时间的规定》的实施办法	人事部	1995.05.01
	中华人民共和国安全生产法	全国人大常委会	2002.11.01
	国务院关于解决农民工问题的若干意见	国务院	2006.01.31
	关于加强农民工安全生产培训工作的意见	国家安全生产监督管理总局等	2006.10.27
	生产安全事故报告和调查处理条例	国务院	2007.06.01

续表

类　别	法律法规	发布部门	实施（修订）日期
待业、富余职工安置、养老保险	国务院关于完善企业职工基本养老保险制度改革的决定	国务院	1991.06.26
	国有企业富余职工安置规定	国务院	1993.04.20
	失业保险条例	国务院	1999.01.22
职代会、工会	全民所有制工业企业职工代表大会条例	国务院、中共中央	1986.10.01
	中华人民共和国工会法	全国人大常委会	2001.10.27
	中国工会章程（修正案）	中华全国总工会	2013.10.22
劳动争议处理	社会保险行政争议处理办法	劳动和社会保障部	2001.05.27
	中华人民共和国企业劳动争议调解仲裁法	全国人大常委会	2008.05.01

关于《劳动合同法》与《劳动法》的关系，从法理上看，《劳动合同法》是《劳动法》的子法，《劳动法》是原则性的法律，《劳动合同法》是《劳动法》的具体实施，当新法与旧法的条款有冲突的时候，以新法为依据。另外，随着市场经济的发展，新问题不断出现，我国的法律法规也是在不断地更新或制定当中，这里列出部分相关的法律法规，只为抛砖引玉，具体查阅时请以“新”法（更新或新制定的）为依据。

（三）劳动关系管理

劳动关系管理是指通过规范化、制度化的管理，使劳动关系双方的行为得到规范，权益得到保障，协调双方的关系，避免或解决劳动关系中的劳动争议，维护稳定和谐的劳动关系，促进企业经营的稳定发展。

劳动关系管理的基本原则包括：① 兼顾各方利益原则；② 协商解决争议原则；③ 以法律为准绳的原则；④ 劳动争议以预防为主的原则。

劳动关系管理应达到四个基本要求：① 规范化，确保合法性，即依据国家法律、法规的规定；② 制度化，确保明确性，应该明确职责、权限、标准等；③ 统一性，包括在同一时期内对全体员工统一执行；④ 协调性，随企业的发展进行阶段性调整。

二、劳动关系管理的内容与意义

（一）劳动关系管理的内容

从法律的视角看，劳动关系管理的内容主要包括：劳动人事合同管理（包括劳动合同管理与集体合同管理）、劳动争议管理、劳动者基本保障管理（职工卫生安全与社会保险等）。具体如图 10-1 所示。

（二）劳动关系管理的意义

劳动关系管理具有四个方面的积极意义：① 保障企业与员工的相互选择权，通过适当的流动实现生产要素的优化组合；② 保障企业内部各方面的正当权益，开发人力资源潜力，充分调动员工积极性；③ 改善企业内部劳动关系，提倡尊重、信任、合作，创造令人心情舒畅的工作环境；④ 有利于提升人力资源管理的战略地位。

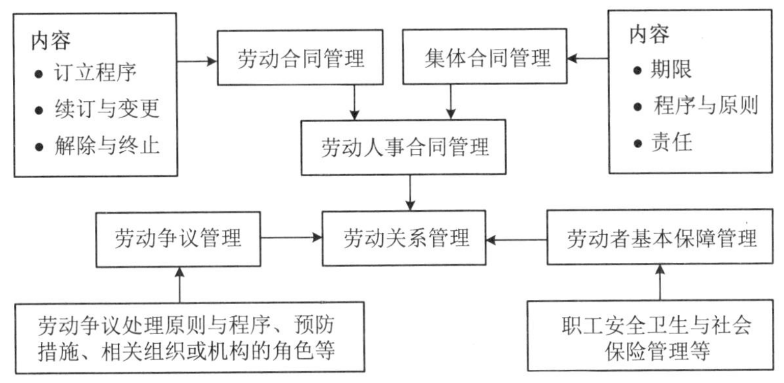

图 10-1　劳动关系管理的内容

三、劳动关系管理的发展

西方劳动关系管理对我国劳动关系管理的实践具有一定的借鉴意义。相对于企业内部的劳动关系管理而言，这里主要从宏观的角度对西方国家与中国的劳动关系管理做一个简单介绍。

（一）西方劳动关系管理的发展

1. 劳动关系的理论渊源

始于 19 世纪的劳动关系理论演变比较复杂，但学界公认的理论主要有三种（程延园，2002）：① 资本主义劳动关系理论；② 工业主义劳动关系理论；③ 工业资本主义劳动关系理论。

2. 西方市场经济国家劳动关系的历史演变

伴随着工业化进程的发展，西方市场经济国家的劳资关系在不断的矛盾、斗争和调整中，历经多年的演变，逐渐形成了一整套比较健全规范的劳资关系调整体系。整体而言，大致可以将此历史演变划分为以下四个发展阶段。

（1）第一阶段：从产业革命开始至 19 世纪下半叶。资本主义的发展处在自由竞争时期，政府对劳资关系表面采取自愿放任政策，实际向雇主倾斜，因此资方占据绝对优势，劳动者为改善自身的基本劳动条件，劳资矛盾主要表现为尖锐的阶级对抗和激烈的阶级冲突。

（2）第二阶段：19 世纪下半叶至 20 世纪初。资本主义各国经济开始从自由竞争向垄断过渡，罢工斗争的发展、工会组织的广泛建立以及社会主义运动的出现，导致劳资力量对比发生改变，集体谈判制度成为解决劳资矛盾的新途径，大量劳工立法的出现以及相应机构的建立，使劳资关系的调整开始有序化和法制化。

（3）第三阶段：两次世界大战之间的历史时期。受到战争、危机和革命等因素的影响，工业民主化、集体谈判制度和三方机制（企业、工会与政府共同协调劳资关系）的出现，使得国家的劳动行政管理成为政府宏观调节劳资关系的主要手段，劳资关系从初期的国家干预向下一阶段全面进入制度化和法制化过渡。

（4）第四阶段：第二次世界大战以后至今的历史时期。在第三次科技革命和社会改革浪潮的推动下，劳资关系发生了重大的转折性变化，争取广泛的民主参与权也成为劳资关系中非常重要的内容，劳资关系的运行方式发展成一种有序的组织行为，解决劳资矛盾、劳资争端的途径趋于制度化和法制化。

当今西方发达国家的劳资关系出现了诸多新的发展动向（夏顺忠，杨贵珍，2003）：① 劳资关系中政府的作用得到强化；② 股权分散化和社会化趋势增强；③ 雇佣劳动者与雇主利益分享；④ “利害相关者经济”的形成与发展；⑤ “符号分析服务”人员的大量涌现；⑥ 全球化对传统劳资关系体制的巨大冲击。

3. 西方市场经济国家劳动关系政策的演变——从激烈对抗到协调制衡

产业关系政策是西方市场经济国家处理劳动关系的基本政策，也是随着资本主义市场经济的发展和劳资关系的演变，特别是对于劳资关系协调的需要而逐渐确立起来的。在这个发展演变过程中，社会生产力发展水平、政治制度的民主程度以及劳资双方的实力对比，始终影响和制约着产业关系的运行状况与基本格局，决定着产业关系政策不同发展阶段的内容与特征。西方国家的产业关系政策是由一系列法律法规、制度和政策构成的，其主要内容包括以下六个方面（郑桥，1995）。

（1）三方原则——产业关系的主要原则和基本格局。三方原则是由政府、雇主和雇员（工会）这三方进行对话，以加强沟通，消除误解，弱化有争议的问题，增加达成协议的机会或取得共识的政策。西方国家大多设有由雇主组织、工会组织和政府劳动部门的代表组成的常设机构，三方可以定期或不定期地在该机构中共同讨论有关问题，协商社会经济政策。

（2）劳动立法——产业关系中关键性的法律规范。劳动立法是规范和调整劳资关系的重要立法，包括劳动就业法、劳动合同法、集体合同法、劳动工资法、劳动保护法、职业培训法、社会保障法、雇员参与管理法、劳动工会法、劳动监察法和劳动争议法等。它在政治上保护劳动者的基本权利，在经济上保护劳动力，改善劳动组织，提高劳动效率，协调规范劳资关系，促进社会安定。

（3）劳动争议处理——解决劳资纠纷的司法程序。劳动争议是劳资关系处于不协调或不平衡状态的集中表现。经过多年的实践，西方国家普遍建立了包括谈判和解、调节调停、仲裁和审判的一整套劳动争议处理程序，从而使纷繁复杂的劳资纠纷可以依照正常规范的程序予以处理和解决。

（4）劳动监察制度——产业关系中的监督机制。劳动监察机构代表国家行使劳动监察职权，对各项劳动法律法规的执行情况进行经常性的监督检查，采取强制性措施保证劳动法规的实施。从严格的意义上讲，劳动监察是政府行为，行使劳动监察权的是国家劳动行政管理机关，它独立于劳资关系之外，以第三者的身份落实国家的劳动政策并监督劳动法律的执行。劳动监察是劳动行政管理的反馈系统，是国家劳动行政机关介入劳资关系，并以国家强制力为保证的劳动法律制度。

（5）集体谈判制度——处理劳资关系的主要手段和方式。集体谈判制度是西方国家广泛采用的一种由劳资双方协商确定和自行调整劳资关系的最主要手段，也是产业关系调节机制的基础环节。它是指由雇主或雇主代表与工人代表之间就劳动者的工资、福利和劳动条件进行谈判并签订集体合同的法律程序。在劳动立法从总体上规范了劳资关系的前提下，劳资双方的集体谈判制度旨在经常地、灵活地协调劳资关系中大量具体的日常问题，并随着经济条件的变化和劳动生产力水平的提高，调整双方利益格局，保持和扩大劳方权利和利益。

（6）工业民主——缓和劳资矛盾的新途径。工业民主主要指工人参与企业经营管理。它既是现代化大生产的客观要求，也是工人阶级长期斗争的成果，反映了战后产业关系发展演变的新特点。工业民主包括三大原则：① 分享权利；② 分享利润；③ 尊重人格。工业民主化的形式有共决制、工厂委员会制、车间、班组代表制等。

以上六个方面共同构成了西方国家产业关系政策的主要内容。可见，产业关系政策是市场经济国家调节劳资关系，缓和劳资矛盾，处理劳动问题的核心机制，是市场经济社会不可缺少的重要社会政策，其中的丰富经验和有效做法，对我国具有重要的参考和借鉴的价值。

（二）我国劳动关系管理的发展

劳动者及其工会和企业（或雇主）两方主体是企业劳动关系的基本构成要件，但政府要同时作为第三方存在。自新中国建立以来，为适应不同的经济体制环境，我国企业的劳动关系呈现出鲜明的时代特征。把握不同阶段劳动关系的变迁，对于调节我国在社会主义市场经济体制下的企业劳动关系具有重要的意义。从三方力量对比的视角看，我国劳动关系的历史变迁可以概括为三个阶段（刘苓玲，晋利珍，2006）：以简单企业权利为主、政府权利为辅的时期（1949—1957 年）；以纯粹政府权利为主的时期（1958—1977 年）；由简单政府权利向复杂企业权利过渡时期（1978—1999 年）。

我们从本书第一章人力资源管理的划分（即以《劳动法》与《劳动合同法》这两个对劳动关系很重要的法律的实施为视角，分为事务性人事管理、行政性人力资源管理、法制化人力资源管理）来看，我国劳动关系管理的发展可以归纳为以下三个阶段。

1. 摸索阶段（1949—1994 年）

我国劳动力一直存在着供求的不平衡，只是在不同的时期有不同的特征。新中国成立以来，我国经历了漫长的摸索过程。这个“摸索过程”可以从三方力量对比的变化中感知：从以简单企业权利为主、政府权利为辅，转变为以纯粹政府权利为主，最后又向复杂企业权利转化。

2. 逐步规范阶段（1995—2007 年）

于 1995 年 1 月 1 日实施的《劳动法》，是一部调整劳动关系的综合性法律，是一部原则性、框架性的法律，它指导着后续法律法规的构建。自此之后，陆续颁布实施或更新修订的各种法律法规（如与《劳动法》配套的《安全生产法》《就业促进法》《劳动争议调解仲裁法》等）体现了我国劳动关系管理逐步规范的过程。

3. 法制化阶段（2008 年以后）

在这一阶段劳动关系管理越来越趋向规范化、制度化和法制化，这着重体现在两部法律对劳动关系的法律维护、调节和约束。完善的《劳动合同法》当中，《劳动合同法》

是《劳动法》的子法，顺延了《劳动法》的基本框架，更新或扩充了《劳动法》的具体内容。它体现了构建和谐社会的基本思想，是劳动关系管理的拐点，标志着我国劳动关系管理进入了法制化的新阶段。下面几节即以劳动法相关配套的法律（特别是《劳动合同法》）为依据，阐述劳动关系管理的重点内容。

第二节　劳动人事合同管理

本节所讲的劳动人事合同包括劳动合同与集体合同两种，它是劳动关系的起点，也是协调劳动关系的法律依据。在明确两种合同的本质与内涵的前提下，本节主要论述两种合同的管理。

一、劳动人事合同的本质与内涵

合同的本质是一种契约，在于约束当事人双方的权利与义务。劳动人事合同是市场经济条件下求职者个人与用人单位建立劳动关系的法律凭证，它通过规范劳动双方的行为来保障劳动者与用人单位的合法权益。劳动人事合同是劳动关系的起点，是协调劳动关系的基础和前提。

从劳动者与用人单位订立人事合同的主体看，可以把劳动人事合同分为劳动合同与集体合同。劳动合同是单个劳动者与用人单位订立合同，集体合同是多个劳动者联盟（一般是工会）与用人单位确定劳动关系，订立书面协议。

二、劳动合同与集体合同

劳动人事合同包括劳动合同与集体合同。两者既有联系，也有所区别。

（一）劳动合同

《中华人民共和国劳动法》（以下简称《劳动法》）第16条规定：“劳动合同是劳动者与用人单位确立劳动关系、明确双方权利和义务的协议。建立劳动关系应当订立劳动合同。”第17条规定：“劳动合同依法订立即具有法律约束力，当事人必须履行劳动合同规定的义务。”

例证　10-2

涉新冠肺炎疫情下的劳动合同

受新冠肺炎疫情的影响，有些职工需要接受隔离治疗或医学观察，不能及时返回工作岗位，有的企业可能因此要求与劳动者解除劳动合同。针对该问题，2020年1月24日，人力资源社会保障部办公厅发布的《关于妥善处理新型冠状病毒感染的肺炎疫情防控期间劳动关系问题的通知》规定，因政府实施隔离措施或采取其他紧急措施导致不能提供正常劳动的企业职工，企业应当支付职工在此期间的工作报酬，不得依据劳动合同法第四十条、第四十一条与职工解除劳动合同。在具体案件审查中，应着重查明该职工确属受新冠肺炎疫情影响，被采取隔离治疗、医学观察等措施不能正常提供劳动。

（资料来源：例证来源于网络并经编者加工整理。）

劳动合同有三个特点：① 劳动合同主体的特定性。一方是自然人，即劳动者；另一方是法人或非法人经济组织，即用人单位。② 劳动合同为双务合同。双方既是权利主体，又是义务主体。③ 劳动合同为法定要式合同。劳动合同是由法律直接规定的，必须具备特定形式或履行一定手续方能具备法律效力的合同。

（二）集体合同

集体合同又称“集体协议”“团体契约”“集体契约”等。我国在集体合同定义的规定上经历了一定的变化，主要变化集中在主体上，即从未明确规定主体（仅提集体协商双方）；到将主体明确为一方是企业，另一方是工会及其所代表的职工；再到主体明确为一方是企业，另一方是职工。新的《集体合同规定》专门强调了集体协商制度（通过“集体协商”签订的书面协议）。

集体合同一般有三种分类方法：① 按适用范围，分为工厂协约、地方协约与全国协约；② 按协议内容的广度，分为完全协约与不完全协约；③ 按内容的繁简，分为立法协约与行政协约。

（三）劳动合同与集体合同的异同

1. 劳动合同与集体合同的共同点

（1）主体的法律平等性和事实上的不平等性。劳动法律法规赋予了劳动合同缔约双方平等的法律地位。但在实际的劳动关系中，用人单位的目标本质是以最小的成本获取最大限度的利润，因而在劳动力供大于求的情况下劳动者处于弱势地位，双方难以达到实质上的平等。《劳动合同法》正是基于两者的平衡在立法上倾向于保护劳动者，特别是低端的弱势群体，增大了用人单位的违法成本。

（2）合意的有限性。在劳动人事合同缔约后，当事人双方具有了隶属性质，劳动合同的订立只是启动劳动法律法规对于劳动合同的特殊规定的程序。集体合同的签约双方一般是作为劳动者代表的工会与用人单位，在这种情况下（劳动者作为用人单位的成员，我国工会隶属于用人单位），集体合同也不免打上人身性和隶属性的特点。

（3）内容的相对合法性。劳动合同与集体合同虽然是双方当事人合意（同意、商量好并达成协议）的产物，但是劳动法一般对其基本内容（如工资、工时、保险、纪律等）规定得比较具体，通过法定内容在一定程度上限制了约定内容。

2. 劳动合同与集体合同的不同点

劳动合同与集体合同的不同点主要体现在以下四个方面。

（1）主体不同。劳动合同的双方当事人是劳动者与用人单位，集体合同的主体是劳动者群体（工会或职代会）与企业（或企业联合会）。

（2）内容不同。劳动合同以个体劳动者的权利和义务为内容，一般包括劳动关系的各个方面；集体合同以集体劳动关系中全体劳动者的共同权利和义务为内容，可能涉及劳动关系的各个方面，也可能只涉及劳动关系的某个方面（如工资集体合同）。

（3）作用不同。劳动合同是确定劳动关系的形式，是重要的劳动法律事实，通过劳动合同的订立、变更、解除、终止，使劳动法律关系产生、变更和消亡；集体合同是在许多具体的劳动关系的条件下，劳动者团体代表劳动者与用人单位签订的书面协议，一般没有确立和终止具体劳动关系的作用。

（4）效力不同。劳动合同对单个的用人单位和劳动者具有法律效力；集体合同对签订合同的单个用人单位或用人单位团体所代表的全体用人单位，以及工会所代表的全体劳动者，都具有法律效力。集体合同的效力高于劳动合同的效力，劳动合同的条款不能与集体合同相抵触，当两者的规定发生抵触时，以集体合同条款为准。

（四）集体谈判与集体合同的区别

企业集体谈判是指劳动者代表与企业管理者或雇主为规定双方可以接受的录用条件和明确彼此之间的权利、义务关系而进行的谈判。企业集体合同又称全体劳动者或全体工会会员在劳动和生活方面的共同条件为中心内容的、旨在规范企业劳动关系的书面协议。

企业集体谈判的结果一般是企业劳动合同的签订。也就是说，企业集体谈判和企业集体合同是同一件事情的两个阶段。企业集体谈判是企业集体合同的前提和准备，企业集体合同是企业集体谈判的后果和结论。企业集体谈判和企业集体合同两者之间是不可分割的。

三、劳动合同管理

劳动合同管理主要涉及劳动合同的订立、变更、解除、终止等。以下论述主要基于 2008 年 1 月 1 日实施的《劳动合同法》，部分基于《劳动合同法》与《劳动法》的比较。

（一）劳动合同的文本准备

劳动合同文本准备要明确劳动合同内容，包括劳动合同的条款与劳动合同期限。

1. 劳动合同的条款

劳动合同的条款分为两种：必备条款和约定条款。

（1）必备条款。必备条款又称法定条款，包括：① 用人单位的名称、住所和法定代表人或者主要负责人；② 劳动者的姓名、住址和居民身份证或者其他有效身份证件号码；③ 劳动合同期限；④ 工作内容和工作地点；⑤ 工作时间和休息休假；⑥ 劳动报酬；⑦ 社会保险；⑧ 劳动保护、劳动条件和职业危害防护；⑨ 法律、法规规定应当纳入劳动合同的其他事项。

（2）约定条款。劳动合同除上述必备条款外，用人单位与劳动者可以约定试用期、培训、保守商业秘密、补充保险和福利待遇等其他事项。

另外，用人单位的规章制度一般可以作为附件，列在劳动合同书的正文之后，并且应当在劳动合同书中写明。

2. 劳动合同期限

劳动合同期限分为固定期限劳动合同、无固定期限劳动合同、以完成一定工作任务为期限的劳动合同三种类型；《劳动合同法》做出了如下新规定。

（1）除用人单位维持或者提高劳动合同约定条件续订劳动合同、劳动者不同意续订的情形外，在固定期限劳动合同期满终止时，用人单位应当依法向劳动者支付经济补偿金。

（2）用人单位裁减人员时，应当优先留用与本单位订立较长期限固定期限劳动合同以及无固定期限劳动合同的劳动者。

（3）在法定情形下，如果劳动者提出或者同意续订、订立劳动合同，除劳动者提出订立固定期限劳动合同外，应当订立无固定期限劳动合同。法定情形包括：① 劳动者在该用人单位连续工作满十年的；② 用人单位初次实行劳动合同制度或者国有企业改制重新订立劳动合同时，劳动者在该用人单位连续工作满十年且距法定退休年龄不足十年的；③ 连续订立两次固定期限劳动合同，正常情况下将续订劳动合同的。

例证 10-3   

劳动合同经济补偿

2007 年 7 月 1 日。廖某入职 A 劳务公司，并被派遣到用工单位 B 投资公司工作。廖某工作期间，共签订四次劳动合同，最后一次劳动合同期满时间为 2015 年 9 月 7 日，工作岗位由促销员调整为销售主管：2015 年 1 月 1 日，C 股份公司（廖某原用工单位 B 投资公司发起人之一，出资比率为 51%）又与廖某签订了劳动合同，工作地点不变，仍然负责管理川东北片区销售业务，合同期满时间为 2018 年 1 月 1 日。2017 年 9 月 20 日，C 股份公司以提效和整合为由，将廖某工作岗位调整为促销岗。廖某不服调岗决定，未到新岗位报到。C 股份公司遂于 2017 年 10 月 16 日以其旷工为由解除了双方的劳动合同。2017 年 11 月 23 日，廖某提出仲裁申请，请求裁决 C 股份公司支付解除劳动合同的经济补偿金 56 032.41 元。劳动人事争议仲裁委员会受理后。依法追加 A 劳务公司和 B 投资公司参与仲裁。《劳动合同法实施条例》第十条规定，劳动者非因本人原因从原用人单位被安排到新用人单位工作的，劳动者在原用人单位的工作年限合并计算为新用人单位的工作年限。原用人单位已经向劳动者支付经济补偿的，新用人单位在依法解除、终止劳动合同计算支付经济补偿的工作年限时，不再计算劳动者在原用人单位的工作年限。最后裁决 C 股份公司支付申请人廖某解除劳动合同经济补偿金 56 032.41 元。

（《四川劳动保障》，2019）

3. 注意事项

（1）关于劳动合同的名称。一般有聘用协议、聘用合同、雇佣合同等，界定其是否是劳动合同，主要看其内容是否合法且具备法定条款。

（2）关于试用期。针对实践中一些用人单位滥用试用期的问题，《劳动合同法》做出如下新规定。

① 劳动合同期限三个月以上不满一年的，试用期不得超过一个月；劳动合同期限一年以上不满三年的，试用期不得超过两个月；三年以上固定期限和无固定期限的劳动合同，试用期不得超过六个月（即试用期期限与劳动合同期长度相关）。以完成一定的工作任务为期限的劳动合同或者劳动合同期限不满三个月的，不得约定试用期。同一用人单位与同一劳动者只能约定一次试用期。

② 劳动者在试用期的工资不得低于本单位同岗位最低档工资或者劳动合同约定工资的80%，并重申试用期工资不得低于用人单位所在地的最低工资标准。

（二）劳动合同的订立

1. 劳动合同的订立原则

《劳动合同法》规定："订立劳动合同，应当遵循合法、公平与平等自愿、协商一致、诚实信用的原则。"下面具体阐释这些原则的内容。

（1）合法原则。合法性原则要求订立劳动合同的主体、目的、内容、程序和形式、行为必须合法。不得利用签订雇佣合同时先交押金等方法诈骗钱财；合同文本，要有双方当事人或者其代表"签字画押"；当事人双方必须具有法律、法规规定的主体资格；不得有强迫和欺骗行为。

（2）公平与平等自愿原则。公平与平等自愿原则是劳动合同的核心原则，是指在订立劳动合同的时候，双方当事人之间地位完全平等，互不隶属，各自独立；双方当事人，以各自的起初意志表示自己的意愿。

（3）协商一致原则。协商一致是指从业者个人和用人单位双方互相协商各项内容，在双方达成一致意见的情况下，确定合同的各项条款。用人单位应在订立协议前平等协商，并在招募与甄选时行使双方知情权。

（4）诚实信用原则。诚实信用原则主要涉及当事人双方的知情权的行使，双方应如实地交代或告知对方与工作相关的信息，不得隐瞒。但一般现实中，劳动者的知情权行使有障碍，招聘者不耐烦或不愿意告知应聘者与工作相关的情况，往往造成了员工满意度低、流失率高和招聘成本高的后果。

2. 劳动合同的订立程序

（1）要约和承诺。要约是指一方向另一方提出订立劳动合同的要求；承诺是指另一方接受要约并完全同意。

（2）就合同内容相互协商。

（3）签约，即双方签字、盖章，填写日期（年、月、日）。

3. 无效的劳动合同

《劳动合同法》规定，下列劳动合同无效或者部分无效：① 以欺诈、胁迫的手段或者乘人之危，使对方在违背真实意愿的情况下订立或者变更劳动合同的；② 用人单位免除自己的法定责任、排除劳动者权利的；③ 违反法律、行政法规强制性规定的。

对劳动合同的无效或者部分无效有争议的，由劳动争议仲裁机构或者人民法院确认。劳动合同部分无效，不影响其他部分效力的，其他部分仍然有效。劳动合同被确认无效，劳动者已付出劳动的，用人单位应当向劳动者支付劳动报酬。劳动报酬的数额，参照本单位相同或者相近岗位劳动者的劳动报酬确定。

《劳动合同法》增加了两个无效劳动合同条款，即乘人之危（全部无效）与用人单位免除自己法定责任排除劳动者权益（部分无效）。

（三）劳动合同的履行

劳动合同的履行就是用人单位与劳动者按照劳动合同的约定全面履行各自的义务。在实际履行中，需要着重注意以下三个问题。

（1）用人单位应向劳动者及时足额支付劳动报酬。用人单位拖欠或者未足额支付劳动报酬的，劳动者可以依法向当地人民法院申请支付令，人民法院应当依法发出支付令。支付令只是督促程序，若企业质疑，法院终止支付令，但不能开庭审理。

（2）用人单位不得强迫或者变相强迫加班，也不能违章指挥或强令冒险作业。用人单位安排加班的，应当按照国家有关规定向劳动者支付加班费，加班不得影响身体健康，应征得工会或员工的同意。

（3）用人单位变更名称、法定代表人、主要负责人或者投资人等事项以及用人单位发生合并或者分立等情况，原劳动合同继续有效。

（四）劳动合同的续订和变更

1. 劳动合同的续订

续订合同应提前 30 天通知对方。合同期限届满既未终止又未续订，视为续延合同，双方就合同期限未达成一致意见的，其期限不能少于一年。劳动者在同一单位工作满十年，双方同意续延合同的，如劳动者没有提出不订立无固定期劳动合同的，用人单位应与之订立无固定期限的劳动合同。

2. 劳动合同的变更

用人单位与劳动者协商一致，可以变更劳动合同约定的内容。变更劳动合同，应当采用书面形式。变更后的劳动合同文本由用人单位和劳动者各执一份。

劳动合同变更的条件有两类：① 订立合同做依据的法律、法规、规章制度发生变化；② 订立合同所依据的客观情况发生变化，致使合同无法履行。其中，客观情况包括：自然灾害，企业事故，调整生产任务，企业分立、合并、迁移厂址，劳动者因个人情况变化而要求调整工作岗位或职务等。

（五）劳动合同的解除与终止

1. 劳动合同的解除

劳动合同的解除可以分为三种情形：合意解除、员工单方解除和企业单方解除。

（1）合意解除。用人单位与劳动者协商一致，可以解除劳动合同。是否支付经济补偿取决于“谁提出解除的”：劳动者提出，可以不支付；企业提出，应支付。

（2）员工单方解除。员工单方解除分为预告解除与即时解除两种。

① 预告解除。劳动者提前 30 天以书面形式通知用人单位，劳动者在试用期内提前 3 天通知用人单位，可以解除劳动合同。

② 即时解除。用人单位有下列情形之一的，劳动者可以即时解除：未按照劳动合同约定提供劳动保护或者劳动条件的；未及时足额支付劳动报酬的；未依法为劳动者缴纳社会保险费的；用人单位的规章制度违反法律、法规的规定，损害劳动者权益的；以欺诈、胁迫的手段或者乘人之危，使对方在违背真实意愿的情况下订立或者变更劳动合同而致使劳动合同无效的。

（3）企业单方解除。企业单方解除分为过失性解除、非过失性解除与裁员三种。

① 过失性解除。劳动者有下列情形之一的，用人单位可以解除劳动合同：在试用期间被证明不符合录用条件的；严重违反用人单位的规章制度的；严重失职，营私舞弊，给用人单位造成重大损害的；劳动者同时与其他用人单位建立劳动关系，对完成本单位的工作任务造成严重影响，或者经用人单位提出，拒不改正的；以欺诈、胁迫的手段或者乘人之危，使对方在违背真实意愿的情况下订立或者变更劳动合同而致使劳动合同无效的（如使用假文凭）；被依法追究刑事责任的。

② 非过失性解除。有下列情形之一的，用人单位提前 30 日以书面形式通知劳动者本人或者额外支付劳动者一个月工资后，可以解除劳动合同：劳动者患病或者非因工负伤，在规定的医疗期满后不能从事原工作，也不能从事由用人单位另行安排的工作的；劳动者不能胜任工作，经过培训或者调整工作岗位，仍不能胜任工作的；劳动合同订立时所依据的客观情况发生重大变化，致使劳动合同无法履行，经用人单位与劳动者协商，未能就变更劳动合同内容达成协议的。

③ 裁员。《劳动法》规定，用人单位只有在濒临破产进行法定整顿期间，或者生产经营状况发生严重困难，确需裁减人员的；或企业转产、重大技术革新或者经营方式调整，经变更劳动合同后，仍需裁减人员的；或其他因劳动合同订立时所依据的客观经济情况发生重大变化，致使劳动合同无法履行的，才可以裁减人员。

《劳动法》规定，用人单位需要裁减人员 20 人以上或者裁减不足 20 人但占企业职工总数 10%以上的，都应当提前 30 天向工会或者全体职工说明情况，听取工会或者职工的意见，并向劳动行政部门报告。

与此同时，公司应当优先留用下列人员：与本单位订立较长期限的固定期限劳动合同的；与本单位订立无固定期限劳动合同的；家庭无其他就业人员，有需要抚养的老人或者未成年人的。用人单位在六个月内重新招用人员的，应当通知被裁减的人员，并在同等条件下优先招用被裁减的人员。

例证 10-4

公司搬迁导致合同无法履行应依法解除

杜某在公司工作多年，并签订了无固定期限劳动合同。2019 年 10 月，公司整体搬迁至距原址 30 千米外的工业团区，并通知要求员工今后一律到该地上班。由于杜某每天需花费近 3 个小时才能到达新厂区，因此杜某并未按照公司要求到新厂区工作，公司对杜某不去上班的事情也置之不理。

《劳动合同法》第四十条第（三）项规定：“劳动合同订立时所依据的客观情况发生

重大变化，致使劳动合同无法履行，经用人单位与劳动者协商，未能就变更劳动合同内容达成协议的”，用人单位提前三十日以书面形式通知劳动者本人或者额外支付劳动者一个月工资后，可以解除劳动合同。公司搬迁可以认定属于“客观情况发生重大变化”的情形，但是否会导致劳动合同无法履行，这要结合搬迁的距离远近、搬迁地点的交通便捷程度、公司有无提供班车接送等因素综合判定。而公司对杜某不去新厂区上班的做法置之不理，有变相逼迫杜某主动辞职，逃避支付经济补偿金的嫌疑。

（中国人力资源社会保障，2019）

2. 劳动合同的终止

《劳动合同法》调整了关于劳动合同终止的规定内容，包括以下三个方面。

（1）取消了劳动合同的约定终止，规定劳动合同只能因法定情形出现而终止。也就是说，劳动合同当事人不得约定劳动合同终止条件；即使约定了，该约定也无效。

（2）增加了劳动合同法定终止的情形，除劳动合同期满外，还包括：① 劳动者开始依法享受基本养老保险待遇的；② 劳动者死亡，或者被人民法院宣告死亡或者宣告失踪的；③ 用人单位被依法宣告破产的；④ 用人单位被吊销营业执照、责令关闭、撤销或者用人单位决定提前解散的等。其中，劳动期满与①②情形属于自然终止，而③④属于因故终止。

（3）增加了终止劳动合同的限制情形。《劳动合同法》除延续《中华人民共和国工会法》（以下简称《工会法》）《中华人民共和国职业病防治法》等相关规定外，还补充规定，劳动者在本单位连续工作满 15 年，且距法定退休年龄不足 5 年的，即使劳动合同期满，用人单位也不得与劳动者终止劳动合同。

3. 关于经济补偿金

《劳动合同法》对用人单位在解除和终止劳动合同时支付经济补偿做出了一些新规定：用人单位存在违反工资支付、社会保险等方面的法律规定的行为，劳动者提出解除劳动合同的，用人单位也必须支付经济补偿。

支付经济补偿金的具体情况如下所述。

（1）是否支付补偿金，具体情况如下。

① 用人单位解除劳动合同的情形，是否提前通知及支付补偿金，如表 10-2 所示。

表 10-2　用人单位解除劳动合同是否提前通知及支付补偿金的情形

解除合同类型	时间要求	补偿金
合意解除（企业提议）	随时（双方约定）	支付
过错性解除	随时	不支付
非过错性解除	提前 30 天通知或随时但须额外支付劳动者一个月工资	支付
裁员	提前 30 天通知	支付

② 企业侵犯员工权益时，员工即时解除且企业必须支付经济补偿金；员工提前 30 天书面通知预告解除的，企业不需要支付补偿金。

③ 终止合同时，主要包括两种情形，若终止原因在于企业，则支付；若终止原因在

于劳动者，则不支付，如表10-3所示。

表10-3　终止合同是否支付经济补偿的情形

支付补偿金的情形	不支付补偿金的情形
劳动合同期满，企业不续订，或企业以低于原标准续订而导致员工不续订的	劳动合同期满，劳动者不续订的
企业依法宣告破产的	劳动者已享受养老保险待遇的
企业解散、被吊销营业执照或者责令关闭的	劳动者死亡或被人民法院宣告死亡的

（2）经济补偿金支付标准。经济补偿按劳动者在本单位工作的年限，每满一年支付一个月工资的标准向劳动者支付。六个月以上不满一年的，按一年计算；不满六个月的，向劳动者支付半个月工资的经济补偿。月工资是指劳动者在劳动合同解除或者终止前12个月的平均工资。

《劳动合同法》还增加了规定向高收入劳动者支付经济补偿的限额，即劳动者月工资高于用人单位所在直辖市、设区的市级人民政府公布的上年度职工月平均工资三倍的，向其支付经济补偿的标准按职工月平均工资三倍的数额支付，向其支付经济补偿的年限最高不超过12年。这实质上是保护了企业，减少了其用工成本。

4. 员工违约

《劳动法》规定，用人单位与劳动者可以在不违法的前提下自由约定违约责任。为了防止用人单位滥用违约金条款，保护劳动者的自主择业权，《劳动合同法》规定，只有在如下两种情形下，用人单位可以约定由劳动者承担违约金。

（1）培训服务期约定中约定违约金。用人单位为劳动者提供专项培训费用（而非岗前培训等），对其进行专业技术培训的，可以与该劳动者订立协议，约定服务期。劳动者违反服务期约定的，应当按照约定向用人单位支付违约金。违约金的数额不得超过用人单位提供的培训费用。用人单位要求劳动者支付的违约金不得超过服务期尚未履行部分所应分摊的培训费用。

例证　10-5 

企业应规避培训风险

一外商投资企业某电气有限公司与员工叶某于2008年6月23日签订一份劳动（聘用）合同书，聘用期限为1年。合同约定：双方签订的培训协议，作为《劳动合同书》的补充附件，与《劳动合同书》具有同等法律效力。2009年4月8日，该公司与叶某签订一份《出国培训协议》。由公司出资，选派叶某去美国培训，培训约定了服务期限和违约赔偿方式。公司根据项目建设调整情况，延长叶某在美国的培训期限。但不久叶某在美国“不辞而别”且去向不明。为此，电气公司申请劳动争议仲裁，要求叶某赔偿在美国的培训费用。仲裁委员会经调查认为，双方当事人签订的《劳动合同书》和《出国培训协议书》合法有效，电气公司提出叶某应按双方约定的培训协议支付培训费用，符合《中华人民共和国劳动法》第102条及原劳动部《贯彻执行（中华人民共和国劳动法）

若干问题的意见》第 33 条的规定。因此，仲裁委员会裁决：解除双方劳动合同关系，叶某应支付在美国的教育培训费 4 万美元。因此，企业应在员工培训方面“长心眼”，避免受到损失。

（资料来源：http://www.hrsee.com/?id=18.）

（2）竞业限制约定中约定违约金。用人单位与劳动者可以在劳动合同中约定保守用人单位的商业秘密和与知识产权相关的保密事项。对负有保密义务的劳动者，用人单位可以在劳动合同或者保密协议中与劳动者约定竞业限制条款，并约定在解除或者终止劳动合同后，在竞业限制期限内按月给予劳动者经济补偿（补偿底线未做明确规定）。劳动者违反竞业限制约定的，应当按照约定向用人单位支付违约金。竞业限制的人员限于用人单位的高级管理人员、高级技术人员和其他负有保密义务的人员。竞业限制的范围、地域、期限由用人单位与劳动者约定，竞业限制的约定不得违反法律、法规的规定。在解除或者终止劳动合同后，以上规定的人员到与本单位生产或者经营同类产品、从事同类业务的有竞争关系的其他用人单位，或者自己开业生产或经营同类产品、从事同类业务的竞业限制期限，不得超过 2 年。

除以上两种情形外，用人单位不得与劳动者约定由劳动者承担的违约金，或者以赔偿金、违约赔偿金、违约责任金等其他名义约定由劳动者承担违约责任。但对于约定由用人单位承担的违约金，《劳动合同法》没有做出禁止性规定。

5. 劳动关系结束后的义务

用人单位应当在解除或者终止劳动合同时出具解除或者终止劳动合同的证明，并在 15 天内为劳动者办理档案和社会保险关系转移手续；对已经解除或者终止的劳动合同的文本，至少保存 2 年备查。

劳动者应当按照双方约定，办理工作交接。用人单位应当在办理工作交接时向劳动者支付经济补偿。

四、集体合同管理

集体合同的优点包括：① 对劳动者而言，它能够维护劳动者权益、福利等；② 对政府而言，它能够减少劳资危机与冲突，减少政府压力；③ 对企业而言，构建集体合同制度能够减少管理成本与谈判成本。但是，我国集体合同管理尚处于初级发展阶段。集体合同一般是固定期限合同，下面着重介绍其订立、履行与监管。

（一）集体合同的订立

集体合同的签订是指工会或职工代表与企业单位之间，为规定职工集体劳动条件，依法就集体合同条款经协商一致，设立集体合同关系的法律行为。集体合同的订立程序可以分为签约、确认和公布三个阶段。

1. 签约

集体合同的签约过程是一个集体谈判（Collective Bargaining）的过程，未经谈判由单方主导形成的集体合同必然是不公平的。集体谈判又称集体协商，是签约人双方代表就签订集体合同进行商谈的法律行为，主要涉及以下三个方面。

（1）谈判最为重要的基本原则是平等协商。

（2）有关谈判的内容，我国《工会参加平等协商和签订集体合同试行办法》第 7 条做了如下规定："企业工会就涉及职工合法权益的事项与企业进行平等协商，包括：集体合同和劳动合同的订立、变更、续订、解除，已订立的集体合同和集体合同的履行、监督、检查；企业涉及职工的规章制度的制定和修改；企业职工的劳动报酬、工作时间和休假时间、保险、福利、劳动安全、女职工和未成年工的特殊保护、职业培训及职工文化体育生活；劳动争议的预防和处理；职工民主管理；双方认为需要协商的其他事项。"

（3）集体合同草案应当提交职工代表大会或者全体职工讨论通过。

集体合同由工会代表企业职工一方与用人单位订立；尚未建立工会的用人单位，由上级工会指导劳动者推举的代表与用人单位订立。《劳动合同法》规定：集体合同中劳动报酬和劳动条件等标准不得低于当地人民政府规定的最低标准；用人单位与劳动者订立的劳动合同中劳动报酬和劳动条件等标准不得低于集体合同规定的标准。

2. 确认

《集体合同规定》对集体合同的审查备案做了明确的规定，包括：① 在双方首席代表签字之日起的 10 日内，由用人单位一方将文本一式三份报送劳动保障行政部门审查；② 若劳动保障部门对该集体合同有异议，应当自收到文本之日起 15 日内将《审查意见书》送达双方协商代表，由双方对集体合同重新修订；③ 劳动保障部门自收到文本之日 15 日内未提出异议的，则该集体合同即时生效。

3. 公布

《集体劳动合同》第 48 条规定："生效的集体合同或专项集体合同，应当自生效之日起由协商代表及时以适当的形式向本方全体人员公布。"集体合同的公布渠道有很多种，包括张贴海报、专栏公布、向员工发放手册等资料，也可以把全体员工组织在一起学习。

（二）集体合同的履行与监管

民法上的合同履行是指债务人全面地、适当地完成其合同义务，债权人的合同债权得到完全，即债务人全面地、适当地完成合同债务，使债权人实现其合同债权的给付行为和给付结果的统一（崔建远，2000）。

工会是职工自愿结合的工人阶级的群众组织，它具有维护职工权益、参与管理、代表签订集体合同、参与争议调解与仲裁、监督合同的解除、监督法律法规的执行、要求用人单位提供活动经费和必要的物质条件的权利。在集体合同的履行中工会起着监管的作用：用人单位违反集体合同，侵犯职工劳动权益的，工会可以依法要求用人单位承担责任；因履行集体合同发生争议，经协商解决不成的，工会可以依法申请仲裁、提起诉讼。

第三节　劳动争议管理

劳动关系主体双方会就对方违反了劳动合同中规定的合法权益的行为进行维权。劳动关系管理的目的之一在于减少劳动争议的发生，使劳动关系处于和谐状态。

一、劳动争议的概念

劳动争议是指劳动关系双方（组织与劳动者）之间因劳动权利和义务发生分歧而引起的争议。常用的劳动争议分类方式主要有四种：① 按照劳动争议是否涉外来分类，可分为国内劳动争议和涉外劳动争议；② 按照劳动争议的内容来分类，可分为权利争议和利益争议；③ 按照职工一方当事人涉及的人数来分类，可分为集体争议和个人争议，其中，3 人以上为集体争议，3 人以下为个人争议；④ 按照劳动争议的客体来划分，可分为履行劳动合同争议、开除争议、辞退争议、辞职争议、工资争议、保险争议、福利争议、培训争议等。

二、劳动争议的处理

产生劳动争议的原因有宏观与微观之分，其处理必须遵行一定的原则与程序。对劳动争议的处理应该看作是对人力资源的投资。

（一）劳动争议的原因分析

劳动争议的发生，说明劳动关系在运行过程中碰到了障碍，是劳动关系中存在的不稳定因素呈显性化、复杂化状态，是劳动关系这一矛盾诸方面运动的结果。具体而言，发生劳动争议的原因主要包括宏观与微观两个方面。

1. 宏观方面

宏观方面包括：① 劳动关系相关配套法律不健全。《劳动法》是调整劳动关系的基本法，但是很多条款只是原则性的，《劳动合同法》正是《劳动法》关于劳动合同与集体合同等条款的进一步完善。② 我国社会经济处于高速发展之中，政府的执法环境和执法力度有待改善和提高。

2. 微观方面

微观方面包括企业与个人两个层面。

（1）企业层面包括：① 劳动合同书和集体合同书不完善，专项协议不健全；② 企业内部劳动规章制度不合理、不健全甚至不合法；③ 具体操作不规范；④ 企业法制观念淡薄，人力资源管理人员缺少在劳动争议管理方面的专业训练；⑤ 企业改制和一些企业经营困难；⑥ 一些企业知法犯法。

（2）个人层面包括：① 贪图私利，钻企业政策空子的心理；② 法制观念淡薄；③ 习惯观念制约。

（二）劳动争议的处理原则

劳动争议处理需要遵循以下四项原则。

1. 合法原则

劳动争议的处理机构要以法律为准绳，并遵循有关法定程序。以法律为准绳，就是要求对企业劳动争议的处理要符合国家有关劳动法规的规定，严格依法裁决。遵循有关法定程序，就是要求对企业劳动争议的处理要严格按照程序法的有关规定办理，企业劳动争议处理的开始、进行和终结都要符合程序法的规定。

2. 公正原则

在企业劳动争议案件的处理过程中，应当公正、平等地对待双方当事人，处理程序和处理结果不得偏向任何一方。尽管企业管理者和劳动者双方当事人在企业劳动关系的实际运作过程中所处的地位是领导与被领导的关系，而一旦企业劳动争议形成，并进入处理程序阶段，两者便是平等的争议主体，都受到法律的平等保护。

3. 及时处理原则

及时原则要求企业劳动争议调解委员会在接到当事人一方或双方调解申请后一定时限内及时做出受理与否的决定，在决定受理后更要及时进行调解结案。依据企业劳动争议协商调解规定，企业劳动争议调解委员会在接到调解申请后，对属于劳动争议受理范围且双方当事人同意调解的，应当在 3 个工作日内受理，同时，在受理案件后应当自受理调解申请之日起 15 日内调解结束，只有当双方当事人同意调解时限延期才可以延长。

4. 调解原则

调解手段贯穿于企业劳动争议第三方参与处理的全过程。不仅企业调解委员会在处理企业劳动争议中的全部工作是调解工作，而且仲裁委员会和法院在处理企业劳动争议中也要先行调解，只有在调解不成时，才会行使裁决或判决。

（三）劳动争议的处理程序

我国处理劳动争议的机构是劳动争议调解委员会、仲裁委员会和人民法院，处理的程序包括协商、调解、仲裁和诉讼。劳动争议处理一般有两种方法：劳资双方自行解决；第三方参与解决。协商是劳资双方自行解决的方式；调解可以作为一道单独的程序，也适用于仲裁和诉讼程序中；但是，仲裁是诉讼的前置程序，一般不可越过仲裁直接进入诉讼程序；诉讼程序适用《民事诉讼法》，采取两审终审制。

1. 劳动争议协商

劳动争议协商是指由劳动关系双方采取自治的方法解决纠纷。集体合同劳动争议协商，由工会代表和用人单位代表出面，根据双方集体协议，组成一个争议处理委员会，就工资、工时、劳动条件等工人提出的争议内容，双方相互协商，达成协议，以和平手段解决争议。劳动争议协商，由劳动者个人（或工会）和用人单位，根据劳动合同协议，就劳动争议的相关内容进行协商，以达到和平解决。

2. 劳动争议调解

劳动争议调解是指第三者介入劳动争议，促使当事人达成和解协议。从我国的实际运作情况看，一般是企业劳动争议调解委员会对用人单位与劳动者的纠纷，在查明事实、分清是非、明确责任的基础上，依据法律或合同约定，推动双方互相谅解以解决争议的方式。

3. 劳动争议仲裁

（1）劳动争议仲裁的基本内容。仲裁也称公断，是一个公正的第三者对当事人双方之间的争议做出评断。其特点是专业性较强，司法程序简便、及时。它是劳动争议处理程序的中间环节，也是诉讼的前置程序。

（2）劳动争议仲裁程序。向仲裁委员会申请仲裁的案件，必须经过仲裁委员会的调解，调解无效再仲裁。但这种调解和企业劳动争议调解委员会的调解不同，它是由仲裁委员会进行的调解，其调解书具有法律效力。若调解成功，则应当根据协议内容制作调解书；调解未达成的，进行裁决，制作裁决书。

（3）劳动争议仲裁的时效限制。劳动争议仲裁有着时效的限制。在正常情况下，劳动争议仲裁的提请有时效限制。《中华人民共和国劳动法》第 82 条规定：提出仲裁要求的一方应当自劳动争议发生之日起 60 日内向劳动争议仲裁委员会提出书面申请。如果超过 60 天，则视为丧失申诉权，劳动仲裁委员会对其仲裁申请不予受理。特殊情况下，当事人因不可抗拒力或其他正当理由超过时效的，劳动仲裁委员会应当受理。

4. 劳动争议诉讼

劳动争议诉讼是人民法院按照《民事诉讼法》规定的程序，以劳动法规为依据，对劳动争议案件进行审理的活动。按照《中华人民共和国企业劳动争议处理条例》的规定，当事人如果对仲裁庭的裁决不服，可自收到裁决书之日起 15 天内，向人民法院起诉。人民法院对劳动争议案件的审理按照一审、二审及再审的程序，当事人不服地方人民法院第一审判决的，有权在判决书送达之日起 15 日内向上一级人民法院提起上诉。到期不上诉的，判决书自动发生法律效力。

三、劳动争议的预防

劳动争议的发生反映了企业劳动关系的运转出现了一定的问题。劳动争议的处理只是一种事后处理，是劳资关系运行不正常的一种补救措施。劳动争议的预防是一种事前控制，可以对劳动争议进行事先防范。

（一）劳动争议预防的意义

劳动争议的预防有以下三点积极意义。

1. 提高企业经济效益和增加劳动者个人福利

劳动争议的预防在一定程度上规避或减少了劳动争议的发生，进而减少了劳资双方投入劳动争议处理漩涡中的时间和精力，能够有效地提高劳动者的生产积极性和劳动生产率，保证企业经营的顺利运行，实现企业经济效益和劳动者个人福利的双赢。

2. 减轻劳动者的精神负担和经济负担

在劳动争议处理的过程中，劳动者耗费较多的时间与精力，造成精神紧张和心理负担，有时候还要交纳一定的仲裁费和诉讼费，甚至律师费。劳动争议的预防可以避免劳动者因劳动争议的产生而增加的精神负担和经济负担。

3. 构建和谐劳动关系

劳动争议的预防能够减少劳动关系双方的矛盾与摩擦，防止事态的恶化，能够有效地形成企业内部的相互尊重、平等协商、共谋发展的态势和格局，这有助于构建和谐的劳动关系。

（二）劳动争议的预防措施

劳动争议的预防措施主要有以下五种。

1. 健全劳动立法，加强劳动监督检查，做好法律宣传工作

各级政府应该建立健全的劳动法规，减少法律的漏洞和空白；要做好法律的宣传与教育工作，使全民知法、懂法、守法，强化劳动关系当事人的劳动法制观念；同时，强化对劳动法律法规执行情况的监督检查，规范企业管理者和劳动者的各种行为。

2. 进行企业运行的环境分析

明确企业的运行环境是企业进行劳动争议预防的前提。它有助于发现可能导致劳动争议的因素，有助于制订相应的预防措施，“对症下药”，真正做到防患于未然。企业的运行环境主要包括国家的法律法规及其实施细则或实施条例、各个地方的规定、企业所在行业的行业规定。

3. 强化企业信息沟通

劳动争议的产生在一定程度上是企业内部的信息沟通系统没有做好，一个文件或制度不能及时有效地传递给目标对象。因此，企业建立良好的信息沟通制度势在必行。

4. 强化劳动合同或集体合同的监督和管理

加强企业劳动合同或集体合同的监督和管理，使劳动关系主体双方都能依法签订和履行劳动合同或集体合同，以便有效地减少劳动争议的发生。

5. 强化和完善企业的民主管理体制

主要应当做好两点：① 建立健全工会组织，充分发挥工会的作用；② 建立健全工人参与管理制度，树立员工的“主人翁”意识，充分发挥员工的生产和工作积极性。

四、律师在劳动争议中的角色与作用

随着《劳动合同法》的实施，用人单位与劳动者双方法律意识增强，相关劳动执法部门的执行力度加大，律师在劳动争议中的作用越来越突出。

（一）律师在劳动争议处理中的角色与作用

劳动争议处理中，律师扮演着两种维权角色：一是代表企业，二是代表劳动者。作为企业的维权代表，律师能够将劳动争议的代价或影响降到最低程度，同时也能够对诸如利欲熏心、爱闹事的少数劳动者给予法律上的制裁或惩罚，维护企业的合法权益；作为劳动者的维权代表，律师为劳动者（特别是对劳动法等不了解、不知道到何种机构以何种方式维权的劳动者）提供指导与帮助，维护劳动者的合法权益，打击企业的不法行为。

（二）律师在劳动争议预防中的角色与作用

在劳动争议预防中，律师也有两种角色：一是作为企业的法律代表，二是为劳动者提供法律咨询服务。作为企业的法律代表，律师一般结合企业的状况，分析劳动合同、集体合同、企业规章制度中存在的一些法律问题，并就此提出有针对性和建设性的意见，

预防劳动争议的发生；作为劳动者法律的咨询者，律师起到了宣传法律、提高劳动者法律意识的作用，同时能够促进劳动者在与企业签订劳动合同、集体合同与参与讨论和制定企业规章制度的过程中的合法性，能够很好地预防或减少不必要的劳动争议的发生。

第四节 职工安全卫生与社会保险管理

本节主要介绍劳动者的基本保障——职工安全卫生与社会保险管理。它们是劳动关系的基本保护。

一、职工安全卫生管理

职工安全卫生管理不仅关系到职工身体状况的优劣，而且也涉及劳动争议的数量以及企业的生产经营效益，因此企业必须进行职工安全卫生管理。

（一）严格执行国家职业安全卫生制度

1. 执行国家规定的职业安全卫生标准

（1）执行劳动安全技术规程。防止和消除在生产过程中的死亡事故，严格遵守为保障安全和减轻劳动强度而制定的法规。

企业的劳动安全技术规程的主要内容包括：① 工厂安全技术规程，其主要内容包括厂房、场所、设备、电器、动力、压力；② 矿山安全规程，其主要内容包括设计与开采、作业安全；③ 建筑安装工程安全技术规程，其主要内容包括法律规范和技术标准。

（2）执行劳动卫生规程。劳动卫生规程是保护劳动者在生产、工作过程中的健康而制定的各种法律法规和技术标准的总和，包括各种工业生产卫生、医疗预防、健康检查等技术和组织管理措施。它具体包括八个方面：① 防止有毒有害物质危害；② 防止粉尘危害；③ 防止噪声和强光危害；④ 防止电磁辐射危害；⑤ 防暑降温和防冻取暖；⑥ 通风和照明；⑦ 个人防护用品和生产辅助设施；⑧ 职业病防治。

2. 执行劳动安全卫生管理制度

劳动安全卫生管理制度主要包括：① 安全生产责任制度；② 安全技术措施计划管理制度；③ 安全生产教育和检查制度；④ 重大事故隐患管理制度；⑤ 安全卫生认证制度；⑥ 伤亡事故报告和处理制度。

3. 执行女职工与未成年工的特殊工劳动保护制度

女职工与未成年工的特殊工劳动保护主要包括：① 禁止安排女职工从事不利于身体健康的工作；② 执行女职工生理机能变化过程中的特殊保护；③ 女职工的特殊保护措施；④ 执行未成年工的特殊保护制度。

（二）劳动安全卫生保护预算管理

劳动安全卫生保护预算管理一般包括五个步骤：① 劳动安全卫生保护费用分类；② 劳动安全卫生预算编制；③ 建立职业安全卫生防护用品管理台账；④ 组织工伤伤残

评定；⑤ 给予工伤保险待遇，包括医疗待遇、工伤津贴、福利待遇等。

其中，组织工伤评定应注意以下几个方面。

（1）工伤事故有三种：① 按照休息时间长度分为轻伤（1 ~ 104 天）、重伤（105 天以上）和死亡三种；② 按照事故类别，分 20 类：如物体打击、车辆伤害、机械伤害、电击等；③ 按照工伤因素划分为受伤部位、起因物、致残物、伤害方式、不安全行为。

（2）职业病分类，分为中毒、尘肺、职业性传染病、职业性皮肤病等。

（3）组织伤残评定，一共分为十级，其中，1 ~ 4 级为全部丧失劳动能力，5 ~ 6 级为大部分丧失劳动能力，7 ~ 10 级为部分丧失劳动能力。

雅斯特携手钉钉建立员工健康在线管理

自新冠疫情暴发以来，雅斯特酒店集团紧急应对，疫情小组全面开展防疫工作，尽全力关注和保障所有同事的健康状况，支持和配合全国疫情的防控工作，在 2020 年 1 月 30 日，集团数字技术部已携手阿里巴巴钉钉，完成集团公司“钉钉健康管理”平台的搭建。自 1 月 31 日开始，雅斯特酒店集团万名员工抱着对自己健康负责的态度严格执行“钉钉健康管理”平台的要求，认真如实开启“每日健康打卡”。雅斯特酒店集团作为携手钉钉迈入数字化时代的先锋军，本着对公司全体员工安全负责、对社会负责的态度，实时统计员工出行信息，及时高效地防控疫情，呵护员工安全健康。

（资料来源：http://baby.ifeng.com./c/7tgLdMiEMvc.）

二、社会保险管理

社会保险是防范和抵御风险、保障劳动者基本生活、维持社会稳定的基本手段，企业应该按照法律法规的要求，切实做好企业社会保险的管理工作。

（一）社会保险概述

社会保险是指国家通过立法强制建立社会保险基金，对建立劳动关系的劳动者在退休、丧失劳动能力或失业时给予必要的物质帮助的制度。它是社会保障制度中的核心内容，具有五个特点：① 法定性；② 保障性；③ 互济性；④ 福利性；⑤ 普遍性。

社会保险的主要内容包括以下五种。

1. 养老保险

养老保险是指劳动者在达到法定退休年龄或因年老、疾病丧失劳动能力时，按国家规定退出工作岗位并享受社会给予的一定物质帮助的一种社会保险制度。养老保险待遇包括离休费、退休费、退职生活费以及物价补贴和生活补贴等，其由三个部分组成：基本养老保险；企业补充养老保险；个人储蓄性养老保险。其中基本养老保险采用社会统筹与个人账户相结合的模式：单位缴纳 20%，个人缴纳 8%。

2. 生育保险

生育保险是指国家和社会对女职工由于妊娠、分娩而暂时丧失劳动能力时给予物质帮助的一种社会保险制度。生育保险待遇包括产假、产假工资、生育补助金和医疗服务等。

1988 年 7 月由国务院颁布的《女职工劳动保护规定》主要明确了“不得在女职工怀孕期、产期、哺乳期降低其基本工资，或者解除劳动合同”，并将产假由 65 天延长到了 90 天，产假期间的工资以及医疗费用由职工所在单位负担。1994 年 12 月 14 日由劳动部颁布的《企业职工生育保险试行办法》将生育保险的管理模式由用人单位管理逐步转变实行社会统筹，由企业按照其工资总额的一定比例向社会保险经办机构缴纳生育保险费，建立生育保险基金，职工个人不缴纳生育保险费。女职工生育期间的检查费、接生费、手术费、住院费和药品费由生育保险基金支付，超出规定的医疗服务费和药费由职工个人负担。

3. 工伤保险

工伤保险是指劳动者因工作受伤致残，暂时或永久丧失劳动能力时，从国家和社会获得必要的物质帮助的一种社会保险制度。工伤保险待遇包括工伤待遇、医疗期间的生活待遇、因工伤残、康复待遇和死亡待遇等。工伤保险制度应遵循三个重要原则：无过失补偿原则；风险分担、互助互济原则；个人不缴费原则。

4. 医疗保险

医疗保险是指劳动者因疾病、伤残或生育等原因需要治疗时，由国家和社会提供必要的医疗服务和物质帮助的一种社会保险制度。基本医疗保险费由用人单位和职工共同缴纳：用人单位缴费为职工工资总额的 6%左右，其中的 30%划入个人账户，其余的进入基本医疗保险统筹基金；职工的缴费为本人工资收入的 2%，全部划入个人账户。

5. 失业保险

失业保险是指国家通过建立失业保险基金的办法，对因某种原因失去工作而暂时中断生活来源的劳动者提供一定的基本生活保障，并帮助其重新就业的一种社会保险制度。

失业保险所需的资金来源于四个部分：① 失业保险费，包括：用人单位缴纳本单位工资总额的 2%；劳动者缴纳个人工资的 1%；② 财政补贴，由政府负担；③ 基金利息，基金存入银行和购买国债带来的收益；④ 其他资金，主要指对不按期缴纳失业保险费的单位征收的滞纳金等。

由此可见，社会保险主要是通过筹集社会保险基金，并在一定范围内对社会保险基金实行统筹调剂至劳动者遭遇劳动风险时给予必要的帮助。因此，社会保险主要具有三个功能：① 经济补偿功能；② 再分配功能；③ 维持社会稳定功能，促进就业，治国安民。

（二）企业社会保险管理

做好员工的社会保险管理，企业可以从以下三个方面着手。

1. 端正社会保险观念

社会保险观念是企业经营管理思想体系的重要组成部分（那东凯，1996）。企业的经营管理思想是企业一切生产经营活动的导向，它随着科学技术和生产力的发展以及国内外社会经济环境的发展变化而不断调整和革新，反映着企业生产力和生产关系两个方面的要求。社会保险具有法律性质，还具有社会契约性质，帮助劳动者抵御、分担、降低风险，构筑一个安全网，对生、老、病、死、伤残的劳动者及其家属给予基本的生活保障。对企业来说，实施社会保险是使用劳动力的基本前提，缴纳社会保险也是对员工劳动力再生的一种投资。社会保险体现在企业经营变革过程中的最大作用在于解决人的问题，解决劳动力的问题，它规定了劳动力的保证制度。

2. 严格执行社会保险的规定

社会保险基金来源于企业有关的支出，对于每项保险标准以及来源渠道，国家都有严格的规定，企业正确执行与否影响到企业成本的准确核算和国家税收的多寡。因此，企业应在认真研习相关法律的前提下，按照国家的有关规定严格执行，不能擅自提高或减少各种社会保险基金，并按规定渠道列支，不同险种的基金不得相互挤占和调剂，以保持企业核算的真实和准确。其实，企业为职工按时缴纳社会保险费，不只是一个“钱”字，而是为职工保有一份“老有所养、老有所医、老有所乐”的希望，让职工消除后顾之忧，具有安全感。这样人心才能稳定，职工才能为企业创造更大的财富，企业也才具有生存与发展的坚实基础。

3. 加强计算机网络和信息化建设

社会保险观念与企业整体工作有机融合，及时统计社会保险工作情况，掌握资金、数字反应变化，提供决策依据。因此，必须进行计算机网络和信息化建设。企业应当完善基础数据，做好数据采录、校对、复核。数据要采集早、录入准、建库全。对已建成的职工和离退休人员两大数据库，根据工作需要不断完善。尽快着手医疗、失业、工伤、生育保险方面的数据采集和录入，实现养老保险个人账户语音查询和医疗费用结算的计算机管理。

第五节　构建和谐劳动关系

本节主要探讨和谐劳动关系的本质与内涵，并着重从法律的视角论述企业和谐劳动关系的构建。

一、和谐劳动关系的本质与内涵

胡锦涛同志明确指出，民主法治、公平正义、诚信友爱、充满活力、安定有序、人与自然和谐相处是和谐社会主义的基本特征。和谐社会的基本内涵，应当是各种社会关系的和谐。劳动关系是社会经济活动中最基本、最重要的社会关系，劳动关系是人们在从事劳动过程中发生的社会关系，是社会关系的重要组成部分，劳动关系问题涉及每个人的切身利益。劳动关系的和谐关系到整个社会的和谐稳定。因此，劳动关系的状况成为社会是否和谐的晴雨表、风向标（刘辉，2008）。在社会主义市场经济形态下的劳动关系是一种社会主义新型的劳动关系，劳资双方体现的是一种相互需要、依赖、互利共赢的合作伙伴关系（庄音豪，2007）。

和谐劳动关系有宏观与微观之分。宏观上，社会和谐劳动关系是指社会系统中的各个部分处于相互协调的状态。微观上，企业和谐劳动关系是指企业系统中的各个部分处于相互协调的状态，这包含四个内涵：① 企业文化中的核心价值观念得到社会成员的广泛认同，具有很强的凝聚力；② 企业的管理控制体系能够充分、有效地发挥作用；③ 不同利益主体的合法、合理的需要能够得到最大程度的满足；④ 员工具有流动的权力和途径。构建企业和谐劳动关系的过程，本质上是以上述四个内涵不断得到完善和充实为目标，不断地协调和平衡人们在参加有酬的社会性劳动中各种利益要求的过程。

二、构建和谐劳动关系的途径和方法

构建企业和谐劳动关系可以从下面六个方面进行。

（一）完善和实施企业民主管理制度

企业民主管理，主要是通过工会代表和组织发动职工民主参与企业经济活动和管理活动，实施群众监督，促进企业决策民主、利益关系公平公正、职工团结和谐。

企业民主管理支撑和推动和谐劳动关系的发展，其对和谐劳动关系主要有协调、法制化、创效以及凝聚功能。

因此企业须完善其内部的民主管理制度以构建和谐的劳动关系，主要措施有：① 完善职工代表大会制度；② 积极推进信息公开；③ 建立健全与现代企业制度相适应的职工董事、监事制度；④ 建立企业职工民主评议制；⑤ 建立职代会举报和监督制；⑥ 建立职代会通报制；⑦ 建立企业经营者与职工民主协商对话机制；⑧ 建立职代会立案制与动议制（立案制的补充，对那些临时出现的事件、问题，或者虽早已出现但未按规定程序列入职代会议程而又确需迅速做出处理的重大问题，均可按动议制度提出动议，提请职代会讨论）。

随着企业改革的深入和各项现代企业制度的逐步建立，企业管理日益走向科学化、制度化和规范化，广泛地发动和组织职工群众参与企业的民主决策、民主管理和民主监督，是现代企业沿着健康轨道不断发展的有效途径。

（二）平等机会与多元化

平等历来是哲学和政治学的重要概念，也是当今时代的焦点问题。从人的发展维度看，平等可分为起点平等、结果平等与机会平等三个层次。周文华分析指出，起点平等不可能，结果平等不可取，唯有机会平等才是真正的平等。构建社会主义和谐社会必须努力创造发展机会平等的社会环境。

机会平等在企业劳动关系的构建上，主要体现在招聘、培训与开发、职业发展、绩效管理、薪酬管理等方面的实践上。招聘在信息公布，甄选程序以及评价标准上都要营造公平公正的环境，科学地选拔人才。培训与开发的设计应着力营造一个“机会面向全员”的环境。职业通道的设计应使得为公司发展做出不同类型的贡献都能获得职业生涯上的发展。绩效管理既要控制过程又要控制结果。薪酬设计应基于科学的工作评价和公正的绩效考核，根据不同的职位，权变地制定基于技能、素质、资历等的薪酬方案，引导员工不断地成长。

与机会平等相伴的是多元化，多元化是实现机会平等不可或缺的途径，机会平等为多元化铺平了道路。在和谐劳动关系的促进上，多元化主要体现在六个方面：① 就业机会的多元化；② 企业内部职业发展渠道的多元化；③ 劳动关系解除情形的多元化；④ 劳动者维权渠道的多元化；⑤ 民主管理方式的多元化；⑥ 劳资纠纷处理的多元化。企业应注意利用相关多元化匹配带来的优势，在激烈的竞争环境中构建竞争优势。

沃尔玛的平等观念

在平时的工作中沃尔玛力图让全体员工都养成平等相待的思维惯性。每一位沃尔玛员工的工牌上都不标注职务名称，哪怕是最高总裁也是如此。在山姆沃尔顿看来，虽然存在管理与被管理的分工，但员工相当于合伙人，地位上是平等的。所以，大家见面时直呼其名，管理层不摆官架子，在日常交流中就淡化了等级观念，把彼此视为事业的共同合伙人。此外，在沃尔玛总部办公楼的停车场没有给任何人设置固定车位，无论是董事长、经理、还是普通员工的车，都被平等对待。

（资料来源：http://www.hrsee.com/?from=groupmessage&id=1386.）

（三）制定劳动关系管理制度

企业劳动关系管理主要有三个内部法律依据：劳动合同、集体合同与企业内部劳动规则即企业规章制度。和谐劳动关系需要制度上的保证。劳动关系管理制度是内部的法律依据，是以“法”的形式构建企业和谐的劳动关系。在《劳动合同法》实施的新形势下，企业唯有建立合法有效的劳动关系管理制度，才能在激烈的竞争中立于不败之地。而要规范地制定劳动关系管理制度，其程序为：① 职工参与。劳动者通过职工大会、职工代表大会或其他形式，参与民主管理。② 正式公布。以合法有效的形式公布，通常为以企业法人或其代表人签字和加盖公章的正式文件的形式公布。

（四）以《劳动合同法》为契机

2008 年 1 月 1 日实施的《劳动合同法》是《劳动法》的一个扩展，更新了一部分条款。《劳动合同法》是人力资源管理的一个拐点，更是劳动关系管理的拐点。《劳动合同法》能够很好地加速人力资源管理法制化的进程，推进企业劳动关系的和谐化。尽管《劳动合同法》在立法上倾向于保护劳动者（特别是低端劳动者），加重了企业的违法成本，但同时也很好地维护了企业的合法权益，有利于营造企业公平竞争的环境。《劳动合同法》正是基于劳动合同短期化、部分企业违法用工等问题颁布的。企业唯有以《劳动合同法》为契机，转变过往的管理理念，修炼好内功，抓好内部管理，形成和谐的劳动关系，才能在法制化社会中永续生存。

（五）理清劳动关系主体各方的角色和定位、权力和职责

构建和谐劳动关系，需要利益相关者（用人单位、职工、工会组织以及政府相关部

门）的共同努力。劳动关系主体各方的角色和定位、权利和职责，可以从“三方机制”的视角来界定。三方机制在调解社会矛盾、解决劳资冲突方面发挥着重要的作用，已经成为各国协调劳资关系、处理劳资纠纷的共同准则。三方机制有五个典型特征：① 主体独立；② 权利平等；③ 民主协商；④ 充分合作；⑤ 定期协商。

三方机制，实际上是一种平等对话的机制。三方（政府、企业、工会）不能互相替代，各有侧重和相互独立，切实代表基层组织和会员的利益，其角色与定位如下。

1. 政府代表

《工会法》明确规定政府劳动行政部门是政府的代表。政府代表要时刻牢记“权为民所用、情为民所系、利为民所谋”的思想，依法行政，通过提出立法建议和出台行政规章，促进和扩大劳动就业，制定劳动标准，调节社会收入分配关系，完善社会保障体系，保障职工群众的劳动安全卫生，加大对低端弱势群体的扶持力度，进一步完善三方协商机制，完善劳动争议的诉求渠道，逐步改善劳动者的就业环境，促进劳动关系的和谐稳定。

2. 企业组织代表

企业组织代表包括企业联合会（企业家协会）、民间的商会、个体经营者协会、青年企业家协会、女企业家协会等。企业及其组织要依法建立劳动关系，严格按照《劳动法》《劳动合同法》等相关法律法规的规定，建立和完善企业管理制度，使法律规定的劳动者享有平等就业和选择职业的权利、取得劳动报酬的权利、休息休假的权利、获得劳动安全卫生保护的权利、接受职业技能培训的权利、参与企业民主管理和就自身合法权益与用人单位平等协商的权利、提请劳动争议处理的权利以及法律规定的其他权利得以实现。此外，构建和谐的劳动关系，企业还应做好营造一个相互尊重、加强沟通、环境优美的环境。企业也应该将保障员工就业和构建和谐劳动关系作为企业的社会责任（丁一桓，2008）。

3. 职工代表

各级工会应做到：① 充分认识新形势下协调劳动关系，维护职工合法权益的重要性和紧迫性，认真把握维护职工合法权益工作的指导思想、主要原则和基本任务，坚持和完善维护职工合法权益的制度与机制，建立健全工会宏观参与机制、基层劳动关系协调机制、职工民主管理机制、工会劳动法律监督机制、工会劳动争议预警机制、帮扶机制；② 通过基层工会吸纳职工入会，扩大工会覆盖面；③ 帮助指导职工签订劳动合同，代表职工与用人单位签订集体合同，落实职代会审议企业重大决策；④ 参与劳动争议调解和仲裁等渠道和方法，以改制企业和非公企业中的下岗失业人员、农民工和困难职工等弱势群体为重点，切实维护他们的劳动就业、收入分配、社会保障、劳动安全卫生等劳动经济权益和民主权利、精神文化权利及社会权利。

另外，在构建和谐劳动关系中，职工应做好三点：① 用工作表现获得权益。要遵守劳动纪律和职业道德，努力完成生产任务，用自己出色的工作表现实现人生价值和获得合法权益。② 依法维权。当合法权益受到侵犯时，要通过正当途径据理力争，必要时拿起法律武器通过诉讼方式解决。③ 依法组建工会。通过工会组织诉求自己的合法权益，变个人维权为集体维权，降低维权成本，增加胜诉概率。

广州阿里巴巴项目工会职工幸福空间

广州阿里巴巴项目工会以“快乐工作，认真生活”为宗旨。

首先，对于一线施工环境比较艰辛的情况，阿里巴巴项目工会在开工之初就为兄弟姐妹们发放了整齐的工装、防护服、安全帽、劳保鞋、劳保手套等齐全的劳保设备，在工作和生活上给予一线职工多方面的关心和帮助。

其次，阿里巴巴项目食堂以员工需求为主导，合理搭配菜品，丰富就餐形式，配置消毒柜、消毒灯、冰柜、空调、自动饮料机等设施，菜品荤素搭配，每餐六菜一汤，丰富员工的就餐选择，项目每两月做菜品问卷调查，调整菜品口味结构，切实保障员工“乐其所食”。

最后，工会项目还组建了藏书近千册的图书室，所有图书均由员工挑选，工会出资采购，通过举办多种类型的书香活动，努力打造“专时、专题、专家”的系列培训目标，致力于提升职工文化底蕴和专业技能。

（资料来源：https://www.sohu.com/a/281691612_665429.）

（六）关注弱势群体，完善其他法律保护制度

“倾斜保护原则”是《劳动法》中的一项重要原则，在劳动雇佣关系下原本平等的两个主体产生了新的关系，即“强势主体”用人单位和“弱势群体”劳动者，面对新型关系出现，法律需要通过相关规范来平衡两者关系，这也是“倾斜保护原则”的法律依据。“倾斜保护原则”主要内涵就是倾斜立法和保护劳动者，该原则决定了我国《劳动法》的基本立场，是维持劳动者和用人单位之间平衡关系的重要原则。在保护劳动者方面，“倾斜保护原则”倾向保护劳动者弱势群体，通过明确的立法来提升劳动者在劳动关系中的地位；在倾斜立法方面，《劳动法》利用法律手段对劳动者权益进行相应保护，通过明确的法律条文来调整劳动者和用人单位之间的关系，虽然《劳动法》对劳动者权益保护具有一定倾向，但也坚决贯彻公平、公正原则。

本章小结

1. 劳动关系管理是人力资源管理不可或缺的一部分，从法律视角看，其主要内容包括劳动合同与集体合同管理、劳动争议管理、职工卫生安全与社会保险管理等。

2. 劳动合同管理主要涉及劳动合同的订立、变更、解除、终止等。劳动合同的订立原则：① 合法原则；② 公平与平等自愿原则；③ 协商一致原则；④ 诚实信用原则。

3. 劳动人事合同本质上是一种合同契约，包括劳动合同与集体合同两种。两者在主体、内容、合同作用与合同效力等四个方面有所区别。

4. 劳动争议的预防措施主要有五种：① 健全劳动立法，加强劳动监督检查，做好法律宣传工作；② 进行企业运行的环境分析；③ 强化企业信息沟通；④ 强化劳动合同或

集体合同的监督和管理；⑤ 强化和完善企业的民主管理体制。

5. 我国处理劳动争议的机构是劳动争议调解委员会、仲裁委员会和人民法院，处理的程序包括协商、调解、仲裁和诉讼。

6. 社会保险是指国家通过立法强制建立社会保险基金，对建立劳动关系的劳动者在退休、丧失劳动能力或失业时给予必要的物质帮助的制度。它具有五个特点：① 法定性；② 保障性；③ 互济性；④ 福利性；⑤ 普遍性。内容包括养老保险、生育保险、工伤保险、医疗保险、失业保险。

7. 构建和谐劳动关系的途径和方法：① 完善和实施企业民主管理制度；② 平等机会与多元化；③ 制定劳动关系管理制度；④ 以《劳动合同法》为契机；⑤ 理清劳动关系主体各方的角色和定位、权力和职责市场经济发展的必然要求；⑥ 关注弱势群体，完善其他法律保护制度。

网站推荐

1. 中华人民共和国人力资源和社会保障部：www.mohrss.gov.cn
2. 中国仲裁网：www.china-arbitration.com.

影视推荐

《购物车》

影片讲述了在大型超市工作的非正式员工们因公司无故解约而在一天之内失去工作，为争取工作的权利，他们同公司管理层进行了不屈不挠的斗争，警方、黑社会轮番出动为资本家保驾护航，女工们付出了沉重代价，但她们不退缩。在警方和黑社会的联合绞杀下，在棍棒、水枪的摧残下，女工们用购物车作武器，勇敢地坚持抗争。

推荐理由：在受到非法解雇的状况下，坚持维护自己的权益。该片能够很好地警示企业如何做到构建公司与员工之间的和谐劳动关系。

读书推荐

《在职管理日记》

该书是作者以一名普通 HR 工作人员的口吻，用工作日记的形式通俗地解读了《劳动合同法》等相关劳动用工规章制度的内涵，以及如何规范操作，以避免劳资纠纷，构建和谐劳动关系。

推荐理由：《在职管理日记》是 2009 年北京师范大学出版社出版的图书，作者是魏浩征、李伟。作者悉心独到且睿智的思考及精心设计的商业管理场景，可以让广大人力资源从业者、企业从不同侧面得到有益思考和启迪。

思考题练习题 10-1：选择题

1. 以下不属于劳动合同订立的原则的是（　　）。

   A. 合法原则　　B. 自由自主原则

   C. 公平与平等自愿原则　　D. 诚实信用原则

2. 下面不是社会保险的特征的是（　　）。

   A. 互济性　　B. 法定性

   C. 保护性　　D. 福利性

3. 以下不属于“五险一金”中的五险的是（　　）。

   A. 生育保险　　B. 商业保险

   C. 养老保险　　D. 医疗保险

思考题练习题 10-2：简答题

1. 简述劳动关系管理在人力资源管理中的角色与意义。
2. 简述劳动合同与集体合同的异同及其管理。
3. 如何进行企业劳动争议管理？劳动者基本保障管理的主要内容是什么？

模拟实训：本田零部件制造公司的劳动争议处理

本田汽车零部件制造有限公司是 Honda 的独资公司，为 Honda 在华企业提供汽车变速箱及发动机零件。2010 年 5 月 27 日，该公司位于中国广东省佛山市的零部件工厂因中国工人要求加薪而停工。由于零部件供应中断，广东、东本 4 家在华整车组装厂被迫停产。为平息事态，本田方面已在劳资谈判中“积极展开对话”。在这次争议中，地方政府已经介入调停，劳资双方正积极协商问题解决办法。

角色扮演要求：

（1）将学生按申诉方、被诉方、仲裁庭组成人员分组。

（2）要求各小组成员按仲裁要求准备相关的仲裁文书。

（3）组织学生按照仲裁程序模拟开庭仲裁。

（4）制作仲裁裁决书并送达。

案例分析

人人车“暴力”裁员

据报道，2019 年 2 月 17 日下午，人人车多地分公司员工收到被要求办理离职的通知。18 日起，所有裁员涉及员工，账号停止运行任何业务。据人人车原工作人员爆料，公司还要求所有员工在 2 月 17 日当天，签署日期为 1 月 31 日的离职书，将劳动合同终止在 1

月份。同时，1 月、2 月的工资和提成均不发放。据经济观察网调查，包括北京在内，人人车在上海、深圳、成都以及西安等城市均进行裁员，涉及一线员工约 500 人。引发此次“暴力裁员”的根源，是人人车发布的新战略升级。2 月 18 日，人人车宣布成立 8000 万元扶持合伙人基金，开启平台化运营，将交易流程中原先自营的销售及评估环节开放。人人车相关负责人接受采访时表示，此次开放的评估与销售两个环节，属于直接与客户对接、服务客户的环节，也是二手车交易中的管理“黑洞”，平台运营者难以把控。因此，前期将从内部员工以加盟的方式转化为合伙人，随后还将引入社会合伙人。而对于被裁掉的员工来说，这代表着他们要么成为人人车的合伙人，要么签署一份自动离职的合同。据了解，如果选择成为合伙人，则要缴纳高昂的加盟费用，自己成为中间人，将车转卖给客户；如果不成为合伙人，则只能无补偿离职。

（《汽车观察》，2019）

讨论题：

1. 如何评价人人车的裁员举措？试分析此次裁员风波对人人车的战略转型有何影响？

2. 结合本案例，你认为企业在裁员的过程中应该注意哪些方面？如何进行有效的裁员管理？

参考文献

[1] 程延园．劳动关系[M]．北京：中国人民大学出版社，2002：30-42.

[2] 夏顺忠，杨贵珍．西方发达国家劳资关系变化的新动向[J]．社会主义研究，2003（1）：102-104.

[3] 郑桥．产业关系政策是市场经济国家调节劳动关系的重要机制[J]．新视野，1995（5）：55-57.

[4] 刘苓玲，晋利珍．论我国企业劳动关系的历史变迁与趋势[J]．中国劳动关系学院学报，2006（6）：13-17.

[5] 丁一桓．构建和谐劳动关系是企业的社会责任[J]．辽宁经济管理干部学院学报，2008（3）：15-16.

[6] 2018 年度劳动人事争议仲裁典型案例（九）关联公司与劳动者轮流订立劳动合同经济补偿年限可连续计算[J]．四川劳动保障，2019，（9）：26.

[7] 董云虎．人权基本文献要览[G]．沈阳：辽宁人民出版社，1994：364.

[8] 《中国人力资源社会保障》编辑部．公司搬迁导致劳动合同无法履行应当依法解除[J]．中国人力资源社会保障，2019（11）：55.

[9] 刘辉．让和谐的劳动关系成为和谐社会的发展的基石[J]．中国乡镇企业．2008（6）：90-91.

[10] 那东凯．社会保险与企业管理观念的革新[J]．有色金属工业，1996（4）：24-26.

[11] 崔建远．合同法[M]．北京：法律出版社，2000：99．

[12] 伊万切维奇，赵曙明，程德俊．人力资源管理[M]．北京：机械工业出版社，2011：399-401．

[13] 庄音豪．把握新型劳动关系本质解读工会难题[J]．工会理论研究，2007（1）：17-18．

[14] 人人车“暴力”裁员[J]. 汽车观察，2019（2）：11.

[15] 吴礼强. 我国罢工行为法律规制研究：以常德沃尔玛事件为例[D]. 长沙：湖南师范大学，2018.

第十一章

企业文化建设与管理

世界上一切资源都可能枯竭，只有一种资源可以生生不息，那就是文化。

——华为总裁任正非

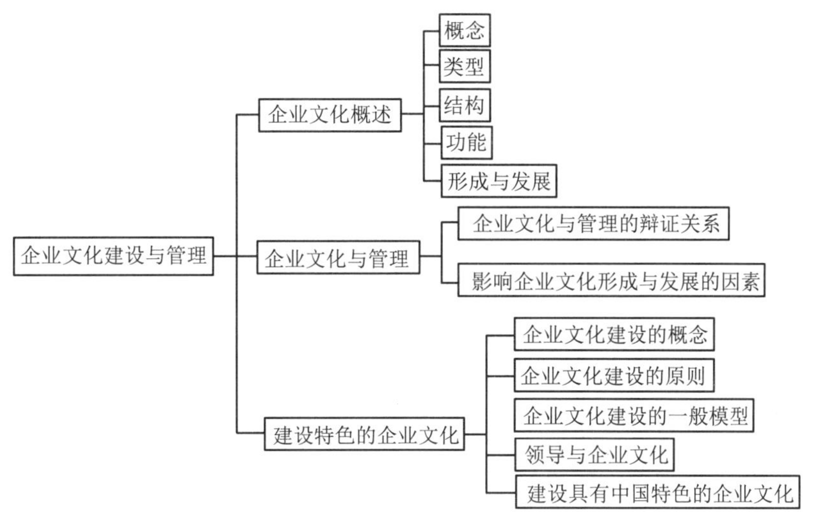

学习目标

- 了解企业文化的概念、类型及其结构；
- 掌握企业文化的功能；
- 了解企业文化的形成与发展；
- 掌握企业文化建设与管理的方法。

引例

华为的“狼性”文化

华为作为目前国内发展最迅速、前景最广阔的民营通讯科技公司之一，自其创立以来，一直凭借其独特的“狼性文化”在多领域领先于众多同类企业。截至 2019 年 7 月，华为公司的全球员工总数达到 19.4 万人。其中，华为的“狼性文化”主要具有以下两个方面的文化特征。

1. 嗅觉敏锐，未雨绸缪

2000年，华为创下了152亿元的销售额，在企业迎来第一个成长巅峰时，华为提到的不是成绩，而是危机。华为的领导团队格外注重忧患意识，即使发展前景十分乐观，华为仍对脚下的每一步保持极高的警惕性。这种对未来风险的预估与危机感如同狼群敏锐的嗅觉，使华为能够在尽量降低风险的同时，敏锐地发现、开拓市场。

2. 尊重个性，团队作战

华为并不推崇个人英雄主义，重点强调的是集体奋斗的工作模式。《华为基本法》中明确指出：公司倡导团队合作，每名员工都要学会调用公司资源来共同完成一项任务。华为将员工比作狼群，一只狼即使拥有再高的能力也无法单独作战，必须依靠群体的力量，正如同现代技术的复杂性必须依靠团队协作才能更快攻克。

（周小萌，2019）

华为所倡导的“狼性”文化之所以如此“凶猛”，是因为它能够实现企业组织文化的约束、导向、凝聚和激励功能。华为用“狼性”文化管理企业，既提升了企业的凝聚力，也提高了员工的工作效率。从物质层环境的建立、制度层的约束，再到精神层价值观念的熏陶，华为的企业文化毫无疑问是成功的。因此，我们可以认识到企业拥有自己独特的公司文化对企业的管理与发展非常重要。本章主要阐述企业文化的概念、类型、结构、功能以及形成与发展，最后着重介绍企业文化的建设与管理。

第一节　企业文化概述

正确认识企业文化，是企业文化建设与管理的首要问题。认识企业文化，关键是要弄清楚如下两个基本问题：什么是企业文化？企业文化有什么功能？

一、企业文化的概念

迈克尔·茨威尔（1999）指出，企业文化被定义为在组织的各个层次得到体现和传播，并被传递至下一代员工的组织运作方式，其中包括组织成员共同拥有的一整套信念、行为方式、价值观、目标、技术和实践。施恩（Schein，1984）指出，组织文化是一个给定的组织在其应对外部适应性和内部一体化问题的过程中，创造、发现和发展的，被证明是行之有效的，并用来教育新成员正确地认识、思考和感觉上述问题的基本假定。

科特和赫斯克特（Kotter，1992）指出，企业文化在21世纪前10年内很可能成为决定企业兴衰的关键因素。因此，在知识经济的宏观背景下，研究、建设和利用企业文化来提升企业的核心竞争力具有重大的意义。

二、企业文化的类型

约翰·P. 科特（John P. Kotter）认为，企业文化通常是指一个企业中各部门，至少是企业高层管理者所共同拥有的那些企业价值观念和经营实践。科特将企业文化分为以下三种类型（陈春花，2002）。

1. 强力型企业文化

几乎每个经理人都具有一系列基本一致的共同价值观念与经营方式。企业新成员们也会很快接受这些观念和方法。这些价值观念通过规划或职责规范公之于众，敦促公司所有经理人遵从这些规范。这种文化的组织层级结构与责权利划分清楚，是建立在控制和权利的基础上的。

2. 策略合理型企业文化

策略合理型企业文化主要是强调文化的适应性，适应性即适应企业环境和适应企业经营策略。此类企业文化下的工作环境开放、和谐，具有较大的灵活性。但经营方式上比较稳健、允许员工在紧急情况下采取应急措施。为适应环境，要求组织成员彼此高度的支持及信任，能够接受重大的变革。

3. 灵活适应型企业文化

此类企业文化能够使企业适应市场经营环境的变化，并在这一适应过程中领先于其他企业。组织环境相当开放，重视员工对创新的挑战性，组织中亦有高度的支持和信任，允许员工冒险及尝试错误，会追求企业较不熟悉的风险与接受重大的变革。

三、企业文化的结构

企业文化的结构是指组织文化各种内容和形式之间的层次关系。目前管理学界普遍认同的企业文化由以下四个部分构成。

（一）企业精神文化

企业精神文化是用以指导企业开展生产经营活动的各种行为规范、群体意识和价值观念，是以企业精神为核心的价值体系。企业精神文化是企业员工在长期的生产经营中逐步形成的，并经企业家有意识的概括、总结、提炼而得到确立的思想成果和精神力量。本来只有人才具有精神，企业精神概念是将企业人格化了的产物，是由企业的传统、经历、文化和企业领导人的管理哲学共同孕育的，集中体现了一个企业独特的、个性鲜明的经营思想和风格，反映了企业的信念和追求，是企业群体意识的集中体现。企业精神具有号召力、凝聚力和向心力，是企业的精神支柱，处于企业文化的核心层，对应于企业策划中的理念识别（Mind Identity，MI）系统。

例证 11-1

腾讯的“企鹅文化”

腾讯的成功很大程度上依赖于它独特的“企鹅文化”优势：一是“面向顾客”的企业价值观，把满足顾客的多层次需要视为企业的理想；二是“以人为本”的企业价值观，也就是把企业成功的希望和努力，放在企业内部的人力资本的增值上，尊重、关心、爱护每一位员工，充分满足他们的物质和精神需要，调动他们的积极性；三是“不断创新”的企业价值观，要真正成为创新型网络企业，就必须首先时刻以“不断创新”激励企业的每一位员工。

（王乐文，2014）

（二）企业制度层文化

企业制度文化是由企业的法律文化、组织形态和管理形态构成的外显文化，是企业文化的中坚和桥梁，它将物质文化同精神文化协同起来成为一个有效的整体。企业的法律形态体现了社会大文化对企业的制约和影响，反映了企业制度文化十大文化中的亚文化的本质；企业的组织形态和管理形态则体现了企业各自的经营及管理特色，反映了企业制度文化的个性，它包括经营制度和管理制度，对应于企业策划中的行为识别（Behavior Identity，BI）系统，处于企业文化中的第二层，即幔层。

（三）企业行为层文化

企业行为文化是指企业员工在生产经营、学习娱乐中产生的活动文化，包括在企业经营、教育宣传、人际关系活动、文娱体育活动中产生的文化现象，是企业经营作风、精神面貌、人际关系的动态体现，更是企业精神和价值观的折射，处于企业文化的第二层，但体现在精神层和物质层，对应于企业策划中的行为识别。

（四）企业物质文化

作为社会文化的亚文化，企业文化的显著特点是以物质为载体，通过物质表现出企业的核心文化，是一种由员工创造出的产品和各种物质设施构成的器物文化，处于企业文化之中的最上层，对应于企业策划中的视觉识别（Visual Identity，VI）系统。

四、企业文化的功能

企业文化的功能在于“以文化人”，主要表现在以下五个方面。

（一）企业文化的激励功能

企业文化的激励作用是指企业文化本身所具有的通过各组成要素来激发员工动机与潜在能力的作用，属于精神激励范畴。企业文化之所以能够对员工产生激励作用，其主要原因是：① 优良的企业文化能够为员工提供一个良好的组织环境。如果一个企业拥有良好的企业文化，那么它内部的人际环境就比较和谐。员工能够以良好的心态进行工作，各种纠纷比较少，工作绩效自然能提高。② 优良的企业文化能够满足员工的精神需求，调动员工的精神力量，使他们产生归属感、自尊感和成就感，从而充分发挥他们的巨大潜力，有效地激发出企业内部各部门和所有员工的积极性。

（二）企业文化的凝聚功能

企业文化是一种“软性”的协调力和黏合剂，形成巨大的向心力和凝聚力。企业文化以大量微妙的方式来沟通组织内部人们的思想，使组织成员在统一的思想和价值观指导下，产生对作为组织成员的“身份感”和“使命感”，产生对组织目标、道德规范、行为准则和经营观念的“认同感”。同时，在组织氛围的作用下，使组织成员通过自身的感受，产生对于本职工作的“自豪感”和对组织的“归属感”，使组织成员乐于参与组织的事务，发挥各自的潜能，为组织目标做出贡献。因此，出色的企业文化所营造的人文环境对员工的吸引力是其他吸引物无法比拟的，它打动的是员工的心。正所谓“留人先留心”，建立一支长期稳定的、有战斗力和凝聚力的团队，必须依靠企业文化战略来支撑。

例证 11-2   

海尔的凝聚力

优秀的企业文化犹如一把钥匙，起到开启领导者和职工心灵之窗的作用。它用共同的价值观使企业上下一心、同舟共济。

海尔集团总经理张瑞敏在企业管理过程中，坚持两手抓，既奖罚分明、立场明确，又关心群众，通过合理化建议、庆功会、公司运动会、郊游、为职工过生日、派小车接新娘等形式，增加“海尔人”的荣誉感，促进员工自尊、自强、自信。公司还组织健美队、服装模特表演队、舞蹈队、轻音乐队、摄影班、美术班等，从各方面丰富职工的文化生活，使职工精神焕发、生气勃勃，增加了企业的凝聚力。公司有一名青年女工，在身患绝症弥留之际，提出的唯一愿望就是让她的灵车从公司大门经过时停一停，让她能最后“看”一眼心爱的公司，这一切都体现了海尔企业的文化凝聚力。

（孙凤英，2004）

（三）企业文化的导向功能

企业文化作为员工的共同价值观念一旦形成，就会产生一种思维定式，必然对员工具有强烈的感召力，这种感召力将员工逐步引导到组织的目标上来。组织提倡什么，抑制什么，员工的注意力也就转向什么。这种功能往往在企业文化形成的初期就已经存在，并将长期地引导员工始终不渝地为实现组织的目标而努力。

当企业文化在整个组织内部成为一种强势文化以后，它对于员工的影响力也就增大了。企业文化通过一系列管理行为来体现，如企业战略目标的透明度、内部分配机制的公平性，均能反映一个企业所倡导的价值观，其员工的行为也就越发自然。例如，闻名世界的日本松下公司，在经营活动中比较注意企业文化的导向作用，使得员工自觉地将企业文化作为企业前进的方向，引导企业不断地向着特定方向发展。

（四）企业文化的规范功能

企业文化的规范功能主要体现在三个方面：① 企业文化能够规范、统一组织的外部形象；② 企业文化能够规范公司制度，让员工行为规范化；③ 可以让全体员工产生一致的精神信仰，将个人和组织的发展目标进行有效的结合。企业文化的规范功能是通过员工自身感受而产生的认同心理过程而实现的，它不同于外部的强制机制，企业文化通过员工的内省，产生一种自律意识，从而自觉遵守组织管理的各种规定，如厂规、厂纪。自律意识比强制机制有优势的地方在于员工是心甘情愿地接受无形的、非正式的和不成文的行为准则，自觉地接受企业文化的规范和约束，并按照价值观念的指导进行自我管理和控制。

例证 11-3

宜家家居的企业文化

宜家家居的企业文化具体体现在以下两个方面。

1. 门店布局和营销模式：人性化、简单、自给自足的企业文化

宜家家居门店宽松的购物环境折射出宜家的企业文化，即人性化、简单、方便、自给自足。逛宜家门店不同于浏览其他死板固化的家具卖场，宜家门店能够给人一种方便、赏心悦目、轻松愉快的购物体验。宜家卖场的整体布置与员工服务也尽力让购物的过程轻松而且自在。

2. 员工招聘与价值观培育：包容团结的企业文化

在工作中，宜家一方面重视员工个人的发展，另一方面鼓励员工在工作方式上努力构建相同的价值观。宜家不仅看重自己的家居产品，更看重许多充满创意和灵感的人，招聘员工时，宜家很重视员工的多样化。这种多样化表现在员工的肤色、性别、教育背景、语言、思维与表达方式等方面。因此，宜家通过员工招聘环节，努力打造多样和包容的工作环境，尊重员工个性，任人唯贤，在这里员工可以尽情做自己。

（成烨，2019）

（五）企业文化的协调功能

企业文化的协调功能是指企业文化可以强化组织成员之间的合作、信任和团结，培养亲近感、信任感和归属感，从而促进组织内部各个部门之间、个体与个体之间、个体与群体之间、群体与组织之间、员工与组织之间的有机配合。

例证 11-4

以“海尔员工画与话”实现互动

真正的文化应该是达成共识并且是知行合一的，要做到这一点，只靠单向度的宣贯，效果往往难尽如人意，这也是许多企业颇感头疼的事情。有些企业为了解员工对公司理念的理解程度，或者用考试的方法，或者让员工写心得体会，虽然也实现了互动，但效果不好。这些方法由于员工的厌烦、抵阻和应付，变得流于形式，尤其对于文化程度不高的员工更是勉为其难。

海尔的“员工画与话”是一个员工用漫画与相匹配的旁白以揭示自己想要表达的思想与理念的一种活动形式，例如，以创新为题的画与话就层出不穷：一位叫王利民的新员工用滑踏板来表现创新，他画了两个人滑踏板，一个人脚踏轮上写着“创新观念，顺利前行”；另外一个人的脚踏轮上写着“守旧，则不断摔跤”。冰箱产品本部的李昕写道：采购的资源是一个低成本的大萝卜，但经过SBU的创新，精心雕琢成一条“龙”，其价值就已经不能和当初的大萝卜相提并论了。在专业人员的加工下，变成三幅图构成的漫画，以表现“采购资源加上创新，就能给用户创造价值”的主题。特种冰箱本部的

苏增娟画了大海浪涛中的一群鱼，表示激烈市场竞争中的订单，以此来说明，在市场激烈的竞争中，唯有创新、迅速反应并马上行动，以秒为单位，才能立于不败之地。还有许多有内涵的漫画都值得海尔公司全体员工深思。

对于海尔来说，这不过是沧海一粟，海尔的每个理念都会有无数“画与话”来形象化、简洁化、大众化。这种图文并茂、简便易行、充分互动的文化建设方式是海尔创新文化的硕果，无疑也是值得借鉴的良好方式。

（李忠义，2012）

五、企业文化的形成与发展

企业文化是有生命的，其诞生是从企业成立之日开始的，其成长过程与企业的成长历程一样。任何类型的企业文化，其形成与发展都具有一定的规律。

（一）企业文化的形成

1. 形成企业文化的一般模式

企业文化形成的一般模式依照发展顺序表现为：企业高级管理人员—企业经营行为—企业经营成果—企业文化（郭文茜，2018），如图 11-1 所示，最初的企业文化源于创建者的经营理念，反过来，它又强烈地影响着甄选录用员工过程所使用的标准，正所谓“物以类聚，人以群分”。在位的最高管理层的行动设置一种总体氛围，使人们了解到哪些行为可以接受，哪些行为不可以接受。员工如何接受社会化取决于两点：一是在甄选过程中，新员工的价值观与组织价值观相互匹配的程度；二是最高管理层所偏爱的社会化方法。

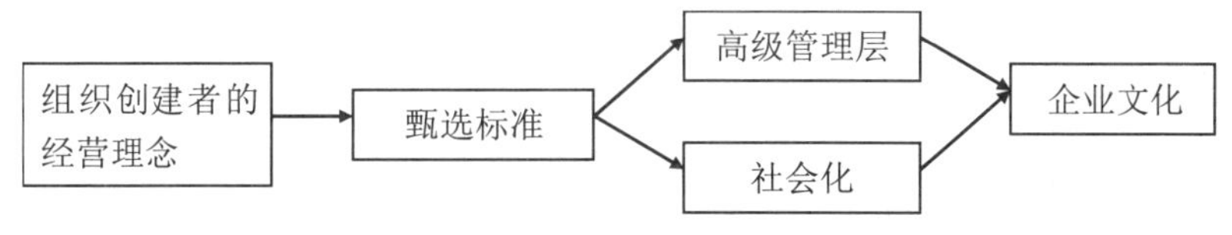

图 11-1 企业文化的形成

叶生等（2005）把以上过程细化为如图 11-2 所示的企业文化形成模型。

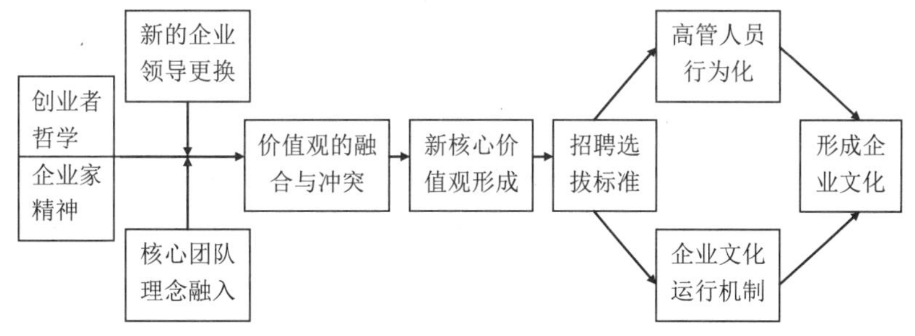

图 11-2 企业文化形成模型

2. 企业文化形成的机制

企业文化形成的机制主要从三个方面进行体现：第一，企业文化存在于少数人的示范的劝导。对于企业来讲，企业发展的状态不同、企业员工的思想、价值观念等方式也不相同，因此导致企业文化的形成不是全体员工开始就一起努力来完成的，它需要其中一部分的企业员工充分改变以往的观念和思维，以身作则、应用积极的工作状态和意志品质感染周边员工，最终大家一起努力开展企业文化建设工作。第二，企业文化充分反映出企业生存发展的状态和水平。企业文化是企业在激烈市场竞争中、在与企业员工的共同努力下渐渐形成的，经受了市场环境的考验，具有重要的思想内涵和文化境界。第三，企业文化在宣传、管理、实践中不断发展和完善。企业文化形成需要企业管理层和企业员工一起努力，开展良好的企业管理，提高管理的质量和水平、规范企业员工的行为，使得他们积极工作。企业文化离不开大量的企业宣传活动。通过这些活动，企业将自己的信念、价值、发展的目标明确。企业文化需要在实践中不断进行完善、发展，为企业进步发挥出重要作用（刘蔚萍，2017）。

（二）我国企业文化的发展历程

追溯历史，我国企业文化从萌芽至今，大致经历了四个时期，张传宝等人把我国企业文化的发展历程归纳为起始阶段、发展阶段、提高阶段以及创新阶段这四个阶段，并把企业细分为国有企业和民营企业分别对其进行观察，概括总结出每个阶段的发展特点（张传宝等，2017）。

1. 起始阶段

改革开放初期，国有企业在改革开放的旗帜下步入发展的快车道，在当时的时代背景下，国有企业面对遗留下的旧传统，认识到建设企业文化的重要性。企业领导层在原有规章制度的基础上，不断积累新的精神财富，大力发展、弘扬企业精神，初步建成企业文化。

2. 发展阶段

该时期，民营企业逐步壮大，对国有企业形成了不小的压力。国有企业面对新的挑战，开始重新评估企业文化发展状态，为企业文化注入创新元素，企业文化建设初步取得成效，员工逐渐认同企业文化。同时期的民营企业也开始形成企业文化，主要在于对公司利益和生产效率的坚持，将公司的发展精力重点投入在市场和产品上，且由于民营企业初步发展，组织中人员以亲戚朋友为主，企业文化具有较多传统小作坊作风，饱含小农意识，强调兄弟情谊。

3. 提高阶段

随着企业文化发展的进行，国有企业越来越重视企业文化。企业文化建设重心转向以人为本，强调服务精神，加强学习创新能力培养，将有利于企业发展的各项理念融入企业文化之中，打造了企业新形势下的新形象。民营企业在这个阶段开始逐步认识到企业文化的重要性，开始完善企业制度，在此基础上发展文化管理，逐步向市场接轨。一些企业管理者意识到企业形象对于企业的有利影响，着力树立良好形象，然而由于经验不足，且企业发展重心仍然在于业绩和生产上，企业文化建设流于形式，尚有一定提高空间。

4. 创新阶段

进入 21 世纪以来，我国国有企业文化建设已逐步成熟，开始对企业精神多加整合、提炼，构建了以企业价值为核心的文化体系，符合时代的特征，企业文化成功内化，并直接体现在各项制度上，突出企业性质，显示出各行业不同企业的特征。民营企业随着规模越来越大，品牌逐渐成熟，内部分工更为细致，同时由于外国公司进入中国市场的影响，市场竞争激烈，一些较为成熟的企业文化潜移默化地影响着民营企业管理者，使之开始对企业文化创新变革，与社会经济和生产力发展相适应，民营企业文化建设迈上了一个新的台阶。

第二节　企业文化与管理

随着社会生产力的发展，企业文化对于企业的发展产生的作用逐渐鲜明化。它不仅是提高企业竞争力的利器，也是企业管理发展的内在动力。本节主要阐述企业文化与管理的关系以及企业文化发展的影响因素。

一、企业文化与管理的辩证关系

（一）企业文化与管理相区别

企业文化与企业管理是相互区别的，具体体现在两者的性质、功能、所属范围四个方面的差异上（朱晋达，郭雯，2019）。

（1）在性质上，企业文化更多地强调员工之间内在的自我约束力，是不靠外力强加就可以获得的，通过文化渗透将思想传播与企业员工之间，进而将思想转变为行动力，促进企业经济效益的提高。企业管理是通过制度约束，强迫实施的，是依靠外力获取的，管理方式具有强制性，而员工则处于被动接受的状态。

（2）在功能上，企业文化主要起到凝魂聚气。强基固本的作用，对员工发展具有积极的、导向性。激励性作用。企业管理通过制度进行约束，对员工具有约束力，同时对企业的生产研发、企业运营起到作用，推动着企业从产品研发到销售整个流程的顺利展开。从功能上来说，企业管理的范围要大于企业文化。

（3）在所属范围上，企业文化是宏观的，一定程度上根植于企业每个员工的心中，对员工的身心发展起到作用。而企业管理是微观的，通过制度、计划、指令等对每个生产计划与工作岗位进行安排，促使企业生产经营的合理运行。

（二）企业文化与管理相联系

首先，企业文化与企业管理在作用对象上具有一致性， 两者都是为了企业的长效发展而对员工进行的规定。一方面，企业文化与企业管理随着员工在生产过程中的行为不断丰富，变得充盈；另一方面，企业文化与企业管理通过员工活动来实现。两者都是对“人”的约束，是客观统一的。

其次，企业文化与企业管理在内容上具有一致性，两者互为表里，相互发展，相互充实。企业文化是企业在发展过程中长期形成的思想观念，对员工起到十分重要的引领作用，而管理方面的空缺行为必定容易致使员工钻制度的空子，出现不按制度行事、偷工减料等现象。因此，只有将两者结合起来，才能实现企业的长效、增速发展。

二、影响企业文化形成与发展的因素

任何企业都有企业文化，所不同的是企业文化品质有优有劣，为什么会形成不同的企业文化？即企业文化的形成受哪些重要因素影响？侯森和高琦在 2015 年通过对不同企业文化形成过程的了解和研究，总结归纳出了影响企业文化形成的四大因素，即企业所处环境、企业愿景、企业最高领导者和企业典型人物与事件（侯森，高琦 2015）。

（一）企业所处环境

企业是一个开放系统，它依附于社会环境而存在，也随着社会环境的变化而变化。因此，企业文化的发展也依赖于影响企业文化形成的环境因素。企业文化环境由宏观环境和微观环境构成，其中影响企业文化的宏观环境主要包括政治制度、经济发展状况、科技发展水平、民族文化传统、自然地理条件等；影响企业文化的微观环境则主要包括企业所在地区的经济发展战略、地方法规、地方文化、乡土人情等。一个企业只有很好地把握了企业内部和外部环境的特性，才能提出有效的企业文化建设实施方案，从而推动企业文化的健康可持续发展。

（二）企业愿景

企业愿景是企业成长与发展所推崇的信念和执行的目标，是企业文化的核心或基石。对于任何一个企业而言，企业整体愿景的形成依赖于企业内部成员的个人愿景大致趋同。愿景会主导人的行为举措，因此，企业的愿景也会成为企业的日常经营与管理行为的内在依据。历年来企业的发展案例能够说明，企业愿景建设的成败决定着企业的生死存亡。因此，成功的企业都很注重企业愿景的建设，并要求员工自觉了解、推崇与传播本企业的愿景。

（三）企业最高领导者

企业最高管理者是企业文化建设的核心力量和领导者，他们既是自己所在企业的文化倡导者和设计者，也是其实践的组织者和推动者。比如，企业最高管理者的精神素质会影响到企业文化的状态与特征，表现出是开拓进取还是求稳怕事；企业最高管理者的能力素质会影响到他们的思维能力、组织能力和决策能力；企业最高管理者的知识素质会影响到企业文化的知识含量，进而影响到企业文化建设的质量。因此企业最高管理者的素质对企业文化的建设影响非常大，管理者注重不断提高自身素质尤为重要。

例证 11-5

任正非的领导力

任正非作为华为的最高领导者，他的领导力体现在以下几个方面。

1. 灵活应变，愿景驱动

任正非充满激情，努力将公司目标转化为公司愿景，将华为发展成国际领先企业。在实现公司愿景的过程中，他不断证明了自己的战略规划能力，根据公司面临的挑战适当调整愿景。这种领导能力源自他积极主动的态度。他总是关注未来，很少停留在过去。

2. 激发员工斗志

任正非能够激发他人斗志，这也是他一直被称道的人格特质。任正非特别爱讲故事，他经常通过一个个故事，慷慨激昂地向员工传递他的理念。他相信二十年后，世界通信市场三分天下，华为必有其一。多年来，任正非一直秉承这一信念并在各种场合向员工传递。

3. 指令式管理风格

在中国，领导体制往往具有自上而下、等级分明的特点，华为大致上也沿袭了这种风格。但与这种十分强调“控制”的管理风格相比，任正非的领导风格呈现出不同特点。任正非大小决策必须亲力亲为，这也许与他曾经在军队服役有关。他严肃，有着强大的意志力，时刻把握决策权，在华为发展之初，他的意志力体现在坚持把奋斗和生存当作公司首要战略。当时华为的口号是：“胜则举杯相庆，败则拼死相救。”

（资料来源：例证来源于网络并经编者加工整理。）

（四）企业典型人物与事件

企业的典型人物是企业为了宣传和贯彻自己的价值系统而为企业员工树立的可以直接仿效和学习的榜样。英雄人物是企业价值观的人格化体现，更是企业形象的象征。许多优秀的企业都十分重视树立能体现企业价值观的英雄模范人物，通过这些英雄人物向其他职工宣传提倡和鼓励的东西。现代社会心理学的研究证明，任何人都有一种在群体中出人头地的愿望。企业能够利用员工的这一心理，促进他们将强烈愿望转化为具体的行为过程，是企业创造文化的一个根本条件。

典型事件能够给人们的精神创造巨大的冲击力，因此典型事件揭示的背后的核心思想能够对人们产生深刻的影响。企业发生的对于修正员工价值观及企业文化发展理念的典型事件也能够给员工树立标杆，规范企业发展中公司全体人员的行为，使员工端正自己待人待事的态度，以人为本，以客户为中心，坚持服务第一，从而实现员工个人价值理念与企业文化价值观一致。

例证 11-6 

海尔砸冰箱事件

1985 年，青岛电冰箱总厂生产的瑞雪牌电冰箱（海尔的前身），在一次质量检查时，库存不多的电冰箱中有 76 台不合格，按照当时的销售行情，这些电冰箱稍加维修便可出售。但是，厂长张瑞敏当即决定，在全厂职工面前，将 76 台电冰箱全部砸毁。当时一台冰箱 800 多元钱，而职工每月平均工资只有 40 元，一台冰箱几乎等于一个工人两年的工资。当时职工们纷纷建议：便宜处理给工人。

张瑞敏对员工说：“如果便宜处理给你们，就等于告诉大家可以生产这种带缺陷的冰箱。今天是76台，明天就可能是760台、7 600台……因此，必须解决这个问题。”

于是，张瑞敏决定砸毁这76台冰箱，而且是由责任者自己砸毁。很多职工在砸毁冰箱时都流下了眼泪，平时浪费了多少产品，没有人去心痛，但亲手砸毁冰箱时，感受到这是一笔很大的损失，痛心疾首。通过这种非常的举措，改变了职工对质量标准的看法。

（资料来源：例证来源于网络并经编者加工整理。）

第三节　建设特色的企业文化

企业文化创造的是独特的、有别于其他企业的“小气候”，解决的是把员工统一到企业价值观和愿景目标上的问题。而企业文化建设是企业文化的核心问题，也是企业实现文化管理不可或缺的前提。每个企业都应结合自身的实际情况建设独有的、有特色的企业文化。本节将谈谈如何建设特色的企业文化。

一、企业文化建设的概念

企业文化建设是将隐含文化成文化、无形知识有形化、经验知识科学化的过程。具体来说，体现在以下三个方面。

第一，它可以将企业家的意志、直觉、创新精神和敏锐的思想转化为成文的宗旨和政策，使之能明确地、系统地传递到职业管理层，由职业管理层规范化运作，它是一个“权力智慧化”的过程。权力智慧化是指在第二次创业阶段，将企业家行为转化为职业经理人行为，通过规范运作避免企业家的个人情绪和知识局限可能酿成的企业悲剧。

第二，阐述企业处理管理过程中的基本矛盾和企业内外重大关系的原则和优先次序，建立调整企业内部关系和矛盾的心理契约，是一个“理念政策化”的过程。

第三，指导企业的组织建设、业务流程建设和管理的制度化建设，推动管理达到国际标准，并使企业管理体系具有可移植性，是一个企业“行为规范化”的过程。

企业文化研究的一般过程如图11-3所示。

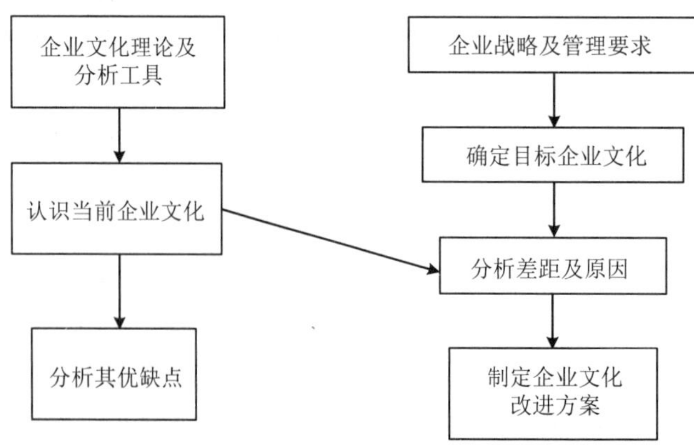

图11-3　企业文化研究过程

企业文化的自发形成与重新设计是不同的概念。企业文化通常是自发形成的。企业文化的设计一般是重新设计。重新设计（重塑）企业文化是对原有文化的变革。重新设计企业文化通常面临企业的变革，而只有与企业变革相结合，重新设计企业文化才变得必要和可能。

海尔以条幅标牌制造氛围

海尔公司非常重视企业文化氛围的营造，走近海尔总部大楼，人未到就能看见电子显示牌上“欢迎××参观指导”的标语，使人倍感亲切。进入大厅，显示屏上的海尔精神、海尔作风不停地闪烁。几条从12楼垂下的巨幅红布标语展示着海尔遵从、创新的价值理念。12楼的“文化走廊”里，人们可以在照片和诗歌中领略十八年的激情岁月。车间里“整理、整顿、清理、清扫、安全、素养”的显示牌频频地提醒，日清栏上一丝不苟的标识和各种标语无不营造出浓浓的文化氛围，甚至连厕所也贴上文化的“标签”。

（李忠义，2012）

二、企业文化建设的原则

企业文化建设应遵循以下五个原则（黄瑞吉，2008）。

（一）企业领袖推进原则

企业领袖是企业文化建设的首要主体。企业领袖应该做到四点：① 对企业文化建设认识深刻，态度鲜明，信念坚定，把建设优秀的企业文化作为对企业管理的最高境界，不懈追求；② 成为企业文化的创造者，在出思路、定纲领、提炼企业理念、升华企业精神、形成企业文化建设方案的过程中起主导作用；③ 成为企业文化的有力传播者，要运用自身特有的权威和力量，锲而不舍地使企业文化得到强力推行；④ 成为企业文化的实践者，率先垂范，身体力行，用自己的模范言行、工作作风和精神面貌实践企业文化理念，影响员工行为。

海尔企业管理者以身作则

管理者的思想文化素质、管理水平和行为对企业的影响是第一位的，因为企业的战略、管理、控制等都直接由他们设计、制定和实施，他们直接影响着企业的生存和发展、因此，企业对管理者的影响应更加重视，对管理者的要求也应更加严格。

企业的关键在领导，这一点，可以从海尔总裁张瑞敏在1995年海尔兼并青岛红星电器厂的表现中得到印证。当时，这个主要生产洗衣机的工厂已累计亏损了2.39亿元。兼并后第一个月亏损700万元，第二、第三个月减亏，第四个月盈亏平衡，第五个月赢利150万元。整个兼并过程中，海尔没有更换一台设备，没有增加一分钱投资，只是派去了

3个人，主要注入了企业的管理模式、文化和观念，就把它救活过来了。不是靠资金、政策，而是靠管理者所拥有的管理思想和观念，靠输入优秀的企业文化，就搞活了一个企业。这充分显示了海尔对管理者本身的重视。

海尔对管理者的严格要求还有一例，《海尔报》上曾经对一位分公司总经理进行了指名道姓的批评："微波制品有限公司2月份就夺得'现场管理黄牌'，没想到3月份居然再夺'黄牌'两连冠，人们不禁要问：作为公司总经理，'黄牌'要拿几连冠？！2月份该公司现场管理的重点整改问题是：不合格品标记不明，在3月份检查时依然故我……总经理，相信你的员工也会说：不要再蝉联这样的'冠军'了。"对任何部门或员工的失职，监督部门会及时对其进行批评纠正，决不姑息——不论你是普通职工还是公司经理。

海尔对任何人都严格要求，其一视同仁的做法，得到了企业员工的尊重和支持，从而形成了良好的工作风气。

（焉力，陈俊芳，1999）

（二）全员化原则

企业文化是群体文化，需要全体员工的认可、参与和实践，因此要做到：① 把员工赞成不赞成、拥护不拥护、认同不认同作为检验企业文化成熟度的标准；② 从员工的价值观中抽象出基本理论，经过加工、整理和提炼，上升为企业的价值理念；③ 充分发挥企业文化的主体作用，使全体员工成为企业文化的积极推行者和自觉实践者；④ 把培养人、提高人和发展人作为立足点，全面提高员工素质，从而增强企业竞争力。

（三）个性化原则

不同的企业，其生产经营活动的差异很大，因此在长期生产经营活动中形成的组织哲学、发展战略、价值观念、行为习惯等也带有鲜明的行业特色。在进行文化建设时，企业应认真分析本企业的所有制状况、所在行业特点以及组织特点，创立具有鲜明个性的企业文化。

例证 11-9

沃尔玛倡扬团队精神

在世界著名跨国企业沃尔玛有一种独特的氛围，这是一种团队精神，一种小镇美国人努力工作、友善待人的质朴精神。他们一方面辛苦工作，同时也能在工作之余自娱自乐。

1977年山姆赴日本、韩国参观旅行，他发现有家韩国网球工厂的工人每天早上都集合起来喊公司的口号并一起做早操。山姆对此印象深刻，很快创造出自己的"沃尔玛口号"——"给我一个W！给我一个A！给我一个L！给我一个M！给我一个A！给我一个R！给我一个T！拼起来是什么？沃尔玛（Wal-Mart）！谁是第一？顾客！"这就是后来著名的"沃尔玛式欢呼"。在沃尔玛的连锁店里，你会经常听到这一口号被店员们狂热地呼喊着。这不仅是沃尔玛店员进行自我鼓励的口号，也是店员表达自己为身为沃尔玛店员而感到自豪的方式。在每日早上7:30公司工作会议开始前，山姆会亲自带领参会的几百位高级主管、商店经理们一起欢呼口号并做阿肯色大学的啦啦队操。他说："我的感觉是，正因为我们的工作是如此辛苦，我们当然希望心情舒畅。我们有了这么振奋人心的口号，不仅让我们度过愉快的工作时间，还因为这些口号使工作做得更加出色。”

（单永贵，2003）

（四）创新性原则

创新性原则要求做到三点：① 进行观念创新，培养员工的创新意识；② 将文化创新融入企业制度；文化要真正发挥作用，需要一种理性的系统支撑；需要企业的战略、制度、政策、机制和权力五者的有机结合；③ 形成鼓励创新的文化氛围，抓住团队精神和创建学习型组织两个关键。

（五）系统性和长期性原则

企业文化建设是具有新的性质和功能的整体。企业文化的性质和功能的整体发挥，则取决于它的结构，不同的结构导致不同的企业文化性质和功能。企业文化建设是一项系统性、长期性的战略任务，企业在进行文化建设时，要坚持整体性、结构性和动态性的原则，树立长期作战的思想；把企业文化建设融入企业发展战略，进行战略管理、整体规划，在系统思考的前提下，制订分步实施计划，与生产经营管理同步实施、同步建设、同步发展，持续建设，常抓不懈。

三、企业文化建设的一般模型

企业文化建设的一般模型如图 11-4 所示。组织文化七个要素，即组织文化的七个主要特征，包括创新与冒险、注重细节、结果导向、人际导向、团队导向、进取心、稳定性，反映了组织文化的本质（罗宾斯，2005）。下面从精神、制度与行为、物质等三个层面简要介绍如何进行企业文化建设。

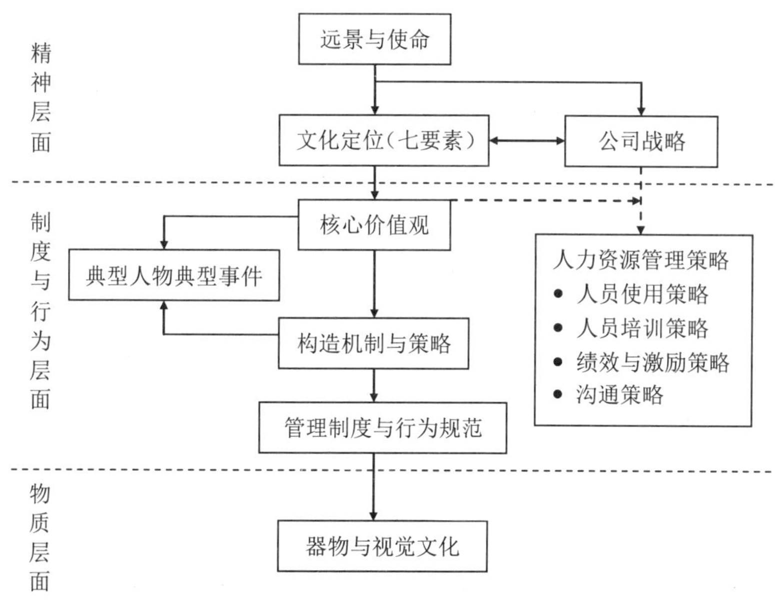

图 11-4　企业文化建设模型

（一）企业文化精神层面建设

远景与使命为企业的一切活动指明了方向，企业文化的建设也是如此。企业文化必须与战略匹配，因为良好的企业文化是实施企业战略的关键。战略与企业文化相互影响，企业文化是企业战略的实现方式。企业文化设计需要与战略匹配的因素主要包括企业生命周期、企业规模、企业治理结构、市场竞争特性、战略目标和战略实现途径。企业文化精神层面建设的核心是：构建以市场为导向的经营哲学，树立“以人为本”的价值观念，培育参与、协作和奉献的企业精神，建立符合实际需要的管理理念。

例证 11-10

美团网的价值观

美团网的价值观主要包括四点：第一，消费者第一，商家第二。随时随地维护美团形象，积极主动为商家解决问题，即使不是自己的责任，也不推诿，站在商家立场思考问题，最终达到商家满意。具有超前服务意识，防患于未然。第二，激情。喜欢自己的工作，认同美团文化热爱美团，不计较个人得失，碰到困难不退缩，敢打硬仗，狼性团队，善打硬仗。今天的最高表现，是明天的最低要求。言行一致，不受利益和压力的影响。第三，诚信。诚实正直，言出必践，言行一致，不受利益和压力的影响。通过正确的渠道和流程，准确表达自己的观点。表达批评意见的同时，能提出建设性意见，不传播未经证实的消息，不背后不负责任议论人和事，勇于承认错误，敢于承担责任。第四，敬业。上班只做和工作有关的事情，没有因工作失职造成的重复错误，今天的事情不推到明天，遵循必要的工作流程持续学习，自我完善，做事情充分体验以结果为导向，正确安排工作优先级，做正确的事持续改善，把事情做到极致。

（资料来源：美团官网披露信息）

（二）企业文化制度与行为层面建设

企业文化制度与行为层面设计为企业文化实施提供保障。企业制度与行为是企业精神层面的表现，主要包括企业组织机构，信息决策体系，人才使用标准，员工手册，习俗、庆典、英雄人物、文体活动和礼仪，相关制度文件设立原则。

例证 11-11

华为的“破格升级制度”

华为评价干部有两个原则：一是社会责任，二是个人成就感。这里所说的“社会责任”是狭义的，指认同组织的文化和价值观，并以此为基础实现组织目标。任正非认为，华为仅仅有认同组织文化并实现组织目标的领袖型干部还不够，还需要“英雄”。因为没有“英雄”，企业就会丧失活力、牵引力，在战略上逐步收敛，中高层干部将成为围绕企业文化团团转的保守主义者。公司要崇尚一种价值观，即容忍一部分英勇的人有缺陷。为避免文化的过度收敛，华为内部推行了破格提拔制度，以绩效结果为导向，弱化对优秀人才劳动态度的考核。2012 年，华为 EMT 会议在已有的干部任用和个人职级管理规则及程序的基础上形成了“破格升级制度”方案。

但华为不会让这些“英雄”未经过社会责任感的改造就进入公司高层，因为在任正非看来，这些“英雄”直接进入高层可能会导致公司内部矛盾和分裂。领导的责任就是要使部下成为“英雄”，而自己成为 “领袖”。对于这类个人成就欲强的人，领导不能打击他们，而是要肯定、支持、信任他们，将他们培养成英雄模范，帮助他们学会践行公司文化和价值观，以实现为公司和客户持续创造价值。

（朱泓璋，2019）

（三）企业文化物质层面建设

企业文化物质层面的建设，主要包括以下三个方面。

1. 产品和技术

即使是同类产品和技术，也能给人留下不同的印象，如美国、日本与中国的汽车在质量上有差异。产品和技术层面的企业文化建设应注意五个方面：① 与企业文化的协调和匹配；② 实现产品和技术的基本功能；③ 确保产品质量安全、可靠和持久；④ 追求创新；⑤ 力求产品外观、包装具有审美性（颜色、形状、结构、风格等方面的组合），使用便利、舒适，具有个性化。

2. 工作环境

必须注意与企业文化协调、互动。工作环境的建设主要包括两大类：① 厂容和厂貌，包括标志性建筑、建筑风格、布局、装饰、绿化、美化、环保、标语、警示；② 工作现场，包括布置、装饰、整洁度，工作便利程度、个性化、愉悦程度，体现人本思想。

3. 企业形象

企业识别系统（Corporate Identity System）由表层子系统、基层子系统和深层子系统组成，它们分别与视觉识别、行为识别和理念识别相对应。

表层子系统主要是由企业的外部视觉形象要素构成，包括企业的标志、标准字、标准色、名称、图案等视觉符号，以及企业的广告、口号、各种活动和员工的行为等能为外界感知的行为要素。基层子系统是由企业的各种制度、关系、结构、素质、竞争力、组织等要素构成。深层子系统包括企业理念、企业文化、企业价值观等精神要素。

（四）企业文化体系的落地

1. 企业文化落地的意义

以上三个层面构建了企业文化的体系。企业文化建设的最终目的是要有助于实现企业的“战略落地”，这也是企业文化体系的落地过程，即大力宣传确定下来的企业文化（尤其是价值观念），推广并转化为员工自发自觉行为的过程。在落地阶段，企业需要通过长期坚持不懈的努力，配合相应的激励机制、保障机制和约束机制，以推进实施既定的文化体系。

企业文化建设的逻辑是：实现“文化体系落地”涉及一系列的结构性整合。企业必须按战略目标实现及结构性整合的要求，演绎出一套“核心价值理念”；然后在基本价值理念的基础上推导出企业的“系统做事原则”。并使其与企业内部规章制度，尤其是与价值评价与分配制度实现对接，形成强有力的、以实现企业战略目标为导向的、体现企业核心理念的激励与约束机制，使企业文化演化为强有力的“管理行为”或“管理活动”；这些“管理行为”和“管理活动”有效地激励与约束员工调整各自的行为方式与做事习惯，使其自觉地依照实现战略目标的要求行事，以达到促进企业战略落地的目的。

2. 企业文化建设落地的实施策略

随着现代化的发展，人们越来越认识到企业文化建设在企业战略发展中发挥的重要作用，但是，目前企业的企业文化建设仍然处于矛盾阶段，出现普遍“虚火上升”的现象。对此，企业文化建设“四个同心圆”模型有力地助推了企业文化建设落地难的问题。“四个同心圆”模型主要分为核心项目组、领导小组、先导小组、企业员工这四大块（周永亮，2017）。

（1）核心项目组。核心项目组是企业文化建设项目的核心机构，负责整个企业文化建设规划的制定与推广，是企业文化的核心执行者和推动者。核心项目组一般由咨询公司与企业内相应文化部门共同组成。咨询公司企业文化项目组负责对整个企业的企业文化进行诊断，写出诊断报告，提炼出企业的企业精神、核心价值观、经营理念等企业精神层文化，撰写和制定企业文化手册、员工管理制度、员工行为规范、企业文化培训手册等文本，并制定整个企业文化建设的规划。

（2）领导小组。企业文化领导小组是企业文化建设的协调者和推动者。因为企业文化建设是一项系统工程，其主体部分包括战略文化、组织文化、制度文化、经营文化等，外在部分包括企业信誉、企业行为、企业环境、企业形象等，这些都需要企业领导人总体把握，亲自指导。企业文化的建设包括精神层、行为层和物质层的建设，涉及人力、财力、物力、信息和文化资源等五大资源，这些都需要企业领导人的协调与配合。企业文化领导小组主要是为了更好地使组织与顾问公司的项目部进行协调和沟通而成立的，参与项目的内容比较少。

（3）先导小组。企业文化先导小组是企业文化建设的播种者、示范者和推动者。企业文化先导小组由企业文化领导小组负责组建，成员组成包括：企业中、基层单位推荐、选出的员工；各个部门、车间或班组选出的 2 名成员等。员工身份要求包括：中层干部；职工意见代表；具有特色文化思想的员工，要求进步、表现积极的员工等。小组成员要按期参加文化项目专题活动和会议，接受文化培训和方法学习，并参加企业文化理念提炼活动，向项目组提供建议和批评；与项目组共同探讨一些文化建设的主题活动，积极参与并执行活动，完成宣传和收集信息的任务。

（4）企业员工。企业员工是企业的主体，是企业文化的源头和最主要承载者、是企业文化的最终建设者和受益者。在企业文化建设初期的提炼、诠释阶段，更多的是企业高层与中层人员的参与，当这一层面心理认同度比较趋于一致之后，接下来是论证和让员工讨论、接受的过程，项目核心组通过小型会议等方式让员工一起来讨论，收集大家的意见。经不断修正后最后得到员工代表的基本认同，再以规范的文本和丰富多样的活动、仪式向全体员工公布实施。企业文化使者作为企业员工的优秀代表、企业文化的先知先觉者，是传承文化的带头人、传播文化的宣讲人、员工企业文化疑问的答疑人。

例证 11-12

“积分制”推动文化建设

位于深圳的某电子公司2015年开始推行积分制管理，但该积分制管理与其他的绩效考核制度有所区别，积分制管理是全方位、综合性的一个考核制度，用积分量化考核员工，而与工资无关，是给予的额外奖励。

积分制的评分标准并非只是以员工在工作中的表现来定论，还包括其他的一些行为。比如，员工给老人买礼物、给家人打电话，公司会给予孝敬分；员工参与公司举办的活动，会给予特长分；员工宣传正能量、提建议等都有加分奖励。

该公司为了保证积分制管理的公平，公司除了董事长以外的任何员工都推行此项制度，并根据员工的职位划分不同的评分标准，把员工所有行为及对公司所做的贡献转化为积分，这样的评判方式会更加公正客观。

通过实行积分制管理，公司在管理上取得了很多的成效，好人好事越来越多，员工工作更加积极主动，在公司营造出了一种你追我赶、积极向上的氛围。员工的好习惯在积分管理中养成，企业文化也在积分制管理中得到新的提炼，社会风气在积分管理中更加和谐。

（资料节选自：HR案例网）

四、领导与企业文化

一方面，独特的文化对于一个企业的发展起到重要的辅助作用，而企业领导的工作任务就是领导整个企业向前发展，并且领导需要找到合适的解决方案，让自己的企业在现在的市场中具有更强的竞争力；另一方面，独特企业文化的建立需要领导的指引。因此领导与企业文化的发展是相辅相成的。

1. 领导与企业文化的关系

企业文化的建设与管理离不开领导。企业高层管理者的领导才能和艺术，使得公司经营业绩得到改善的同时，也能够促进公司新型企业文化的形成。领导与企业文化存在如图11-5所示的关系。

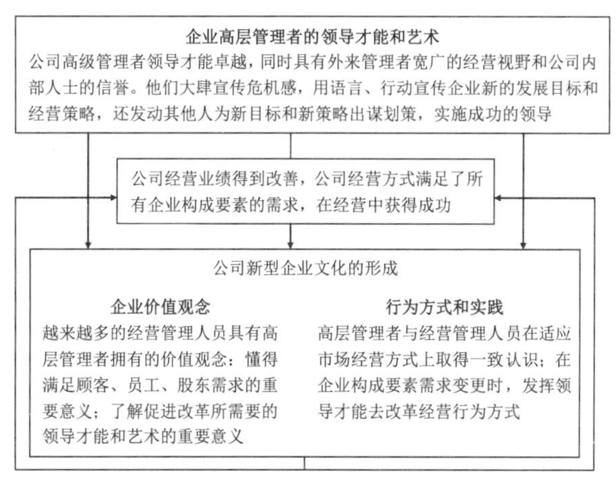

图11-5　领导与企业文化的关系

例证 11-13 

乔布斯的意义管理：驱动任何人做任何事

在乔布斯成功的背后隐藏着一种让人自愿改变与跟从的领导力。

1983 年，成立了 6 年的苹果公司迅猛发展，它经历了从一家拥有随意的经营风格的硅谷新公司，向拥有长期稳定顾客的大公司转变，需要一个经验丰富的商业人士来负责管理。

乔布斯花了好几个月的时间，请了百事可乐公司的总裁约翰·斯卡利来经营苹果公司。他大胆地向对方提出了挑战："你想卖一辈子糖水，还是改变世界？"最终斯卡利接受了乔布斯的邀请。

乔布斯对员工说过："我们正是以微小的方式努力让世界变得更加美好！""我们所有人走到一起来制作这个新产品，我觉得，这可能是我这一辈子所从事的最伟大的事业。"他还曾为员工举办过签名聚会，乔布斯将设计小组成员的签名分别刻在机箱内侧，并高声宣布："艺术家总是在自己的杰作上签名。"如果你是当事者，你感觉如何？苹果的一位员工这样评价乔布斯："他非常擅长触碰到别人的深层需求。"

乔布斯使苹果品牌成为一种宗教，他说："苹果教的伟大光芒会让信徒们开着车子跋山涉水前往同一个幸福的终点站。"世界首席品牌大师马丁·林斯特龙主持研究的一个项目表明：测试者看到 iPad 图像和看到宗教图像时，激活的大脑区域是完全一致的，对二者的感情投入也是一致的。

（刘永恒，2009）

2. 企业家精神

企业家精神不仅是企业家的思想或心理状态，也包括他们的知识和行为特征。为了能够不断地激励自己和员工们去顽强拼搏，在经营管理实践中，必然会形成各具特色的企业家精神。企业家精神作为一种共性具有以下几个特点（孔祥靖，2016）。

（1）热爱祖国的奉献精神。企业家不仅对振兴民族经济和促进企业发展负有重大责任，而且对社会全面进步和人的全面发展负有社会责任。不仅热爱企业，热爱人民，而且具有强烈的爱国情结并把它转化成为一种奉献精神，把自己的知识、智慧奉献给人民，奉献给祖国。奉献精神是社会主义精神文明的本质要求，也是企业家精神和企业文化的最高境界。

（2）求实精神。求实精神不仅要求企业家要有实干精神，一切从实际出发，脚踏实地、身体力行地去组织实施，使企业在众多行业中脱颖而出；而且要求企业家的每一项决策、规划、措施都力求符合国情和企业实际，依据变化的新情况、新问题不断修正目标。

（3）开拓创新精神。在一定意义上，企业家之所以成为企业家，在很大程度上取决于他们的开拓创新精神。开拓创新精神是在市场经济规律作用下形成的，强存弱亡是竞争的一般规律。为此，要在市场竞争中求得生存和发展，唯有采取"人无我有，人有我优”的开拓创新策略。

（4）冒险精神。冒险精神是企业家特有的一种精神素质，也是其不可缺少的组成部分。风险的存在性是现代市场经济的特点，企业领导者只有把风险视为压力并转化为冒险精神，充分利用风险机制，才能成为真正的企业家。

3. 领导者在企业文化建设中的作用

领导者在企业文化创建、建设和重塑方面的作用，主要体现在领导者在组织中的不可或缺性以及难以替代性，具体包括：① 成功的企业文化需要高层管理人员亲自领导，是一项不能授权给他人的任务；② 只有高层有带动下属产生重大文化变革的权力和组织影响力；③ 没有主要领导人公开、明确的赞成和支持，高的道德标准和行为就无法得到坚持和强化；④ 企业文化的变革是一个自上而下的过程；⑤ 领导者被要求能够扮演各种角色：教练、发言人、谈判者、激励者、仲裁人、协调人、拉拉队长、独裁者等。

4. 企业文化建设中应有的领导行为

在企业文化建设过程中，作为领导者，应该要树立一定的榜样模范，发挥榜样先锋作用，“让精英带动大众，让大众走向精英”。领导者应该善于发现人才、选拔人才、培养人才，能够在使用中发现人才，在使用中培养人才。在节约成本的同时加大对于人才培养的投资，让成本合理地转化为资本，为优秀员工的成长创造良好的环境和条件，从文化素质、岗位技能、管理水平、责任意识等多方面综合培养人才，为企业培育更多的储备干部，让这些优秀的人才发挥榜样示范作用，在自己的岗位上为企业创造更多的价值（王旭，2018）。

五、建设具有中国特色的企业文化

企业文化作为一种人文力量，作为现代企业管理的一种新思路，在企业中发挥着越来越重要的作用。中国企业要想在激烈的竞争中占有一席之地，求得更大发展，就必须要建设有中国特色的企业文化。建设有中国特色的企业文化应该注意以下几个方面。

1. 坚定中国文化自信

党的十九大报告指出：“没有高度的文化自信，没有文化的繁荣兴盛，就没有中华民族伟大复兴。”“文化自信是更基础更广泛更深厚的自信，文化自信是最根本的自信。”企业文化建设的根本目标就是要建立员工的文化自信，从而坚定道路自信、理论自信、制度自信，这里的文化不仅仅是指企业文化，更多地是指有中国特色的新时代社会主义文化。只有员工达到对文化的高度自信，才能真正实现企业文化建设内聚精神、外塑形象的目的，因此，建设具有中国特色的企业文化应当按照当今时代要求和社会发展需求，运用中国特色社会主义文化理论回答和解决现实问题，同时，要梳理企业发展史，总结企业发展经验及发展成就，汇集与企业发展相关的文史影像资料，建设企业历史展览室、荣誉墙，让员工真切感受企业发展的艰辛历程和取得的巨大成就，在对比企业的过去与现在，展望企业的未来与愿景中，增强员工对企业的文化自信，把个人目标与企业发展目标紧紧联系在一起，与企业共创未来（徐银林，2019）。

2. 坚持以人为本

领导干部的理念、行动具有很强的导向性，领导要率先垂范，将领先的理念及时转化为企业机制、规则，树立员工为管理的主要对象和企业最重要资源的理念，企业文化理念才能贯穿到企业管理的每一个环节和员工的职业行为当中。因此，各级领导要做企业文化的倡导者、设计者和实践者，以领导干部的人格力量增强企业的感召力和凝聚力，逐步形成以广大员工为主体，领导者牵引、执行者组织、实践者参与的“三位一体”互动体系，实现个人聪明才智与集体创造力的和谐统一、员工自身价值的升华和企业蓬勃发展的有机统一、企业资产保值增值和员工全面发展的有机统一（赵晓舟，2019）。

3. 结合传统文化精髓，传承“家文化”

从核心思想来看，传统文化中“家文化”的内核与现代企业管理理论有着一致的精神：“家文化”倡导仁义道德，而现代企业管理则重视企业的社会责任感和大众使命感，这与传统文化的“家国理念”有着相似之处，均是在小家（企业）的基础上兼顾大家（社会）的责任使命；“家文化”中倡导的和谐共赢，又与企业管理理论中开放、合作、共享的原则一致，强调良好内外关系的维持与和谐互助氛围的营造；传统“家文化”重视“以人为本”的理念，又相似于企业对员工的吸引、重视、照顾和培养，企业为全体员工谋福利，并以自身做平台，帮助员工实现人生的自我价值。传统文化与现代企业管理思想相辅相成、相互融合促进，是创立适合国情的优秀企业文化的必经之路（邓婉琪，2019）。

例证 11-14

方太的企业文化修炼之道：在传承中创新

作为国内顺利实现传承与转型的范本式民营企业之一，方太集团的创办历程可谓是业界佳话。茅忠群自 2008 年开始向方太导入中华优秀传统文化，经过十年探索与践行，以高度的文化自信导入中华优秀传统文化，初步形成了“中学明道、西学优术、中西合璧、以道御术”的方太文化体系，不但驱动方太健康高速发展，还以优秀成绩打造了中国企业管理的新标杆。

1996 年至 2002 年，方太一直以党建为特色，三品合一，诚信经营，以人为本，勇于创新的企业文化为消费者打造高品质的产品。2002 年，茅忠群再次梳理方太文化，确立了方太的使命和核心价值观，并在 2006 年提出了“让家的感觉更好”的使命和“成为一家受人尊敬的世界一流企业”的愿景；同时提出著名的“人品、企品、产品”三品合一的企业核心价值观。2008 年，方太集团正式导入中华优秀传统文化，将文化战略贯彻到了企业发展的各个层面，用十年时间让全集团员工吸收中华优秀传统文化，把仁爱之心贯穿于研发、制造、销售及售后服务的每一个环节，初步形成系统、独特的方太文化体系。在 2018 年的年度发布会上，茅忠群提出了方太新的使命——为了亿万家庭的幸福。这个新的使命一方面针对用户，即在十年内助力一千万家庭提升幸福感；另一方面针对企业家，即在十年内助力十万企业家迈向伟大企业。

（资料节选自：新华网）

本章小结

1. 企业文化是指组织成员共有的一套意义共享体系，它使企业独具特色，区别于其他企业，是企业的生活方式，是实现企业战略的特定方式。科特将企业文化分为强力型企业文化、策略合理型企业文化、灵活适应型企业文化三种类型。

2. 企业文化的结构是指组织文化各种内容和形式之间的层次关系，它由四个部分构成，即企业的精神层文化、企业的制度层文化、企业的行为层文化和企业的物质层文化。

3. 企业文化的功能主要表现在五个方面：激励、凝聚、导向、规范、协调。

4. 企业文化与企业管理是相互区别的，具体体现在两者的性质、功能、所属范围四个方面的差异上。企业文化与管理又是相辅相成的。

5. 企业文化建设是将隐含文化成文化、无形知识有形化、经验知识科学化的过程。企业文化建设应遵循企业领袖推进、全员化、个性化、创新性、系统性和长期性等五个原则。

6. 企业文化建设应该从企业文化的精神、制度与行为、物质等三个层面进行，同时，必须确保企业文化体系的落地。企业文化的建设与管理离不开领导。

7. 任何企业都有企业文化，所不同的是企业文化品质有优有劣，影响企业文化形成的四大因素，即企业所处环境、企业愿景、企业最高领导者和企业典型人物。

8. 建设有中国特色的企业文化应从三个方面入手：① 要以参与、协作、奉献提炼企业精神，加强企业道德建设；② 企业文化要与思想政治工作协调发展；③ 企业文化应具有鲜明个性。

网站推荐

企业文化网：www.7158.com.cn

影视推荐

《美国工厂》

《美国工厂》是由史蒂文·博格纳尔、朱莉娅·赖克特执导，曹德旺主演的纪录片。2008 年，金融危机，美国中西部铁锈地带的俄亥俄州代顿市，通用汽车的厂区，因世界汽车制造业兴旺发达。更加重要的是金融危机后，经济上受到了重创，通用汽车工厂倒闭，当地出现了 2 000 个失业家庭。2015 年，来自中国的企业家曹德旺在通用汽车工厂旧址上投资修建了福耀玻璃工厂，重新雇用当地的美国工人，开始生产汽车玻璃。美国社区民众对中国投资持积极乐观的态度，甚至非常感谢中国投资商。但是，在生产过程中，因中美双方在工业模式、企业管理、文化习惯等方面的差异，再就业的美国工人当中，有很多人逐渐开始由感恩到抱怨，嫌工资太低，加班，受了工伤，不被尊重，等等，部分工人按照既定的工作思维，坚持要组建工会。而中国的老板和管理者们却充满无奈，由于美国的工人生产效率太低，工厂一直处于亏损状态。不过，最终大家弥合了分歧，并在全球化过程中受益，自2018年开始，在美国的福耀玻璃工厂终于开始盈利。

推荐理由：该片将镜头对准了福耀玻璃在美国投资建立的首家旗舰级海外工厂，通过对大量厂内真实场景的真实记录，聚焦了企业文化、工人福利、劳资关系、国际分工体系等诸多具有深刻意义的社会议题。观众透过《美国工厂》这样的纪录片，看到中美两国的管理者与工人，是如何带着不同的文化背景，在生产实践中对话与交锋，在摩擦与磨合中探索出一条新的国际合作路径。

读书推荐

《下一个倒下的会不会是华为》

过去20多年中，华为从未一帆风顺，今后的20年，华为也将困难重重。是什么驱使着10多万知识分子在全世界攻城略地、开疆拓土？又是什么支撑着华为强大的思想力量和意志力？为什么发展得如火如荼的华为一直在思考着“生存与死亡”的问题？这正是本书期待揭开的谜题。

推荐理由：这本书是2012年11月30日在中信出版社出版的图书，作者是田涛、吴春波。华为的成功在于核心价值观的坚守与胜利，但核心价值观的维持，依靠的则是自我批判精神。本书揭示的华为的企业文化以及管理之道值得大家学习。

思考练习题11-1：选择题

1. 企业文化的结构不包括（　　）。

   A. 精神层　　B. 思想层

   C. 制度层　　D. 行为层

2. （　　）不是企业文化建设需要遵循的原则。

   A. 阶段性原则　　B. 创新性原则

   C. 全员化原则　　D. 系统性原则

3. （　　）不是企业文化功能。

   A. 激励功能　　B. 导向功能

   C. 规制功能　　D. 凝聚功能

思考练习题11-2：简答题

1. 简述企业文化的概念与功能。
2. 简述企业文化建设的基础理论。
3. 企业文化建设的原则有哪些？

案例分析

海尔基于提升竞争力的企业文化建设

1984 年，张瑞敏在青岛创办了海尔，从成立至今海尔努力坚持自我创新，以观念创新为基础，逐渐实现了理念创新、组织创新以及技术创新，打造了独具特色的海尔文化体系。海尔基于提升竞争力的企业文化建设主要体现在以下几个方面。

1. 营造良性文化氛围，培养员工群体行为

企业员工对于核心价值观是否认可决定了群体行为的一致与否，进而影响着企业的总体精神风貌和文明程度。海尔提倡的核心价值理念是“敬业报国，追求卓越”，报国不仅是企业的使命，更要让员工认可并转化为实际行动，所以要注重理念与实践的互动，让企业的经营者和员工积极参与制定管理制度，体现企业对员工的重视，员工的主人翁意识也油然而生，形成一种自主管理的良性氛围，最大限度地调动了员工的工作积极性和主动性。

2. 管理制度的创新

海尔企业在吸收中西方优秀企业文化的基础上形成自身的核心管理理念，最具代表性的就是著名的“斜坡球”理论。企业发展犹如斜面上的小球，不进则退，作为企业或员工只有不断提高自己的素质，克服阻力和懒惰，才能发展自我、实现自我。否则，只能滑落和淘汰。海尔提出“日事日毕、日清日高” 的管理口号，即每天的工作每天完成，每天工作要清理并要每天有所提高。在这句话的基础上开发出了一套 OEC 管理法，并使之成为海尔文化的一个组成部分。

3. 营销文化的创新

海尔在创意营销方面做得也很出色，比如海尔的经营理念是：没有淡季产品，只有淡季思想。1995 年，海尔用文化激活了红星电器厂这条休克鱼，针对夏季的上海市场，专门设计了“小小神童”即时洗衣机，填补了市场空白，一上市就深受好评。海尔的创新营销观念总结为：以市场为导向，以客户要求为目标，不断创新，强化服务，借此实现了企业从电冰箱向空调、洗衣机等多领域的发展，创造了许多商界经典案例，最终走向国际成为中国的骄傲。

（田珊，2017）

讨论题：

1. 海尔的企业文化建设有何特点？
2. 中国企业应如何借鉴海尔的企业文化？

参考文献

[1] 周小萌. 华为的“狼性”为何如此凶猛：浅谈华为公司企业文化[J]. 现代企业文

化，2019（22）：173.

[2] 茨威尔．创建基于能力的企业文化[M]．王申英，等，译．北京：华夏出版社，1999.

[3] SCHEIN E H. Coming to a new awareness of organizational culture[J]. Sloan management review, 1984: 3-16.

[4] KOTTER J P, HESKETT J L. Corporate culture and performance[M]. New York: Simon & Schuster, 1992.

[5] 陈春花．企业文化管理[M]．广州：华南理工大学出版社，2002（5）：47-47.

[6] 王乐文．腾讯的企鹅文化[J]．当代电力文化，2014（2）：1.

[7] 孙凤英．企业文化对提升企业竞争力的作用：青岛海尔集团企业文化发展的启示[J]．经济师，2004（6）：164.

[8] 成烨．宜家家居企业文化案例分析[J]．福建质量管理，2019（24）：2.

[9] 李忠义．海尔企业文化建设方略[J]．东方企业文化，2012（3）：3-4.

[10] 叶生，陈育辉，吴傲冰．重塑：企业文化培训手册[M]．北京：机械工业出版社，2005.

[11] 陈满泉．企业文化管理概论[M]．长沙：湖南大学出版社，1997：13-14.

[12] 朱晋达，郭雯．企业文化与企业管理关系的思考[J]．现代企业文化，2019（29）：9.

[13] 侯森，高琦．浅谈影响企业文化形成的因素[J]．决策与信息（中旬刊），2015（12）：210.

[14] 黄瑞吉．浅谈企业文化建设的原则[J]．现代企业教育，2008（18）：131-132.

[15] 焉力，陈俊芳．"海尔"企业文化的魅力[J]．上海企业，1999（3）：37.

[16] 单永贵．世界 500 强独特的企业文化[J]．中国搪瓷，2003（Z1）：15-16.

[17] 罗宾斯．组织行为学：第 10 版[M]．孙健敏，李原，译．北京：中国人民大学出版社，2005：573.

[18] 朱泓璋．虚的做实实的做虚：华为企业文化与制度建设的互补效应[J]．企业管理，2019（3）：74-76.

[19] 周永亮．企业文化建设的四个同心圆[J]．现代企业文化（上旬），2017（04）：56-57.

[20] 刘永恒．乔布斯的五大魔法[J]．企业管理，2009（10）：2-26.

[21] 王旭．浅析企业文化与领导者的关系[J]．中国市场，2018（36）：84+86.

[22] 田珊．基于提升核心竞争力的企业文化建设研究：以青岛海尔企业为例[J]．才智，2017（10）：274.

[23] 张传宝，张宁，李银飞．我国企业文化发展历程及建议[J]．现代企业文化，2017（27）：35.

[24] 刘蔚萍．企业文化形成机制与建设的思考[J]．现代企业文化，2017（14）：13.

[25] 郭文茜．企业文化形成的一般模式及与领导力的关系[J]．财讯，2018（16）：91.

[26] 徐银林. 以坚定的文化自信引领企业高质量发展[J]. 企业文明，2019（12）：47-49.
[27] 赵晓舟. 抓住新特点，融入一体化 探析新时代企业文化建设的方向与路径[J]. 现代商业银行，2019（21）：90-95.
[28] 邓婉琪. 企业管理中传统“家文化”的传承与创新[J]. 市场周刊，2019（07）：29-30.
[29] 孔祥靖. 企业文化必修课[M]. 北京：中国经济出版社，2016：114-115.

第十二章

信息化人力资源管理

信息产业革命是人类有史以来最大的一次革命，也是人类几百年才有的一次机会。

——克林顿（前美国总统）

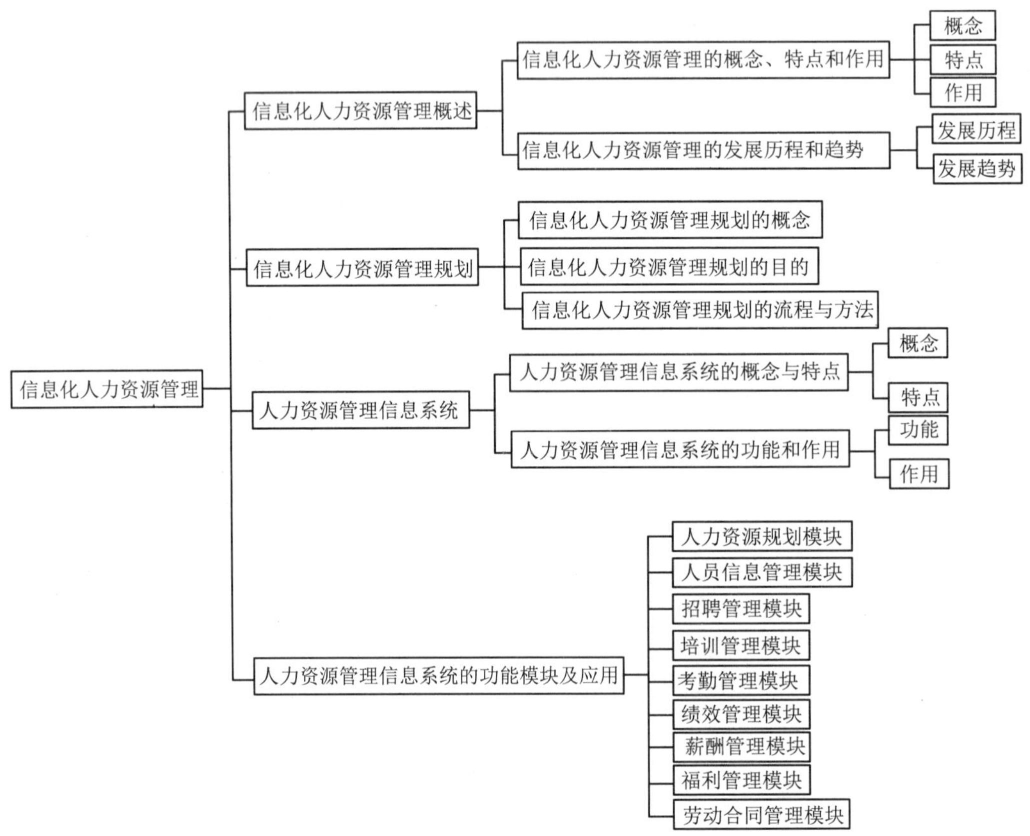

学习目标

- 了解信息化人力资源管理的概念、作用和特点；
- 了解信息化人力资源管理规划的概念、目的、流程和方法；
- 了解人力资源管理信息系统的概念、构成和特点；
- 理解人力资源管理信息系统功能模块及其作用。

引例

华侨城的人力资源信息化建设

2008 年，基于业务的不断扩张，华侨城集团开始考虑引入新的 HR 系统和外部咨询公司，提升企业人力资源建设、整体管控和人才的有效调配水平，以便最大限度地整合集团下属数十家企业的人力资源管理。

华侨城的人力资源管理体系呈现出集团多元化管理、业务单元专业化管理、各下属企业的业态差异较大以及管理成熟度差异也较大的特点。人力资源管控目标设定为强化管理综合效能，同时增强各级 HR 的服务意识，并确保各级企业能够在 HR 系统的帮助下协同工作。

华侨城将人力资源信息化的长期目标设定为:

（1）构建集中统一的人力资源管理信息平台，实现集团范围内人力资源数据信息共享;

（2）为下属企业提供各类集中作业平台，使各企业人力资源工作更加专业与规范。

（3）提供快速、全面、一致和准确的数据批量处理，支持业务，提升管理效率。

（4）获取、激励、开发及管理组织所拥有的各类人力资源，构建人力资源竞争优势。

（5）实现与集团门户网站及其他 ERP 系统的数据共享和对接，完成信息互连互通，实现跨业务、跨区域共享的管理模式。

（6）借助信息系统平台，推动人力资源管理理念、制度、流程和技术的创新。

鉴于此，根据 HR 管理系统的成熟程度及对业务目标的支撑能力，华侨城确定以 ORACLE PEOPLESOFT 产品作为其集团统一管理平台的信息系统，并启动了相关的 HR 系统实施项目。

自 2009 年起，华侨城的人力资源信息化建设就拉开了帷幕，根据统一规划、分步实施的原则，集团主导制定了长期的建设规划，具体体现为三期五个阶段的实施步骤，以期最终达成人力资源信息化建设的长期目标。目前已经顺利完成了该规划两期三个阶段的建设，初步形成了集团统一的组织架构、岗（职）位体系、员工全生命周期管理、薪酬管理等大基础平台的建设和推广。同时，在精选的集团下属试点行业和企业中推进了绩效管理、培训管理的平台建设，以及集团整体的关键人才团队建设、能力素质模型建设等高端功能。

（陈国海，马海刚，2016）

人力资源信息化的持续建设，有效地推动了各级企业人力资源管理水平的提升，为华侨城集团的业务拓展发挥了积极的支持和保障作用。本章将从信息化人力资源管理和人力资源管理信息系统着手，重点介绍信息化对于人力资源管理的影响以及企业应该怎样做好人力资源管理信息化工作，怎样利用好人力资源管理信息系统。

第一节　信息化人力资源管理概述

人力资源管理信息化是随着社会信息化和企业信息化的发展而逐渐发展起来的。传统的人力资源管理主要依靠纸、笔及以其为载体的档案文件，需要耗费大量的人力和物力，信息技术的发展给企业人力资源管理带来巨大的冲击和变革。本节主要介绍信息化人力资源管理的概念、作用以及它的发展历程。

一、信息化人力资源管理的概念、特点和作用

（一）信息化人力资源管理的概念

人力资源管理的信息化是以企业信息化为基础的，是企业信息化的一个重要组成部分。企业信息化是指利用以计算机技术和网络技术为核心的现代信息技术，通过企业的内外部网络，开发和利用信息资源，加速信息流通，实现信息资源共享，提高信息利用能力，减少企业交易成本，改造企业生产、经营、管理和决策方式，提高企业创新能力、经济效益和市场竞争力（周文成，2010）。

信息化人力资源管理与传统的人力资源管理不同之处在于它是以先进的电子信息技术为手段，基于高速度、大容量的计算机硬件和先进的 IT 软件，通过集中式的信息库、自动处理信息、员工自助服务（ESS）、外部协助以及服务共享系统实现低成本、高效率、全员共同参与的管理过程，从而实现人力资源管理的转型升级，提高人力资源管理效率，实现人力资源信息共享及有效整合的解决方案。通过与企业现有的网络技术相联系，信息化人力资源管理能保证人力资源管理工作与日新月异的技术环境同步发展。

（二）信息化人力资源管理的特点

信息化人力资源管理主要有以下五个特点。

1. 以信息技术为基础

人力资源管理信息化的条件是通过电脑、服务器、网络线路、数据终端等硬件设备和信息化管理软件设备的有机组合，形成一套完备的信息化运行系统，从而对企业人力资源管理与服务过程中发生的信息流进行分类引导和处理。同时，依靠互联网和局域网，使企业人力资源管理脱离时间和地理位置的限制。

2. 以信息流为媒介

人力资源管理信息化体系的硬件核心是管理信息系统。与人力资源有关的信息通过信息系统的采集、传递、筛选、储存、提取，供企业管理决策者和员工使用，信息使用者在处理完信息后又会形成新的信息回到系统中进行再传递，在建立时间较长或较为成熟的系统中会形成强大的数据库，进而通过数据挖掘形成对企业经营管理的决策支持。

3. 以信息化理念和思维为指导

企业人力资源管理的信息化还包括对参与者特别是操作者的心智模式进行信息化改

造，即摒弃传统管理模式、理念、思维方式和行为方式，充分理解信息化的内涵和延伸，了解信息化技术手段以及它带来的影响，形成基于信息时代信息化手段的人力资源管理理念。

4. 以人为核心

企业人力资源管理的核心是人，信息化人力资源管理也必然如此。信息化以更好地服务人为目标，而人力资源管理信息化的实现依靠人来实施，没有人的操作只能是纸上谈兵。因此，信息化人力资源管理的各个环节都与人紧密相关，不可分割。

5. 以可持续性发展为目标

企业经营管理是一个动态过程，随着外界环境和企业内部环境的不断变化，企业也需要不断调整以适应环境的变化，谋求企业的持续发展。作为企业管理重要部分的人力资源管理及其信息化也必然是这样一个动态的持续管理过程，并在信息化过程中不断反馈、改进、提升和完善。

（三）信息化人力资源管理的作用

信息化人力资源管理对企业发挥着重要作用，主要表现为以下三点。

1. 提高人力资源管理的效率

通过信息化人力资源管理系统，一些程序性、事务性的人力资源管理工作将下移到部门经理和一线员工身上，人力资源管理工作者可以将更多的时间放在服务员工、支持企业管理层的重要决策和员工职业发展规划等更为关键的任务上，承担起直线部门的咨询顾问和组织的战略伙伴角色。

2. 降低人力资源管理的成本

信息化的应用可以有效地节约企业的人力资源管理成本，这体现在招聘、培训、薪酬管理、绩效管理等方面。例如，在员工培训方面，员工可以通过网络培训资源随时随地学习，节省了时间，减少了差旅费用，降低了培训成本；在评估方面，部门管理者可以通过网络查询员工的工作述职报告、绩效报告等，并及时进行评估、指导和监督。

3. 提升人力资源管理水平

计算机网络和数据库在人力资源管理中的应用使得人力资源管理更加透明、公正，人才配置更加合理。通过信息技术的统计、分析等功能，能够为人力资源的配置提供指导、优化。例如，为人力资源部以外的其他管理人员及员工提供了各种形式的自助服务，使员工参与到人力资源管理活动中来，改善了人力资源部门对全体员工的服务质量。

例证 12-1

企业人力资源信息化的助手：金蝶

金蝶战略人力资源管理系统，通过系统一体化整合应用，以及工作流引擎、自助平台和移动 HR 平台的协同管理，实现了人力资源专业、精细、高效管理。金蝶的三个角色平台在对企业人力资源信息化作用巨大。

CEO 平台：面向企业 CEO 等高层决策者设计，通过 CEO 平台可获得企业决策者所关注的企业人力资源统计分析报告，为企业决策提供数据支持，还可以跟踪后备人才培养情况。CEO 平台加强了企业决策管理者对人力资源业务实际参与，加大了战略执行的监控力度。

经理人平台：面向企业中层管理干部（直线经理）设计，中层经理可在系统中处理本部门的各项 HR 流程审批工作，如绩效、招聘、培训等，也可查询个人 HR 信息、本部门员工人事信息和人事报表。经理人平台方便直线经理参与企业人力资源管理，促进了企业战略的有效实施。

员工工作台：面向企业所有员工设计，是员工参与企业人力资源业务的自助服务平台。员工可在工作台申请、接收、处理、查询与本人相关的人力资源业务，包括个人信息的记录，公司政策及个人相关资料的查询。通过员工工作台，企业战略和制度政策实现上通下达，实现企业人力资源管理的全员参与，进一步促进企业战略的有效实施。

（资料来源：金蝶官网，有改动）

二、信息化人力资源管理的发展历程和趋势

（一）信息化人力资源管理的发展历程

信息化人力资源管理的起源可以追溯到 20 世纪 60 年代末期。随着计算机技术进入实用阶段、计算机系统在管理领域的普遍应用，提高人力资源管理者的工作效率成为客观必然。经过四十多年的发展，信息化人力资源管理的理论不断完善，应用领域越来越广阔，系统的功能日益强大。其发展经历了薪资计算、薪资和人事管理、人力资源管理系统、信息化人力资源管理等四个阶段。

1. 薪资计算

薪资的计算是人力资源管理中最繁重、最复杂的工作。为了提高工作效率，20 世纪 60 年代末期，人们开始用计算机来辅助计算薪资，以处理大量的数据。由于当时技术条件和需求的限制，薪资计算系统既不包含非财务的信息，也不包含薪资的历史信息，几乎没有报表生成功能和薪资数据分析功能，但是，它的出现为信息化人力资源管理奠定了坚实的基础。

2. 薪资和人事管理

20 世纪 70 年代末，计算机技术飞速发展，计算机系统工具和数据库技术的发展使信息化人力资源管理系统能够进行信息数据的收集和维护，运用范围也从单一的薪资计算扩展到了人事管理。但这一代的系统主要是由计算机专业人员开发研制的，未能系统地考虑人力资源的需求和理念，而且非财务的人力资源信息也不够系统和全面。

3. 人力资源管理系统

人力资源管理系统（HRMS）的革命性变革出现在 20 世纪 90 年代初。由于市场竞争的需要以及个人电脑的普及，数据库技术、客户—服务器技术的发展，人们意识到人力资源管理不仅仅是组织内部的辅助管理行为，更是组织生存和发展的关键，形成了新的人力资源管理理念。

人力资源管理系统从人力资源管理的角度出发，用集中的数据库将与人力资源相关

的数据（如薪资福利、招聘、个人职业生涯的设计、培训、个人信息和历史资料等）统一管理起来，形成了集成的数据源，并通过规范和完善人力资源管理的业务流程，实现了人力资源管理流程的自动化协同工作。

4. 信息化人力资源管理

人力资源管理的第四次革命性变革出现在 20 世纪 90 年代末和 21 世纪初。Internet/Intranet 技术的出现,使得人力资源管理体系随着信息流的延伸或改变而突破封闭的模式，延伸到企业内外的各个角落。近几年，更是出现了以信息技术和网络技术相结合的人力资源管理信息系统，如 SSC（人力资源共享中心），其除了要继承前几代信息化系统的优点之外，还拥有强大的数据挖掘和整合功能，能够灵活、多样、便捷地呈现数据整合结果。SSC 最主要的功能是为集团的业务单元提供集中的人力资源管理服务。企业集团的人力资源部门则可以从繁杂的事务性业务中脱离出来，专注于战略性人力资源管理的实施，从而提高企业的运营效率。

（二）信息化人力资源管理的发展趋势

随着互联网、大数据、云计算技术的发展和 SaaS（Software-as-a-Service）软件架构的兴起，人力资源管理为了满足企业人力资源管理业务层面的需求，其发展动态也紧跟着技术发展的步伐，具体表现为：基于移动端口的人力资源管理、基于云计算的人力资源管理和基于大数据的人力资源管理。

1. 基于移动端口的人力资源管理

互联网与移动通信的融合，席卷起 21 世纪信息传播的革命，移动互联网以无处不在的网络接入能力，使得人们可以通过随身携带的移动终端（智能手机、平板电脑等）随时随地乃至在移动过程不断获取信息。据中国电子商务研究中心监测数据显示：移动电子商务用户规模逐年递增。

考虑到 HR 的工作性质——他们可能常常需要公务出差或面临突发性任务，需要及时便捷地获取相应的人才信息服务，但利用 PC 端接入网络获取人才信息服务却十分麻烦而且不便携带。近年来，随着移动互联网的覆盖范围越来越广，移动终端设备普及并在技术上和功能上有突破性的发展，使信息化人才信息技术服务走向移动终端成为可能。现在，部分 HR 服务提供商在设计电脑端的服务系统的同时，也在加紧相应移动客户端研发，使人们可以从电脑端和移动端两个途径获取 HR 服务。

2. 基于云计算的人力资源管理

信息化人力资源管理的云服务模式源于云计算的兴起。云计算（Cloud Computing）是近年来计算机科学领域内兴起的一种崭新的计算模式，它是分布式计算、并行计算和网格计算的发展。云计算利用网络将各种广域异构计算资源整合，形成一个抽象的、虚拟的和可动态扩展的计算资源池，再通过网络向用户按需提供计算云、存储云等服务。云计算带来了服务模式的转变，使用户可以按需使用、随时获取、随时扩展、按使用付费。

根据市场调研公司 Forrester Research 预测到 2020 年，SaaS 应用市场达到 1 330 亿美元，全球云平台市场达到 440 亿美元，云计算服务市场达到 140 亿美元。近年来，人力资源信息化软件和服务领域已经异军突起，出现一批云计算 HR 软件，比如 SuccessFactors（人才管理云服务）、Workday（全套人力资源管理解决方案云服务）、SHL（人才测评云服务）、Taleo（招聘云服务）等，传统软件巨头如 Oracle、SAP 也纷纷加快云端人力资源软件的发展速度。对于中国市场而言，未来企业人力资源管理将会越来越多地借助云计算技术。

吉利集团云系统

浙江吉利控股集团是中国民营汽车企业中的佼佼者，其人力资源管理在云计算应用上也走在前列。吉利集团在 2009 年开始将自己的人力资源管理系统更新为云系统，并在 2014 年年初使用云招聘解决方案，至今已支撑了超过四万人的人才库，成功实现了由内部部署到混合云部署的华丽转身。吉利集团 HR 高级经理孙金方将这种转变称为“混合型的改变”。她介绍，吉利汽车全新的人力资源管理平台全面涵盖了人才的选、用、育、留、退、备的生命周期，同时凭借多语言支持、社交平台支持和系统集成性，集团实现了人力资源平台的整合，极大地提升了人才招聘和管理的效率，同时达到了更高的标准化、更流畅的体验以及更低的总体拥有成本。

（邢帆，2015）

3. 基于大数据的人力资源管理

“互联网+”时代的到来，数据和信息呈爆炸式的增长，给我们的经济、社会与文化生活带来了前所未有的挑战，对传统企业人力资源管理更是产生了根本性的挑战。企业对于人力资源的要求不再局限于原来的行政事务性工作和基于人力资源六大模块的专业化运作，而要求人力资源管理能够理解和分析怎样的行动会给企业增加价值，什么行动可能会减少或弱化企业的价值，并有针对性地开发和执行对企业有益的人力资源战略。企业基于大数据的人力资源管理系统的建设主要分以下三个阶段。

（1）存量数据的挖掘阶段。企业在此阶段应首先利用企业现有的存量数据进行最基础的模型建设，先解决企业目前的燃眉之急，如为人才推荐等提供最基本的决策参考数据。同时在这一阶段，锐库咨询将引导企业尽可能多地把线下的表格统计转移到线上，充分利用现有信息系统（包括人资系统、业务系统等）进行数据收集，为下一阶段的大数据挖掘做好数据基础。

（2）亚数据层的挖掘阶段。该阶段是在第一阶段的基础上，针对原始数据统计分析及数据挖掘得到的指标或关系的二次数据挖掘，针对新增数据（包括样本及指标）的数据挖掘。同时随着数据的种类和量在不断的增加，模型得到进一步磨合，分析精度也随之提高，智能化逐步提升。

（3）智能化管理阶段。智能化管理阶段包括人才预测，职业发展等，实现通过计算机的分析给出智能化的决策和预判。这将极大地提高企业的决策效率，也可有效地避免由于管理人员经验、能力与认知的不同导致决策出现偏差。同时，大数据的好处在于能借用以往的一些经验找到最适合的模型，并根据现在的业务发展战略要求预判出未来比较适合的决策方向。

第二节 信息化人力资源管理规划

要实现人力资源的科学管理，就要建立完善的人力资源规划系统，对人力资源进行规划，信息化人力资源管理也是如此。信息化人力资源管理规划是企业实现信息化人力资源管理的重要环节，是企业开发人力资源管理信息系统的基础。本节将从信息化人力资源管理规划的概念、目的、流程与方法对其进行简单阐述。

一、信息化人力资源管理规划的概念

信息化人力资源管理规划是根据企业战略性人力资源管理发展方向，明确人力资源管理与信息技术、人力资源管理与业务管理的相互关系，以及企业资源状况，通过制定、实施、评估和调整人力资源管理信息化技术战略，从而实现企业人力资源的信息化、自动化和系统化（郑海航，吴冬梅，2006）。

人力资源管理的信息化不是一次开发就能完成的事，需要企业结合行业发展战略，统筹规划，分步实施，逐步完善，不断提升，不仅要从整体上考察人力资源管理信息化的重要作用和实施步骤，系统科学地细分到人力资源管理信息化实现过程中的每一步，对各项实施工作加以规划，还要对各项任务的责任人有明确的规划。

二、信息化人力资源管理规划的目的

信息化人力资源管理规划的目的是使企业的人力资源管理与企业的发展阶段相匹配，符合经营管理的要求，并且能实现人力资源管理的整体目标。

（一）实现人力资源管理的整体目标

信息化人力资源管理规划首先要保证企业人力资源管理总体目标的实现。企业为了获取或保持竞争优势，实现企业的战略目标，需要在人力资源管理和开发方面确定目标和实现途径。信息化人力资源管理不仅要保证企业当前人力资源管理信息化的实现，还要满足企业未来人力资源变革的实现。因此，信息化人力资源管理规划需要充分考虑企业人力资源管理的目标和途径，通过对人力资源管理不同领域的信息化实现方法的规划，实现企业人力资源管理的整体目标。

（二）实现人力资源管理与经营管理之间的匹配

人力资源管理作为企业经营管理的一个重要组成部分，必须将其置身于整个企业管理系统之中，根据管理需要向业务部门提供人力资源支持。信息化人力资源管理对于业务部门的支持在于通过科学的人力资源规划，合理地在业务部门之间进行人力资源配置，根据企业发展战略对业务部门的要求，提供人才规划和人才信息的储备，而要实现以上功能必须建立人力资源管理部门与业务部门的信任关系，以保证信息化人力资源管理与

业务部门之间良好的信息传输渠道。

（三）与人力资源管理的发展阶段相匹配

信息化人力资源管理是企业战略性人力资源管理的一种延伸，它不可能脱离企业人力资源管理的发展水平和人力资源管理观念的发展。从人力资源管理发展历程来看，我国的人力资源管理发展大致经历了三个发展阶段：传统的人事管理阶段、现代企业人力资源管理阶段和法制化人力资源管理阶段。由于不同企业所处的发展阶段和人力资源观念不同，信息化人力资源管理的程度也将不同，信息化人力资源管理规划将有效平衡人力资源管理现实与未来的需要。

（四）合理配置资源

实现信息化人力资源管理的资源构成主要包括：具有专业人力资源管理知识的管理人才，掌握现代信息技术的工程人才，信息技术（包括硬件、软件、数据和网络资源）等，它们是企业信息化人力资源管理的必要条件。但是对一个企业来说，信息开发的资源是极为有限的，而企业中需要运用信息化手段提高效率和改变工作方式的地方还有很多，如何对资源进行科学组合，如何根据企业发展战略的要求进行合理的资源分配，对于企业至关重要。

三、信息化人力资源管理规划的流程与方法

在信息化人力资源管理规划之前，企业需要对规划的需求、规划的技术环境进行分析，进而确定信息化人力资源管理的范围和信息化人力资源管理的具体规划。

（一）信息化人力资源管理规划的流程

1. 需求分析

规划需求包括人力资源部门、企业决策层、业务部门管理者和员工对信息化的需求。

（1）人力资源部对信息化的需求。企业无论是对人力资源市场进行分析和预测，还是对企业内的人力资源进行科学规划和合理配置，都需要信息技术的支持。传统的人力资源管理模式、理念和方法已经无法适应现代企业发展的需求，现代人力资源管理的发展急需人力资源管理部门从传统的人事管理中解放出来，更多地参与组织的战略性重要问题上，而信息化人力资源管理正是适应现代企业发展的有效手段。

（2）企业决策层的需要。企业决策层的中心任务是对企业进行准确的战略发展定位，战略定位是基于企业现状和未来走向的综合分析得出的，其根本目的在于对未来发展提出指导。要实现准确的战略定位，决策层就需要及时掌握企业内外部的人力资源和物力资源现状，预测未来的发展动态，信息化人力资源管理可以满足企业决策层的这种需求。

（3）业务部门管理者的需求。业务部门管理者是企业生产活动的直接组织者。他们不仅要对生产过程进行管理，还对企业利润的实现负有责任。因此，业务部门管理者需要提高部门的工作效率、降低部门的成本。这就要求部门管理者对部门员工有较全面的了解，包括职业技能、性格特征、绩效等。通过信息化人力资源管理平台，部门管理者可以实时了解员工动态，为合理安排员工的考勤、晋升、培训等工作奠定基础。

（4）员工的需求。人力资源管理要求员工更多地参与企业的事务中。通过信息化人力资源管理平台，员工可以查询企业的基本信息，查询个人薪酬和奖惩情况，在线培训，提交请假、休假申请，更改个人信息等。员工参与组织事务中不仅能提高个人和组织的工作效率，还有利于提高员工的满意度和对组织的忠诚度。

2. 技术环境分析

信息技术的分析包括企业内部技术环境和企业外部技术环境的分析。

（1）企业内部技术环境分析。企业信息技术的内部环境是指企业所具备的信息技术设备水平，内部环境分析的主要任务是对现有的信息技术设备水平进行客观的评估，具体包括对现在正在运行的软件平台进行分析，分析现有平台或软件的功能与信息化人力资源管理的匹配程度，分析现有人员的操作水平，分析内部数据的可移植性以及企业现有信息技术硬件设备的水平。

（2）企业外部技术环境分析。信息技术的外部环境是指全球范围内的信息技术整体发展水平和竞争对手的信息技术部门情况对于信息技术的外部环境的分析在于掌握信息技术的发展方向，从而根据需要制定出企业的信息技术发展方向，保证企业信息技术与整个信息技术的发展保持同步。在信息化人力资源管理规划时，必须清楚认识信息技术的发展趋势，保证信息化人力资源管理系统的开发既能适应现实管理的需求，又具有未来发展空间。

3. 信息化人力资源管理范围的确定

通常我们把系统涉及的部门的人力资源管理业务称为人力资源管理信息系统的范围。因此，对企业机构进行调查有两个目的：第一是为了了解企业的构成和管理功能；第二是为了确定人力资源管理信息系统的范围。

4. 信息化人力资源管理规划的制定

企业信息化人力资源管理规划不仅要满足现实管理和技术的要求，更要满足未来信息化人力资源发展的目标要求。企业人力资源管理信息技术的目标是一个多层次的体系，处于最上层的是信息化的任务陈述、愿景目标；核心是信息技术结构基础；最下层是年度目标和政策、职责。

（1）任务陈述、愿景目标。信息化人力资源管理的任务陈述，主要是指信息化人力资源管理存在的理由、目的及其在企业中的作用。信息化人力资源管理的愿景目标，主要是指信息化人力资源管理未来发展方向和结果。信息化人力资源管理的愿景目标就是运用自动化、智能化的信息技术手段和网络技术，提升人力资源管理在企业发展中的地位，实现人力资源管理由企业的成本中心向价值创造中心的转化。

（2）基础结构。信息化人力资源管理规划的核心在于建立和完善企业信息化人力资源管理基础结构，信息化人力资源管理基础结构实际上是企业信息化人力资源管理功能的结构化，是信息技术、信息资源、信息人员、信息活动的统一体。目前，信息化人力资源管理基础结构包括计算机基础结构、信息基础结构和信息服务结构。

（3）年度目标和政策。信息化人力资源管理是一个涉及面非常广的系统，在制定年度目标和政策时，不可能将所有的内容都包含在内，因此，必须确定目标和政策的优先顺序，并据此配置资源。

（4）可行性研究和可行性分析报告。可行性研究包括可行性调查和可行性分析两个步骤。可行性调查的内容包括组织机构、现行系统总体情况、组织与外部的关系、信息化人力资源管理在组织中的地位等；可行性分析包括信息化人力资源管理的必要性和可能性，主要从经济可行性、技术可行性和社会可行性三个方面进行。在进行了可行性调查和可行性分析后，就可以撰写可行性报告，它是人力资源管理信息系统的开发依据。

（二）信息化人力资源管理规划的方法

规划方法的选择是信息化人力资源管理规划的重要环节，目前比较通行的方法有关键成功因素法、企业系统规划法和战略数据规划法。

1. 关键成功因素法

关键成功因素法是通过与高级管理者的沟通，明确组织的发展战略，识别该战略目标的关键成功因素，然后再确定关键成功因素的性能指标，根据这些关键成功因素来确定信息化建设的优先级别，帮助企业用信息化技术发掘新的机遇。

2. 企业系统规划法

企业系统规划法是从企业目标入手，逐步将企业目标转化为管理信息系统的目标和结构，从而更好地支持企业目标的实现。企业系统规划法能够帮助规划人员根据企业目标制定出战略规划的结构，通过这种方法可以确定出未来信息系统的总体结构、子系统构成和子系统开发的先后顺序；能够对数据进行统一规划、管理和控制，明确各子系统之间的数据交换关系，保证信息的一致性。

3. 战略数据规划法

战略数据规划法是在分析企业人力资源管理内部各项需求的基础上，建立企业稳定的数据模型，规划各种主题数据库及其分布策略，为企业人力资源管理信息系统建设打下坚实的基础。战略数据规划法的实施包括四个步骤：① 在业务分析的基础上建立人力资源管理业务模型；② 通过数据分析建立主题数据库模型；③ 进行数据库的分布分析；④ 进行主题数据库的可靠性分析。

例证 12-3

腾讯公司信息化人力资源管理的规划

2010—2011年，腾讯公司在对市场和内部人力资源信息化现状进行深入调研和分析后设计规划方案，正式启动人力资源信息化项目，并将该项目分为三期规划重点执行。第一期：将信息“孤岛”（即孤立的信息系统）及系统数据进行大整合。这一期任务目标是提升人力资源和服务的共享度，建设统一规划与分工协作的信息系统。第二期：提升应用型人力资源业务流程对员工的辅助和支持作用。目的是将人力资源规划、员工考核、劳动力安排、时间管理、招聘管理、员工薪资核算、培训计划、差旅管理等内容进行整合。第三期：加强数据决策力，提升人力资源服务质量。其具体目标是通过充分利用现有存量数据资源，建立“数据+人力资源服务”平台。

（西楠等，2017）

第三节 人力资源管理信息系统

人力资源管理信息系统是实现人力资源管理信息化的重要保证，为现代人力资源管理提供强大的功能支持。对企业而言，人力资源管理信息系统的建设不仅是信息时代的大势所趋，也是企业信息化、科学化、正规化管理的重要标志。本节将介绍人力资源管理信息系统的概念、构成、特点以及它的功能和作用。

一、人力资源管理信息系统的概念与特点

（一）人力资源管理信息系统的概念

人力资源管理信息系统（Human Resource Management Information System，HRMIS）是指企业为了对人力资源管理的所有领域提供支持而用于收集、汇总、分析和预测有关人力资源信息的系统，涵盖从人力资源规划、招聘、选拔到薪酬管理、培训与开发、劳动关系等各个人力资源管理领域，并提供各种查询统计功能与报表输出功能。典型的人力资源管理信息系统如图 12-1 所示。

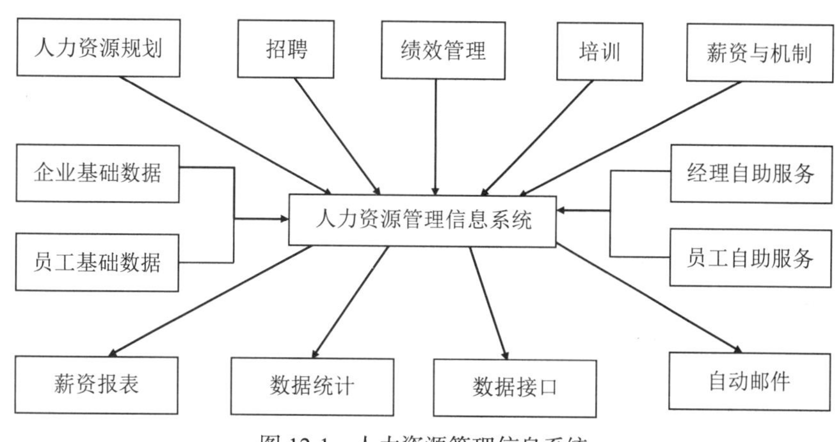

图 12-1 人力资源管理信息系统

人力资源管理信息系统一般由基础数据模块、业务处理模块和决策支持模块三部分构成。通过人力资源管理信息化系统平台，企业中的每个员工都可以参与人力资源管理活动中。例如，员工通过系统平台可以对自己的信息进行维护，或者向人力资源部提交各种申请；系统平台可以对人力资源管理的工作模式进行改进，缩短工作周期，规范企业人力资源管理模式；同时，系统平台还可以作为数据库，把日常工作中所积累的宝贵经验保存下来，为管理层的战略决策提供数据支持。

总之，人力资源管理信息系统为企业搭建了良好的人力资源服务平台，使企业与员工之间的沟通更加便捷，在一定程度上提高了员工的满意度，同时人力资源管理信息系统还提高了人力资源管理效率，降低了企业人力成本。

（二）人力资源管理信息系统的特点

人力资源管理信息系统主要有以下四个特点。

1. 支持组织机构的变化

在信息时代，企业为了生存和发展，需要跟上信息快速变化的步伐，因此，建设可调整的系统才能符合目前企业发展的需要。人力资源管理信息化系统能够结合内部的状况和外部环境的改变，做出有效的调整，并且能够和企业内部其他系统相连接，例如OA、财务软件等，为企业的发展提供了有力的支持。

2. 提供人性化服务模式

人力资源管理信息系统，拥有完全可定制的组织机构设计工具，可以按照企业的需求灵活定制，并能够随时针对企业的构成进行改变，可以根据企业不同阶段的发展需求进行二次开发，具有高度的可扩展性。

3. 建立统一的信息平台

人力资源管理信息系统能够实现信息在不同部门、不同地区的共享，能够为员工提供有效的培训课程和学习交流平台，可以改变以往在统一时间、场地进行培训的状况，从而提高培训效率。信息平台可以帮助企业实现无纸化办公，优化办公流程，提高工作效率。同时，信息平台方便企业发布信息，为传播企业理念及文化提供了一个既方便又快捷的方式。

4. 控制不同的管理权限

人力资源管理信息系统能够根据企业的组织结构和管理模式赋予员工相应的管理权限，对系统进行分布式控制。

二、人力资源管理信息系统的功能和作用

（一）人力资源管理信息系统的功能

典型的人力资源管理信息系统主要包括两个方面的功能：① 面向人力资源管理者的信息收集、处理、决策功能；② 面向其他管理者以及普通员工的信息服务和互动决策功能。

1. 面向人力资源管理者的功能

人力资源管理者借助人力资源管理信息系统进行人力资源规划、招聘管理、人事信息管理、合同管理、考勤管理、休假管理、绩效评估、培训与发展管理、薪酬福利管理、离职管理等，同时可以通过人力资源管理信息系统对绩效、薪酬等进行统计、分析和预测。

2. 面向其他管理者以及普通员工的功能

（1）总经理自助服务。总经理可以通过人力资源管理信息系统查看企业人力资源配置，了解重要员工的资料和绩效，进行人力资源成本分析，以此为依据做出相关决策。

（2）直线经理自助服务。直线经理可以借助人力资源管理信息系统管理本部门员工，在授权范围内审批员工的休假申请，进行绩效考核。

（3）员工自助服务。员工可以了解企业的基本情况、企业人事政策、本月薪资明细、内部招聘、个人考勤休假、内部培训以及内部股票价值信息。

例证 12-4

人性化人力管理系统：腾讯 HR 助手

2013 年，腾讯人力资源平台与微信团队合作，开发了基于移动端的人力资源产品——HR 助手，以微信企业号的形式为员工提供便捷、快速的人力资源服务,逐步推动员工自发展与自管理。腾讯 HR 助手主要有以下两大特色功能。

1. 人才管理类——我的发展

“HR 助手”菜单选项中，有一项“我的发展”项目，员工可以在线选择想要补修的课程，系统会自动搜索标杆人物，员工可以选择自行建立联系向标杆人物学习，分享交流学习。另外，公司将所有通过职级晋升的员工，在晋升考核中的答辩案例整合为“升级宝典”，供员工自行查阅和学习。

2. 人力资源服务类——办证明

在工作生活中，很多时候办理事情都会用到证明，然而公司的申请证明流程一般十分漫长、烦琐，需要各种签字流程。虽然这些证明看着不那么重要，却跟法律息息相关，所以还是需要专人来办理。“HR 助手”为员工提供的一项便捷的人力资源服务功能：员工只需在“HR 助手”中输入所需办理的证明的关键词，即可提交办理证明的需求，系统后台收到指令后有专人为员工办理。办理完毕后通过微信提示员工前往最近的 HR 窗口领取，大大提升了员工的体验感，办事流程高效又快捷。

（资料来源：https://www.hrloo.com/dk/lshow/1000606?page=5.）

（二）人力资源管理信息系统的作用

人力资源管理信息系统是现代人力资源管理的重要工具，对企业管理发挥着越来越重要的作用，主要表现在以下三个方面。

1. 规范人力资源管理流程，提高管理效率

人力资源管理信息系统涵盖了人力资源管理的各个工作模块，信息化将有关人力资源管理的分散信息紧密集中在一起，使信息流得到集中化管理和分析，优化人力资源管理的业务流程，使人力资源管理的作业流程与企业业务流程结合得更加紧密。

人力资源管理信息系统减少了传统的纸质化档案在收集、整理、统计、分析、更新维护企业员工信息等方面带来的诸多不便，极大地提高了管理效率，降低了管理成本。它为企业人力资源管理者高效能工作奠定了坚实的基础。

2. 提供良好的决策支撑

人力资源管理信息系统提供的数据使得管理者在进行决策时做到有据可依，而不是凭感觉和经验，有利于提高决策的准确性。通过人力资源业务数据的完整、集中式的管理，有效地提高人力资源部门经理和公司领导获取信息的效率和质量，避免因信息不全、数据不准、时效不高而可能带来的决策风险。

3. 为企业决策者、管理层和员工提供增值服务

对于公司高层而言，他们可以在网上查看企业人力资源的配置、重要员工的状况、人力资源管理成本的分析、员工绩效等，高层决策者还能够获得各种辅助其进行决策的人力资源经营指标，以及直接在网上进行决策等。

对于直线经理来说，人力资源管理信息系统是其参与人力资源管理活动的工作平台。通过这个平台，直线经理可以在网上管理自己部门的员工，例如可以在授权范围内在线查看所有下属员工的人事信息，对员工的培训、休假、离职等流程进行在线审批等。

一般员工可以在线查看企业规章制度、内部招聘信息、个人当月薪资及历史薪资情况、个人考勤休假情况、注册内部培训课程、提交请假或休假申请、实现在线报销等。

第四节　人力资源管理信息系统的功能模块及应用

人力资源管理信息系统的功能模块有很多，不同的人力资源管理软件的功能模块及其作用也有所不同。本节将主要介绍人力资源规划模块、人员信息管理模块、招聘管理模块、培训管理模块、考勤管理模块、绩效管理模块、薪酬管理模块、福利管理模块、劳动合同管理模块以及它们的应用。

一、人力资源规划模块

人力资源规划是在企业发展战略和经营战略的指导下，对企业某个时期的组织结构、人员配置进行分析和预测，根据分析结果设计出完善的、适合企业发展需要的人力资源管理的框架体系。人力资源规划模块主要涉及基础档案信息、单位信息、部门档案信息，为企业人力资源管理提供信息基础。

（一）基础档案管理

基础档案由一系列的数据表组成，例如，人员类别表、职务职簇表、学历表、民族表等。这些数据表中的数据可以随时修改，以符合人力资源管理业务数据处理的需要。

基础档案信息包括民族、政治面貌、职称名称、学历名称、学校名称、专业名称等系统标准的基础档案信息，它们预先保存在计算机系统中，实际应用时可以添加、删除、修改基础档案信息的内容；也包括血型、爱好等需要自行定义和输入的基础档案信息。

（二）单位信息管理

单位信息表保存的是单位的基本信息，如单位名称、单位简称、机构代码、单位地址、单位域名、单位 Logo、法人代表、联系电话、电子邮件等。由于单位的法人、单位联系方式等有可能发生改变，当单位的信息发生改变时，系统管理员可以对单位信息表进行修改，也可以通过系统对单位信息进行定期的维护。

（三）部门档案管理

部门档案包括部门的职务档案、部门岗位档案和部门编制档案。系统管理员通过编

制管理系统可以对部门档案进行修改，对历史的人员结构（如人员数量、专业结构、学历结构等）进行分析，统计出人员的缺编、超编以及是否符合职务资格的要求，总部和分公司可以根据系统所提供的数据，制订每年的人员总量计划；根据职务信息自动生成职务结构模型，系统管理员还可以根据实际需要修改、增加、删除、输出职务档案。

二、人员信息管理模块

人员信息管理是企业人力资源管理中的事务性工作，包含人员档案维护、人员变动、统计分析、综合查询等功能，为管理者全方位地了解企业现有的人力资源并对这一资源进行开发提供决策支持。

（一）人员档案

人员档案管理系统具有增加、删除、查询、打印、排序等功能，可以实时增加、修改、查询员工的学习经历、取得的学位、成绩、爱好特长等技能信息，及时更新员工晋升、降级等变动信息以及基本情况。对员工信息的详细记载和及时更新，有利于企业充分了解员工，促进企业内部人才流动，调动员工的积极性，促成有序竞聘的良好氛围。

（二）入职管理

当应聘者被录用成为公司的员工之后，招聘管理信息系统中获取的员工信息将自动转入人员信息管理模块进行档案录入，并且可以根据员工入职时间、岗位、薪酬、合同等完善员工信息。

（三）调配管理

调配管理的功能体现在员工从某一部门调到另一部门，或者员工的职位、薪资等级等发生变化时需要对员工的基础档案进行修改，记录调配员工的姓名、部门、岗位、入职日期、调配日期、调配类型（晋升、降职、平级调动）、调动前部门及岗位、调动后部门及岗位、是否调薪、调配原因等信息。

（四）离职管理

离职信息表记录的是离职员工的姓名、部门、职位、入职日期、离职日期、离职原因等信息。离职管理系统提供离职手续办理流程管理，处理离职员工所使用设备资源、财务资金等项目的归还清单；根据合同计算赔偿金额；并可发放离职通知书、通知相关模块进行薪资、考勤等业务的处理。

三、招聘管理模块

招聘管理系统提供员工招聘管理、应聘管理、人才库管理等管理功能。

（一）员工招聘管理

员工招聘管理系统在招聘前可以对企业所有岗位的空缺、变化以及人才的储备进行简单的统计与分析，针对不同的空缺，提供基本信息、职位说明、申请该职位所必备的条件等信息，并结合企业的人力资源战略和招聘需求，制订招聘计划。同时，员工招聘管理系统还能进行招聘渠道管理，记录企业选择的招聘渠道、公司所在地、联系方式、通讯地址等信息。最后，通过系统操作，HR 可以增加、修改、删除、输出招聘计划信息。

（二）应聘管理

员工招聘管理系统可以支持网络招聘方案，其基础平台可以生成企业门户网站，求职者可以通过登录企业门户网站进行注册、提交或管理个人简历、申请职位、在线测评等。企业可以在线接受电子应聘资料，并自动进入处理流程，包括简历处理，发出面试邀请等，并对面试、测试的成绩、评价、结果等招聘信息进行记录和跟踪。

（三）人才库管理

企业可以将未录用人员的信息转入企业后备人才库，对潜在的候选人加以确认和跟踪，扩大人才库；也可以对企业的储备干部、后备人才进行集中管理，包括后备人才的建立、后备人才的跟踪培养记录、后备人才的个人意愿和发展计划、后备人才查询等。

四、培训管理模块

培训管理系统一般通过培训资源管理、培训需求管理、培训计划管理、培训活动管理和培训评估管理实现培训管理的科学化，为企业人力资源的配备和员工的晋升提供科学的依据。

（一）培训资源管理

培训资源主要包括培训师、培训资料、培训设施以及培训课程。培训管理系统会记录培训教师的编码、教师类别、学历、工作单位、专业、职称、岗位等信息，员工可以根据自己的需求选择培训师、在线申请课程和自主学习；培训师通过培训设施管理系统可以对培训设施进行增加、修改、删除和使用情况记录；系统管理员可以使用系统进行在线培训课程管理和维护。

（二）培训计划管理

系统可以查询、判断和评价员工能力，确定必要的培训需求，部门主管可以通过系统提交培训需求申请表。系统根据培训申请统计和人力资源规划，可以协助企业制定培训规划和相应的培训实施计划。例如，公司规章制度的培训就可以将职工集中起来培训，而一些和具体工作关系紧密的技能培训可以以部门为单位进行培训。

（三）培训活动管理

系统可以对培训费用进行监控，自动在费用基础上生成费用预警；提供培训签到服务，自动提示员工未参加的应培训课程；可以按照员工、时间段和培训课程分别进行统计，产生各种培训记录报表；对培训目标、具体的培训过程、员工个人培训情况以及培训结果进行记录和跟踪；提供培训合同和协议的管理服务。

（四）培训评估管理

在培训结束之后，对培训是否达到预期的目标、培训资料的有效性、培训的效果进行总结记录和评估。

评估的方法可以是教师与学员互相评价、对员工进行培训考核、了解员工的技能水平是否提高、观察员工是否将所学知识应用到实际工作中等，形成反馈结果和报告，以便改善下一次的培训计划。

五、考勤管理模块

为了有效地记录员工的出勤情况，很多企业购置了打卡机、考勤机等设备。考勤管理程序一般都与这些设备相连接，根据事先编排的班次信息，过滤掉错误的数据，生成较为清晰的员工出勤报告，并可转入薪酬和福利程序中，使考勤数据与薪酬计算直接挂钩。其生成的文档还可作为历史信息保存，用于分析、统计和查询。

（一）考勤业务

考勤系统提供轮班规则设置和排班功能，可以根据工作计划进行员工排班管理；同时还具有考勤智能排班功能，可以根据员工当天原始打卡情况判断出员工当天应使用的班次，根据上下班类型自动判断员工是否迟到、早退、请假、休假或者旷工，然后运用准确的考勤运算系统设置考勤规则。员工可以使用系统、制订工作计划，并记录加班、请假与休假情况；提供请假与休假到期预警提示与销假功能。

（二）数据处理

1. 刷卡数据

通过对不同打卡机、考勤机的数据导入，读取记录员工上下班时间，可以生成考勤数据统计报表，并把这些数据转到薪酬系统处理。

2. 考勤计算

系统读取考勤数据，并结合员工的加班登记、请假登记、出差登记，自动计算出员工的考勤结果。员工可以在网上查询自己的记录，输入缺勤、迟到或早退的备注；部门主管网上查阅并审批、补签，确认后的数据自动进入休假、工资模块。

3. 异常处理

异常处理包括员工的迟到、早退、旷工、少卡等情况。系统管理员可以对员工的异常情况进行修改、审核、弃审等操作。

（三）统计分析

统计分析是指对员工的考勤情况进行每个月、每个季度、每年或者特殊情况（离职、调配、派遣等）的统计分析，既可以对某个员工特定时期的考勤情况进行统计，也可以对部门和组织特定时期的考勤情况进行统计分析，最终形成考勤统计表，为薪酬福利模块提供信息基础。

例证 12-5

金蝶 KIS 系统的考勤管理模块

考勤管理是 KIS 人事管理系统的一个重要模块。考勤管理模块的关键功能包括以下几个方面。

1. 日常考勤管理

系统提供轮班规则设置和排班功能，可以根据工作计划进行员工排班管理。系统还提供考勤智能排班功能，可以根据员工当天原始打卡情况判断出员工当天应使用班次，然后进行准确的考勤运算。

2. 假期考勤管理

可设置企业工作日历中的法定节假日和企业个性化节假日；可设置各假期类型是否允许超额请假，对于不允许超额请假的假期类型，在请假申请时，系统会自动进行额度判断和控制；还可设置各假期类型，在请假时是否包含法定节假日、是否包含公休日等。

3. 考勤数据管理

HR 系统能够批量、便捷地将考勤档案信息下发到考勤机；支持定时、手工引入考勤机中的打卡数据，能够高效、准确地处理大量原始打卡数据；在 HR 系统中可以完成考勤机硬件的管理，能够实现硬件的远程管理；系统提供考勤数据原始记录的存储与还原的管理，并且可以对原始数据与计算后数据进行对比分析。

（资料来源：例证来源于网络并经编者加工整理。）

六、绩效管理模块

绩效管理模块主要涉及绩效计划管理、绩效考核管理和绩效反馈管理。

（一）绩效计划管理

绩效计划管理系统可以制定绩效考核规则的各项指标、考核评分权重、评分标准、设定考核表，并按照部门和岗位设定考核周期，包括月度考核、季度考评、年度考核、调岗考核、转正考核、晋升考核等；设置考核层级关系、制订考核计划、选择考核对象、确定参与人员。系统中还可以设定“绩效计划启动通知”，通过邮件或短信把绩效计划通知员工，让员工参与绩效评估工作中。

绩效管理的方法包括 360 度评估方法、KPI 评估方法以及平衡计分卡评估方法等，利用多种方法对个人或部门一段时间内所做的工作进行考核。

（二）绩效考核管理

管理者可以根据考核维度、考核对象、考核范围的不同，采用相应的考核表、考核标准和考核方式，对员工绩效进行考核，同时记录员工的绩效评价等级、违纪行为、日常工作情况、任务完成情况、工作态度、工作能力等，然后对考核结果进行统计分析并形成考核报告。考核的结果与员工的晋升、各种绩效挂钩，并与薪酬、职业生涯规划、培训等模块相关联。

（三）绩效反馈管理

绩效反馈管理系统提供考核结果和奖惩情况的查询，员工可以按照员工编号、员工姓名、时间周期等进行查询；允许员工通过正当途径对绩效考核结果进行申诉，及时处理申诉并记录相关过程；帮助管理者和员工找到解决不良绩效问题的具体方案。

七、薪酬管理模块

薪酬管理模块通常用于管理企业薪酬管理的全过程，包括薪酬水平管理、薪酬方案管理、薪酬统计管理等。

（一）薪酬水平管理

通过分析企业的人力资源政策、预测企业的盈利情况，对比外部市场薪酬调查数据，及时调整薪资水平，以保证企业薪酬战略的竞争性。薪酬水平管理系统还能够设置薪酬类别、薪酬项目、薪酬标准，确定不同的职位、技能和能力薪酬体系和薪酬水平。

（二）薪酬方案管理

企业需要设置各独立单位、部门和各类人员的薪酬结构以及所包含的薪酬项目和计算规则，根据已经设置的规则，自动生成员工实发工资、应缴个人所得税、个人缴纳各种保险金数额等；还可以根据公司的政策设置并计算由于年假、事假、病假、婚假、丧假等带薪假期，以及迟到、早退、旷工等形成的对薪资的扣减，与考勤系统和绩效考核系统连接，根据考勤和绩效情况调整员工的薪酬；根据利润的增加或降低而进行薪酬调整。

（三）薪酬统计管理

个人、部门和组织每月的薪酬数据可以生成 Word、Excel、Txt 等不同格式的薪酬明细报表和统计报表，员工可以根据单位、部门、员工类型、时间、薪资项目或登记方式等进行薪酬历史查询，并支持各种薪酬报表的打印。

薪酬统计报表为企业制定薪酬制度、调整薪酬结构、调整员工工资提供依据。所有的薪酬数据可编印成报告以供工资管理分析、工资调查及做预算案之用。

八、福利管理模块

福利管理模块提供员工的各项福利基金的提取和管理功能，包括定义基金类型、设置基金提取条件、对基金进行日常管理等。福利管理模块主要包括福利档案管理和福利业务管理。

（一）福利档案管理

福利档案管理用于管理员工的保险福利缴存账户，包括保存员工福利基本信息、福利开销户、封存、启封、转移、计提等业务记录。通过福利档案管理系统可以设置福利的项目、类别和福利方案，系统可以自动列出员工可选择的福利方案，而员工可以任意选择福利方案的结构，实现弹性福利。

（二）福利业务管理

福利业务包括福利缴交、福利补缴、费用分摊、凭证查询、期末处理等管理环节。

1. 福利缴交

核算企业及员工每月需要支付的福利费用，建立企业及员工的福利缴费台账，并把福利费用传递到薪资模块。

2. 福利补缴

核算企业或员工由于各种原因未能按时缴纳福利费用，或者缴费基数、比例等发生变化时，需要补缴福利费用。在系统中“福利补缴”选项中输入补缴的日期范围、选择补缴人员便可完成福利补缴工作。

3. 费用分摊

费用分摊是根据福利费用计提、分配规则，将福利费用根据用途进行分配，并编制转账会计凭证，供总账系统记账处理之用。具体的操作为在系统的“费用分摊查询”窗口选择分摊类型、核算部门、计提会计区间、计提分配方式。

九、劳动合同管理模块

劳动合同是公司与员工的从业关系法律凭证，通过劳动合同管理系统，可以实现劳动合同的全方位管理。劳动合同管理包括合同的查询、初签、续签、变更、终止等业务管理工作，人力资源管理人员定期提示员工合同到期事宜，记录劳动争议，定期上报统计报表。

（一）劳动合同管理

劳动合同管理系统具有查询、搜索、排序以及打印的功能。该系统还可以对不同时间、不同机构的合同模板进行设置，可以实现对与劳动合同相关的各种协议和法律文书的管理。

1. 合同初签管理

对于初签合同，可以在合同管理模块添加合同编号、合同类型、合同期限（合同起始日期、合同终止日期、试用期限、试用起始日期、试用终止日期等信息），设置该合同的拥有者，并把员工合同的详细信息输入系统中，形成员工合同记录。

2. 合同变更管理

当企业与员工的合同发生变更时，可以在系统中记录变更的条款、变更日期、变更原因等。

3. 合同续签管理

当企业和员工的合同期限届满，而双方均有继续保持劳动关系的意愿，经协商一致，延续签订劳动合同时，可以在系统上记录续签时间、续签合同类型、续签合同期限等信息。

4. 合同终止管理

企业与员工的合同终止时，需要在合同管理系统上记录合同终止时间、终止原因、是否补偿、备注等信息。系统管理员可以根据需要设定试用期、合同到期的自动提示。

例证 12-6

用友 U8-ERP 人力资源管理系统合同管理模块

用友 U8-ERP 人力资源管理系统标准版产品全面支持《劳动合同法》，集成了劳动科学研究所与用友软件股份有限公司联合研制开发的“用友劳动合同管理系统企业版”

中的劳动合同管理功能。其主要功能特点如下。

（1）人事合同类型。可以管理多种类型的人事合同，包括劳动合同、保密协议、培训协议等，可以自定义合同的内容和格式。

（2）合同初签，通过初签功能，建立合同的完整档案信息，便于跟踪、修改等，并可以直接打印正式合同文本。可以全线贯穿《劳动合同法》，自动校验劳动合同签订的合法性。

（3）合同续签。合同期满后，根据双方协商的结果，可以快速、准确地续签合同，并可以通过预警的方式提前预告需要续签的员工信息。

（4）合同变更。对于合同中的条文经双方协商后所进行的变更，可以保留准确的历史记录。支持合同变更联查该类型合同下一条或多条合同的变更记录，以列表方式展现。支持人事合同批量变更，对于不能批改的一次给予提醒，并可以查询变更台账。

（5）合同终止。及时处理合同的终止，并且保留历史记录。

（6）劳动争议，提供劳动合同内容等指标统计分析，及时给企业提供准确全面的法律提示，全面记录和管理劳动争议信息。

（7）合同台账管理，通过根据工作需要，及时查询所需要的各种类型合同的统计信息和明细信息。

（资料来源：用友公司官网，有改动。）

（二）劳动争议管理

劳动争议是指劳动关系当事人之间因劳动的权利与义务发生分歧而引起的争议，又称劳动纠纷，其中有的属于既定权利的争议，即因适用劳动法和劳动合同、集体合同的既定内容而发生的争议；有的属于要求新的权利而出现的争议，即因制定或变更劳动条件而发生的争议。记录和整理劳动争议的时间、相关人、争议内容、争议原因、解决过程、解决结果并定期统计分析，有利于企业增强法律意识和提高管理水平，规避劳动争议风险。

本章小结

1. 人力资源管理信息化，是指以信息化人力资源管理理念为指导，以先进的电子信息技术为手段，以软件系统为平台实现低成本、高效率、全员共同参与的管理过程。

2. 信息化人力资源管理主要有五个特点：① 以信息技术为基础；② 以信息流为媒介；③ 以信息化理念和思维为指导；④ 以人为核心；⑤ 以可持续性发展为目标。

3. 人力资源管理信息系统不仅对人力资源管理者提供强大的功能支持，还为企业决策者、管理层、员工提供增值服务，包括经理自助服务和员工自助服务的扩展功能。

4. 信息化人力资源管理经历了薪资计算、薪资和人事管理、人力资源管理系统、信息化人力资源管理等四个阶段。随着大数据、云计算技术的发展和 SaaS（Software-as-a-Service）软件架构的兴起，基于云计算和大数据的数据分析方法将成为信息化人力资源管理的发展趋势。

5. 为了实现人力资源管理的整体目标，使人力资源管理与经营管理之间互相匹配，使信息化人力资源管理与企业的发展阶段相匹配，使企业资源得到合理的配置，需要对信息化人力资源管理进行规划。

6. 信息化人力资源管理规划的方法有很多，目前比较有效的是关键成功因素法、企业系统规划法和战略数据规划法。

7. 人力资源管理信息系统主要有人力资源规划模块、人员信息管理模块、招聘管理模块、培训管理模块、考勤管理模块、绩效管理模块、薪酬管理模块、福利管理模块和劳动合同管理模块九大板块。各个模块之间相互联系又各自对现代人力资源管理发挥着重要作用。

网站推荐

1. 红海 eHR：http://www.hr-soft.cn/
2. 企业 HR 数据对标平台：http://caibao.chinahrd.net/
3. HR-X 官网：http://www.hr-x.pingan.com/

影视推荐

《乔布斯传》

故事从乔布斯自大学退学开始，他和友人斯蒂夫·盖瑞·沃兹尼亚克有着同样的志向，两人因此共同合作，创建了苹果公司。然而，随着苹果公司规模的扩大，乔布斯和斯蒂夫·盖瑞·沃兹尼亚克的不合拍之处越来越多，导致日后乔布斯的愤而请辞，同时还挖走了一大帮重要的人才。过没多久，乔布斯卖掉手头上所拥有的苹果公司股份，并利用这一笔资金成立了 NEXT 公司，又在那之后买下了皮克斯制作室；在这期间，由乔布斯主导的公司营运状况有好有坏。一直到 1997 年，在“还有九十天苹果公司就要破产”的情形之中，乔布斯重回苹果公司，在他的大力整顿之下，苹果公司发展得非常迅速。

推荐理由：该片将乔布斯成功之路一点点传递给观众，着重表现乔布斯在 IT 界最辉煌的一段人生。电影告诉我们，21 世纪，一个公司要发展壮大，就需要不断突破变革，拥抱互联网 IT 技术，一个公司人力资源管理的发展也是如此。现如今，信息化是企业发展的趋势，将人力资源管理与互联网、大数据等技术不断结合，前期可能会付出一定成本，遇到一定的困难，但信息化后的人力资源管理带来的经济利益也是巨大的。

读书推荐

《人力资源体系与 e-HR 信息化建设》

面对人力资源管理体系缺失、人力资源管理信息化开展盲目、企业人力资源管理专业人员匮乏等内外部环境，一些中国快速发展的民营企业和转型改制中的国有企业已经束手无策。与此同时，在过去的十几年，在看似繁荣的就业环境下，人力资源管理工作从业者大多在忙于基础性、重复性工作，个人职业发展往往被企业忽视，不少人开始步入彷徨期，甚至迷失了职业方向。

推荐理由：这本书由刘书生、陈莹、王美佳编著。这本书将人力资源管理中看似孤立的管理模块和管理关注点形成了独特的网状管理体系，并从体系化的视角对网状节点逐一进行深入的剖析，在汲取各家所长的同时，还融入了作者丰富的人力资源管理实战经验和近百家企业人力资源管理体系咨询项目成功案例，将作者所经历的人力资源管理变革、人力资源管理信息化咨询项目方法论、工具和成果全面展现给读者，能够指导 HR 建设适合企业的信息化人力资源体系。

思考练习题 12-1：选择题

1. 信息化人力资源管理经历的阶段不包括（　　）。
   A. 信息共享服务　　B. 人力资源管理系统
   C. 薪资和人事管理　　D. 薪资计算
2. 信息化人力资源管理的发展趋势不包括（　　）。
   A. 基于移动端口的人力资源管理　　B. 基于云计算的人力资源管理
   C. 基于互联网的人力资源管理　　D. 基于大数据的人力资源管理
3. 信息化人力资源管理规划的方法不包括（　　）。
   A. 关键成功因素法　　B. 企业系统规划法
   C. 主次层级规划法　　D. 战略数据规划法

思考练习题 12-2：简答题

1. 什么是信息化人力资源管理？它有什么作用和特点？
2. 信息化人力资源管理的发展经历了哪几个阶段？
3. 信息化人力资源管理规划的目的是什么？规划的步骤和方法有哪些？
4. 人力资源管理信息系统具有哪些功能和作用？
5. 人力资源管理信息系统包含哪些主要的功能模块？它们的应用有哪些？

模拟实训：了解 e-HR 人力资源管理模式

确定一家国内知名企业（如华为、京东、腾讯、百度等），并了解、梳理和总结这家公司 e-HR 模式，寻找此公司应用此模式过程中的好处和不足之处。

案例分析

远大住工：从 3 千人到 5 万人，企业的 e-HR 进阶之路

远大住工是中国装配式建筑行业领头羊，国内首家集研发设计、工业生产、工程施

工、装备制造、运营服务为一体的新型建筑工业化企业，拥有 300 多项技术专利，超过 100 个工业化绿色建筑制造基地。

从 2015 年至 2018 年，远大住工的业务高速发展，分公司数量从 15 家扩展到 110 家，员工人数从 3 000 人发展到 50 000 人。在十倍规模增长的背后，远大住工结合公司业务需求在人力资源管理领域实现四个模块的成长跨越，有效支撑了公司的业务发展。

基础事务管理模块：1 个平台，30 张全方位立体报表

几年前，远大住工人力系统还没有得到整合，企业的人事基础信息在旧 HR 系统中维护，人力资源业务流程在 OA 中流转，员工工资在 Excel 中核算，人员面试结果用纸质文档记录。为改善人力资源管理碎片化问题，远大住工基于金蝶 s-HR 搭建了统一平台，从人力资源规划、人员招聘、入职、考勤、薪资核算、人员异动到培训等，实现对员工的全职业链信息化管理。远大住工还在系统中自定义配置了 30 张人力报表，对人力资源状况进行全方位立体展示。公司管理层通过手机，可随时随地查看各类 HR 数据报表，实现透明化管理。

数字化招聘管理模块：一站式入职，快速完成建档工作

在远大住工的招聘过程中，求职者通过扫描二维码在线登记个人信息，确定录用后所有信息自动转入 HR 系统，自动生成人事档案、假期档案、考勤档案、薪酬档案，分分钟完成新人建档工作。

人力共享服务模块：人力共享服务，开启 HR 实践新模式

远大住工的人力资源部每天面对近百份各类人事证明的开具需求，以及无数的员工电话、邮件、信息或现场咨询，远大住工基于金蝶 s-HR 搭建了人力共享服务平台，并设立员工服务大厅，员工可在大厅的自助终端完成收入证明、在职证明、离职证明等自助打印。通过智能语音客服，员工还可在线咨询人事、薪酬、福利、假期等相关信息。移动应用也为员工提供了便捷的自助服务通道，员工可在手机端查询个人档案，发起请假、调动、离职等流程，参与在线学习，问卷投票，了解公司新闻等，HR 服务无处不在。远大住工的人力共享服务新模式，不但减少了 HR 事务性工作量，实现 HR 资源集约利用，而且有效提升了员工满意度。

员工自助管理模块：数据挖掘与计算，进入人人账本时代

远大住工基于年度业务目标、产品合同和排产计算出人力需求，根据过往数据，在每百元收入里确定出 16.5%的人力资源管理成本预算（含人员工资、五险一金等成本）。此 16.5%的人工预算由人力资源部门来管理和支配，在合同时限内，如实际花费低于 16.5%，省下的费用将有一半奖励人力资源部门，另一半奖励相关协同岗位。在制造等其他管理线亦如此。为避免杀鸡取卵的短期行为，远大住工还为各个团队设定了 KPI，让各线团队既要关注成本控制，又要关注收入目标的达成。目前，远大住工已在总监层级实现人人账本管理，通过手机可以实时查看所在岗位的创收数据和成本节省奖励数据，让每个人的动作和收入直接挂钩，真正实现让人力资源参与经营，让每个人参与经营。

（资料来源：kingdee 官网，有改动。）

讨论题：

1. 远大住工为什么要通过引进金蝶 s-HR 系统来提升企业人才管理水平？
2. 在选择 e-HR 软件后，远大住工的人力资源管理模式发生了怎样的变化？

参考文献

[1] BUSSLER L, DAVIS E. Information systems: the quiet revolution in human resource management[J]. Journal of computer information systems, 2016, 42(2): 17-20.

[2] LAUMER S, ECKHARDT A, WEITZEL T. Electronic human resources management in an E-business environment[J]. Journal of electronic commerce research, 2010, 11(4): 240-250.

[3] STROHMEIER S. Research in e-HRM: review and implications[J]. Human resource management review, 2007, 17(1): 19-37.

[4] 陈国海，马海刚．人才服务学[M]．北京：清华大学出版社．2016．

[5] 方振邦，徐东华．战略性人力资源管理[M]．北京：中国人民大学出版社，2010：468．

[6] 李刚．人力资源管理信息系统[M]．北京：北京大学出版社，2014：48．

[7] 李冲．公司人力资源管理信息化系统建设与应用研究[D]．广州：华南理工大学，2014．

[8] 吴宝华．人力资源管理实用教程[M]．北京：北京大学出版社，2012：292-307．

[9] 孙海法．现代企业人力资源管理[M]．广州：中山大学出版社，2010：408．

[10] 郑兴山．人力资源管理[M]．上海：上海交通大学出版社，2008：76．

[11] 姜雨，杨翠芬．人力资源管理软件应用实验教程[M]．北京：社会科学文献出版社，2012．

[12] 邢帆．人力管理的“云”和“移”[J]．中国信息化，2015（2）：39-41．

[13] 西楠，李雨明，彭剑锋．从信息化人力资源管理到大数据人力资源管理的演进：以腾讯为例[J]．中国人力资源开发，2017，（5）：79-88．

[14] 张斌．我国集团化零售企业人力资源管理信息化研究[D]．青岛：中国海洋大学，2014．

参 考 答 案

思考练习题 1-1：选择题 1．A；2．B；3．D。
思考练习题 2-1：选择题 1．C；2．A；3．B。
思考练习题 3-1：选择题 1．B；2．D；3．A。
思考练习题 4-1：选择题 1．A；2．C；3．B。
思考练习题 5-1：选择题 1．D；2．A；3．B。
思考练习题 6-1：选择题 1．D；2．D；3．D。
思考练习题 7-1：选择题 1．B；2．C；3．A。
思考练习题 8-1：选择题 1．D；2．D；3．B。
思考练习题 9-1：选择题 1．D；2．B；3．C。
思考练习题 10-1：选择题 1．B；2．A；3．B。
思考练习题 11-1：选择题 1．B；2．A；3．C。
思考练习题 12-1：选择题 1．A；2．C；3．C。